MEIN LEBEN IN 13 RUNDEN

INHALT

1. KAPITEL: PENKUN *17*
Wie ich die Flucht meiner Familie aus Stettin erlebte, wir in Büssow und Penkun Fuß fassten und ich zwischen Entbehrung und Lausbubenstreichen aufwuchs

2. KAPITEL: WANDERJAHRE *35*
Wie ich auszog, um erst Traktoren- und Maschinenschlosser, dann Fußballer, Boxer und schließlich Boxtrainer zu werden

3. KAPITEL: BERLIN *49*
Wie ich zum TSC nach Berlin kam, meine ersten Erfolge hatte und meine größte Niederlage kassierte, warum ich für drei Jahre suspendiert wurde und wie ich meine Frau Margret traf

4. KAPITEL: DER GOLDENE WESTEN *73*
Warum wir uns keinen Jacobs-Kaffee schenken ließen und ich heute noch zu meiner DDR-Vergangenheit stehe

5. KAPITEL: IN SVEN OTTKES WELT *85*
Wie ich einen tollen Jungen namens Svennie kennenlernte, wir den EM-Triumph 1991 erkämpften und warum ich mir sicher bin, dass wir von den Amateurbox-Mächten betrogen wurden

6. KAPITEL: UNSERE SIEGE, SIEGE, SIEGE *127*
Wie ich ins Profilager wechselte und mit Sven Ottke die Boxwelt aus den Angeln hob

6. KAPITEL – TEIL 2: WIR SIND IMMER NOCH EIN TEAM *161*
Was mich bis heute mit Sven Ottke verbindet und warum mich nur drei meiner Ehemaligen duzen

7. KAPITEL: AUF DER VIP-PARTY *167*
Wie ich auf meine ganz eigene Art Siege erlebe und welche Menschen mir helfen, erfolgreich zu sein

8. KAPITEL: IN DER NOTAUFNAHME *179*
Wie ich den Blutkampf von Wetzlar in der Ecke von Arthur Abraham überstand und warum ich ihm kein Wort von der schweren Verletzung sagte

9. KAPITEL: IN KÖNIG ARTHURS WELT *193*
Wie der K.o.-Matador zu mir kam, warum ich weiter an ihn glaube und wie er mich manchmal zum Wahnsinn treibt

9. KAPITEL – TEIL 2: DER BEINAHE BESTE BOXER IN EINER ANDEREN ZEIT *201*
Warum zwischen Arthur Abraham und mir keine Ruhe einzieht und ich mich (fast) nie um den Finger wickeln lasse

10. KAPITEL: DAS HERZ EINES TRAINERS *217*
Warum jeder Boxer ewig ein Teil von mir bleibt und wie ich mit Tempo 260 ins Trainingslager raste

10. KAPITEL – TEIL 2: GRAND OHNE VIER *245*
Warum ich so manchen Schützling schmerzlich vermisse und welche Frage ich noch an Marco Huck habe

10. KAPITEL – TEIL 3: FRITZ SDUNEK *257*
Was mich auf ewig mit meinem alten Weggefährten verbinden wird

11. KAPITEL: UNSER WOHNZIMMER *261*
Wie meine Frau Margret und ich leben und warum sie das große Geheimnis meiner Erfolge ist. Und warum Sie mir immer Zettel auf die Klamotten klebt

12. KAPITEL: MEIN HOBBYKELLER *285*
Was mir meine Fußballidole und Westernhelden bedeuten und warum ich in diesem Kapitel eine große Bitte an Sie äußere

13. KAPITEL: WAS BLEIBT UND WAS BLEIBEN SOLL *303*
Warum ich nach Penkun heimkehren werde

LIEBE FREUNDE,
LIEBE BOXSPORT-FANS!

Was Sie vor sich liegen haben, ist mein Leben. Nicht mehr und nicht weniger. Es ist das Buch, das ich seit über zehn Jahren schreiben wollte und nun endlich fertigbekommen habe. Es sind die Geschichten, die mich zu dem Menschen gemacht haben, den Sie kennen. Aus dem Fernsehen, wenn ich in der Ringecke auf meine Boxer einrede oder einbrülle oder sie anflehe, den Kampf anzunehmen, zu bestimmen, zu gewinnen.

»Du kannst das doch!« - »Du willst das doch!« - »Streng dich an, dann schaffst du das!«

Während ich an diesem Buch gearbeitet habe, zusammen mit meinem Freund und Co-Autor Andreas Lorenz, ist mir eines klar geworden: Sehr oft in den entscheidenden Situationen meines Lebens war ich selbst dieser Boxer in der Ringecke. Derjenige, der sich dem Kampf und der Herausforderung stellen musste. Der sich oft vor Angst und dem Gefühl der Unterlegenheit ganz klein fühlte. Und mutlos. Tränen in den Augen, ein dicker Kloß im Hals, Zittern am ganzen Körper. Der, der aufgeben wollte. Oder einfach wegrennen.

Doch dann kam immer diese Stimme. *»Du kannst das doch!« - »Du willst das doch!« - »Streng dich an, dann schaffst du das!«*

Wenn ich heute auf mein Leben zurückblicke, dann komme ich aus dem Staunen nicht mehr heraus. Was ist aus diesem kleinen Stettiner Flüchtlingsjungen geworden, der im Zweiten Weltkrieg erleben musste, wie seine Familie alles verlor und vertrieben wurde? Wie verrückt ist der Weg vom Steppke, angespült im vorpommerschen Penkun, der als Schuljunge Kühe hüten musste und nicht mehr als die achte Klasse schaffen konnte, wie verrückt ist der Weg von dort bis unter die gleißenden Lichter einer Profibox-Weltmeisterschaft. Bis unter die Augen von Millionen Zuschauern.

»Du kannst das doch!« - »Du willst das doch!« - »Streng dich an, dann schaffst du das!«

Kommen Sie mit auf die Reise meines Lebens. Lernen Sie die Menschen kennen, denen ich - die Worte sind groß, aber nicht groß genug - mein Leben verdanke. Feiern Sie mit mir große Siege und durchleiden Sie bittere Niederlagen. In meinem Sport, dem Boxen.

Jenem Wettkampf, bei dem das ganze Schauspiel, das ganze Gehabe, das ganze Gerede mit einem einzigen Moment endet: Gong zur ersten Runde. Mann gegen Mann. Und ich in der blauen Ecke, die meine Heimat geworden ist in all diesen Jahren. Boxen, ach, ich könnte 15 Bücher darüber schreiben. Aber ich verspreche Ihnen, dass ich Sie nicht mit zu vielen Details langweilen werde. Dafür müssen Sie den Schmerz und den Schweiß aushalten. Die Brutalität und die Schönheit dieser Sportart. Die Kraft und, ganz viel davon, die Psychologie der körperlichen Auseinandersetzung.

Wer ist der Bessere? Wer ist der Stärkere? Wer ist der Sieger? Wer wird Weltmeister?

Begleiten Sie mich in die Trainingshalle, zu den Stars, mit denen ich arbeiten durfte und darf. Sven Ottke. Arthur Abraham. Markus Beyer. Marco Huck. Oktay Urkal. Oder Yoan Pablo Hernández, Robert Helenius, Dominik Britsch und Cecilia Braekhus. Aber schon vorher: Torsten Schlosser, Ronald Poyé, Eike Walther, René Ryl, Marco Rudolph. Fantastische Athleten. Es war und ist mir eine Ehre, diesen Kalibern etwas beigebracht zu haben und weiter etwas beibringen zu dürfen. In der Verantwortung zu stehen.

Aber glauben Sie mir bitte, dass mir in diesem Buch das Boxen gar nicht das Wichtigste ist. Sondern das Leben. Ich möchte, dass Sie den wahren Ulli Wegner kennenlernen. Nicht als Akteur auf der WM-Bühne. Nicht als Talkshow-Gast. Nicht als Objekt eines Zeitungsartikels oder eines noch so guten Porträts in der ARD.

Ich möchte, dass Sie am Ende dieses Buches wissen, wer ich wirklich bin. Wie ich ticke, was mich bewegt, was mich umtreibt und antreibt.

12 Runden dauern die größten Duelle im Boxen, die WM-Kämpfe. Ich habe diese Biografie »Mein Leben in 13 Runden« genannt, weil ich Ihnen verspreche, dass mehr darin steckt als Boxen. Eine ganze Menge mehr.

Jahrelang habe ich damit gekämpft. Jetzt liegt das Buch vor Ihnen.

»Du kannst das doch!« - »Du willst das doch!« - »Streng dich an, dann schaffst du das!«

Das war meine Motivation. Viel Spaß beim Lesen!

Ihr und euer
Ulli Wegner

FÜNF JAHRE SPÄTER, ABER LEISE IST ANDERS ...
VORWORT ZUR ERWEITERTEN NEUAUFLAGE

Liebe Freunde, liebe Boxsport-Fans,

fünf Jahre sind vergangen seit dem Erscheinen meiner Biografie »Mein Leben in 13 Runden«. Jetzt, da ich mit meinem Co-Autor und Freund Andreas Lorenz an einer aktualisierten Fassung arbeite, muss ich Ihnen allen erst einmal danke sagen!

Danke von ganzem, tiefem, aufgewühltem Herzen für die Reaktionen auf die Erstausgabe. Ich gebe es gerne zu: Ich hatte riesengroßen Bammel und viele offene Fragen vor dem Erscheinungstag. Damals im Frühjahr 2012.

Wen interessiert es denn wirklich, was ich erlebt habe? Was ich unbedingt aufschreiben wollte? Es gibt doch so viele Menschen, die viel Wichtigeres tun, als Boxer zu trainieren.

Der ganze Sektor der medizinischen Hilfe, von den großen Doktoren bis zu den hingebungsvollen Krankenschwestern und Pflegekräften, nötigt mir unglaublichen Respekt ab. Die Erzieher und Lehrer unserer Kinder. Diejenigen, die sich mit unermüdlicher Kraft und Liebe um Senioren kümmern. Ich bekomme Gänsehaut beim Gedanken an die Leistung, die diese Menschen täglich erbringen. Für andere Menschen!

Die Forschung für eine bessere Zukunft. Der Schutz unseres Lebens vor Terror und Gewalt. Die unglaubliche Verantwortung, die auf guten Politikern lastet. Ich sehe das alles und bewundere diejenigen, die es auf sich nehmen.

Ich hingegen lebe in einem Teil der Welt, der für wenige wichtig ist. Und ich bin fast k.o. gegangen, weil Sie alle, die mein Buch schon gelesen haben, mit so viel Anteilnahme, Sympathie und Zuspruch reagiert haben.

Wir haben viele Lesungen gemacht. Und jedes Mal war ich dankbar für jeden Besucher. Diese intimen Termine mit Menschen, die mich auf meiner Lebensreise begleiten; diese Veranstaltungen an vielen Orten, in verschiedenen Städten; dieses Beieinandersein, bei dem Sie mir Bedeutung beigemessen haben, und bei dem auch Tränen geflossen sind – was soll ich groß sagen außer noch einmal: Dankeschön für alles!

Dass ich mich jetzt entschlossen habe, »Mein Leben in 13 Runden« noch einmal zu aktualisieren, ist auch ein Ergebnis des ganzen Zuspruchs. Denn immer wieder kamen und kommen Menschen zu mir und sagen: »Herr Wegner, wir schalten beim Boxen vor allem deswegen ein, weil wir Sie als Trainer erleben wollen. Die Rundenpausen sind uns oft wichtiger als das Geschehen im Ring.«

Das schmeichelt mir natürlich. Aber ich muss Ihnen sagen, dass ich mit solchen Sätzen auch ein echtes Problem habe.

Ich, der Ulli mit den zwei »l«, bin nur deshalb dort oben nahe dem Scheinwerferlicht, weil es das Boxen, die Boxer und die ganzen Macher sowie Mitarbeiter gibt, die meinen Herzenssport am Leben halten.

Das Boxen ist mein Leben. Ein Trainer ohne Kämpfer ist nichts. Ein Trainer ohne Veranstalter wird nie aus seiner kleinen Boxhalle herauskommen. Ein Trainer, ganz egal wie gut er ist und wie viel Glück er in seiner Karriere hat, ist immer nur ein kleiner Teil des Erfolgs.

Lassen Sie mich deshalb hier ein bisschen über das Boxen an sich reden. Diese Sportart ist anscheinend wieder einmal in einer Krise in Deutschland. Doch jeder von uns, der den fairen Faustkampf liebt, kann seinen Teil dazu beitragen, dass der Boxsport sein x-tes Tief übersteht. Dass er mit tollen Athleten und spektakulären Kämpfen weiterlebt.

Wir alle müssen darauf achten, dass wir jungen Boxern und neuen Ideen rund um das Boxen eine Chance geben. Glauben Sie mir, denn das kann ich wirklich beurteilen: Sportler, die sich dem Boxsport hingeben, leisten Unfassbares schon im Training. An die europäische Spitze oder zu Weltmeister-Ehren zu kommen ist eine brutale Auslese. Ein Jugend-Nationalspieler im Fußball hat eine vielmals größere Chance, sein Talent zu einem Beruf zu machen, der ihn auch ernähren kann, als ein Deutscher Jugendmeister im Boxen.

Und ich stelle mich jeder Diskussion, dass die Boxhoffnung in diesem Vergleich mehr ackern, mehr entbehren und mehr riskieren muss.

Das Ergebnis bejubeln wir dann bei den großen Kämpfen, die im Fernsehen übertragen werden.

Meine große Bitte an Sie: Lassen Sie uns gemeinsam für das Boxen kämpfen. Veranstaltungen gibt es zuhauf. Sicher auch in Ihrer Nähe. Ob es die Amateure oder Profis sind, diese Sportler haben sich meiner Meinung nach viel mehr Fans verdient, als die meisten von ihnen haben.

Gehen Sie doch einfach mal hin. Und dann noch mal. Und vielleicht immer wieder. Ich bin sicher, Sie werden es lieben. So wie ich es seit Jahrzehnten liebe.

Und noch ein kleiner Nachsatz an all jene, die mir – dem 75-Jährigen – einreden wollen, dass die Käfigkämpfe (Mixed Martial Arts heißt das wohl) dem Boxen den Rang ablaufen werden. Ich glaube es nicht; denn die besten dieser Kämpfer sind hervorragende Boxer. Die meisten dieser Kämpfe werden mit den Fäusten entschieden.

Das wollte ich einfach mal loswerden. Weil ich hoffe, dass mein Sport auch in weiteren 75 Jahren, also im Jahr 2092, immer noch glänzen und die Menschen faszinieren wird.

In diesem Sinne: Ring frei für die aktualisierte Ausgabe meiner Lebensgeschichte. Danke, danke, danke, dass Sie dieses Buch jetzt gerade in den Händen halten!

Ihr und euer
Ulli Wegner

1. KAPITEL

Penkun

Wie ich die Flucht meiner Familie aus Stettin erlebte, wir in Büssow und Penkun Fuß fassten und ich zwischen Entbehrung und Lausbubenstreichen aufwuchs

Ich habe geweint, wie nur ein kleiner Junge weinen kann. Erst laut und völlig geschockt. Dann leiser, aber abgrundtief verzweifelt. Ich habe geweint, als dieser unvorstellbar vollgepackte Lastwagen - so meine Erinnerung - aus dem Hof des Hauses in Stettin fuhr. Als meine Familie im Zweiten Weltkrieg endgültig ihre Heimat verlor. Als Vater und Mutter keine andere Lösung mehr sahen als die Flucht. Weg vom Krieg. Fort, nur fort von den nachrückenden Polen, die der russischen Armee nach der Eroberung von Stettin folgten. Meine Eltern verloren in diesem Moment ihre Wohnung, ihr Hab und Gut, ihr Alles!

Alles, was sie aufgebaut hatten, was sie bis dahin geschafft hatten, was sie waren - es wurde ausgelöscht.

Und ich weinte um mein Dreirad!

Bitte lachen Sie nicht über mich. Glauben Sie mir, auch wenn Sie den Zweiten Weltkrieg nur aus Büchern und Dokumentarfilmen kennen, dass nichts daran zum Lachen war. Diejenigen, die wie ich in der Kriegszeit geboren sind - ich kam am 26. April 1942 in Stettin zur Welt -, lachen sowieso nicht. Sondern halten den Atem an, weil bei ihnen (und bei mir, der ich beim Aufschreiben dieses Kapitels immer wieder Tränen vergossen habe) Erinnerungen hochsteigen. Erinnerungen an den Krieg, der mit seiner eiskalten Brutalität alles verändert hat. Und so vieles zerstörte.

Ich habe dieses Bild vor Augen: Die Tür zum Kellerverschlag, die Tür, die mich von meinem Dreirad trennte, die verhinderte, dass ich es mitnehmen durfte – und meine Seele sagt mir bis heute, dass es ein ach so großer Verlust war. Was sollte ich als nicht mal Dreijähriger auch anderes denken?

Dieses Dreirad war mein Ein und Alles. Aber die Älteren und die Erwachsenen haben sich nicht eine Sekunde um meinen Verlust gekümmert. Es ging um viel mehr.

Es ging darum, mit dem bloßen Leben davonzukommen. Wir sind richtiggehend getürmt. Hals über Kopf. Mit dem Nötigsten, und das war nicht viel mehr als das eigene Leben.

Es ging darum, nach einem ersten Abschied aus Stettin endgültig die Heimatstadt zu verlassen. Nach einer vorhergegangenen, hektischen, hilflosen Flucht mit einem Pferdegespann, nach der wir noch einmal nach Stettin-Scheune zurückgekommen waren.

Jetzt, beim zweiten Versuch, einen sicheren Ort zu finden, war es Anfang 1945. Und in meinem Gehirn flackern heute noch diese Bilder. Überlagert von den Gefühlen des Verlustes, der Angst, der Unsicherheit – das Wort Horror ist nicht zu groß, um das zu beschreiben, was ich damals empfunden haben muss.

Die Geschichte mit dem Dreirad, die mich immer wieder packt, wenn mich jemand danach fragt und so die Geister der Erinnerung erneut aufsteigen lässt, ist aber nur meine zweitjüngste Kindheitserinnerung. Und die allererste ist keinen Deut besser.

Wir sind mit dem Pferdewagen und dem bisschen Hab und Gut unterwegs, im Flüchtlingstreck, und plötzlich steht ein russischer Soldat mit angelegtem Gewehr vor meinem Vater. Ich sehe nur diese kleine Szene: Vati steht da, der Soldat vor ihm. Er brüllte und streckte fordernd die Hand aus – und mein Vater muss ihm die Uhr samt goldener Uhrkette und den Ehering aushändigen.

Die Kriegsgeneration wird verstehen, dass ich nie Genaueres über diese Begegnung erfahren habe. Ich weiß nicht einmal, ob sie der

Auslöser für die endgültige Flucht unserer Familie aus Stettin war. Mein Vater und ich haben nie, nie, nie über solche Dinge gesprochen. Das war undenkbar. Das ging nicht. Bis zu seinem Tode waren Stettin, Flucht, Krieg, Sorgen, Verlust und vieles andere ein Tabu, an dem nicht einmal ich, der immer Aufbegehrende, den Hebel ansetzen konnte. Ich kann Ihnen nicht einmal sagen, warum mein Vater 1944/45 zu Hause bei uns war. Ich weiß, dass er in beiden Weltkriegen Soldat war. Im Ersten Weltkrieg muss er schreckliche Dinge erlebt haben, im Zweiten ganz genauso. Aber 1943 – so denke ich – kam er nach Hause. Aus Gründen, die ich nie erfahren habe.

Noch einmal, ganz deutlich: Mein Vater und ich haben niemals über solche Dinge gesprochen!

Und wenn ich ehrlich bin, wollte ich das auch gar nicht. Denn vieles, was in meiner Kindheit passiert ist, ruht am besten in meiner Erinnerung. Daran zu rühren ist nutzlos und sinnlos. Die Zeiten damals sind so weit entfernt von unseren Luxusproblemen heute, dass es mir manchmal vorkommt, als hätte ich zweimal gelebt. Mindestens zweimal.

Aber eines war schon kurios: Selbst in dieser gnadenlosen Zeit zum Ende des Zweiten Weltkrieges spielte sich in meiner kindlichen Welt eine Geschichte voller Moral ab. Denn trotz der Bedrohung meines Vaters durch einen russischen Soldaten und dem Raub seiner wertvollsten Besitztümer habe ich nie Hass auf die Russen verspürt. Der Grund ist ganz einfach: In der Zeitspanne zwischen den beiden Fluchten, als wir zurückgespült wurden nach Stettin, waren zwei russische Offiziere für etwa vier Wochen in unserer Wohnung einquartiert. Ich war noch nicht mal drei Jahre alt, und die beiden waren nicht nur korrekt, sondern richtig liebenswürdig. Sie spielten mit mir, als wären sie Freunde der Familie, nahmen mich auf den Schoß, versuchten mir ein paar russische Worte beizubringen.

Okay, sie haben mir auch mal eine angezündete Zigarette in den Mund gesteckt und kräftig gelacht, was meinen Eltern gar nicht gefallen hat. Aber als meine Familie dann wirklich türmen musste, organisierten sie sogar den Lastwagen, der uns aus Stettin wegbrachte.

Verrückt, oder? Mitten im Krieg eine gute Seite und eine böse Seite der Sieger zu erleben. Ich denke oft über diese Szenen nach.

Gehen Sie mit mir noch einmal einen Schritt zurück. Ich möchte, dass Sie mein Elternhaus und meine Geschwister kennenlernen. Neben meinem strengen, aber zielstrebigen und pflichtbewussten Vater Karl war das Mutter Hedwig, die ruhige, ausgleichende Seele, die alles hingenommen und abgefedert hat, oft unter schlimmsten Bedingungen und Entbehrungen. Dazu kam meine Schwester Martha, genau 20 Jahre älter als ich. Als ich geboren wurde, heiratete sie einen Soldaten der Kriegsmarine in Kiel. Ich hatte also schon West-Verwandtschaft, bevor es dieses Wort überhaupt gab ...

Und schließlich war da mein Bruder Friedrich-Wilhelm, für mich Fritz. Zehn Jahre vor mir auf die Welt gekommen. Mein Bezugspunkt als Kind, Jugendlicher und auch viel später noch ein sehr guter Bruder und Freund!

Genau alle zehn Jahre kam also im Hause Wegner ein Kind. Und ich als absoluter Nachzügler. Noch dazu war Vater genau zehn Jahre älter als meine Mutti.

Vielleicht haben Sie längst zu rechnen begonnen, ich helfe Ihnen ein wenig dabei. Das Geburtsjahr meines Vaters ist 1890, das der Mama 1900. Das heißt, dass ich eigentlich nicht in ein Elternhaus geboren wurde. Vater und Mutter waren mit 52 und 42 eher Großeltern. Opa und Oma.

Ob mich das belastet, geprägt oder beeinflusst hat? Sicher, aber erst Jahrzehnte später habe ich wirklich darüber nachgedacht. Meine Eltern haben meine Geburt ab und zu als »Unglücksfall« bezeichnet. Aber ich habe immer kapiert, dass das nicht gegen mich gerichtet war, sondern auf den Umstand, dass es viele Menschen in unserem Bekanntenkreis und Umfeld überrascht hat, dass ein Ehepaar mitten in den Kriegswirren in diesem Alter noch ein kleines Menschlein in die Welt setzte.

Es war eben ein Unglücksfall. Da hatten sie einfach recht.

Gespürt habe ich das vor allem an der Besorgtheit meiner Mutti. Sie hat sich immer viele Gedanken um mich gemacht. Aus der Verantwortung heraus, in einer verantwortungslosen Zeit mich geboren zu haben. Das war der Grund für ihre Angst um mein Wohl, das glaube ich ganz fest.

Aber gesprochen, Sie ahnen es, haben wir nie darüber.

Ach ja, eines gehört noch zu meiner frühesten Kindheit. Ein komischer Spruch. Der Postbote in dem kleinen Dörfchen, in dem wir nach der Flucht aus Stettin landeten, sagte immer: »Na, der Kleine ist aber einer aus dem letzten Wurf.« Ich musste 15 oder 16 werden, um zu verstehen, was er meinte. Gewundert hat es mich, aber nicht wirklich gestört. Wir hatten genug Probleme damals, Ende der 40er und Anfang der 50er Jahre.

Das Dörfchen, unser Fluchtort, hieß und heißt Büssow und liegt 30 Kilometer westlich von Stettin, zehn Kilometer ins Landinnere von der deutsch-polnischen Grenze aus gesehen. Büssow ist ein Teil der Gemeinde Penkun, deren stolzer Ehrenbürger ich heute bin. Aber dazu kommen wir später.

Erst muss ich Ihnen noch ein bisschen mehr über unsere Familie und über meine Kindheit erzählen. Ich habe eine sehr gute Erinnerung, habe das auch später nutzen können – wenn ich meine Boxer mit Details überraschte, die sie selbst längst vergessen hatten. Oder vergessen wollten. Dennoch muss ich klarmachen, dass mir bei den meisten Geschichten, Anekdoten und hochsteigenden Emotionen die genauen zeitlichen Daten fehlen. Aber ich will und muss Ihnen trotzdem davon berichten. Weil es unerlässlich ist, wenn mein Leben ein stimmiges Bild ergeben soll.

Wir bekamen in Büssow eine kleine Landwirtschaft zugeteilt. Mein Vater kam aus einer Familie, die einen großen Bauernhof bewirtschaftet hatte. Er kannte sich also aus – obwohl er nie Landwirt hatte werden wollen. Sein Traum war es, als Jockey zu arbeiten. Doch seine Eltern, so erfuhr ich als Kind, waren strikt dagegen. Mein Vater hat wohl deshalb nie einen richtigen Beruf erlernt, hat aber immer gearbeitet, hat immer seinen Teil dazu beigetragen, dass seine Familie überleben konnte. Ganz egal, ob er eine Arbeit als Bürokraft hatte (später auch in einer LPG, einer Landwirtschaftlichen Produktionsgenossenschaft), ob er als Straßenarbeiter schuftete oder im Korn – so sagte man damals –, als Erntearbeiter.

Ich weiß auch noch, dass wir ganz am Anfang in Büssow ein Pferd ersteigerten. Ich habe noch die Bilder vor Augen, bestimmt, weil es ganz wichtig für unsere Familie war. Wie dann aber aus dem Pferd unsere Kuh wurde, von der noch die Rede sein wird, kriege ich nicht mehr zusammen.

Dafür spüre ich bis heute die bedrückende Stimmung, die in den Nachkriegsjahren über allem lag. Wir hatten immer zu essen. Nie im Überfluss, aber Vater und Mutti haben rund um die Uhr geschuftet, damit wir Kinder – damals ja nur noch Fritz und ich – nicht hungern mussten. Dennoch war der Hunger allgegenwärtig: Menschen kamen an unsere Tür, um zu betteln. Ein Stück Brot. Eine Tasse Mehl. Ein Ei. Und Mutti gab den Menschen, die oft nur noch Lumpen statt Kleidungsstücke am Leib trugen und meistens Städter aus Berlin waren, immer irgendetwas. Einen kleinen Teil von dem Nichts, das wir selbst hatten.

Die Städter kamen zum Stoppeln hinaus aufs Land. Stoppeln – dieses Wort kennen die Jüngeren garantiert nicht mehr. Es bedeutete eine fast menschenunwürdige Form der Nahrungssuche. Die Städter kamen und suchten auf den bereits abgeernteten Feldern nach verwertbaren Resten. Nach Mini-Kartoffeln, die liegen geblieben waren. Nach Maiskolben oder anderem – um wenigstens für ein paar

Tage die kargen Rationen aufzubessern, mit denen sie sonst überleben mussten.

Heute geht es in den Supermarkt, wir laufen durch den Überfluss und haben die Angst, nichts zu haben, fast völlig verloren. Ich sehe natürlich mit wachen Augen, dass die Armut weiter Teil unserer Gesellschaft ist. Und in den letzten zehn, fünfzehn Jahren eher zu- als abgenommen hat. Aber Armut 2017 und Armut Ende der 40er und Anfang der 50er Jahre sind nicht zu vergleichen. Basta.

Muttis Art, keinen Hungrigen oder Hilfsbedürftigen abzuweisen, hat mich tief beeindruckt. Hat mich geprägt. Mehr möchte ich dazu nicht ausführen. Außer dem Appell, dass ein jeder für sich überprüfen möge, wie sehr er armen, bedürftigen und in Not geratenen Menschen helfen kann.

Bis heute höre ich ein ganz bestimmtes Klopfen an unserer Wohnungstür in Büssow. Höre und sehe, wie Mutti dem Bettler erklärt, dass wir wirklich nichts mehr haben, was wir weggeben könnten. Und wie sie dann plötzlich mitbekommt, dass der arme Mensch auf unserer Schwelle nur noch einen Arm hat. Mutti ging zurück in die Küche und die Vorratskammer, die diese Bezeichnung nicht verdiente, und stellte für den Kriegsversehrten ein Päckchen zusammen, das bestimmt für eine Woche reichte.

Die Liebe meiner Mutter zu mir war grenzenlos. Und wichtig, weil Vater ein sehr strenger Mensch war. Fritz und ich haben unseren Vater verehrt. Weil er sehr zielstrebig war. Uns immer angetrieben hat, was zu werden. Zu lernen, um es mal besser zu haben. Das war der Grund für seine Strenge, das weiß ich. Aber er war auch ein verzweifelter Mann. Einer, der schwer daran zu tragen hatte, dass ihm das Schicksal immer wieder Knüppel zwischen die Beine geworfen hat.

Oft wurde in unserer Familie die Geschichte von dem großen Traum meines Vaters erzählt. Er wollte sich ein Auto kaufen und hatte endlich, endlich das Geld zusammen. Doch genau zu diesem

Zeitpunkt brach der Zweite Weltkrieg aus. Und alles kam wieder einmal ganz anders.

Mein Vati hat nie in seinem Leben ein eigenes Auto besessen.

Dieser Satz mit seinen elf Worten löst auch 35 Jahre nach seinem Tod – er starb mit 90 Jahren – noch tiefe Traurigkeit in mir aus.

Mein Vater, bei all den schlimmen Dingen, die er mitgemacht hat, schuftete für seine Familie und lebte in sich zurückgezogen. Wenn wir nicht bestraft wurden, war es das größte Lob, zu dem er fähig war. Und wenn wir bestraft wurden ... Darüber rede ich nicht. Aus Respekt vor meinem Vater, an dessen Grab ich mich bei der Beerdigung für sehr, sehr viel bedankt habe. Für fast alles. Aber nicht für die Momente der Bestrafung.

Zum Glück war da noch Mutti, die immer wieder versöhnend, abmildernd wirkte, und mir, ihrem Nachzügler, kaum einen Wunsch abschlagen konnte. Manchmal half sie mir sogar bei meinen Trickse-reien. Denn unser Vater wusste ganz genau, was die größte Strafe für mich war, wenn ich wieder mal in der Schule nicht genug aufgepasst und eine 4 nach Hause gebracht hatte. Fußballverbot! Das Schlimmste für mich, den schulischen Saisonarbeiter, der während der Unterrichtsstunden lieber die Mannschafts-Aufstellungen für unsere Bolzrunde notierte.

Genau so war das: Fußball war und ist und bleibt meine große Liebe. Boxen kommt knapp dahinter, aber dahinter. Auch wenn Sie mir das nicht glauben! Aber das Kicken, Bolzen, Knödeln war schon als Kind meine Lieblingsbeschäftigung. Der Fußballplatz mein Paradies. Ich wollte immer Fußballprofi werden. Habe mein Leben lang die Mannschaften bei großen Turnieren bewundert – und die WM- und EM-Kader auswendig gelernt. Meine Liebe zum runden Leder ist riesengroß.

Fragen Sie mich nie, ob ich meine ganzen Erfolge im Boxsport für ein Länderspiel im Fußball hergeben würde. Bitte fragen Sie mich nicht!

Aber wenn Vater mich dann bestrafte, wenn er mir das Tollste nahm, das ich in meiner Kindheit hatte – Fußballspielen mit den Kumpels auf dem Bolzplatz –, dann hatte ich eine Verbündete in meiner Mutti. Unter der grauen Last des Fußballverbots schlich ich mich aus dem Haus – und am Fenster wartete Mutti mit meinen Töppen, den Fußballschuhen. Sie sagte kein Wort, weil sie aufpassen musste, dass mein Vater nichts mitbekam. Aber die Geste war unvorstellbar wichtig. Strenge und Liebe. Pflicht und Kindsein. Irgendwie machte das alle Entbehrung meiner jungen Jahre erträglich.

Auf der anderen Seite packt mich heute noch der Horror vor dem Kinder-Job, den ich schon mit sechs Jahren leisten musste. Kühe hüten, für meinen Vater und einen befreundeten Landwirt. Ich weiß heute, dass es gar nicht anders ging. Dass es viel zu viel Arbeit, Stress und Verantwortung war, die auf den Schultern von viel zu wenigen Männern (und Frauen) lastete. Aber das hilft nicht gegen die schlimmen Erinnerungen.

Können Sie sich vorstellen, wie sich ein Sechsjähriger fühlt, wenn er mit zehn Kühen weggeschickt wird? Zum Hüten. Zum Aufpassen. Zum nicht in der nächsten Sekunde aus Angst vor den riesengroßen, schnaubenden Tieren Davonlaufen.

Ich weiß bis heute nicht, wie ich das geschafft habe, damals, 1948 oder 49. Die Kühe folgten nie. Sie gingen dem benachbarten Bauern an den Klee, und der schrie mich an, ich solle besser aufpassen. Sie hauten einfach ab, fraßen Blumenbeete leer – sie machten nur nie das, was ich von ihnen wollte. Was ich erhoffte. Was ich mit gerade noch unterdrückten Tränen erflehte.

Kühe hüten mit sechs Jahren ist keine Idylle aus irgendeinem Heimatfilm! Es ist pure, nackte Angst – davor, etwas falsch zu machen. Angebrüllt, bestraft, geschlagen zu werden.

Und das alles für zwei Mark die Woche, die der andere Bauer meinem Vater dafür zahlte, dass ich seine Viecher mit betreute. Zwei Mark, die für die Familienkasse soooo wichtig waren.

Schwerer habe ich nie wieder in meinem ganzen Leben Geld verdient!

Zwei oder drei Jahre später, immerhin war ich schon große acht oder neun Jahre alt, war das Kühehüten fast schon Routine. Jedenfalls konnte es mich nicht mehr vom Fußballspielen abhalten.

Wir waren inzwischen von Büssow nach Penkun umgezogen. Damit musste ich nicht mehr vier Kilometer jeden Tag zur Schule und vier Kilometer zurück nach Hause laufen. Und wir hatten nur noch unsere eigene Kuh. Um die musste ich mich kümmern, aber wenn der Fußball rief, band ich das Tier einfach irgendwo fest. Dann ging es zu meinen Kumpels. Die Mannschaften wurden gewählt. Und stundenlang gab es keinen anderen Gedanken mehr in meinem Kopf als Fußball. Die Kugel erobern, nach vorne treiben und irgendwie einen Teamkollegen finden, der ein Tor machen konnte!

Ich behaupte einfach mal, dass meine Mannschaft die meisten Spiele gewonnen hat. Nach Hause lief ich dann stolz wie Fritzchen. Oder besser wie Fritz. Sie wissen schon, Fritz Walter. Der geniale Fritz Walter, der mit seinem Bruder Ottmar in der Nationalelf spielte und die 54er Weltmeisterschaft gewann.

Erinnerungen, die mich geprägt haben und bis heute eine Gänsehaut auslösen.

Ich wollte, wie gesagt, Fußballer werden, das war mein großer Traum. Und für den Traum vergaß ich alles. Vor allem die Kuh, diese dumme Fessel für meinen kindlichen Spieltrieb.

Manchmal hatte ich sogar Glück. Dann kam ich viel zu spät nach Hause, aber das Vieh war brav geblieben, hatte sich sattgefressen, und mein Vater lobte mich sogar, dass ich mir so viel Mühe gegeben hatte.

Aber regelmäßig ging es auch schief. In Penkun erzählt man sich die Geschichten heute noch. Wenn ich nach stundenlangem Gekicke zu der Laterne oder dem Pfosten kam, an dem ich die blöde Kuh festgebunden hatte, war sie nicht mehr da. Sie hatte sich losgerissen, irgendeinen Garten verwüstet – also wurde sie von einem erbosten Nachbarn nach Hause zu meinem Vater gebracht. Da stand er dann vor der Haustür und wartete schon auf mich. Puff, machte der Traum vom glorreichen Fußballerdasein, den ich mir mit jedem Schritt bunter ausgemalt hatte. Der Anblick meines Vaters ließ mein Blut gefrieren. Die Bestrafung war heftig, aber immer nur ein erster Teil. Denn sein Zorn verfolgte mich manchmal tagelang. Er fühlte sich im Stich gelassen von seinem verantwortungslosen Sohn und erhöhte deshalb noch den Druck auf mich.

Wenn er richtig sauer war, ging er früh einfach arbeiten, ohne noch zu mähen. Dann hatte die Kuh erst mal gar nichts zu fressen und ich alle Hände voll zu tun, um sie satt zu bekommen. Ich erinnere mich an Tage, viele Tage, die ein einziger Kampf waren, meine Pflichten zu erfüllen. Nichts anderes. Höchstens ein gutes Wort mütterlicherseits, ein kleiner Trost. Und sonst nur schwere, drückende Zeit.

Ich muss ihnen noch eine Geschichte erzählen, die wie ein Schatten über meiner Kindheit lag. Mein Bruder Fritz, der Müller gelernt hatte, war noch nicht mal 20, als er plötzlich verschwand. Er wollte zusammen mit ein paar Freunden im Westen sein Glück suchen, war abgehauen. Wie eine Glocke legte sich der Schmerz meiner Mutti über unsere Familie. Sie weinte den ganzen Tag, machte sich Vorwürfe und seufzte immer wieder: »Was wird nur aus Fritz? Was wird nur aus ihm?«

Fritz fand nichts Richtiges im Westen, zog mehr oder weniger ziellos umher, aber nach Hause kommen konnte er irgendwie auch nicht. Es dauerte über zwei Jahre, bis unser Vater ihn zurückholte. Aber Fritz, der eigentlich ein richtig schlauer Bursche war, bekam in der DDR keine echte Chance mehr. Er arbeitete als Traktorist, wurde aber in der LPG, die ihn beschäftigte, bewusst kurzgehalten. Mähen und pflügen, mehr ließ man Fritz nicht machen. Irgendwann war ihm das zu wenig und er suchte sich Arbeit bei der KIM.

Ich weiß ganz genau, dass 90 Prozent der Leser mit dieser Abkürzung nichts mehr anfangen können. Für uns in der DDR war das einer von Hunderten Buchstabenbegriffen, die unser Leben definierten. Von A wie ASK (Armeesportklub) bis Z wie ZK (Zentralkomitee) reichte der Bogen. Die Landwirtschaftliche Produktionsgenossenschaft (LPG) war genauso wie zum Beispiel VEB (Volkseigener Betrieb) durch den häufigen Gebrauch auch im Westen bekannt. Der Begriff Kombinat Industrielle Mast (KIM) eher weniger. Hühnerfarm ist die korrekte Übersetzung, aber in der DDR sagte man oft nur Hühner-KZ.

Mein Bruder leitete in Mehro, nahe Bernau, vier Ställe. Und erzählte mir nach ein paar Wochen Arbeit bei der KIM eine Geschichte, die ich erst unglaublich fand, die mir aber, je älter ich wurde, immer wieder die Welt erklärte. »Du weiß schon«, sagte er zu mir, »dass die Eier der höchsten Qualitätsstufe nach Westberlin verkauft werden. Das ist von oben so festgelegt. Und wenn die in Westberlin nicht zufrieden sind, schicken sie uns 1000 oder 2000 einfach zurück. So läuft das.« Diese Eier wurden dann bei uns verkauft. Unter dem KIM-Werbespruch: »Köstlich, immer marktfrisch.« Propaganda eben.

Fritz war nicht der Einzige, der im sozialistischen Auftrag für den »Klassenfeind« arbeitete. Es gab viele derartige Beispiele – aber man musste nur eines hören, um die sozialistische Welt mit anderen Augen zu sehen. Fritz, der gerne mehr Verantwortung übernommen hätte, sich aber wegen seiner Flucht und Rückkehr arrangieren musste, hatte schon damals, in den 50er Jahren, ein feste Meinung, wie es mit der DDR enden würde. »So wie wir das anpacken, so komisch wie das alles läuft, wird unser Staat irgendwann bankrott gehen. Das ist nur eine Frage der Zeit.«

Natürlich machte nicht nur unser Staat Geschäfte mit dem Westen. Für eine Familie wie die unsere war es überlebenswichtig, die Möglichkeit dazu zu nutzen. Und weil das Leben manchmal kurios einfach ist, ging es auch um Eier.

Meine Mutter kaufte sie auf einem Hof in der Nähe, fuhr dann –

als die Mauer noch nicht stand – mit der Bahn nach Berlin-Gesundbrunnen und konnte dort beim Weiterverkauf einen höheren Preis erzielen. Das ging so lange gut, bis sie einmal bei einer Kontrolle erwischt wurde. 400 Eier wurden ihr abgenommen, und eine Geldstrafe kam obendrauf. Aufhören ging aber nicht, wir brauchten die paar Mark, die nach der aufwendigen Eierei in Muttis Geldbeutel blieben. Also machte sie weiter, kaufte Eier in Angermünde und fuhr von dort mit dem Fahrrad bis zum Gesundbrunnen. Über 80 Kilometer Strecke und dasselbe wieder zurück. Sie war schon deutlich über 50, hatte fast immer gesundheitliche Probleme.

Sie litt jahrelang an einem offenen Fuß. Die Ärzte, die für sie ansprechbar waren, konnten ihr nicht helfen. Jede Nacht lag meine Mutti stundenlang wach und schrie vor Schmerzen. Und ich zitterte mit ihr, war ein kleiner, verängstigter Junge, der nicht wusste, was geschah.

Am nächsten Morgen verband sie sich die offene Stelle und erledigte das, was der Tag von ihr verlangte. Garantiert auch unter schlimmen Schmerzen. Doch danach fragte niemand. Es wurde getan, was getan werden musste.

Wirklich außer Gefecht war sie nur einmal, als sie von einem Strohwagen gefallen war und sich den 12. und 13. Rückenwirbel angebrochen hatte. Damals gab es keine Spezialbetten, es wurde nicht operiert, es gab keine Spezialisten in unserer Gegend. Mutti war ein Vierteljahr im Krankenhaus, und die Therapie war: acht Wochen auf einem Brett liegen, damit die Wirbel wieder zusammenwachsen.

Ich selbst habe erst viel später realisiert, was Mutti in diesen ganzen Jahren für Strapazen auf sich nahm, um für mich zu sorgen. Als es geschah, sah ich nicht die 160 Kilometer auf dem Fahrrad, dachte nicht an ihre Pein, sondern freute mich nur über die Schokolade und die Drops, die sie mir aus Westberlin mitbrachte. Wenn ich mit einer Rolle Lutschbonbons auf dem Bolzplatz stand und die Kostbarkeiten an meine Kumpels verteilte, war ich der absolute King. Es greift mir heute noch ans Herz, wenn ich darüber nachdenke, wie viel Entbehrung und Liebe gleichzeitig in diesem einfachen Muttergeschenk steckte.

Wie unfassbar anders das heute ist. Wenn wir Besuch mit Kindern empfangen, dann haben wir Berge von Süßigkeiten zu Hause. Wenn ich irgendwo eingeladen bin, wo auch Kinder sind, bringe ich Schokolade und Gummibärchen mit. Auf meinen Hotelzimmern steht immer ein Korb mit Bonbons und Pralinen. Das ist alles gut und alles wunderschön. Aber der Geschmack der Drops, die meine Mutter aus Westberlin mitbrachte, war ein anderer. Und der Wert tausendfach höher. Eine Rolle hielt notfalls wochenlang. Wurde versteckt, wieder herausgeholt, nur angeschaut, die einzelnen Juwelen durchgezählt, wieder weggepackt. Und alles von vorn.

Glauben Sie mir, wenn ich Ihnen sage: Die Nachkriegszeit mit all ihren Schrecken, Strapazen und Wirrnissen war auch eine unheimlich erfüllte Zeit. Jeder Tag, jedes Ding, jeder kleine Schritt nach vorne brachte ein intensives Glücksgefühl. Heutzutage, in unserer Luxusgesellschaft, haben wir verlernt, das kleine Glück zu sehen. Ich nehme mich da gar nicht aus. Wir haben viel mehr, aber das meiste davon ist uns weniger wert. Ich will auf keinen Fall den moralischen Zeigefinger herausholen, aber ich appelliere an Sie, doch einmal darüber nachzudenken.

Der Wert des Lebens, so wie ich es sehe, steckt nicht im Überfluss. Und, das darf ich ebenfalls aus eigener Erfahrung sagen, er steckt auch nicht in Armut und Entbehrung. Der Wert des Lebens steckt in den Menschen, die unser Dasein lebenswert machen. Die uns helfen, berühren, unterstützen, trösten, fördern und – die uns lieben.

Eine Rolle Drops kann pure Liebe sein. So denke ich darüber.

Wenn Sie gerade im Moment Ihr Herz klopfen hören, dann gibt es sicher auch in Ihrem Leben, in Ihrem geliebten Umfeld einen Menschen, der sich sehr über eine Rolle Drops freuen würde.

Lassen Sie uns zurückgehen, nach Penkun. Zurück in mein Leben als Schuljunge ohne jegliche Ambitionen. Ich war bestimmt kein Dummer, das habe ich später im Studium gezeigt – und im Leben auch ein bisschen. Aber ich hatte kein Interesse an dem, was die Lehrer da vorne erzählten.

Versuchen Sie mich zu verstehen. Das harte Leben, das ich Ihnen an einigen Beispielen erzählt habe – und von dem ich aus Vaterliebe trotzdem nicht jedes brutale Detail erwähne –, brauchte einen Ausgleich. Einen Gegenpart. Der hieß auch Ulli Wegner, hatte aber keine Angst vor Kühen oder vor einem in der Türe drohend wartenden Vater. Dieser Ulli war ein Lausbub, wie es keinen schlimmeren geben konnte.

Während der Unterricht lief, konnte ich nicht zuhören – ich musste den Nachmittag organisieren. Fußballmannschaften aufstellen. Spiele ausdenken. Ganz scharf nachdenken, bei wem eventuell die Eltern nicht da waren – das hieß dann sturmfreie Bude.

Schule war was für Streber. Für Leseratten. Für Muttersöhnchen!

Keiner von denen hatte wie ich die Gewissheit, mal durch seine Fußballkunst Spieler in der DDR-Oberliga zu werden. Für mich stand das fest. Ich würde Fußballer werden, damit mein Geld verdienen. Das waren keine Flausen, das war Tag für Tag für Tag der absolute Ernst für mich. Bis heute spüre ich den Stich, dass es nicht gereicht hat. Aber damals war es sonnenklar. Wer braucht da schon Schule?

Ich schrieb also Dreien und Vieren, musste sogar die vierte Klasse wiederholen. Allerdings nach einem langwierigen Kampf mit den Masern. Ich fiel mehrere Monate aus – und mit meinem Grundstock und meiner Unwilligkeit zu lernen konnte ich das nie und nimmer aufholen. Es gab doch so viel anderes zu tun. Ja, hätte ich denn auf die legendären Eishockey-Duelle Sowjetunion gegen Kanada verzichten sollen?

Dazu muss ich Ihnen erst einmal meinen besten Freund aus Kindertagen vorstellen. Roderich Packhäuser, genannt Packi. Naturtalent in allem, was Spaß und Laune macht – wir kommen noch dazu. Eigentlich ein ganz anderer Typ als ich, mehr verträumt und ruhig. Wir beide passten zusammen wie Pech und Schwefel oder wie Nitro und Glyzerin.

Packis Mutter war Direktorin unserer Schule. Sie wohnte im ersten Stock über einem Spielwarenladen. Teppiche oder Läufer waren echter Luxus, der Boden wurde gebohnert, bis man sich drin spiegeln konnte – das perfekte Eis für unsere Prestige-Duelle. Wir sind mit einem Ball und Stöcken immer um die Betten rum, mit vollem Karacho. Packi war die UdSSR und ich war Kanada, er der Techniker, ich der Kämpfer – und jedes einzelne Mal gab es eine Prügelei.

Packi war nicht nur talentierter als ich, er hatte auch mehr Kraft. Ich hatte nur meinen unbändigen Ehrgeiz entgegenzusetzen. Egal, wie oft er mich auf den Boden drückte oder in den Schwitzkasten nahm, ich ging keiner Auseinandersetzung aus dem Weg. Sowjets gegen Kanadier – hundertmal und noch viel öfter.

Für den Fall, dass seine Mutter nach Hause kommen würde, hatten wir auf dem Tisch, der irgendeinen anonymen Gegenspieler darstellte, fein säuberlich Ausschneidebögen für Flugzeuge gelegt. Und eine Schere daneben. Wenn wir sie kommen hörten, flog unsere Eishockey-Ausrüstung in die Ecke, und wir saßen in null Komma nix als brave Freunde nebeneinander und taten so, als würden wir basteln. Wir, mit unseren verschwitzten und zerzausten Haaren.

Die Ladenbesitzerin hatte sich garantiert schon wieder beschwert über den Lärm da oben. Der Boden trug die Spuren unserer wilden Eishockey-Schlachten. Mir brannte vor Peinlichkeit das Gesicht feuerrot. Aber nie im Leben hätten wir etwas zugegeben.

»Trickse doch nicht schon wieder herum«, pflaumte Packis Mutter ihren Sohn an. »Ihr habt doch wieder bloß rumgetobt.« Wir versuchten, ein verletztes Lächeln auf unsere Gesichter zu zaubern, und studierten die Bastelbogen, als gäbe es für den am tollsten ausgeschnittenen einen WM-Pokal.

Roderich Packäuser war mein erstes Vorbild. Mein erster Maßstab. Meine erste Herausforderung. Er war (und ist, wir kennen uns heute noch sehr gut) schon einen echte Nummer. Alles fliegt ihm zu. Gitarre spielen? Kein Problem, schau her, es geht doch schon! Leichtathletik? Kinderspiel, das gibt Platz 1 bei den Bezirksmeisterschaften! Fußball? Packi war einfach eine Augenweide, der Ball war sein Freund und kam an seinen Fuß, um zu kuscheln. Ich ackerte wie wahnsinnig, trainierte Stunde um Stunde, um sein Talent auszugleichen. Und zumindest im Sport ist es mir gelungen.

Er war das Naturtalent im Tischtennis; ich brauchte Wochen, um das Spiel richtig zu kapieren. Aber ich weiß es noch wie heute, als ich Packi dann zum ersten Mal besiegen konnte. Ihm waren der Sport und das Gewinnen viel weniger wichtig als mir. Er hatte gleich wieder etwas anderes im Sinn, für mich war es der Mittelpunkt der Existenz.

So bin ich gewachsen, gewachsen am Sport. Habe es durch Fußball, Tischtennis, Zimmerhockey und vieles andere geschafft, mein Leben zu definieren, ihm einen Inhalt zu geben – und daran zu wachsen.

Ja, ich sage ganz bewusst: Der Sport hat alles andere relativiert. Die Härte meines Vaters. Die gesundheitlichen Probleme meiner Mutter. Die Tatsache, dass ich mit Bezugspersonen zusammenlebte, die eher Oma und Opa waren als Mutter und Vater. Der Sport und meine absolute Verrücktheit danach gab mir einen Halt. Und Selbstvertrauen.

Ich war nicht mehr der Kuhjunge voller Angst. Ich war ein Kerl. Ulli Wegner. Ulli mit zwei L. Der kann was. Das sieht doch jeder.

Ich habe solche Entwicklungen später als Trainer tausendmal gesehen. Sport macht Menschen. Sport fördert zutage, was in einem steckt. Bei mir war es der Ehrgeiz, der in der Schule oder beim Kühehüten nie aufblitzte. In jedem anderen Bereich des Lebens habe ich erst mal geschaut, was so geht. Nur kein Übereifer. Wer als Erster fertig ist, kriegt garantiert noch mehr zu tun. Warum anstrengen, wenn man ganz locker auch über die Runden kommen kann? Im Sport habe ich immer Vollgas gegeben. Und der Sport hat mich dafür beschenkt mit allem, was sich ein Mensch nur erträumen kann.

Schon lange vor dem Ende der Schulzeit – ich habe nur acht Klassen absolviert, meine Noten waren nicht gut genug, um zehn Schuljahre voll zu machen – war mir klar, dass ich eine Lehre aufnehmen würde. Ich war 15 und konnte aufgrund der Altersverhältnisse nicht auf meine Eltern zählen. Als ich noch die Schule besuchte, ging mein Vater mit 65 in Rente. Mutti schickte ihn jedoch nach kurzer Zeit wieder arbeiten, weil er ihr zu Hause nur im Weg war. So blieb es, bis er 70 war.

Wer in der DDR keine Lehre machte, galt als Asozialer. Mal einfach so in den Tag hinein leben, das gab es nicht. Aber ich wollte das auch gar nicht. Ich wollte mich weiter abnabeln – und verließ als Lehrling das Elternhaus.

Und verließ Penkun. Das Städtchen, das in den Kriegswirren der Fluchtpunkt meiner Familie war. Aber im Laufe der Jahre zu dem wurde, was ich »mein Fleckchen Erde« nenne. Der Ort, zu dem ich eine ganz besondere, tiefgehende Beziehung habe. Ich fahre gerne dorthin, mag die Menschen, die Mentalität in Vorpommern, mag die Landschaft und das Essen. Und bin über alle Maßen stolz, in dieser Stadt meiner Kindheit und Jugend die Ehrenbürgerwürde verliehen bekommen zu haben.

Aber dennoch war es mir wichtig, Ihnen auch von den harten Zeiten in Penkun zu erzählen. Denn das kann sich doch heute niemand mehr vorstellen, wie wir damals nach dem Krieg gelebt haben. Wir hatten nichts. Überhaupt nichts. Und halfen immer noch Menschen, die noch weniger hatten.

2. KAPITEL

Wanderjahre

Wie ich auszog, um erst Traktoren- und Maschinenschlosser, dann Fußballer, Boxer und schließlich Boxtrainer zu werden

Das Elternhaus in Penkun verließ ich, als ich immer noch 14 Jahre alt war, um eine Lehre zu machen. Gelernt habe ich, volle drei Jahre lang, Traktoren- und Landmaschinenschlosser. Für mich eine logische Sache, weil rund um Penkun die Menschen in der Landwirtschaft arbeiteten und immer wieder Reparaturen an den Treckern, Mähdreschern und Zugmaschinen zu erledigen waren. Als Traktoren- und Landmaschinenschlosser arbeitete man in einer MTS, einer Maschinen-Traktoren-Station. Das war mein Ziel.

Aber erst einmal hieß das, auf eigenen Beinen zu stehen. 80 Kilometer von Penkun, meiner Heimatstadt, entfernt, kam ich in Anklam ins Internat. Das ungefähr war die Zeit, diese Jahre zwischen 1957 und 1960, in denen ich so langsam, aber ganz langsam, einen Blick fürs Leben bekam.

Da war die DDR, in der ich was erreichen wollte, noch ohne Mauer. Also war ich überall dabei, machte überall mit. FDJ (Freie Deutsche Jugend), Junge Pioniere, GST. Letzteres heißt Gesellschaft für Sport und Technik, eine Jugendorganisation, bei der man unter anderem den Führerschein machen konnte. Das alles braucht schon wieder eine Erklärung, und dazu muss ich ein bisschen ausholen.

Ich habe die DDR immer ernst genommen, war garantiert keiner, der aktiv am Ende des Sozialismus mitgearbeitet hat. Nein, ich habe mich arrangiert und war zufrieden, wenn ich das tun konnte, was ich tun wollte. Dass ich dennoch etliche Male angeeckt bin – ich werde Ihnen noch davon erzählen –, hat eher mit meinem Charakter, denn mit meiner politischen Einstellung zu tun.

Ich habe aber auch immer die Stimmen aus meinem Umfeld im Ohr gehabt, die sich kritisch mit unserem Staatssystem auseinandergesetzt haben. Nicht nur mein Bruder Fritz prophezeite den Untergang der DDR bei jeder Gelegenheit, auch mein Vater fand vieles, was nicht in Ordnung war. »Bei uns kann sich doch keiner entwickeln«, sagte er immer. »Das, was die Leute können, wird nicht gefördert. Es wird nur angeordnet, was zu tun ist.«

Er las jeden Tag die Zeitung. Und schimpfte jeden Tag darüber. »Das sind doch nur Lügen im staatlichen Auftrag. Das ist doch nur Propaganda. So sieht die Wirklichkeit in unserem Lande doch gar nicht aus.« Wenn ich ihn dann fragte, warum er jeden Tag eine Zeitung kaufte, die für ihn voller Lügen war, kam der entwaffnende Satz: »Ich muss mich doch informieren.«

In dieselbe Kerbe schlägt die Geschichte mit dem Fernseher. Ich habe meiner Mutti irgendwann einen gekauft – und Vater regte sich unglaublich darüber auf. »Was für eine sinnlose Geldverschwendung.« Dann aber war er es, der die ganze Zeit vor dem Bildschirm hockte. Und immer, wenn im DDR-Fernsehen Nachrichten oder ein politischer Beitrag gesendet wurden, aus dem Schimpfen nicht herauskam.

Viel wirkungsvoller als diese Systemkritik waren für mich als Teenager aber die Besuche in Westberlin. Ich hatte eine Tante und einen Onkel, die in der Prinzenstraße wohnten. In Kreuzberg. Nur ein paar hundert Meter im Westen – aber für mich eine ganz andere Welt.

Der Westen leuchtete, so albern das jetzt klingen mag. Im Westen brannten schon am frühen Abend die Straßenlaternen und die Lichter in den Läden und Häusern. Es gab Reklame und schon richtige Autos. Manchmal blieb ich ein paar Tage zu Besuch, dort drüben, in dieser anderen Welt. Wenn ich zurückkam, war ich immer noch kein

Rebell. Ich habe die Unterschiede irgendwie akzeptiert. Aber die deutlich sichtbare Kluft zwischen Ost und West wurde praktisch jeden Tag größer.

Trotzdem: Ich wäre nie abgehauen. Ich hatte nie das Verlangen, meine Heimat, meine Freunde, meine Familie zu verlassen. Weder als junger Mensch noch später als Trainer, als ich auch Reisen ins westliche Ausland machen konnte. Ich war DDR-Bürger, ohne große Fragen oder Ansprüche zu stellen. Und habe die schlimmen Dinge, die passiert sind, einfach ignoriert.

Nennen Sie mich naiv oder feige. Für mich war der Marxismus-Leninismus, den wir in der Schule, der Lehre und auch später noch pauken mussten, eine Theorie, der ich durchaus zustimmen konnte. Als Theorie wohlgemerkt. Dass sie nicht funktioniert hat in der Realität, war jedem klar. Andererseits kamen wir auch alle irgendwie über die Runden. Und ich sage es gerne noch einmal: Ich war und bin kein Freiheitskämpfer. Ich habe die DDR und das Leben in diesem Staat einfach hingenommen. Mein Parteibuch habe ich auch erst nach der Wende abgegeben.

Ich wäre mir völlig bescheuert vorgekommen, wenn ich nach dem Mauerfall plötzlich alles verleugnet hätte, was 47 Jahre meines Lebens geprägt hat. Ich weiß, dass das ein hochsensibles Thema ist. Aber glauben Sie mir, die meisten Menschen in der DDR waren so ähnlich wie ich. Wir versuchten, das Beste aus der Situation zu machen. Nicht mehr, aber auch nicht weniger.

Vielleicht bin ich sogar ein gutes Beispiel für dieses Klarkommen mit einem Unrechtsstaat, weil ich mir meine Welt schon ziemlich zurechtgebastelt habe. Die Russen und andere sozialistische Bruderländer waren für mich schlimmer als die eigene Regierung. Um wie viel könnte es uns bessergehen, habe ich mir immer eingeredet, wenn wir keine Befehle aus Moskau entgegennehmen müssten.

Als ich später in Gera gelebt habe, als Boxer und als Trainer, habe ich gesehen, wie die Arbeiter in den Uran-Bergwerken schuften mussten. Schwerste körperliche Arbeit unter miesen Umständen. Weil jeder wusste, dass das ganze geförderte Uranerz nach Moskau ging, war für uns doch klar, wer die Bösen waren.

Ich wäre froh, wenn ich dieses Thema jetzt erst mal beenden könnte. Ein Ruhmesblatt für mich wird garantiert nicht draus. Aber genauso sage ich: Bei dem, was ich nach der Wiedervereinigung erreicht habe, dort, im goldenen Westen, war ich immer stolz auf meine fachliche Ausbildung in der DDR. Auf die Menschen, die mich gefördert haben, die etwas in mir gesehen und ihre Kompetenz an mich weitergegeben haben. Stolz und dankbar.

Wir müssen zurück nach Anklam, zum Traktoren- und Landmaschinenschlosserlehrling Ulli Wegner, der in der Berufsschule durchaus mithalten konnte und weiter in jeder freien Minute Fußball spielte. Wir hatten einen Mannschaftsbetreuer namens Berger. Herr Berger also. Was uns dazu brachte, ihn nach der 54er Trainerlegende nur »Herberger« zu nennen. Und mein erstes Lehrjahr brachte für mich, den Fußballverrückten, auch einen der größten Feiertage, den ich als Fan je erlebt habe. Am 14. August 1957 spielte Manchester United, damals eine genauso große Legende wie heute, im Berliner Olympiastadion gegen eine Westberliner Stadtauswahl. Ich war dabei!

Es war ein magischer Abend unter Flutlicht. Das erste Mal, dass in dieser grandiosen Arena, die ich heute vom Fenster unserer Trainingshalle, dem »Max-Schmeling-Gym«, sehen kann, unter Flutlicht gespielt wurde. 50000 Zuschauer – und ich, vor Begeisterung schlotternd. Ich war hinten auf dem Motorrad eines anderen Fußballfans von Anklam aus zum Stadion gefahren, nichts hätte uns aufhalten können, nichts auf dieser Welt.

In der Halbzeitpause wurden die Tiefstrahler ausgeschaltet – die Menschenmasse zündete auf Kommando Streichhölzer an. Eine unfassbare Show für damalige Verhältnisse. Flutlicht. Streichhölzer. Flutlicht. Ich musste die Geschichte meinen Kollegen in der Lehre bestimmt dreihundertmal erzählen.

Die »Busby-Babes«, diese junge und dennoch so glorreiche Truppe von Trainer Matt Busby, die 1956 und 1957 die englische Meisterschaft gewann, enttäuschten nicht. 3:0 war das Endresultat – und meine Gänsehaut hielt bestimmt eine Woche. Die paar D-Mark für den Eintritt waren eine der besten Investitionen meines Lebens.

Sie können sich sicher vorstellen, wie geschockt und niedergeschmettert ich sechs Monate später war, als diese tolle Mannschaft auf der Rückreise von einer Europapokal-Partie in Belgrad mit dem Flugzeug verunglückte. Die Tragödie passierte in München, wo die Maschine einen Tankstopp eingelegt und bereits zwei Startversuche abgebrochen hatte. Beim dritten Versuch kam es auf Schneematsch zu der Katastrophe. Acht Todesopfer – die meisten von ihnen hatte ich im Olympiastadion noch spielen sehen. Edwards, das größte englische Talent dieser Ära, Taylor, Pegg, Byrne und andere. Ich habe um sie getrauert, damals. Und bis heute hat Manchester United einen ganz besonderen Platz in meinem Fußballerherzen.

Es ist fast vermessen nach dieser Erinnerung an die großen Stars von Manchester United, aber weil ich auch in den drei Jahren in Anklam weiter wie ein Verrückter Fußball spielte, hier eine kleine Analyse des Kicker-Typs Ulli Wegner:

Ich hatte die Rückennummer 10. Ich war der echte Spielmacher. Irgendwann habe ich aus Aberglauben die 13 genommen. Für die Nummer habe ich mich zuerst geschämt, weil, und auch das weiß heute niemand mehr, das eine Nummer für Auswechselspieler war. Damals gab es nicht diesen Nummernsalat wie heute. Damals durfte keiner mit der Rückennummer 44 auflaufen oder mit Vierdreiviertel oder sonst was. Von der 1 für den Torhüter bis zur 11 – das war die Anfangself. Danach kamen die Bankdrücker.

Aber ich mochte die 13 einfach unheimlich, es ist noch vor der 7 meine absolute Glückszahl, und ich habe sie mir irgendwann ausgesucht.

Auch vom Spiel her war damals vieles anders. Ich konnte gut dribbeln, aber meine stärkste Waffe war der lange, genaue Pass in den Rücken der gegnerischen Abwehr. Das gibt es heute kaum noch, weil die defensiven Konzepte viel besser geworden sind. Doch bei alledem muss ich sagen, dass ich der Spielertyp war, der über den Kampf und über die Häufigkeit der Ballkontakte besser wurde. Ich brauchte die Kugel. Wenn das Spiel an mir vorbeilief, dann war es schwer. Aber mit Ball konnte ich mich reinbeißen, hochziehen, eine Mannschaft leiten. Von dieser Einstellung her würde ich mich ein bisschen wie eine Miniausgabe von Matthias Sammer sehen. Ohne dessen Kopfballstärke. Packi wiederum, mein Kumpel, war wie eine Kopie von Michael Ballack.

Und noch eine Sache, die mich als Typen in diesen Jahren beschreibt: Ich war in der Schülermannschaft Kapitän. In der Jugend Kapitän. War in Rostock in der Marine nach einem Jahr Kapitän. War in Gera nach einem Jahr Kapitän. Ich hatte immer eine bestimmende, führende Art. Anführermentalität. Das kam durch meine totale Vernarrtheit in den Sport.

Ich habe für den Sport gelebt.

Habe mit 27 als Boxer den Kameraden höflich, aber bestimmt die Meinung gesagt. Freund hieß für mich, dass man mich nicht enttäuschen durfte. Vollgas geben für den Sport. Für die Mannschaft. Für die Staffel. Jeder Quatsch war erlaubt, aber nichts, was den Erfolg in Gefahr bringen konnte.

Damit das passieren konnte, musste meine Fußballerzeit enden. Leider, leider, leider.

Doch zuerst durfte ich noch einmal kräftig an meinem Traum schnuppern. Der Wehrdienst stand an, und ich entschloss mich, nach Rostock zur Marine zu gehen. Einerseits wegen der schönen Uniformen, aber vor allem, weil dort mit dem ASK Vorwärts Rostock ein DDR-Zweitligist nach Kickern suchte.

Es gab allerdings ein kleines Problem. Ich habe es ja schon einmal erwähnt: Ich hatte durch meine Schwester Martha, die nach Kiel geheiratet hatte, Westverwandtschaft. Also hätte ich es normalerweise sehr schwer gehabt, in Rostock meinen Wehrdienst abzuleisten. Aus zwei Gründen klappte es trotzdem: Zum einen war ich schon als junger Mann in die Partei eingetreten. Für mich gab es da kein großes Nachdenken. Ich wollte was erreichen, und dazu war es einfach besser, ein Parteibuch zu haben. Ausschlaggebend für meine Aufnahme in die Marine war aber eine Beurteilung, die mir mein Onkel Georg Siegert geschrieben hatte. Er hatte mit Thälmann zusammen gekämpft, war ein Verfolgter des Naziregimes. VdN war die Abkürzung dafür, die kannte in der DDR jeder. Das Kuriose war, dass sich mein Onkel ins Privatleben zurückgezogen hatte. Er wollte nicht mehr für den Sozialismus arbeiten, war enttäuscht von der Regierung. Aber das wusste ja niemand. Sein Brief öffnete mir die Tür.

Und doch kam alles anders als geplant. Zwar bestand ich die 14-tägige Aufnahmeprüfung zum ASK, an der immerhin 48 hoffnungsvolle zukünftige DDR-Stars im Fußball teilgenommen hatten. Nur fünf wurden auserkoren, ich war dabei. Und das, obwohl ich mit Stationen in der Juniorenliga bei Traktor Anklam und in der Bezirksklasse bei Aufbau Anklam aus der niedrigsten Spielklasse aller 48 Prüflinge kam. Aber bis genug andere Spieler beim ASK aus dem aktuellen Kader ausgeschieden wären, dauerte es noch einige Wochen. Irgendwann ging ich einfach in die Boxhalle. Ich hatte mitbekommen, dass diese Sportler zu den fittesten überhaupt gehörten, wollte einfach mitmachen. Schließlich war der einzige Kritikpunkt der Fußballtrainer an mir gewesen, ich müsse athletisch noch zulegen.

Es passierte das, was meinem ganzen Leben eine neue Richtung geben sollte. Die entscheidende Weichenstellung für alles, was später kam. Und ohne die Sie dieses Buch nicht in den Händen halten wollten.

Ich hatte einfach Talent fürs Boxen. Trainer Siggi Bartel und Cheftrainer Fritz Engel sahen, dass ich mit meiner Mentalität und meinem Biss selbst als Späteinsteiger noch ein guter Faustkämpfer werden konnte. Fritz Engel fragte schließlich bei den Fußballern nach, ob ich nicht beim Boxen bleiben könne. Der damalige Coach meinte: Wir haben noch einen Gleichwertigen, macht mal. Und das, typisch Brausekopf Wegner, hat mich so beleidigt - ein Gleichwertiger? Kann's ja gar nicht geben! -, dass ich sofort sagte: Jetzt bleibe ich Boxer.

Mit 19 Jahren kam ich - ohne einen einzigen Kampf bestritten zu haben - zum ASK-Boxen. Das war wohl einzigartig. Nur die Boxkameraden machten den Scheibenwischer. Da schmeißt einer das lockere Fußballerleben weg und bleibt bei uns, die wir ackern müssen wie die Bergarbeiter.

Ich selbst wusste auch lange nicht, ob ich über die in meine Richtung gehende Trainereuphorie im Faustkämpferlager froh sein oder meinem Kickertraum hinterherheulen sollte.

Es steht ja in jedem Lebenslauf, der über mich je veröffentlicht wurde, was an die Stelle der langen Pässe durch die gegnerischen Abwehrreihen und der Dribblings auf dem Weg zum gegnerischen Tor trat: 176 Amateurkämpfe mit dem Höhepunkt der DDR-Mannschaftsmeisterschaft 1970, erkämpft mit der BSG Wismut Gera. Darauf bin ich bis heute mächtig stolz, auch wenn ich als einzelner Aktiver über ein paar gewonnene Bezirksmeisterschaften nicht hinauskam.

Boxen wurde mein Leben. Plötzlich ordnete sich alles um ein Seilgeviert herum. Ich genoss den Kampf Mann gegen Mann vor allem auch deswegen, weil ich mich auf niemand anderen mehr verlassen musste. Beim Fußball hat es mich manchmal fast umgebracht, wenn die Mannschaftsleistung top war, aber durch Fehler Einzelner das Spiel dennoch verloren ging.

Im Boxen, das faszinierte mich seit den ersten Anfängen, geht es in dieser Beziehung viel ehrlicher zu. Die Leistung ist die Leistung des Mannes, der dort oben um den Sieg kämpft. Ja, ich höre Ihren Einwand von Fehlurteilen und geschickter Gegner-Auswahl. Dennoch:

Die beiden Männer (und längst ja auch Frauen), die ihre Handschuhe anziehen, auf ihren Mundschutz beißen und auf den ersten Gong warten, haben ihr Schicksal selbst in den Händen. Im wahrsten Sinn des Wortes.

Genau das ist der gänsehauterregende Reiz des Boxens. Und so wird es immer sein.

In Rostock genoss ich den neuen Sport, vor allem wenn Wolf-Dieter von Ascheran, mein Vorbild, die Fäuste fliegen ließ, und ich genoss mein Leben. Sechs Wochen Grundwehrdienst, sechs Wochen Fachlehrgang bei der Artillerie, dann nur noch Sport. Keine Seefahrt, fragen Sie? Nö. Wir durften uns komplett um das Boxen kümmern.

Von der ganzen Marine-Sache ist mir nur der Spruch über meinen Teilbereich in Erinnerung. Wird ein Wehrdienstler gefragt: »Können Sie lesen und schreiben?« Er verneint. »Haben Sie Haare auf der Brust?« Er bejaht. »Dann ab zur Artillerie.«

Es waren sorglose Zeiten mit dem Extrabonus, am Strand von Kühlungsborn die Ostsee, die ich so liebe, und die Sommersonne genießen zu können. Außerdem bescherte mir die Marine-Zeit in Jürgen Knips den vielleicht besten, verlässlichsten Freund meines Lebens. Wir verstehen uns immer noch blind - ich freue mich auf jedes Treffen mit ihm.

Jürgen war es auch, der nach den drei Jahren Wehrdienst mit der Idee kam, dass wir beide zu Turbine Erfurt wechseln sollten. Natürlich war Geld im DDR-Sport offiziell kein Thema, aber ein paar hundert Mark pro Monat flossen immer. Ich arbeitete dort als Schlosser, bekam dafür 410 Ost-Mark netto im Monat und trainierte nach der normalen Arbeit. Wir boxten ein Jahr für Turbine, und ich lernte unter Trainer Karli Altstaedt noch einmal eine Menge dazu.

Erfurt ist auch die Stadt, in der ich meine erste Frau traf. Monika und ich sowie unsere beiden in Gera geborenen Töchter Anett und

Susanne – bei diesem Thema muss ich Sie enttäuschen. Ich hoffe, Sie verstehen mich ein bisschen, wenn ich diesen Teil meines Lebens ausklammere. Aus folgendem Grund: Durch das, was danach passierte, mit dem ganzen Glück und Erfolg, die mir widerfuhren, kann ich dem, was damals war, niemals gerecht werden.

Es war wunderschön, solange es hielt. Es ging mit meiner ersten Frau sehr, sehr fair zu Ende. Und jeder von uns weiß, was er am anderen hatte und hat. Meine Töchter liebe ich über alles. Genauso wie die Tochter, die Margret später mit in meine zweite Ehe brachte. Alle drei Kinder wissen das. Und jetzt Schluss – ich will einfach nicht daran rühren. Basta.

Der nächste Stopp auf diesen Wanderjahren war Gera. Und was für einer.

Wir gingen dorthin, weil es einfach mehr Geld gab. 650 netto. Aber noch mehr gab es, wenn man unter Tage arbeitete. Ich bin also als Schlosser und Schweißer – den Pass hatte ich genauso wie meinen Kfz-Meister inzwischen gemacht – in den Schacht eingefahren – als Sportler natürlich zu stark erleichterten Bedingungen. Bei mir hieß das: zwei Arbeitstage die Woche, Dienstag und Donnerstag. Ansonsten war ich Sportler.

Die wichtigste Karrierestation kam aber erst mit 27 Jahren, als ich Assistenztrainer bei Hans Spazierer wurde. Ihm, meinem großen Mentor, habe ich fast alles zu verdanken, was sich später entwickelt hat.

Herr Spazierer holte mich damals, als ich noch als Amateur aktiv war, von Turbine Erfurt zur BSG Wismut Gera. Mit durchschnittlichem Erfolg, so würde man das heute wohl bezeichnen. Aber immerhin durfte ich, Sie wissen es schon, mit der Wismut-Staffel die DDR-Mannschaftsmeisterschaft 1970 feiern, an der Seite eines Klasseboxers wie Hans-Jürgen »Vogge« Voigtländer, vierfacher DDR-Einzelmeister und ein Traum im Ring.

Ich glaube, Hans Spazierer hat, noch während ich boxte, etwas in mir gesehen, weil ich immer und in jeder Umgebung eine gewisse Führungsmentalität an den Tag gelegt habe. Kurze Zeit nach dem Mannschaftstitel änderte sich dann meine Rolle, weil uns allen – und vor allem auch mir – klar war, dass ich keine großen Bäume mehr ausreißen würde. Ich wurde einer von Hans Spazierers Helfern auf der anderen Seite der Ringseile. Manchmal, ach was, sehr oft, wenn ich heute dort oben am Ring stehe, denke ich ganz intensiv an ihn und diese Zeit. Verrückt, was diese eine Entscheidung für Folgen haben sollte.

1973 wurde in Gera mit finanzieller Unterstützung der sowjetisch-deutschen Aktiengesellschaft Wismut ein Club gegründet, bei dem die politische Führung der DTSB hatte. Der Deutsche Turn- und Sportbund der DDR. Das war für Gera und den ganzen Bezirk eine sehr große Sache. Es mussten Trainingszentren gesucht und aufgebaut werden. Was mir wiederum die Chance gab, meinen schon lang gehegten Traum von einem Studium doch noch zu erfüllen. Es gab einen Sonderstudiengang an der Außenstelle der DHFK Leipzig, der Deutschen Hochschule für Körperkultur, in Bad Blankenburg. Für verdiente Sportler, für leitende Funktionäre des DTSB und für andere, die gefördert werden sollten. Dieser Studiengang ging auch ohne Abitur – also genau das Richtige für den in seiner nur acht Jahre dauernden Schulzeit unglaublich schlampigen Jungen aus Penkun.

Mir kam zugute, dass ich gut organisieren konnte. Es hat mir einfach Spaß gemacht, Dinge auf den Weg zu bringen. Also habe ich mitgeholfen, die Trainingszentren im Bezirk Gera aufzubauen und andere Sportler zu motivieren, die ersten Schritte zum Trainerberuf zu gehen, also Boxtrainer für die erste Förderstufe zu etablieren. Nachwuchszentren zu konzipieren. Diese Ideen auch in die Großbetriebe wie Maxhütte oder Carl-Zeiss in Jena hineinzutragen.

Mir half außerdem, dass ich als Sportler und – ich gebe das hier mit ein bisschen Bauchschmerzen zu – als Lebemann einen gewissen

Bekanntheitsgrad in Gera und im ganzen Thüringer Raum hatte. In dieser Hinsicht hatte ich mich schon sehr von meinen ehrgeizigen, korrekten Anfängen als Athlet entfernt. Ich bin abends nicht immer brav zu Hause geblieben und kannte schon die eine oder andere Bar, in der es auch nach 20 Uhr noch was zu trinken gab.

Leben und leben lassen war in dieser Zeit meine Devise. Das Gehalt meiner normalen Sportler-Arbeiter-Tätigkeit, rund 1000 netto, wurde kräftig durch Schwarzarbeit aufgebessert – in der Leitungsebene der Wismut gab es immer jemanden, der nebenher eine Garage, eine kleine Halle oder die Zufahrtsstraße dazu bauen wollte und für zehn bis vierzehn Stunden Schufterei in großen Scheinen bar bezahlte. 12,50 Mark pro Stunde.

Der Lohn war ein Skoda, mein ganzer Stolz damals, für den ich rund 16000 Ost-Mark hinblätterte. Doch ich habe meine eigenen Regeln verletzt, weil dadurch, dass ich auch die Wochenenden voll im Einsatz war, meine sportliche Leistung schlechter wurde. Aber das war mir egal.

Ganz ehrlich: Im Nachhinein ist es mir peinlich, weil ich damals, am Ende der aktiven Zeit und ganz am Beginn meiner Trainerkarriere, konsequenter hätte leben können. Ich habe mir eben immer eingeredet, dass ich hundert Prozent Leistung gegeben habe, wenn diese Leistung von mir verlangt wurde.

Heute weiß ich längst, dass zu hundert Prozent Leistung mehr gehört, als nur in seinem direkten Job alles richtig zu machen. Das ganze Leben – alles, was man tut, und alles, was man nicht tut! – spielt eine Rolle für die Leistungsfähigkeit. Insofern sind die Jahre damals, in denen ich das noch nicht kapiert hatte, für mich auch irgendwie liederliche Jahre. Ich gehe jetzt aber streng mit mir um, weil ich mit den blanken Resultaten meiner Sportlerzeit unzufrieden war und bin. Denn auch wenn ich mal Party gemacht habe, ich kannte keinen, der sich so viel aufgebürdet hat wie ich damals. Es war schon manisch, wie ich weiterkommen wollte im Leben. Sportler, Trainer, Arbeiter, Schwarzarbeiter, Abendschule – viel zu viel für 24 Stunden pro Tag.

Vielleicht verdränge ich die Tage, an denen ich um halb neun vor Erschöpfung auf dem Sofa eingeschlafen bin, auch nur. Aber ich will Ihnen das Gesamtbild des Ulli Wegner damals in Gera liefern. Mit allen Ecken, Kanten und notfalls Beulen.

Es gab noch ein anderes Problem für mich, das vielleicht weniger Geständniskraft bedarf, aber auch irgendwie peinlich ist. Als Bezirkstrainer musste ich jede Menge Berichte schreiben. Einschätzungen über die Entwicklung der Boxer. Pläne für den weiteren Ausbau des Boxens im Bezirk Gera. Auch andere Papiere bis hin zu politischen Grußadressen und solchen Sachen. Mein Vorgesetzter beim Bezirksvorstand, Herbert König, stellte mir also eine Schreibmaschine auf den Tisch. Tja, was soll ich Ihnen sagen? Da prallten zwei Welten aufeinander. Unwillig, unfähig und dann völlig verzweifelt begann ich damit, nach jedem einzelnen Buchstaben zu suchen. Bam. Pause. Bam. Lange Pause. Bam. Ach, um Himmels willen, ich kann das nicht. Bam. Dann habe ich resigniert.

Ich bin also zu Herrn König und habe gesagt: »Ich kann das nicht mit der Schreibmaschine. Ich werde dann lieber wohl kein Bezirkstrainer. Ich finde die Buchstaben nicht, und vom ganzen Suchen kriege ich auch noch Schmerzen im Kapuzenmuskel.« Ohne freche Schlussbemerkung ging es bei mir nie.

Herbert König – für mich war er ein König! Auch er hat etwas in mir gesehen – nahm mich am Arm und rief seine Sekretärin. Der hilfsbereiten, aber staunenden Dame eröffnete er: »Der Ulli Wegner wird seine Berichte ganz normal von Hand aufschreiben, und Sie tippen das dann ab.« Genau so haben wir es dann gemacht.

Marlies Helmbold, so hieß meine Retterin, brachte das, was ich zu berichten hatte, ordentlich zu Papier. Mit der Schreibmaschine. Und ich konnte ein wirklicher und echter und korrekter Bezirkstrainer sein. Ich glaube aber, dass sie mich manchmal verflucht hat.

Denn ich entwickelte sehr großen Ehrgeiz, die Berichte fielen immer extrem lang und detailliert aus. Kein Wunder, ich musste sie ja nicht tippen …

Gute 15 Jahre, von 1964 bis 1979, dauerte meine Geraer Zeit. 15 sehr lebenswerte Jahre mit liebenswerten Menschen, die ich nie vergessen werde. 15 Jahre, in denen ich dank der Hilfe vieler meine ersten Gehversuche als Assistenz- und Bezirkstrainer machen durfte, in denen ich mich ausprobieren und schulen konnte, mir vieles abschaute, vor allem von Hans Spazierer, in denen ich viel, extrem viel arbeitete und sehr gut lebte.

Dennoch entschied ich mich, ein Angebot des TSC Berlin anzunehmen. Meine erste Ehefrau kam mit nach Berlin, obwohl schon absehbar war, dass unsere gemeinsamen Tage gezählt waren.

Ich weiß noch ganz genau, wie ich mein Auto auf die Autobahn nach Berlin lenkte. Ich war keinen Kilometer unterwegs, da musste ich rechts ranfahren und anhalten. Ich konnte vor lauter Tränen die Fahrbahn nicht mehr sehen, war völlig fertig. Ich weinte um Gera, um diese Stadt, die mir so viel gegeben und erlaubt hat. Ich weinte um Gera wie um eine verlorene Liebe. Und genau so fühlte es sich an.

3. KAPITEL

Berlin

Wie ich zum TSC nach Berlin kam, meine ersten Erfolge hatte und meine größte Niederlage kassierte, warum ich für drei Jahre suspendiert wurde und wie ich meine Frau Margret traf

Stimmt's, Sie sehen in meiner Trainerkarriere, in meiner beruflichen Laufbahn, eine gerade und logisch verlaufende Linie nach oben. Aktiver in Rostock, Erfurt und Gera. Assistenztrainer, dann Bezirks- und Sichtungstrainer in Gera. Nachwuchs-Trainer und schließlich Spitzenkader-Trainer beim TSC Berlin. Bundeshonorartrainer im sich vereinigenden Deutschland. Bundestrainer. Europameister-Trainer. Olympia-Trainer. Profi-Coach. Weltmeister-Macher. Sensationell.

Was für ein pfiffiges, erfolgreiches Kerlchen dieser Ulli Wegner doch ist.

Blöd nur, dass ich 1985, als ich gerade einige Boxer zu richtig beeindruckenden Erfolgen geführt hatte, meine Karriere mit voller Wucht gegen die Wand fuhr. Weil Ulli Wegner sich in der Ehre gekränkt fühlte und die Klappe nicht halten konnte.

Die Jahre 1981 bis 83 waren ziemlich bitter für die TSC-Boxer. Kein einziger Titel bei den DDR-Einzelmeisterschaften. Mein Ronald Poyé, über den ich noch viel erzählen werde, war als Weltergewichts-Vize 1982 noch am nächsten dran. Bei diesen Titelkämpfen in Cottbus brachten wir sogar vier Athleten ins Finale ihrer Gewichtsklassen, aber alle waren noch zu unerfahren, um den großen Wurf zu schaffen. Neben Poyé auch der leider ganz jung tödlich verunglückte Torsten Schlosser, dazu Thomas Hytych und Werner Kohnert.

Ansonsten waren die Machtverhältnisse zementiert. Traktor Schwerin, meine alten Freunde aus Gera und der ASK Vorwärts Frankfurt / Oder stellten zusammen 25 der 36 Meister in diesen drei Jahren. Schwerin und FF/O hatten dazu auch sportpolitisch das größte Gewicht. Unsere besten Kampfrichter wussten ganz genau, welche Clubs den größten Einfluss hatten. Auch dann, wenn es um Auslandseinsätze ging ...

1984 gelang dem TSC und mir, vor allem aber meinem unvergleichlichen Teufelskerl Eike Walther, eine der größten Sensationen aller Zeiten im DDR-Boxen. Eike, ein hochintelligenter Bursche, dessen Markenzeichen es war, keinerlei Emotionen zu zeigen, entzauberte keinen Geringeren als Henry Maske.

Seitdem ist er »Der Mann, der Maske schlug«, wurde Anfang der 90er Jahre, als Henry das Profiboxen in Deutschland aus der Gosse holte und Millionen vor die Fernseher zog, immer wieder mit Zeitungsartikeln gewürdigt.

Für mich bleibt er nicht nur als mein erster Meisterboxer einzigartig, sondern auch durch einen bolzengeraden Charakter und erfolgreichen Lebensweg nach dem Boxen als Ingenieur.

Einzigartig bleibt aber auch das Wechselbad der Gefühle rund um Eikes Mittelgewichts-Triumph bei den Titelkämpfen Ende 1984 in Berlin. Während der Jubel über den Knalleffekt gegen Maske und seinen Trainer Manfred Wolke noch in mir tobte, bahnte sich schon der zweite Triumph an. Supertalent René Ryl, noch 17 zu diesem Zeitpunkt, führte im Halbschwer-Finale gegen René Suetovius. Um dann bei einem eigentlich harmlos aussehenden Treffer k.o. zu gehen.

Aus der höchsten Höhe abgeschossen, aufgeprallt in der bitteren Realität einer entscheidenden Niederlage. Verdammt noch mal, Boxsport, manchmal kann selbst ich dich nur verfluchen.

Das Jahr 1985 stand im Zeichen der Nominierung für die 86er Weltmeisterschaften in Reno/USA. Ganz klar, dass die DDR beim

Klassenfeind in den Vereinigten Staaten mit der schlagstärksten aller nur möglichen Staffeln antreten wollte. Das ist verständlich, damit habe ich kein Problem. Aber auf dem Weg dorthin wurden die Karten so gemischt, dass für meine beiden WM-Kandidaten kaum mehr Trümpfe im Spiel blieben.

Zwar gewann René Ryl vielbeachtet das top-besetzte TSC-Turnier, noch dazu im Finale gegen René Suetovius. Doch danach folgte die DDR-Meisterschaft. Die Halbfinalkämpfe von ihm und Eike Walther wurden zeitgleich angesetzt – in verschiedenen Städten. Ich blieb beim jüngeren, unerfahreneren, nervöseren Ryl, der auch das Finale erreichte. Doch Eike schied nach einer knappen Punktniederlage aus.

Weil er auch noch die Unverschämtheit – Vorsicht, Ironie! – besessen hatte, ein Trainingslager auszulassen, um sein Abitur machen zu können, waren die Würfel im Mittelgewicht gefallen. Henry Maske fuhr nach Reno und kam mit einer Silbermedaille zurück.

Bei Ryl hingegen erlebten wir im Finale der DDR-Meisterschaften in Rostock eine ganz große Vorstellung angewandter Verbandspolitik. Wieder hieß das Duell Ryl gegen Suetovius. Die erste Runde ging an den erfahreneren Hallenser, in Runde zwei kam meine Berliner Titelhoffnung langsam, aber sicher immer mehr auf.

Runde drei fand nur noch auf dem Papier statt. Jede Angriffsaktion eines Boxers wurde vom Ringrichter unterbrochen. Mal eine Ermahnung an Suetovius wegen Schlagens mit der Innenhand. Dann eine väterliche Rüge an Ryl, den Kopf nicht zu tief zu nehmen. Und so weiter. Und so fort. Und so schlimm. Und leider so erfolgreich.

Ich wurde in meiner Ecke fast wahnsinnig. Aber das Ergebnis wurde wie erwartet verkündet: Punktsieger René Suetovius. Das WM-Ticket für Ryl war weg. Mein TSC-Clubleiter Bernd Knispel war auch am Ring, aber als ich ihn wegen der Trickserei anheizen wollte, zuckte er nur mit den Schultern. Er hatte es gar nicht mitbekommen.

Ich will nicht, dass es so klingt, als hätten meine Boxer nur durch böse Mächte jeweils einen Kampf verloren. Ich lasse bei der Beurteilung der Geschehnisse dieses verflixten Jahres 1985 auch andere Meinungen zu. Vielleicht waren die Dinger alle so knapp, dass man sie in beide Richtungen geben konnte. Aber ich habe das ganz anders empfunden.

Irgendwann bei diesen Machtdemonstrationen wurde mir dann auch die Bedeutung eines Satzes klar, den mir Manfred Wolke gesagt hatte. Wir haben für eine gewisse Zeit bei Lehrgängen und Reisen das Zimmer geteilt. Und es steht völlig außerfrage, dass er für mich einer der größten Boxlehrer aller Zeiten ist.

Nur ein Beispiel: Henry Maskes Leistungen als Profi-Weltmeister nach der Wende waren bewundernswert. Großer Sport. Aber genauso beeindruckte mich, mit welcher Führung Manfred Wolke ihn durch diese Zeit steuerte, die Anspannung hoch hielt, die richtigen Kampftaktiken wählte und nach der Enttäuschung des ersten Rocky-Kampfes auch die richtige, aufrüttelnd brutale Ansprache an seinen Superstar fand. Ich habe immer versucht, von Wolke etwas zu lernen. Was aber nur ging, solange man keine Bedrohung für ihn oder seine Boxer wurde. Denn sobald man an seinem Status auch nur kratzte, gab es überwiegend Saures.

Der Satz, der mir eine wichtige Lehre für die Realitäten auch im DDR-Boxen war, fiel in der Zeit nach Henry Maskes Niederlage gegen Eike Walther. »Ulli, du hast ein Auge für Talente und bist ein guter Ausbilder«, begann Wolke. Um dann den Treffer zu landen: »Aber du bist ein Amateur.« Dann schickte er noch eine Kritik an meiner taktischen Ausrichtung von Walther hinterher. »Es ist einfach falsch, ihn über die Schlaghand aufzubauen.«

Ich war tief getroffen. Am nächsten Tag in der Trainingshalle wartete ich, bis Wolke in Hörweite war. Dann fragte ich Eike: »Sag mal, Herr Wolke meint, ich mache das falsch mit dir. Weil ich dich über die Schlaghand aufbaue.« Eike antwortete verwirrt: »Aber Trainer, das verstehe ich nicht. Sie meckern doch immer mit mir, wollen viel mehr die Führungshand sehen.«

Damals dachte ich, ich hätte gegen Wolke gepunktet. Später kapierte ich, dass es gar nicht um die Sache ging. Er wollte nur einen Nadelstich setzen, wollte mir klarmachen: Junge, leg dich besser nicht mit mir an. Der Satz mit dem Amateur bedeutete nach meiner Übersetzung nichts anderes als: Ulli, ich habe die Macht. Und du kannst strampeln, wie du willst.

Das alles drückte mir aufs Gemüt. Ich hatte das Gefühl, dass unsere Trainerarbeit beim TSC nicht richtig gewürdigt wurde. Dass wir gedeckelt wurden, obwohl unsere Boxer durchaus auch in der Lage gewesen wären, international die Kohlen aus dem Feuer zu holen.

Und gegen Jahresende 1985 schaukelten sich die Ereignisse hoch. Das erste war ein offizielles Essen beim TSC-Clubleiter Bernd Knispel. Ein Meinungsaustausch zur Situation des Boxens, anwesend waren Cheftrainer Peter Thomas, ich und ein paar Sportler. Knispel kam auf die gute Entwicklung von Halbweltergewichtler Andreas Brunnert zu sprechen, der gerade eben das TSC-Turnier gewonnen hatte.

Ich erinnerte mich, dass Brunnert 1984 nur umstritten verloren hatte, und sagte: »Der war voriges Jahr auch schon so gut.« Mehr nicht. Absolut nicht böse gemeint, schließlich hatte ich mit vier Mann bei unserem Turnier zwei Erste, einen Zweiten und einen Dritten abgeliefert.

Dennoch wurde ich nach dem Ende des Essens von Knispel maßgenommen: »Ulli, nur damit eines klar ist: Wenn ich eine Beurteilung abgebe, dann ist das Gesetz.« Ich blieb immer noch ruhig, obwohl es in mir brodelte: »Ja, ist doch normal, Bernd, du bist ja der Clubleiter. Wir hatten doch nur einen Meinungsaustausch.«

Er wurde lauter: »Hier gibt es keine andere Meinung als die meinige.«

Keine drei Sekunden später brüllten wir uns an, so dass alle anderen Haltung annahmen.

Irgendwann wollte Knispel das Theater beenden: »Pass bloß auf, Ulli, dass ich dich nicht ablöse.«

Ich schaute ihn an und sagte ganz arrogant: »Mach doch, kannste aber gar nicht.«

Mein Cheftrainer Peter Thomas schüttelte den ganzen Weg zurück zur Boxhalle nur den Kopf: »Mensch, Wegner, musste das sein. Wegner, du bist vielleicht 'ne Kanone. Wegner, Wegner, Wegner.«

Natürlich sprach sich unser Disput schnell herum. Aber abgelöst wurde ich nicht, noch nicht.

Es folgte – nach den DDR-Meisterschaften mit der Verlade von René Ryl – eine Parteiversammlung. Fast alle Trainer waren ja Genossen. Die Parteiversammlung war immer die Plattform für die Generalkritik des Clubleiters. Jeder einzelne Sport bekam sein Fett weg. Alle ließen es über sich ergehen.

Doch dann kam von vorne der Satz: »Und der Ulli Wegner, der arbeitet jeden Tag bis 24 Uhr. Aber da fehlt trotzdem was.«

Ich meldete mich sofort zu Wort. »Mehr so im Spaß hat ein Dozent in meinem Psychologie-Studium mal gesagt: Die Dummen arbeiten immer, Intelligenz geht der Arbeit aus dem Wege. Insofern weiß ich ja jetzt, zu welcher Seite ich gehöre.« Doch da ging es erst richtig los. Ich ging Knispel, einen Radsportler, der an der Friedensfahrt teilgenommen hatte, frontal an: »Wir sind doch alle Sportler. Du galtest immer als Kämpfer, als dynamischer Radfahrer, aber wenn es um den Sieg ging, durftest du auch nur für die anderen arbeiten. Jeder Sport hat seine Besonderheit.« Dann erklärte ich noch einmal, was meiner Meinung nach mit Ryl passiert war. »Ich verstehe ja, dass man den Erfahrenen bei der WM in Reno haben will. Und ehrlich: Ich brauche mit dem Jungen noch ein, zwei Jahre, bis er psychisch stabil ist. Bei so viel Talent muss man Geduld haben. Aber das, was im Finale der Meisterschaft passiert ist, verstehen nur Fachleute. Warum wir keinen WM-Teilnehmer haben. Also sollte man, bevor man urteilt, die Fachleute auch mal fragen.«

Was soll ich heute, über ein Vierteljahrhundert später, dazu sagen? Natürlich habe ich den falschen Weg gewählt für meine Kritik. So etwas macht man nicht in der Öffentlichkeit. Es war dumm, meinen obersten Vorgesetzten im Club so bloßzustellen. Ich war durch die Geraer Verhältnisse, wo wir viel offener miteinander umgegangen sind, verwöhnt. Aber noch einmal: Das, was ich damals aus Frust und Enttäuschung getan habe, geht einfach nicht.

Nur war mir das zu diesem Zeitpunkt völlig egal.

Drei Tage später war Trainer-Vollversammlung beim TSC. Ich kam aus purer Provokation zu spät, setzte mich ganz vorne hin, während die übliche Abrechnung mit den Einzelbereichen schon lief. Für die Faustkämpfer hörte sich der Vorwurf von Clubleiter Knispel diesmal so an: »Und wenn ich dann zur Boxabteilung gehe, dann ist dort um 17.30 Uhr schon die Türe abgeschlossen.«

Das war nicht mehr und nicht weniger als die perfekte Vorlage für einen Ulli Wegner in Rage. Ich meldete mich zu Wort – und ich glaube, 90 Prozent der anderen Trainer stöhnten: »Wegner, nicht schon wieder!« Aber für mich ging es nicht anders. Meine Scheidung von meiner ersten Frau war damals schon durch, ich hatte bereits Margret kennengelernt und begann mit meiner Rede.

Ruhig, aber tropfend vor Ironie fragte ich: »Also um 17.30 Uhr ist schon abgeschlossen bei den Boxern. Ich komme aber erst um 21 Uhr nach Hause, vielleicht mal um 20.30 Uhr. Ich habe da eine junge Frau, wie erkläre ich ihr denn das?«

Die Lacher rollten durch die Sitzreihen. Einer brüllte: »Mensch, Ulli, lass dir doch vom Clubleiter 'ne Entschuldigung schreiben. Die kannste zu Hause vorlegen.«

Bernd Knispel wusste gar nicht mehr, was er sagen sollte. Zumindest kann ich mich an eine Antwort oder Zurechtweisung beim besten Willen nicht erinnern.

Der Hammer musste jetzt fallen – und er fiel. Am Donnerstag war die Trainer-Versammlung gewesen, am Montag wurden die Box-

Trainer zur Clubleitung bestellt. Peter Thomas, mein Cheftrainer, kämpfte wie ein Löwe um mich. Andere überhaupt nicht …

Das Urteil war längst gefallen: Ich sei zu instabil, um Spitzenkader trainieren zu können. Ab sofort würde ich mit den Leistungskadern nichts mehr zu tun haben. Das war's mit dem Olympiatraum und mit allen anderen Vorhaben, meine Boxer und mich weiter in der DDR-Spitze zu etablieren.

Ich akzeptierte die Suspendierung, ergriff aber noch mal das Wort. Ich wollte die Zusage, dass ich im Nachwuchs die neunte Klasse der KJS – der Kinder- und Jugendsportschule – übernehmen dürfe. Dort sah ich genug Talente, um mir quasi von unten meinen Ruf wieder aufzubauen. Immerhin hatte ich in diesem schweren, komischen zerrissenen Jahr 1985 einen Riesenerfolg mit einem Nachwuchs-Boxer gefeiert. Für das letzte Vierteljahr vor der Junioren-Weltmeisterschaft in Rumänien hatte ich Leichtgewichtler Jörg Teiche übernommen. Jörg – der im Folgejahr vor der Junioren-EM 1986 von unserem Dr. Reumschlüssel trotz eines Bänderrisses im Knöchel fit gemacht wurde und Silber holte – marschierte mit vier Siegen durch das starke Feld, wurde der erste Junioren-Weltmeister der DDR. Ein Riesenerfolg für den TSC Berlin.

Wollen Sie noch ein Beispiel, dass das Leben manchmal völlig verrückt spielt? Bitte sehr: Während es in meinem Trainerjob enttäuschend, konfliktreich und schließlich knallhart degradierend zuging, lernte ich die Frau kennen, die seither an meiner Seite ist. Die ich liebe. Mit der und durch die ich zu dem geworden bin, was alle paar Wochen in Ihrem Fernseher in der blauen Ecke eines wichtigen Boxkampfes lobt, tobt und mitfiebert. Ich lernte Margret kennen. Und diese Geschichte ist viel schöner als der Zoff in der Männerwelt des DDR-Boxens.

Eigentlich war ich nur im Urlaub mit meinem Kumpel Hans-Jürgen Kaiser, Boxtrainer beim SC Chemie Halle. Wir wollten uns im Juli 1985 ein paar nette Tage in der Sonne von Rügen machen. Ich hatte bei Göhren einen Wohnwagen gemietet. Jürgen und ich fuhren von Berlin aus hin, nahmen noch den Chefkoch des TSC Berlin mit – und hatten nichts anderes als den kilometerlangen Strand, Wasser, Braunwerden und Disko im Sinn. Und keine Ahnung davon, dass sich mein Leben komplett und wunderbar verändern sollte.

Wir gingen wirklich jeden Tag tanzen. Und einmal, ziemlich früh am Abend, habe ich diese elegante Frau gesehen. Aber mit zwei Kindern. Genau zwei Gedanken schossen durch meinen Kopf. Erstens: »Dieser Blick, diese Augen, diese Figur – klasse!« Aber zweitens: »Mist, zwei Kinder. Die hat sicher so 'nen Kerl, der sie verwöhnt und sich Rügen mehrmals im Jahr leisten kann.« Dennoch blieb das Gefühl: Die muss ich suchen. Hoffentlich läuft sie mir noch einmal über den Weg.

Und wie!

Am nächsten Abend – ich hatte den ganzen Tag vergeblich nach ihr Ausschau gehalten – kam sie wieder in den Tanzsaal. Mit Stöckelschuhen. Weil sie ja noch nicht groß genug ist. Ich hatte nur Turnschuhe an, aber ein ganz klares Ziel. »Das kann sie sein«, sagte ich meinen Freunden. Und überlegte mir das Wann und Wie.

Irgendwie war es dann ganz einfach. Ich habe einen Moment abgepasst, in dem Margret mit dem Tanzen aufhören wollte, bin hin zu ihr und sagte: »Entschuldigen Sie bitte, ich würde gerne mit Ihnen tanzen.« Ich machte eine kleine Kunstpause, dann legte ich nach: »Aber nur, wenn Sie die Schuhe ausziehen. Sonst liege ich mit meinem Kopf in Ihrer Brust.«

Frech, aber fair. Fand ich damals. Und finde ich heute noch. Wie ich auf diese Worte gekommen bin, weiß ich wirklich nicht. Ich wollte mich einfach bei dieser so flott und helle wirkenden Frau nicht kleiner machen als nötig. Buchstäblich.

Was soll ich Ihnen sagen: In dem Moment, in dem mein Spruch

über die Lippen war, hat mich Margret zum ersten von zigtausend Malen richtig beeindruckt. Sie schaute ganz kurz überrascht – dann sagte sie. »Okay, dann tanzen wir.« Schnell die Stöckelschuhe ausgezogen und los ging's. Es war der 11. Juli 1985. Nicht mehr lange, dann sind wir 32 Jahre zusammen. 32 Jahre Tanz durch unser gemeinsames Leben.

Margret tanzte barfüßig, aber dafür mit richtig Feuer. Wir hatten einen tollen Abend. Ich kann mich ganz gut bewegen zur Musik, auch wenn ich nie eine Tanzschule besucht habe. Wiener Walzer tanze ich dennoch unheimlich gern. Oder langsamen Walzer.

Der Rest ist der »Tanzboden-Rülps« – so nannten wir das damals. Heute haben die Kids, die Jugendlichen und die Junggebliebenen sicher ganz andere Bezeichnungen dafür. Für mich war und bleibt es »Tanzboden-Rülps«.

Damit wir uns nicht falsch verstehen: Wir haben schon klassisch getanzt, im Juli 1985. Der Mann führt, die Frau brilliert. Nicht dieses freie Herumhüpfen. Aber egal, jeder soll es so machen, wie es ihm Spaß macht.

Es war ein wunderbarer Tanzabend, diese erste Begegnung mit Margret. Aber wie es so oft im Leben ist – er endete mit einer kalten Dusche. Im wahrsten Sinn des Wortes.

Ganz Gentleman bot ich meiner Angebeteten an, sie nach Hause in ihre Ferienwohnung zu bringen. Logisch, dass sie mich nicht gleich auf einen Kaffee einlud, sondern mit einem netten »War schön, danke fürs Tanzen« zurück in meinen Wohnwagen-Bungalow schickte. Großes Pech, dass es richtig zu gießen anfing, der Heimweg durch einen Wald führte und ich eine weiße Hose anhatte. Sie dürfen sich jetzt wirklich schmutzige Gedanken machen. Denn genau so sah ich aus, als ich in meiner Bleibe ankam. Vollgesudelt von oben bis unten. Und das nach so einem schönen, verheißungsvollen Abend.

Wir hatten uns – typisch Rügen! – für den nächsten Tag an ihrer Sandburg verabredet. Als ich hinkam, lagen da schon fünf, sechs

Typen. Alle bereit zum Flirten, und einer wollte sicher auch was Ernsthaftes von ihr, weil er Fisch mitgebracht hatte, fürs Mittag- oder Abendessen. Ich habe dann ziemlich schnell, aber sachlich klargemacht, dass wir zu zweit alleine sein wollten. Die Jungs wollten aufmucken, aber Margret ließ keinen Zweifel aufkommen, was Sache war.

Eine Woche haben wir uns jeden Tag gesehen. Haben am Strand herumgelegen, die Rügener Sonne genossen, über unser beider Leben gequatscht. Ich musste mich anstrengen, weil Margret alles sehr genau wissen wollte. Aber diese sieben Tage waren völlig stressfrei. Ich war verliebt, verknallt – und das vom ersten Moment an.

Sie haben vielleicht nachgerechnet. Immerhin war ich schon 43, hatte eine Ehe hinter mir. Da standen also eine Niederlage – so betrachte ich das Scheitern einer Ehe –, eine Ex-Frau und zwei Töchter im Raum. Aber trotzdem hatte ich Schmetterlinge im Bauch, bin jedes Mal, wenn ich Margret abends verlassen habe, mit einem Lächeln und einer Melodie auf den Lippen über die Insel spaziert.

Verliebt sein ist etwas ganz Großes. Sich so einfach fallen zu lassen. Einem anderen Menschen sein Leben zu offenbaren, sich anzunähern und die ersten Schritte auf einem – vielleicht kurzen, vielleicht auch ganz, ganz langen – Weg auszuprobieren. Bei diesen ersten Schritten ist Straucheln und Stolpern erlaubt. Auch mal ein kräftiger Tritt ins Fettnäpfchen. Weil dennoch alles glänzt und strahlt und sich ganz warm anfühlt. So war diese erste Woche mit Margret.

Als junger Bursche hatte ich das natürlich schon ein paar Mal erlebt. Aber, und das war damals, 1985, für mich wirklich wichtig: nicht in dieser Stärke. Niemals so tiefgreifend wie in diesen Tagen! Diese Frau, meine Margret, hat mich umgehauen, nicht mehr losgelassen. Meine Gedanken drehten sich in jedem wachen Moment um sie. Verliebt, eben!

Als ich sie dann zum Bahnhof brachte, weil sie nach Hause fahren musste, haben wir uns für das nächste Treffen verabredet. Allerdings gab es da ein kleines Problem, sozusagen Margrets erste Berührung mit dem Leben eines Boxtrainers. Es stand nämlich ein Trainingslager für die Junioren-Auswahl der DDR an. Malochen für die Nachwuchs-Weltmeisterschaften, die vom 1. bis 8. September in Bukarest stattfanden. Und bei der von unserer Staffel jede Menge Medaillen erwartet wurden. Die UWV (Unmittelbare Wettkampf-Vorbereitung) fand auf Usedom statt. Also sagte ich Margret: »Wenn wir uns sehen wollen, musst du dorthin kommen. Ich würde mich freuen.«

Was dann passierte, war wieder mal typisch Ulli Wegner. Bei mir läuft nie etwas normal, es geht immer drunter und drüber. Und notfalls auch ohne Schlaf.

Na gut, zugegeben – eine Stunde habe ich in dieser Nacht vor der wichtigsten Ansage meines gesamten Lebens schon gepennt. Denn wir feierten einen Geburtstag im Trainerteam. Bis fünf Uhr früh ... Erschwerend kam dazu, dass man als Mann ja immer so wunderbare Kumpels hat. So echte Freunde, die einen beschützen und nicht im Regen stehen lassen und sich niemals auch nur den kleinsten Scherz erlauben würden. So wirklich tolle Freunde, die einen vor peinlichen Situationen retten und beim kleinsten Anzeichen, es könnte etwas schiefgehen, sofort in die Bresche springen.

Bei mir waren das Verbandstrainer Stefan Haubrich und mein Schweriner Kollege Christian Zornow. Nicht!

Ich wache auf, wollte mich für den Frühsport fertig machen, war aber immer noch halb zerknittert, ziemlich müde und völlig verschwitzt. Eigentlich wollte ich schnell unter die Dusche. Da brüllten die beiden: »Ulli, du sollst mal ganz schnell ans Telefon kommen.« Ich sprang auf, zog mir schnell eine Hose an und rannte runter zur Rezeption der Sportschule Zinnowitz. Dort stand das einzige Telefon, und in meinem immer noch nicht ganz nebelfreien Gehirn war mir klar, dass Margret am anderen Ende der Leitung sein würde. Vermutlich, um den Besuch auf Usedom abzusagen.

Halb getroffen, ganz doll vorbeigeschossen. Der Alarm galt zwar wirklich Margret. Aber sie wartete nicht am Telefon, sondern stand höchstpersönlich draußen vor dem Zaun am Sportplatz. Meine Freunde standen vermutlich in diesem Moment oben am Fenster, schüttelten sich vor Lachen und wetteten darauf, was jetzt passieren würde. Diese gemeine, lustige, tolle Bande!

Was tun, Wegner? Hochlaufen, duschen und richtig anziehen ging schlecht. Ich war sicher, dass mich Margret schon gesehen hatte. Also einmal kurz durchschnaufen und ran an die Angebetete. Ich ging nach draußen, versuchte, so locker und normal wie nur irgendwie möglich auszusehen, aber als ich vor ihr stand, blieb mir doch nur der Weg der Beichte: »Du, ich kann dich nicht küssen. Ich hab noch nicht mal die Zähne geputzt.« Und Margret antwortete mit dem bei uns seitdem legendären Satz: »Kein Problem, Hauptsache, du kommst nicht woanders her. Aber mach mal deinen Hosenstall zu.«

Rums! Meine Margret! Wie immer auf den Punkt. Ich fingerte den Reißverschluss hoch und suchte krampfhaft nach einem guten Konter. Unterbuttern lassen? Niemals! Das hatte ich nach knapp 14 Tagen des Kennenlernens schon kapiert.

Wir liefen ein paar Schritte, dann blieb ich stehen und fragte: »Weißte was: Machste mit, Margret? Ich heirate dich einfach!«

Jetzt war sie die Geschockte. »Ich kenn dich doch noch gar nicht genug«, kam die Antwort.

Und wieder ich: »Egal, ich kenn dich ganz genau. Also lass uns heiraten. Machste nun mit oder nicht?«

Damit war erst mal Stille. Ich bin zu Stefan Haubrich, habe ihn gebeten, meine Truppe im Training zu übernehmen. »Ich muss mal mit Margret spazieren gehen«, sagte ich ihm. Es brauchte kein weiteres Wort. Danke, mein Freund!

Margret war für zwei Tage da. Wir hatten viel Zeit füreinander trotz der WM-Vorbereitung. Und bevor es nach Bukarest ging, konnte ich zwei, drei freie Tage dazu nutzen, sie in Dessau zu besuchen. Auf der Fahrt dorthin ging mir vieles durch den Kopf. Am besten setzen Sie sich jetzt mal auf den Beifahrersitz meines Trabis, dann kann ich Ihnen meine Seele ausschütten. Kann Ihnen ganz ehrlich und intim erzählen, über welche drei Punkte ich damals immer und immer wieder gegrübelt habe?

Das mit der Liebe habe ich ja schon gesagt. Jeder Moment mit Margret löste dieses Gefühl im mir aus, einen besonderen Menschen getroffen zu haben. Und das kurz nach einer großen Beziehungspleite. Jeder, der das schon einmal erlebt hat, kann sich bestimmt den Zwiespalt vorstellen, in dem ich mich befand. Hier die Traumfrau, elegant, intelligent, zielstrebig, süß, faszinierend. Dort die Zweifel. Das wird doch wieder nichts. Am Schluss gibt es wieder eine Enttäuschung. Willst du wirklich noch einmal angreifen, Ulli? Bist du bereit für eine zweite Frau des Lebens?

Die Antwort auf diese Frage war: Ja! Natürlich! Ganz bestimmt! Mit wem denn, wenn nicht mir ihr?

Der zweite Gedanke, der mir immer wieder durch den Kopf schoss, war: Passen wir auch wirklich für länger zusammen? Ich wusste inzwischen, dass sie Lehrerin war. Dass sie Mathe und Chemie in der Oberstufe unterrichtete. Dass ihre Eltern einen privatwirtschaftlichen Kleinstbetrieb, eine Tischlerei, hatten. Auch das hatte sie geprägt, keine Frage. Selbstbestimmt – das ist das Wort, das mir dazu einfällt.

Margret, das war mir klar, würde mein Leben komplett verändern. Sie war – und ist – fordernd. Im Sinne von antreibend. Sie sucht nach dem Sinn und dem Grund von allem, was passiert. Ich wusste von den ersten Tagen an, dass sie kein zurückhaltendes Weibchen sein würde, sondern eine Partnerin, der man sich auch regelmäßig beweisen muss.

Heute, nach 31 Jahren Lebensweg mit Margret, habe ich längst kapiert, dass ich instinktiv nach genau so einer Frau gesucht habe.

Aber das hätte ich mir damals nie eingestanden. Ich wog nur ab, ob wir beide es miteinander aushalten würden.

Auch hier war meine Antwort: Ja! Nachdem ich mich selbst mit diesem Argument überzeugt hatte: Margret kann gut austeilen, aber sie ist nicht nachtragend, wenn sie mal einstecken muss. Die Themen kommen nicht zehn- oder zwanzigmal auf den Tisch. Und weil wir beide so sind, dass wir im Falle eines Streitfalles auch schnell wieder von der Palme herunterkommen, funktioniert unsere Ehe bis heute sehr gut!

Der dritte Punkt ist vielleicht ein bisschen peinlich für mich. Mir schoss durch den Kopf: Vielleicht hat sie ja auch Geld. Das war eine naheliegende Überlegung bei DDR-Bürgern mit eigenen Betrieben. Nicht, dass ich Geld gebraucht hätte, aber es schadet ja auch nicht. Und denken Sie nicht, Margret hätte diesen Gedanken nicht gespürt. Ich war noch nicht einmal einen vollen Tag in Dessau, da sagte sie so eher nebenher zu mir: »Auf Geld brauchste nicht zu hoffen. Ich hab keines.« Wieder ein Volltreffer. Ertappt, gefangen und vom Haken gelassen. Da konnten wir uns umso besser auf die ersten beiden Fragen konzentrieren.

Wir kamen also auch heil über die Klippe des ersten Besuchs in ihrem Reich. Ihrer Familie, ihrem Freundeskreis, ihrer Stadt. Und ich weiß es noch wie heute, wie sie dann doch weich wurde in puncto Heiraten.

Margret hatte den Mittwoch frei an der Schule, an der sie unterrichtete. Ich lag also noch gemütlich im Bett, als sie mir plötzlich Feuer machte. »Wolltest du nicht endlich den Termin fürs Heiraten klarmachen?« Ich war mittelprächtig überrascht und antwortete: »Wie? Ist jetzt doch alles in Ordnung?« Und sie ging gleich mit voller Kanone in Stellung: »Ach so, wenn ihr in die Verantwortung kommt, dann kneift ihr Kerle doch alle.«

Ehrlich – und verzeih, Margret! –, ich hatte ein Lächeln auf den Lippen, weil ich ja genau wusste, was ich wollte, und sie jetzt endlich sicher hatte. Also brummelte ich nur ein freches: »Was heißt denn ›ihr Kerle‹ – wie viele haste denn in Reihe stehen?« Dann machte ich mich auf den Weg. Den Weg zum Eheglück.

Obwohl ich mich sogar noch sauber rasiert hatte, um ganz bestimmt einen guten Eindruck zu machen, wurden wir schon an der Tür abgeblockt. Heute ist geschlossen, hieß es kurz und knapp. Der Mittwoch ist dazu da, die Altbestände abzuarbeiten. Das ist eben so.

Margret ließ aber nicht mehr locker. Einmal in Fahrt ist sie kaum mehr zu stoppen. So geht's ja nicht, war ihr Argument, als wir vor dem Dessauer Rathaus standen. Da oben in den Büros ist bestimmt jemand, der uns weiterhelfen kann. Mensch, Ulli, mach doch was – das war ihre Aufforderung an mich!

Ach, Margret, schon damals hat sich gezeigt, was wir für ein tolles Team sind. Ich bin hoch, habe geklopft, und als ich ein »Herein« hörte, saßen da zwei Frauen. Ich trug mein Anliegen ganz höflich vor. »Entschuldigung, ich bin Ulli Wegner, mit zwei L, und ich weiß, dass Sie heute keine aktuellen Sachen bearbeiten, weil Sie genug Vorgänge nacharbeiten müssen.« Die beiden Damen schauten mich an, als wäre ich gerade vom Mars aus in Dessau gelandet. Doch da kam schon die Pointe. Ich sagte: »Ich habe da ein kleines Problem. Ich bin nicht alleine da. Da unten steht jemand, der möchte geheiratet werden.«

Die beiden guckten sich an, schauten wieder zu mir her. Ulli, jetzt gib Gas, dachte ich mir. »Ich würde ja auch so gerne heiraten«, sagte ich. »Aber ich bin Boxtrainer. Laufend unterwegs. Trainingslager, Wettkämpfe, Fortbildung. Es ist so schwer, einen Termin zu finden. Und ehe sie es sich anders überlegt …«

Die beiden Frauen fragten, wer denn das sei, der da geheiratet werden wollte?

Ich sagte: »Kennen Sie die? Margret heißt sie.«

Es hat die beiden fast aus dem Sitz gerissen: »Die Margret? Wirklich die Margret? Die hat doch 'nen anderen gehabt.«

Jungs! Männer! Kerle! Es gibt Momente im Leben, da muss man ganz schnell die richtigen Worte finden. Ich habe ganz lässig erwidert: »Einen anderen? Kann sein, das muss aber vier, fünf Wochen her sein. Jetzt bin ich da – und ich brauche wirklich schnell einen Heiratstermin.«

Was soll ich sagen? Die Beamtinnen auf dem Standesamt nickten sich zu und erfüllten meinen Wunsch: »Herr Wegner, Sie kriegen von uns einen Termin. Jetzt gleich.« Und wenig später kam ich die Treppe mit einem breiten Siegerlächeln herunter und schloss meine Margret in die Arme.

In die Familie meiner Frau habe ich mich übrigens gleich ganz prächtig eingeführt. Margret war, genauso wie ich, vorher schon einmal verheiratet. Bei ihrer ersten Eheschließung gab es eine Hochzeitsfeier mit 180 Gästen. Bei uns waren es am 25. Oktober 1985 genau neun. In Zahlen: 9. Margrets Mutti, ihre Schwester mit Mann, ihr Bruder mit Frau, zwei Freunde und wir. Wir heirateten, trugen stolz die Ringe von Margrets Onkel Walter aus Würzburg, und ich lud zum Hochzeitsessen in den Dessauer Ratskeller. Es war eine muntere Gesellschaft, aber für den Nachtisch musste ich eine besondere Überraschung servieren. Ein Vorgeschmack auf das Leben mit einem Boxtrainer.

Ich hatte die Rechnung schon bezahlt und ergriff das Wort: »Danke schön an euch alle, dass ihr diesen Tag mit uns gefeiert habt. Wir müssen jetzt leider los. Heute Abend ist in Rostock der Länderkampf gegen England – und da ist einer meiner Kämpfer dabei.«

Ich musste am Ring sein, weil mein Eike Walther boxte. Ehrensache für einen Coach – aber im Ratskeller von Dessau verstand das niemand so richtig. Ich glaube, besonders beliebt machte ich mich damit an meinem Hochzeitstag nicht. Und auch die Nachricht, dass unsere DDR-Boxer die Engländer mit 22:2 Punkten vermöbelten, konnte daran sicher nichts mehr ändern ...

Egal, ich hatte meine Margret. Ein paar Stunden später waren wir in Rostock. Wir fuhren mit Margrets Trabi, denn mein Auto hatte ich verkauft. Zwei brauchten wir wirklich nicht – so war das damals in der DDR. Das Verhältnis zur Familie meiner Frau hat sich übrigens sehr schnell normalisiert – auch wenn ich garantiert nicht der Wunsch-Schwiegersohn auf den ersten Blick war. Doch Margrets Mutti hat mich nach dem ersten Schock beim Hochzeitsessen ganz lieb und herzlich aufgenommen.

Großen Kontakt der beiden Familien gab es aber nie. Sie kennen das sicher aus Ihrem Leben oder Bekanntenkreis – es ist immer ein Problem für die Verwandten und den Freundeskreis, wenn ein Mensch eine zweite Ehe eingeht. In den seltensten Fällen finden alle harmonisch zusammen. Meistens denkt jeder, er müsse sich für eine Seite entscheiden. Nur für eine Seite.

Auch bei mir war es so, dass meine Familie eine sehr innige Beziehung zu meiner ersten Frau hatte. Eine Chance, dieselbe Nähe zu Margret aufzubauen, ergab sich nie so richtig. Meiner Mutti hatte ich die Scheidung von Monika sogar über ein halbes Jahr verheimlicht. Um ihr nicht wehzutun. Herausgekommen ist es durch ein dummes Verplappern eines Familienmitglieds. Dann war ein paar Wochen richtig Feuer am Dach.

Als ich Margret heiratete, hätte ich sehr gerne meine Mutti oder meinen Bruder dabeigehabt. Aber es ging nicht. Mutti war zu diesem Zeitpunkt schon in einem Berliner Alters- und Pflegeheim, es ging ihr in ihren letzten Lebensjahren gar nicht gut. Gestorben ist meine Mutter Hedwig im April 1990. Fünfeinhalb Monate nach dem Fall der Mauer. Aber das, was da passiert war, hat sie meiner Meinung nach gar nicht mehr realisiert. Jammerschade, denn sie hatte – genauso wie mein Vater – immer von einem wiedervereinten Deutschland geträumt. Ich glaube, wenn sie noch gesund und fit gewesen wäre, hätte sie tagelang gejubelt und gefeiert. Und noch ein paar Fahrten in den westlichen Teil Deutschlands gemacht. Garantiert!

Beerdigt wurde meine Mutti übrigens, genauso wie neun Jahre vorher mein Vater, in Penkun. Wo auch sonst?

Entschuldigen Sie bitte, ich bin ein bisschen weit abgedriftet in diesem Kapitel. Aber ich wollte Ihnen die Geschichte von Margret und mir ganz erzählen. Das und noch viel mehr ist sie mir wert.

Übrigens: Eine Sache gibt es doch, die sie mir aus unserer Anfangszeit nachträgt. Mein erster Blumenstrauß, den ich ihr schenkte, waren ausgerechnet weiße Winterastern. Margret hasst weiße Blumen, weil es Friedhofsblumen sind. Voll im Fettnapf gelandet.

Es fällt schwer, jetzt die Kurve zu kriegen. Zurück zum TSC, zur Zeit nach meiner Suspendierung, die nicht nur für mich Auswirkungen hatte. Eike Walther beendete wenig später seine Karriere. Er hatte Probleme mit den Händen. Und damit, dass ich nicht mehr da war. Ich bin ihm dankbar dafür, dass er mehrmals klarmachte, wie wichtig ich für ihn war. Dass er versuchte, die Entscheidung der Clubleitung irgendwie auszuhebeln.

Und ich schäme mich ein bisschen dafür, dass ich ihn, diesen Klassekerl, nicht zu noch größeren Erfolgen führen konnte. Manche Dinge tun ewig weh. Eike Walther ohne internationalen Triumph – das gehört für mich dazu.

Genauso wie die schlimmste Niederlage, die ich als Boxtrainer je erlitten habe.

Ich sage es noch einmal: Als René Ryl im Finale der DDR-Meisterschaften 1984 in Führung liegend gegen René Suetovius k.o. ging und mich danach sogar seine Mutter beschimpfte – das war ein Tiefpunkt, den ich nie vergessen werde. Aus dem Himmel des Eike-Walther-Triumphes über Henry Maske stürzte ich krachend ab in die Hölle. Die krachende Pleite von Ryl nahm auch etwas vom Glanz der Maske-Bezwingung weg.

Auch jede Niederlage von Sven Ottke gegen den Kubaner Ariel Hernández schmerzt bis heute.

Und natürlich gibt es meinem Trainerherzen jedes Mal einen fiesen, brutalen Stich, wenn ich an die drei Niederlagen in Folge denke, die Arthur Abraham im Super-Six-Turnier der weltbesten Supermittelgewichtler quittieren musste. Wenn es denn wenigstens harte, umkämpfte, spektakuläre Duelle gewesen wären. Aber als Trainer habe ich mich noch nie so schlecht und mies gefühlt wie bei diesen Events, bei denen ein Starboxer von meiner Ecke aus nicht den Weg zum Kampf fand.

Aber wollen Sie wissen, was für einen Trainer noch schlimmer ist als die bitterste, überraschendste oder zerstörendste Niederlage? Ich sage es Ihnen: eine unvollendete Karriere. Ein boxerischer Lebenslauf, der alles versprach, aber zu Ende ging, bevor Leistung und Talent mit Titeln, Medaillen oder WM-Gürteln belohnt wurden. Ich rede über einen sensationellen Faustkämpfer und einen tollen Menschen, an den sich nur Insider der DDR-Boxszene erinnern werden. Aber für mich bleibt Ronald Poyé, mein Poyéchen, unvergessen.

Ich habe unter anderem mit Bert Schenk, Sven Ottke und Markus Beyer Kämpfer trainieren dürfen, die vom Talent und ihren boxerischen Fähigkeiten Jahrhunderttalente waren. Aber wenn ich ganz streng eine Rangliste für meine 45 Trainerjahre aufstelle, kommt an Poyé keiner vorbei.

Er hatte einfach alles. Gute Athletik, perfekte Technik, hohe Ringintelligenz, überlegene Schnelligkeit und Furchtlosigkeit. Etwa 1980, da war er 17, habe ich ihn übernommen und wusste sofort: Wenn alles gutgeht, wird dieser Junge im Halbweltergewicht oder im Welter die ganze Konkurrenz aufrollen.

Genau hier begannen die Probleme. Die Gewichtsklassen bis 63,5 und bis 67 Kilo waren bei uns in der DDR damals mit Superboxern nur so zugepflastert. Siegfried Mehnert im Halbwelter, Torsten Schmitz und Michael Timm (beide längst erfolgreiche Profitrainer) im Welter. Beim TSC Berlin gab es zwei Meinungen: Ich wollte Poyéchen ins Weltergewicht nach oben ziehen, weil er mir mit sechs, sieben Kilo abspecken immer zu viel Gewicht für Halbwelter abkochen musste. Mein Cheftrainer Peter Thomas war der gegenteiligen Meinung.

Es wurde schließlich das Weltergewicht. Und jetzt schauen Sie sich einfach mal das Ergebnis der DDR-Meisterschaften vom Dezember 1982 in Cottbus an: 1. Michael Timm, 2. Ronald Poyé, 3. Torsten Schmitz zusammen mit einem anderen Boxer. Timmi brauchte den – durchaus umstrittenen – Erfolg dringend, weil er zwei Monate vorher im Finale des hervorragend besetzten TSC-Turniers von Poyé besiegt worden war und dabei sogar zu Boden ging.

Die Entscheidung um die EM-Nominierung 1983 für die Titelkämpfe in Varna/Bulgarien fiel beim Chemie-Pokal in Halle. Mein Boxer gewann das ebenfalls mit einem A-Klasse-Feld glänzende Turnier, das fast einer Mini-WM glich. Wir hatten es geschafft, uns gegen stärkste Konkurrenz den Staffelplatz für die Europameisterschaft zu erkämpfen.

Ich war felsenfest davon überzeugt, dass Ronald und ich mit Gold dekoriert aus dem Seebad am Schwarzen Meer zurückkehren würden. Doch auf uns lauerte schon das fiese Schicksal.

Im seinem dritten Kampf, dem Viertelfinale, gewann mein Klassejunge gegen den Italiener Luciano Bruno mit 3:2-Punktrichterstimmen. Und flog dennoch aus dem Turnier. Die Funktionäre hatten für dieses Turnier als Test die kuriose Variante eines zweiten Urteils eingeführt. Bei 3:2-Wertungen gab es einen Jury-Entscheid, eine Abstimmung von Punktrichtern, die nicht am Ring offiziell das Geschehen werteten, sondern im Zuschauerraum saßen. Der Jury-Entscheid ging zu unserem Entsetzen mit 1:4 aus. Später erfuhr ich, dass das eine Konzessionsentscheidung gewesen sein soll. Weil wenige Stunden vorher ein anderer unserer Boxer, Klaus-Dieter Kirchstein, im Bantamgewicht gegen den italienischen 84er Olympiasieger und späteren Profiweltmeister Maurizio Stecca mit einem 3:2 weitergekommen war. Der italienische Verband hatte da bereits mit einem Protest gedroht …

In allen meinen Trainerjahren habe ich so etwas nicht noch einmal erlebt. Ein Boxer, der im Ring gewonnen hatte, wurde auf seltsamen Umwegen zum Verlierer nach Punkten erklärt. Schwachsinn hoch zehn, wenn Sie mich fragen. Dennoch war ich sicher, das Ronald gute Chancen für die Olympia-Nominierung 1984 haben würde. Auch wenn es im Endeffekt wegen des Boykotts der Ostblock-Nationen nur ein Ersatzturnier auf Kuba gegeben hat, die Nominierung für das größte Sportereignis der Welt hatte im DDR-Sportsystem einen ganz besonderen Stellenwert.

Aber weil Poyé ohne EM-Medaille geblieben war, versuchte die nationale Konkurrenz, die Karten neu mischen zu lassen. Er solle ein Nominierungsturnier auf Kuba bestreiten, dafür – die Tiefschläge hörten gar nicht mehr auf – seine bereits terminierte Hochzeit absagen. Ich war strikt dagegen, auch deshalb, weil ich nicht mitfliegen durfte, wollte es auf eine Machtprobe ankommen lassen. Aber Ronald musste mit.

Rein zufällig, und ich wiederhole das noch einmal ganz langsam und betont, rein zufällig bekam er im ersten Kampf den Lokalmatador und Topfavoriten José Luis Hernández zugelost. Er verlor. Flog nach Hause. Und beschloss beim Ausstieg aus dem Flugzeug – völlig bedient und frustriert – seinen Rücktritt.

Ich war am Boden zerstört. Zum ersten Mal hatte ich einen Boxer geformt, mit dem ich die Welt erobern konnte. Und dieser Junge scheiterte nicht an einem Gegner, sondern am Druck innerhalb des DDR-Kaders. Man hatte ihm wohl eingeflüstert, dass er an Schmitz nicht mehr vorbeikommen würde.

Zwei Wochen lang schaffte es Poyéchen, mir immer wieder auszuweichen. Die Meidbewegungen hat er wohl bei einem guten Trainer gelernt. Dann spürte ich ihn bei seinen Eltern auf, und er gestand mir endlich, was er der Clubleitung schon gesagt hatte. »Trainer, Sie sind mein Ziehvater. Ich würde alles für Sie tun, aber boxen geht nicht mehr.«

Ronald Poyé, der Dachdeckermeister wurde, und ich haben bis heute Kontakt, sind immer noch befreundet. Er hat es mir im Laufe der Jahre immer wieder auf fast identische Art wiederholt: »Trainer, ich hätte für Sie alles getan. Aber ich konnte und wollte einfach nicht mehr. Ich hatte genug von den Dingen, die hinter den Kulissen abliefen.« Ich habe es damals nicht begriffen, aber später sehr wohl verstanden.

Schon verrückt, oder? Die größte Niederlage, die ich je als Trainer erlitten habe, passierte nicht in einem Boxring, sondern auf dem Flughafen. Und dennoch bin ich Ronald für immer dankbar. Natürlich bin ich das. Weil er mir in der kurzen Zeit, in der er seinen Konkurrenten - in der DDR und anderswo - Angst und Respekt einflößte, zum ersten Mal dieses unvergleichliche Gefühl gab: Ulli, du kannst das als Trainer. Du kannst aus einem Jungen das Optimum herausholen und jeden, aber auch jeden anderen angreifen.

Durch Ronald Poyé habe ich kapiert, was ich kann. Jammerschade, dass wir es nicht gemeinsam zeigen konnten.

Ich schulde Ihnen noch den Abschluss dieses Kapitels. Bei meiner Arbeit mit den Junioren stand ich natürlich nicht mehr so im Rampenlicht. Und das war für alle Beteiligten gut so. Mein Stolz ist es, bei den Junioren-Europameisterschaften 1988 in Danzig mit Marco Rudolph und Markus Beyer zwei Goldmedaillen-Gewinner betreut zu haben, die auch nach der Wende für Furore gesorgt haben. Mein Dank dafür gilt Stefan Haubrich, der mich förderte, mir die Verantwortung über die Staffel übertrug und von dem ich unheimlich viel lernen durfte.

Im selben Jahr 1988 wurde ich begnadigt und durfte wieder die besten TSC-Boxer trainieren. Doch das DDR-Boxsystem sollte nur noch wenige Monate überdauern. Wie so vieles andere. Es kam der 9. November 1989. Der Tag, an dem die Mauer fiel ...

4. KAPITEL

Der goldene Westen

Warum wir uns keinen Jacobs-Kaffee schenken ließen und ich heute noch zu meiner DDR-Vergangenheit stehe

Was soll ich Ihnen über den Tag der Maueröffnung noch groß erzählen? Für mich kam der 9. November 1989 genauso überraschend wie der 13. August 1961. Damals kam ich gerade vom Urlaub nach Hause und erfuhr: In Berlin ist eine Mauer aufgebaut wurde. Ich bin direkt in meine Dienststelle als Marinesoldat, habe versucht, ein paar Informationen zu bekommen – und habe diesen brutalen Einschnitt dann einfach hingenommen. Natürlich wusste ich sofort, dass damit meine Besuche in Westberlin ab sofort unmöglich waren. Der Onkel in Kreuzberg, das Flutlicht im Olympiastadion – weg. Versperrt. Aber: Es war eben so. Irgendwie war es ein dumpfes Gefühl des Verlustes.

Insofern war der 9. November 1989 mit seinen Jubelszenen ein ganz anderes Erleben für mich und Margret. Aber auch da muss ich Ihnen sagen: Als ich in unserer Wohnung in der Zingster Straße in Berlin-Hohenschönhausen den Fernseher anschaltete und die da in der Kiste alle sagten: »Die Mauer ist offen« – da verspürte ich bestimmt deutlich weniger Euphorie als viele andere DDR-Bürger.

Ja, es war unser Lebenstraum, auch meiner. Vererbt vom Vater und Onkel, bestärkt vom großen Bruder, zigtausendmal diskutiert mit Freunden und Kollegen. Der goldene Westen, das war das Ziel alles Wünschens. Aber, verstehen Sie mich bitte, ich war ja schon 47 und – in meiner kleinen Welt – ein Privilegierter. Ich konnte in den Westen reisen. Ich konnte den Traum, wenn auch nur für ein paar

Tage, erleben, riechen, schmecken, atmen, anfassen. Ich hatte mir meine Karriere als Boxtrainer trotz vieler Widrigkeiten so aufgebaut, dass ich zufrieden und stolz war. Und das alles kam in diesen unfassbar verrückten Stunden zusammen, bildete meine ganz eigene Gefühlswelt.

Pure Freude über die Tatsache, dass die Mauer gefallen war – aber schon jetzt, in diesen ersten Stunden nach dem Donnerschlag, der rund um die ganze Welt zu hören war, die ersten bangen Fragen: Und jetzt? Was wird passieren? Wie geht es weiter? Wie sieht die Zukunft aus für uns?

Margret und ich sind erst ein paar Tage später rüber. Zum einen war sie am 9. November wegen einer Grippe krankgeschrieben. Und bei ihrem (und meinem) Sinn für Pflichterfüllung gab es gar keine Diskussion darüber, dass jemand, der krank ist, nicht groß auf die Straße geht. Nicht mal bei einem Jahrtausendereignis.

Als wir dann rüber sind, wollten wir Richtung Gesundbrunnen. Das war in meiner Kindheit so der Landepunkt in Berlin. Also sind wir an der Bornholmer Straße zu unserem West-Ausflug gestartet. Er begann überhaupt nicht schön. Da stand ein Lastwagen, von dem aus Päckchen mit Jacobs-Kaffee verteilt wurden. Davor eine Masse an Menschen, an Ossis, die wie verrückt brüllten, um ja 500 Gramm schwarzes Aufbrühpulver zu bekommen. Ich drehte mich zu Margret um und sagte: »Da gehst du auf keinen Fall hin. Das ist ja wohl das Allerletzte.«

Würdelos ist das Wort, das diese Szene am besten beschreibt. Wie kann man sich nur für ein Päckchen Kaffee so benehmen. Ich war richtiggehend geschockt, schämte mich für meine Landsleute in Ost und West. Denn auch andersrum war die Aktion ja oberpeinlich. Wie kann man nur so wenig von den Menschen im anderen Teil Deutschlands halten, dass man glaubt, man müsse sie wie Katastrophenflüchtlinge mit Geschenken versorgen.

Feierstimmung kam so nicht bei mir auf. Aber es war trotzdem ein schöner Tag. Ich habe es genossen, mit Margret am Gesundbrunnen spazieren zu gehen, einen Schaufenster-Bummel zu machen. Endlich konnte sie die Dinge sehen, die ich auf Auslandsreisen schon vor Augen gehabt hatte und ihr immer beschrieb. Die Kälte hat uns wieder zurückgetrieben nach Ostberlin, zurück in unsere Wohnung. Aber vorher holten wir noch unser Begrüßungsgeld ab. Gekauft haben wir uns davon eine kleine Stereoanlage. Margret ist mit einer Freundin nach Westberlin gefahren und hat das gute Stück für – so glauben wir uns zu erinnern – 179 Mark erstanden. Gut angelegtes Geld, wir nutzen die Anlage immer noch.

Aber nicht, dass Sie jetzt denken, der Mauerfall und die beginnende Wiedervereinigung wäre an mir komplett ohne Gänsehaut-Momente vorbeigegangen. Ich habe gezittert und gestaunt wie ein Kind vor der Weihnachtsbescherung, als mich Charly Siebert an der Bornholmer Brücke zum Besuch eines Kampfes der Box-Bundesliga abholte. Charly war ein Ringrichter, der auf internationalen Turnieren eingesetzt wurde. Ich hatte ihn beim Albena-Cup in Bulgarien kennengelernt.

Das Zittern und Staunen bezog sich natürlich nicht auf den Wettkampf des Westberliner Bundesligisten Spandauer BC gegen einen Verein, dessen Namen ich vergessen habe. Sondern auf Charlys Auto: ein Mercedes. Ich nahm Platz und fühlte mich wie in einem Raumschiff, wusste gar nicht, was ich zuerst bestaunen sollte. Irgendwann, so sagte ich mir, will ich auch ein tolles Auto fahren. Irgendwann.

Genau am anderen Ende der emotionalen Skala landete hingegen mein erster Ausflug in meinen heutigen Beruf, das Profiboxen. Irgendwann 1990 hingen in Ostberlin lauter grellbunte Plakate. »Profiboxen in Falkensee«. Mit Karl-Heinz Heistermann, einem Schwergewichtler aus dem Westen. Und einem sogenannten Schaukampf von Ralf Rocchigiani. Der war dann zwei Klassen schlechter als das, was Sie heute vor großen Kämpfen als schlechtestes Pressetraining serviert bekommen.

Und der Gegner von Kalle Heistermann, ein Sportfreund namens Werner Pelz, wäre selbst dem kundigsten Boxexperten an der Biertheke nicht als Kämpfer aufgefallen. Ein Wischer in Richtung Niere und er legte sich hin, ließ sich in Runde 3 auszählen. Dabei ging es um den Internationalen Deutschen Schwergewichts-Titel der Profis. Was immer das auch beim Duell zweier Deutscher bedeuten sollte. Ganz ehrlich: Ich hatte in der neunten Klasse der KJS Jungs, die um Längen besser ausgesehen hätten.

Dafür waren die Herren mit den Goldkettchen und den Riesenuhren am Handgelenk eine echte Show. Immer wieder tauchte einer von denen vor einer Fernsehkamera auf – ich weiß beim besten Willen nicht mehr, welcher Sender sich nach Falkensee verirrt hatte – und sprach mit großen Parolen davon, wie sie jetzt auch die DDR mit Profiveranstaltungen beglücken würden.

Danke, lieber, geschätzter, bewunderter Henry Maske, dass du ein ganz anderes Niveau ins Profiboxen gebracht hast. Dass du als Vertreter unserer Boxschule und unserer Ernsthaftigkeit durchgestartet bist bis zum Halbschwergewichts-Titel der IBF und den x-mal verteidigt hast. Nur so wurde das möglich, was alle nach dir erreicht haben. Eigentlich müsste Henry Maske bis heute mit einem Prozent an jeder Kampfgage eines deutschen Spitzenprofis beteiligt sein …

Ach, dieser goldene Westen. Wenn ich sage, ich wäre enttäuscht gewesen, wäre das auch gelogen. Ich will klarstellen: Ich bin ein Gewinner der Wende. Habe durch meinen halbwegs reibungslosen Übergang zum Bundeshonorartrainer und Bundestrainer sowie vor allem später mit den Erfolgen als Proficoach einen Sechser mit Superzahl getroffen. Aber ich hatte trotz der anfänglichen Euphorie eben nicht die Vorstellung, dass unser gemeinsames Land völlig ohne Probleme, Ungerechtigkeiten und Missverständnisse zusammenwachsen würde.

Heute, über 25 Jahre nach dem Mauerfall, sage ich: Wir haben die Wiedervereinigung halbwegs hinbekommen. Aber als einer, der im Osten unseres Landes genauso häufig unterwegs ist wie im Westen, erlaube ich mir das Urteil: Die Wunden des Abwickelns lasten auf dem Gemüt der ehemaligen DDR-Bürger. Ganz egal, wie viel Geld in die neuen Bundesländer geflossen ist, es hätte mehr dabei herauskommen können. Oder müssen.

Das direkte Zusammenwachsen war für mich, um es mal mit neutralen Worten zu beschreiben, überwiegend komisch. Ich weiß noch, wie mein Boxer Bert Schenk und ich eine Showeinlage beim ersten Sechstagerennen nach der Wende gegeben haben. Ein Sparring gegen keinen anderen als Sven Ottke. Ringrichter war Jörg Wontorra. Bert und ich bekamen jeder die Wahnsinnssumme von 100 D-Mark. Wir haben uns damals auch noch herzlich bedankt, hätten nie die Unverschämtheit aufgebracht, mehr zu verlangen oder richtig zu feilschen. Ich weiß bis heute nicht, was Svennie bekommen hat. Es war mir immer zu peinlich, ihn danach zu fragen. Von Wontorra mal ganz abgesehen.

Egal. Es gibt keinen Zweifel daran, dass die Wiedervereinigung bei allen Zusammenwachs-Schmerzen einen deutschen Traum, oder besser gesagt: den deutschen Traum erfüllt hat. Den Traum meines Vaters, meines älteren Bruders, meines Onkels - der als Verfolgter des Naziregimes dennoch immer ein einiges Deutschland prophezeite - und ganz bestimmt auch meinen eigenen. So sehr ich mich in der DDR auch arrangiert hatte, dass dieser Staat schlimmste Konstruktionsfehler hatte, sah ein Blinder. Dass wir beim Spagat zwischen der UdSSR und dem Westen irgendwann zerbrechen würden, war logisch. Die Entwicklung in den anderen Ostblock-Ländern, wo oftmals auch heute noch keine tragenden Strukturen nachgewachsen sind, machen doch für jeden klar: Der Marxismus-Leninismus ist eine schön ausgedachte Utopie, die in der Realität nie funktionieren kann.

Das macht sich für mich schon deutlich an den Einschränkungen für die eigenen Bürger. Wenn ich eine wirklich gute Idee für eine

Gesellschaftsform habe, wenn ich davon überzeugt bin, dass mein Modell das beste ist – dann kann ich doch jeden durch die weite Welt reisen lassen. Er kommt ja sowieso dorthin zurück, wo alles wunderbar ist. Das Verbot, ins westliche Ausland zu reisen, die Tatsache, dass wir uns in der DDR einmauerten, war für mich vor allem anderen immer ein Beweis für die Fehler im System. Verwandtenbesuche auf purer Vertrauensbasis wären das Mindeste gewesen. Vielleicht hätte sich sogar eine Rückkehr-Mentalität entwickelt. Aber im Endeffekt ist es überflüssig, darüber nachzudenken. Weil ein vereintes Deutschland auf jeden Fall unendlich besser ist als alle anderen Teillösungen.

Für mich sowieso. Weil ich gar nichts anderes brauche als deutsche Lande. Wenn ich es nicht für meine Frau ab und zu tun müsste, und dann auch gerne tue – ich würde in Urlaub oder auf Entdeckungsreise nie irgendwo anders hinfahren als in irgendeinen schönen Teil Deutschlands. Mecklenburg-Vorpommern steht für mich an der Tabellenspitze. Dann der Rest im hohen Norden und Osten. Ich liebe, liebe, liebe diese Gegend. Ich spüre meine Wurzeln, kenne die Menschen und ihre Art – und wer über das kalte und raue Wetter im Winter meckert, den lache ich einfach aus. Nieselregen ist was Schönes. Je kälter er mir ins Gesicht knallt, desto mehr spüre ich das Leben. Ich habe nichts gegen Luxus, aber ich brauche ihn nur bis zu einem gewissen Punkt. Ich kann zwei Wochen Sauwetter genießen, genauso wie ich den Beach und die ewige Sonne von Miami genossen habe, als Arthur Abraham dort gegen Edison Miranda die spektakuläre Revanche boxte. Aber was ist Miami? Ganz okay, mehr nicht.

Zeigen Sie mir doch mal schönere Orte als die Strandpromenade von Zinnowitz auf Usedom oder Kühlungsborn mit dem unendlichen Meer direkt vor Augen. Oder die Dünen und Wälder und Felsen von Rügen. Oder zig andere Orte in dieser Region, die mich an der Seele packen und mir sagen: Ulli, hier lässt es sich leben. Hier kannst du sein, wie du bist. Was ich brauche, dreht sich nicht um die Show der

Reichen und Schönen. Was ich brauche, sind normale Menschen, ein schönes Eckchen zum Klönen und gerne – jetzt wird's luxuriös – eine Sauna mit einem Eiswasserbecken. Ich nehme dafür im Winter aber auch die See.

Was ich nicht brauche, sind Schnickschnack, Shopping-Tempel oder Hotelsuiten für 1000 Euro die Nacht. Ich will ein sauberes Zimmer mit einer Möglichkeit, durchgeschwitzte Trainingsklamotten an die frische Luft zu hängen. Ich brauche einen Schreibtisch, weil ich manchmal noch dort sitze und grüble und mir Notizen über einen Kämpfer mache, wenn das ganze Hotel schon schläft. Auch und gerade, wenn Margret und ich uns mal drei Tage Urlaub gönnen. Ich brauche einen Fernseher mit Video- oder DVD-Rekorder, weil das in meinem Job unerlässlich ist. Ich brauche ein Lächeln beim Frühstück, Mittag- und Abendessen. Herzlichkeit, ja, die möchte schon sein. Und ich brauche das Meer. Das brauche ich sehr, auch wenn ich weiß, dass ich es nicht immer haben kann. Aber mehr als das Wenige muss ich nicht haben. Entschuldigung, dass ich so langweilig bin.

Natürlich schwärme ich auch für ein paar weiter entfernte Orte. Ich würde Margret gerne einmal Sydney zeigen, die schöne, turbulente und doch so englische Stadt am anderen Ende der Welt. Oder Hawaii, weil ich glaube, dass das ein ganz besonderes Fleckchen Erde ist. Aber ich würde nur dorthin reisen, weil ich Margrets Naturell kenne, weiß, dass sie sich wohlfühlen würde, staunen würde, alles in sich aufnehmen würde. Ich selbst brauche das nicht. Auch nicht Mallorca, Ibiza, Monaco oder Las Vegas. Die haben doch dort nicht mal einen Dorfkrug mit ein paar kantigen Kerlen drin, die nur einmal kurz vom Bier und vom Schnaps hochschauen, wenn ich zur Tür hereinkomme. Und mit denen ich vier Stunden später immer noch dasitze, Geschichten erzähle, Geschichten höre – und mich wohlfühle.

Die Menschen in meiner Heimat, in meiner Welt, sind ganz normale Menschen. Noch nicht mal unbedingt Städter. Sondern

Naturburschen und Naturmädels. Sie sind weder unterwürfig noch arrogant. Sie stammen oft von Bauern ab, kommen vom Land, lieben ihr Land, verkörpern ihr Land mit allen seinen Besonderheiten. Sie wissen, was sie können und was das Leben bedeutet. Bei solchen Menschen fühle ich mich wohl und kann sogar mal abschalten. Solche Menschen treffe ich zum Glück immer wieder - und bin dankbar dafür!

Ich könnte locker noch mal 75 Jahre alt werden und wäre mit meinen Entdeckungsreisen in Deutschland noch nicht fertig. Ich mag die Gegend um Kleinaspach, wo die Berge des Schwäbischen Waldes zum Neckarbecken hin abfallen. Ich bin so gerne dort und dankbar dafür, dass meine sowieso schon sensationelle Freundschaft zu Andrea Berg und ihrem Mann Uli Ferber uns immer wieder dorthin bringt.

Ich liebe, auf die amüsierte Weise des Norddeutschen, Bayern und alle seine Bräuche oder Besonderheiten. Immer wenn ich den unvergleichlichen Waldemar Hartmann bei unseren Boxkämpfen sah, dachte ich an Bayern. Nicht nur, dass Waldi die TV-Zuschauer genauso kompetent wie locker durch unsere Veranstaltungen führte, nicht nur, dass ich mich jedes Mal auf seine mit Spürsinn und Augenzwinkern geführten Interviews nach den Kämpfen freute, ich bin der Meinung, dass er von der bayerischen Landesregierung einen jährlichen Bonus bekommen sollte. Als inoffizieller Fremdenverkehrsminister. Denn genau das ist er. Wer Waldi einmal kennengelernt hat, will auch nach Bayern. So einfach ist das.

Und so einfach ist Reisefreiheit als Grundrecht eines jeden Menschen. Kein Problem, wenn Sie lieber nach Malle fliegen. Oder als Rucksacktourist durch Asien pilgern. Oder sich mit der Fahrt auf der Route 66 in den USA einen Jugendtraum erfüllen. Ich gratuliere Ihnen dazu und würde Ihnen trotzdem von meinen Lieblingsplätzchen auf den Ostseeinseln oder wo auch immer in Deutschland vorschwärmen.

Dennoch will ich Ihnen von zwei Reiseerlebnissen ins Ausland erzählen, die für mich absolute Höhepunkte meines Lebens waren. Überraschung: Beide haben mit einem Sport zu tun, in dem elf Mann in kurzen Hosen einer runden Kugel hinterherrennen.

1999 ermöglichte mein Svennie das Wahrwerden eines meiner größten Träume abseits des Boxrings. Den Besuch eines Finales der Champions League. Und das auch noch im Nou Camp von Barcelona, in der meiner Meinung nach tollsten Fußball-Arena auf diesem Planeten. Zusammen mit Johannes B. Kerner und dem Fernseh-Journalisten Michael Lion, der leider viel zu früh gestorben ist, sorgte Sven dafür, dass ich – begeistert und schwärmend wie ein kleiner Junge – das Live-Erlebnis bei einem der größten Kicks der Fußballgeschichte hatte.

Ja, Sie brauchen nicht die Jahreszahl nachzuschlagen. Es war das legendäre Endspiel zwischen Manchester United und dem FC Bayern. Der Thriller, den die Bayern eigentlich schon gewonnen hatten, ehe zwei Treffer in der Nachspielzeit für das verrückteste Fußball-Comeback aller Zeiten sorgten. Normalerweise ist so etwas, der Lucky Punch, nur im Boxen möglich. Aber nicht im Fußball. Das Schlimmste, was sich ein Bayern-Fan (und eigentlich bin ich ja einer, wenn es um internationalen Fußball geht) vorstellen konnte, wäre eine Verlängerung gewesen.

Aber die Schlagkombination der beiden Tore von Sheringham und Solskjaer toppte alles, was es bisher gegeben hatte. Die Bayern-Fans in meiner direkten Umgebung weinten oder starrten völlig geschockt ins Leere. Und ich, der ich seit den 50er Jahren so emotional an Manchester United hing und heute noch hänge, traute mich gar nicht zu jubeln. Es war auch zu bitter für die Bayern.

Noch größer war nur ein Besuch im alten Wembley-Stadion. Das kapieren wirklich nur Fußballfans, die mit dieser sagenumwobenen Spielstätte, mit dem englischen Fußball der Nachkriegszeit, mit den damit konkurrierenden Stars aus Ungarn und dem Aufschwung des deutschen Spiels aufgewachsen sind. Wembley war so viel mehr als ein paar Tribünen rund um einen Rasenplatz. Wembley war eine uneinnehmbare Bastion. Wenn eine andere Nation dort mal gewann, alle zehn oder zwanzig Jahre, hörte man den Donnerschlag rund um die Welt. Wembley war ein Begriff für Stimmung, für edles Fairplay und hingebungsvolles Anfeuern. Wembley war das Ziel aller Sehnsüchte. Für mich auf jeden Fall.

Als ich dann als Profitrainer mal in London war, ich glaube, es war 2001, bin ich einfach über den Zaun geklettert und habe versucht, ins Allerheiligste zu kommen. Logisch, dass sich mir gleich jemand in den Weg stellte. Aber auch ohne große Englisch-Kenntnisse konnte ich dem Mann klarmachen, was Wembley für mich bedeutete. Er lachte und ließ mich auf den Platz. Ich lief zum Elfmeterpunkt und blieb dort endlose Sekunden lang stehen. Ich müsste weitere 20 Seiten dieses Buches füllen, um Ihnen all meine Emotionen in diesem Moment zu erklären. Ich. In England. Ich. Der kleine Penkuner Kuhjunge. Mit seinen Fußballträumen. Ich. An einem Ort, an dem selbst meine größten Helden sicher vor Aufregung gezittert haben. Ich. Der Mann aus einer anderen Welt. Jetzt im Wembley-Stadion. Wahnsinn. Es lief mir heiß und kalt den Rücken hinunter. Ich hatte Tränen in den Augen. Der Wachmann oder Platzwart, der mir dieses Erlebnis ermöglicht hatte, spürte das ganz offensichtlich. Er ließ mir Zeit und sagte kein einziges Wort auf dem Weg nach draußen. Es gab auch nichts mehr zu sagen. Zu spüren und zu verarbeiten umso mehr!

Nach Nou Camp und Wembley bleibt von meinen großen Fußballträumen nur noch einer übrig. Und auch der wird sich, das glaube ich ganz fest, irgendwann erfüllen. Eine richtig wichtige Partie in einer Arena, die ich schon Hunderte Male im Fernsehen erlebt habe. Diese große Theaterbühne des runden Leders. Mit ihren roten Sitzen und den unverwechselbaren Ziegelmauern, auch dort an der Auswechselbank, wo einer der größten Trainer aller Zeiten bis 2013 die Mannschaft leitete, formte und zu Höchstleistungen führte. Selbstverständlich rede ich vom Old Trafford, der Heimstätte des FC Manchester United. Und von Sir Alex Ferguson, den ich so bewundere.

Irgendwann werde ich dort sitzen und mitfiebern. Und werde andererseits einige stille, private Minuten am Denkmal für die Opfer des Flugzeugabsturzes vom Februar 1958 verbringen. Werde den Spielern von damals, meinen Helden, einen von schwerem Herzen kommenden Dank aussprechen. Dass sie mich so begeistert haben. Dass sie mich durch mein Leben begleitet haben.

Manchester United, die Busby-Boys – ach, es wird mir die Kehle zuschnüren, dort zu stehen. Was war ich nur für ein junger Kerl damals, als ich ManU am 14. August 1957 im Berliner Olympiastadion spielen sah. Ein junger Kerl mit Träumen und sonst gar nichts!

5. KAPITEL

In Sven Ottkes Welt

Wie ich einen tollen Jungen namens Svennie kennenlernte, wir den EM-Triumph 1991 erkämpften und warum ich mir sicher bin, dass wir von den Amateurbox-Mächten betrogen wurden

Da stand ich also wie das Kind vor dem Weihnachtsbaum im Ladengeschäft dieses Maßschneiders in Bangkok. Es war 1991, kurz nach der Wiedervereinigung. Und Sie werden sicher verstehen, dass ich als ehemaliger DDR-Bürger mit der Pracht und der Vielfalt des Angebotenen ein klein wenig überfordert war. Mit den Preisen auch. Mit mir zusammen war mein Chef, Bundestrainer Helmut Ranze, dort. Dazu Sven Ottke, mein bester Boxer. Ich selbst war Bundeshonorartrainer - und überzeugte mich mit einiger Mühe davon, dass ich mir einen Anzug kaufen sollte.

Plötzlich stand Svennie neben mir. »Trainer, das ist wirklich eine gute Chance zu sparen. Da sollte man sich gleich drei, vier Anzüge mitnehmen. Ehrlich.« Als ich ihm antwortete, ich hätte nicht einmal annähernd so viel Geld, kam Svens Konter aus heiterem Wiedervereinigungs-Himmel. »Kein Problem, Trainer. Hier ist meine Kreditkarte. Ich krieg das dann irgendwann zurück, wenn es geht und wenn es passt.«

Ich weiß noch ganz genau, dass mir die Emotionen heiß und kalt den Rücken hoch- und runtersausten. Und neben mir ist Helmut Ranze im wahrsten Sinn des Wortes die Kinnlade heruntergefallen. Der Chef-Bundestrainer stand da, als sei ihm ein Geist erschienen.

Sven Ottke, der mit dem Igel in der Tasche, zückt einfach mal seine Eurocard Gold und gibt seinem Ost-Trainer ein Darlehen.

Mensch, Svennie, wenn du wüsstest, wie viel mir diese Geste damals bedeutet hat. Das völlig überraschende, an einem komischen Platz abgegebene, aber umso deutlicher zu verstehende Bekenntnis: Trainer, wir gehören zusammen. Wir sind ein Team. Wir ziehen das durch.

Es ging nicht um die Kohle. Obwohl es im Leben eigentlich immer und überall um die Kohle geht. Zwischen Svennie und mir ging es in diesem Moment um eine Partnerschaft. Um eine Weggemeinschaft. Und irgendwie, auch wenn Sie das vielleicht jetzt kitschig finden, um eine Blutsbrüderschaft.

Ich werde bis heute immer unheimlich emotional, wenn ich über diesen tollen Jungen rede. Die wichtigste Person in meinem ganzen Leben außerhalb meiner Familie. Ein Weltklasse-Boxer. Ein grandioser Athlet. Der erfolgreichste deutsche Profiboxer aller Zeiten. Und für mich noch so viel mehr.

Einer, der sportlich alles erfüllt hat, was ich von ihm erwartet, gefordert und ab und zu erfleht habe. Der mich aber auch so oft durch seine Menschlichkeit, Ehrlichkeit und Loyalität beeindruckt hat, dass ich in ihm mehr sehe als nur den ungeschlagen abgetretenen Supermittelgewichts-Doppelweltmeister.

Sven Ottke ist ein Mensch, auf den ich mich immer hundertprozentig verlassen konnte – und der mich regelmäßig auf völlig unfassbare Weise überraschte.

Wissen Sie was? Ich erzähle Ihnen diese Geschichte, die sich teilweise wie ein Märchen liest, einfach noch einmal von Beginn an.

Sven Ottke – ein Name in meiner Statistik, die ich als DDR-Trainer über ausländische Gegner führte. Ottke war uns bekannt, aber dann auch wieder nicht so wichtig (sorry, Svennie), dass er uns dauernd beschäftigt hätte. Meister in der Bundesrepublik war für uns, ganz ehrlich, kein großes Warnsignal. Die Blicke gingen nach Kuba, in die Sowjetunion und in die USA – das waren unsere Gegner. Gegen diese Nationen mussten wir die Kohlen aus dem Feuer holen. Alles andere war eben alles andere.

Aber Herr Ottke, wie ich ihn auch oft und gerne nenne, weil er bei der Anrede dann gleich ein bisschen besser zuhört, war eben doch etwas Besonderes.

Das erste Mal sind wir uns begegnet beim großen Internationalen Box-Turnier des TSC Berlin - meinem damaligen Verein und Arbeitgeber - im Jahr 1987. Sven Ottke, damals zweifacher BRD-Meister, wurde alleine durch sein Erscheinen zum sofortigen Publikumsliebling.

Das müssen Sie verstehen: Svennie verkörperte für viele (auch für mich) den goldenen Westen. Einer aus diesem Gesellschaftssystem, das uns verboten war, oder besser gesagt: versperrt - das uns aber dennoch pausenlos beschäftigte. Beim Fernsehschauen, in privaten Diskussionen und - in der streng auf Negativberichterstattung gebürsteten Presse der DDR.

Auch uns Sportkadern wurde in den Erziehungsprogrammen immer eingeimpft: Der Hauptfeind ist die BRD. Doch zwischen dem Predigen der Parolen und der realen Welt klaffte in der DDR ein Riesenunterschied. Das beste Beispiel ist vermutlich das 1:0 der DDR-Auswahl über Beckenbauer und Co. bei der Fußball-Weltmeisterschaft 1974. Da ging der Riss mitten durch die DDR-Herzen. Natürlich wollten wir keine Klatsche für unsere Truppe, aber unsere wirklichen Helden - zumindest habe ich das so empfunden - waren diese anderen Kicker im anderen Teil unseres Heimatlandes. Natürlich war es schön, dem großen Bruder mal eins ausgewischt zu haben. Aber wir waren noch viel stolzer, als die BRD später den Titel gewann. Wir alle feuerten Franz Beckenbauer, Gerd Müller und Co. an.

Ich kann Ihnen ja nur aus meiner eigenen Wahrnehmung erzählen. Und die bestand auch aus den Erlebnissen, die ich bei Wettkampf-Reisen ins westliche Ausland hatte. Es gab Mitte und Ende der 80er Jahre keine Ablehnung des Westens mehr. Zumindest nicht in meinem Umfeld. (Und manchmal frage ich mich, ob es die Ablehnung überhaupt jemals gab.)

Wir waren Menschen, die staunten, wenn sie zu einem Turnier nach Nestre, einem Vorort von Venedig, durften. Oder woanders hin, wo der Westen glitzerte und funkelte. Wir Trainer und Athleten bekamen 10 West-Mark pro Tag als Spesen. Und weil so ein Turnier mit An- und Abreise gerne mal zehn Tage dauerte, waren das 100 West-Mark. Wir fühlten uns wie Millionäre.

Wir sind auch nirgendwo böse behandelt worden. Wenn, dann passierte uns das kurioserweise in den sozialistischen Bruderländern – aber diese Geschichte erzähle ich ein anderes Mal.

Wenn wir ins westliche Ausland fuhren, dann fühlten wir uns wie die kleinen Könige. Und kauften Schlüsselanhänger, die haben zurückgetutet, wenn man pfiff. Das war für uns eine Sensation. Das war klasse. Lachen Sie bitte nicht. Es war genau so, wie ich es Ihnen erzähle.

Jeder Tag dort drüben war eine Offenbarung. Aber geflüchtet wäre ich dennoch nie!

Und noch einmal, weil es mir wichtig ist, Ihnen das zu erzählen: Westdeutsche wurden allgemein in der DDR, das war immer mein Eindruck, nicht angefeindet. Außer natürlich, wenn sie sich irgendwie arrogant benommen haben. Ansonsten jedoch war eigentlich jeder, der von drüben in unsere Regionen kam, einer, mit dem man sich einfach normal unterhalten wollte. Ein Deutscher unter Landsleuten. Ende des Themas.

Aber zurück zu Svennie. Denn mehr als nur seine Herkunft aus Berlin-Spandau (ich weiß, dass er in Tempelhof geboren wurde, aber er gilt eben allgemein als Spandauer) knallte seine sympathische Art in die Herzen der Menschen.

Da kam einer, damals noch mit seinen richtig langen Haaren, der sich keine Birne machte über irgendwelche politischen Parolen. Der sich in den Boxerkabinen und in der Halle einfach seine Leute suchte, mit denen ganz normal quatschte, jederzeit eine ehrliche Antwort gab und – ganz wichtig – im Boxring mit seiner Schnelligkeit und seinem Auge begeisterte.

Wir hatten spätere Olympiasieger, aktuelle Weltmeister und Klasseboxer im Aufgebot. Henry Maske, Siegfried »Siggi« Mehnert, Ulli Kaden oder Andreas »Joschi« Zülow. Aber durch seine Art und durch die deutsch-deutsche Entwicklung kurz vor dem Mauerfall war Svennie der Star des TSC-Turniers ab dem Moment, als er das erste Mal die Halle betrat.

Natürlich war er ein erst halb geschliffener Diamant. Aber selbst wir vom Erfolg verwöhnten Boxexperten der DDR konnten sehen, dass er außergewöhnliches Talent hatte.

Ich kann ihn wirklich noch vor mir sehen. Mit seinem hellblau-goldenen Trainingsanzug mit dem großen Bundesadler vorne drauf. Mit seinen dichten Locken, auf Vokuhila getrimmt. So wie die Fußballer damals mit ihren Matten auf dem Kopf herumliefen, so sah unser Svennie aus. Und aus irgendeinem Grund, den ich Ihnen heute nicht erklären kann, habe ich ihm gleich einmal geholfen.

Es war nämlich so, dass der Gastboxer der »Selbstständigen Politischen Einheit Westberlin« in »Berlin, Hauptstadt der DDR« – Sie erlauben mir ein bisschen Jargon des Kalten Krieges bei der Erinnerung – von Rückenschmerzen geplagt wurde. Ich habe davon gehört, bin zu ihm hin und sagte: »Wir haben eine sehr gute Physiotherapeutin. Vielleicht hilft ja eine Rückenmassage.«

Sven, so wie er ist, ließ sich nicht zweimal bitten. Als BRD-Boxer in die DDR-Kabinen zu verschwinden war eine seiner leichtesten Übungen. Und wenn ihn damals jemand dazu befragt hätte, hätte er sicher geantwortet: »Na, und? Spinnt euch nichts zusammen.«

Für mich hatte das, ehrlich gesagt, völlig unüberlegte Hilfsangebot zum Glück auch keine negativen Auswirkungen. Ich war halt nur mal wieder Tagesthema in den Gesprächen hinter den Kulissen. »Hast du gehört, was der Wegner gemacht hat? Der hat den Ottke aus der

BRD einfach zur Christa geschickt. Na, das wird doch sicher noch mal zur Sprache kommen.«

Kam es nicht. Nicht einmal, nachdem mein Boxer Christian Sobecki am nächsten Tag durch Verletzung gegen Sven verlor. Es war ein Kampf, den ich Ihnen heute noch in fast jeder Aktion nacherzählen kann. Svennie war in der ersten Runde, wie oft, extrem gerade und vorsichtig. Doch dann kamen seine Hände sehr gut. Ein paar schöne Aktionen und Treffer, dann die Blessur bei Sobecki – damit war das Duell beendet.

Ich dachte so bei mir: In dem schlummert eine ganze Menge. Aber er wird es schwer haben, jemals in die Weltspitze vorzustoßen.

Die Bestätigung kam gegen keinen anderen als Henry Maske im Finale des TSC-Turniers. Svennie wurde auf dem Weg in den Ring bejubelt – und innerhalb des Seilgevierts vor unlösbare Aufgaben gestellt. Was Maske unter der Anleitung von Manfred Wolke, einem der größten Boxtrainer der DDR-Geschichte, an diesem Tag als Lehrvorführung hinlegte, war schon beeindruckend. Immer wenn Sven sich einen Plan zurechtgelegt hatte, wenn er eine Aktion starten wollte, wenn er sicher war, dass es jetzt auch klappen würde, zeigte ihm Henry etwas ganz anderes. Es muss frustrierend gewesen sein für Sven.

Und trotzdem sorgte er noch einmal für den absoluten Höhepunkt der Final-Veranstaltung in der Wellblechhalle. Dazu müssen Sie wissen, dass Herr Ottke in einem Porsche nach Ostberlin gekommen war. Seinem Porsche. Er selbst sagte zwar immer: »War doch nur ein 944er mit 163 PS und kein Carrera. Außerdem habe ich den supergünstig gekauft.« Aber Porsche beginnt eben mit dem gleichen Buchstaben wie Paradies. Sie verstehen schon, was ich meine. Weinrot war das Ding obendrein.

Umso grandioser war die Stimmung, als mitten im Kampf gegen Henry ein Zuschauer rief: »Henry, hau nicht zu dolle, dann lässt er dich mal mit dem Porsche fahrn.« Die Halle tobte vor Lachen. Aber das war noch nicht alles. Henry Maske, ein Jahr später Olympiasieger in Seoul, hatte klar gewonnen. Sven Ottke hatte sich dennoch halten können und sich nicht blamiert. Und wir, das DDR-Team, fuhren im Bus zurück zum Athletenhotel. Jetzt dürfen Sie einmal raten, welches Auto plötzlich in Sichtweite kam. »Henry, da fährt er. Und du mit deinem Trabi!«, brüllte die Bande.

Henry hat es hingenommen. Das konnte er ab. Aber ich bin sicher, innerlich gab es ihm einen kleinen Stich. Zumindest wäre es mir so gegangen.

Das war also meine erste echte Begegnung mit Sven. Der Mauerfall und die Wende waren immer noch eine ferne Illusion, ich will noch nicht einmal Traum sagen, weil selbst so kurz vor dem wirklichen Ereignis eigentlich niemand daran glaubte. Ja, wir hatten immer mehr das Gefühl, dass unser Staat gelähmt war und alleine schon wirtschaftlich nicht mehr lange durchhalten konnte. Andererseits machte die Partei, machten die Funktionäre des Staates einfach weiter. Es änderte sich nichts. Und für mich persönlich, dass muss ich so offen sagen, war das ja auch okay.

Ich hatte meinen Trainerberuf. War inzwischen anerkannt. Die dreijährige Rückstufung zu den Junioren, von der Sie schon gelesen haben, war vorbei. Ich gehörte zum Reisekader. Hatte ein Auto aus dem Kontingent der Spitzensport-Zuteilung. Es war sogar ein Skoda, nicht nur ein Trabi.

Für mich war der Weg irgendwie vorgezeichnet. Boxer noch besser ausbilden. Erfolge über Platzhirsche sammeln – als mein Eike Walther 1984 im Finale der DDR-Meisterschaften Henry Maske besiegt hatte, sprach die ganze DDR von dieser Sensation. Und dann würde es irgendwann auch mal mit meinem großen Traum aus Kindheitstagen klappen. Der Ulli Wegner, der früher Olympia-Ergebnisse auswendig gelernt hatte, würde sicher bald einmal einen seiner Boxer zum größten Sportfest der Menschheit begleiten.

Ja, genauso würde das laufen, dachte ich. Wie Sie und ich wissen, kam es ein wenig anders, und mein Traum, der gleich zweimal in Erfüllung ging – 1992 in Barcelona und 1996 in Atlanta –, war nur eine Durchgangsstation. Die Vorstufe zur faszinierenden, glitzernden, knallharten Welt des Profiboxens.

Aber damals gab es das nicht. Profiboxen war verpönt. Natürlich hatte jeder mal einen oder mehrere Kämpfe von Muhammad Ali gesehen, war begeistert von der Boxkunst des Größten aller Zeiten. Aber das Geschäft drum herum, so wurde uns in den Schulungen immer wieder eingetrichtert, war unmenschlich. Quasi ein Sklavenhandel.

Dazu kam noch, dass wir unser Sportsystem so perfektioniert hatten, dass wir Amateurboxtrainer schon verdammt stolz durch die Gegend liefen. Kuba, Sowjetunion, USA und DDR – die vier Weltmächte im olympischen Faustkampf. Das wusste jeder. Die DDR fuhr immer mit vollen Zwölfer-Staffeln – je Gewichtsklasse ein Boxer – zu den internationalen Wettkämpfen und kam nie ohne Medaillen zurück. Titel waren kein Zufall, sondern Gewohnheit!

Ich erzähle Ihnen das alles, weil es ja nach meinem ersten Aufeinandertreffen mit Sven Ottke eine ganze Weile dauerte, ehe ich dann in seiner Ecke stand. Er wurde regelmäßig Deutscher Meister in der Bundesrepublik. Man lief sich bei internationalen Turnieren über den Weg. Aber die westdeutschen Boxer gehörten nicht zu den Nationen, mit denen wir uns auf der obersten Stufe sahen. Der schnelle Ottke und der schlagstarke, aber konditionell nicht so starke Markus Bott waren eigentlich die einzigen, die wir als DDR-Trainer auf dem Zettel hatten.

Ansonsten beobachteten wir aus gewisser Distanz, wie die kaum mal komplett besetzte westdeutsche Staffel im Verlauf der 80er Jahre ein immer gemischteres Völkchen wurde. Boxer wie Bogdan Maczuga aus Polen, Raschad Abdelghaffer aus Ägypten oder Ibrahim Vural – einer der vielen türkisch-stämmigen Kämpfer in Westdeutschland – wurden eingebürgert und kamen in die Nationalmannschaft.

Alles gute Jungs. Aber mit unserem System der konsequenten Sichtung, Förderung und Ausbildung war das nicht zu vergleichen. Uns war klar, dass wir da haushoch überlegen waren. Und von unserem Cheftrainer, Günter Debert, einem Klassemann als Boxexperte, Ausbilder, Organisator und Anführer der DDR-Staffel, ist ein Spruch dazu überliefert. 1989 in Athen begrüßte Debert einen Journalisten aus Westberlin mit den Worten: »Na, ist das UN-Aufgebot auch schon angekommen?«

Das war weniger Überheblichkeit als Verwunderung darüber, dass das Amateurboxen im anderen Teil Deutschlands anscheinend massive Nachwuchsprobleme hatte.

Ich erzähle Ihnen das auch, weil ich später, viel später, mal gefragt wurde, was aus einem Sven Ottke im Boxsystem der DDR geworden wäre.

Die Antwort ist nicht einfach. Svennie selbst glaubt, dass die komplette Ausrichtung seiner Jugendzeit auf den Sport ein großer Vorteil gewesen wäre. Er war – und ist es heute noch – ein Trainingsfanatiker, der mehr, mehr und immer noch mehr machen wollte. Sport als Lebenszweck, meint Sven, wäre für ihn das Ideale gewesen.

Das mag sein. Aber ich sehe natürlich auch, wie eng und brutal bei uns der Weg nach ganz oben war. Ich habe mehr als ein Supertalent scheitern sehen, weil ihm in jungen Jahren noch die Härte fehlte und der Blick dafür, was ganz oben als Belohnung wartete. Svennie hat ja immer wieder betont, dass er das Training liebt, die Auseinandersetzung im Ring aber nicht.

»Ich hasse Boxen«, sagte er sogar als erfolgreicher Amateur. Erst tief in seiner Profi-Karriere, als er seine Überlegenheit begriff und damit spielen konnte, änderte sich das ein wenig. Aber wäre er wirklich als junger, noch unreifer Bursche ohne Frustration, ohne Niederlagen und Rückschläge durchs DDR-Boxen marschiert?

Eines ist sicher: Wenn er mit seinem Talent im DDR-Boxen oben angekommen wäre, dann wäre Sven Ottke auch Olympiasieger geworden. Er hätte mit seiner Klasse schon als Amateur die Boxwelt verzaubert. Das Zeug, auch auf der anderen Seite der Mauer ein ganz Großer zu werden, hätte er gehabt. Aber dann wäre er nicht unser, mein Svennie - also ist es ganz gut, dass es nicht so war.

Wenn Sie ein paar Seiten zurückblättern, können Sie noch einmal die Passage über meine Zufriedenheit mit meinem, unserem Leben in der DDR nachlesen. Warum soll ich Ihnen etwas vorspielen? Ich war nicht auf der Straße und habe für Freiheit und Demokratie demonstriert. Ich habe nicht »Wir sind ein Volk« gerufen. Und ich gehörte auch keinem Diskussionskreis an, der versuchte, die Zustände in meinem Land aufzuarbeiten und zu verändern. Ich war und bin ein unpolitischer Mensch. Das, was ich tun kann, damit es Menschen bessergeht, geschieht im privaten Umfeld. Alles andere nehme ich weitgehend hin und hoffe, dass diejenigen, die über unser Leben bestimmen, das halbwegs auf die Reihe bekommen.

Wenn Sie das als unkritische Haltung gegenüber der DDR einschätzen, kann ich schlecht etwas dagegen sagen. Außer: Bitte vergessen Sie nicht, dass Ulli Wegner zur großen, unpolitischen, unauffälligen, mit dem dortigen Leben arrangierten Mehrheit im östlichen Teil Deutschlands gehört.

Genauso wie es auch jetzt, in Zeiten, in denen uns im wiedervereinten Deutschland der Terrorismus Angst einjagt, der Wohlstand zu schwinden scheint und viele, zu viele Familien in Armut leben, es nur wenige gibt, die aktiv nach einer Lösung der Probleme suchen. Der Rest ist wie ich und hofft: Es wird schon irgendwie gutgehen.

Ich schreibe das alles mit einem gewissen Unbehagen, das sicher aus diesen Zeilen zu spüren ist. Ich will nicht, dass aus meiner Einschätzung der damaligen Zeit Parolen gemacht werden. Ich bin nicht der Wende-Gewinner, der die DDR verklärt. Nein, auf keinen Fall!

Ich genieße mein Glück, bin jeden Tag hin und weg von alledem, was mir die Wiedervereinigung ermöglicht hat. Wenn ich in den Spiegel sehe, schaut mich dort ein Glückskeks an, der zum richtigen Zeitpunkt am richtigen Ort war, die richtigen Leute traf und mit richtig viel Arbeit unfassbare Erfolge gefeiert hat. Darauf bin ich unheimlich stolz. Aber genauso stolz bin ich darauf, das Rüstzeug für diese Erfolge, meine Kompetenz als Trainer und meine pädagogischen Fähigkeiten im Umgang mit Boxern, in der DDR erworben zu haben.

Dieser Zwiespalt ist das große Thema meines Lebens. Und deswegen kann ich Ihnen nicht davon erzählen, dass ich am 9. November 1989 vor Freude auf der Mauer getanzt habe. Weil es nicht so war. Es war viel komplizierter.

Kommen Sie einfach mit. Ich versuche, es Ihnen unterwegs zu erklären.

Ich spüre, dass Sie mich etwas fragen wollen. Sie haben die Daten aus meiner Biografie im Kopf. Da steht, dass ich schon 1991 meinen ersten großen Erfolg als Bundestrainer feiern konnte. Die Europameisterschaft mit Sven Ottke in Göteborg.

November 1989 die Wende. Mai 1991 der EM-Titel. Wo kann da denn das Problem sein?

Sie haben recht! Über was soll ich mich denn beschweren. Ich hatte doch Riesenglück beim Mauerfall. Ja, es gab eine Zeit der Ungewissheit, das will ich nicht leugnen. Keiner im Osten wusste, wie es für ihn weitergehen würde. Ob sein Beruf, das Können, das er sich angeeignet hatte, im neuen gemeinsamen Deutschland noch etwas wert sein würde. Natürlich habe ich mir darüber Gedanken gemacht.

In der Übergangszeit war unser Glück, dass Margret als Lehrerin eine halbwegs krisensichere Anstellung hatte, Geld nach Hause brachte – wenn auch nur 68 Prozent des West-Gehaltes – und auch mich davon ernährte. Selbst als unser Trabi nach einem Unfall nicht mehr zu reparieren war, reichte das Geld, um für 400 D-Mark im Monat einen Opel Corsa zu leasen.

Und für mich ging es dann gleich weiter, nach nur zwei Monaten Arbeitslosigkeit. Arbeitsamt, fragen Sie? Daran habe ich ehrlich gesagt gar nicht gedacht. Ich wollte mein Leben selbst bestimmen, habe mit dem Gedanken gespielt, mich in Leverkusen oder Frankfurt zu bewerben. Aber wie gesagt: Ich bekam ja ziemlich schnell eine Stelle in Berlin.

Dennoch wird es jetzt in meiner Erinnerung ganz hart, ganz kalt, ganz bitter.

Wissen Sie, wie viele Boxtrainer am Tag des Mauerfalls im Sportsystem der DDR gearbeitet haben? Ich sage es Ihnen.

168!

In Worten: einhundertachtundsechzig.

Zehn davon allein beim TSC Berlin, meinem Club. Ich wette, Sie hätten auf insgesamt 30 oder 40 getippt. Aber niemals auf so viele.

Und wissen Sie, wie viele von diesen 168 eine Stelle als gesamtdeutsche Bundestrainer bekamen?

Eins, zwei, drei, vier, fünf, sechs, sieben. Schluss.

Ich war einer der sieben. Keiner von den 161.

Glauben Sie mir: Ich denke sehr oft an diese Zeit und diese Entwicklung zurück. An die erste Überweisung, die ich als Bundeshonorartrainer erhielt. 1 800 D-Mark, davon gingen gleich 800 für die Miete weg. Ein paar Wochen vorher hatte unsere Wohnung noch 125 Ost-Mark gekostet.

Ich habe das Selbstvertrauen, dass ich mich selbst als guten Trainer sehe. Als einen, der seinen Boxern technisch und taktisch viel vermitteln kann, der das Optimale aus ihnen herausholt. Aber glauben Sie nicht auch, dass es unter den 161 auch andere gegeben hätte, die als Bundestrainer und später vielleicht im Profilager einen guten Job gemacht hätten? Ich glaube das schon. Und deswegen weiß ich, dass zu aller Leistung im Leben auch ein gehöriger Schuss Glück gehört.

Verstehen Sie jetzt, warum die bloße Jubelnummer bei mir nicht funktioniert? Warum ich bei allem, was ich erreicht habe, immer noch daran denke, was abgewickelt wurde? Warum ich mir bis heute wünsche, dass es mehr, viel mehr von meiner Sorte gegeben hätte? Fachkräfte aus den neuen Bundesländern, die auch nach der Wiedervereinigung eine Chance bekommen haben. Und warum ich mir ein bisschen mehr Verständnis des Westens für das wünsche, was in der DDR auch an Positivem geleistet und aufgebaut worden war?

Jetzt bin ich schon wieder auf ganz dünnem Eis. Und das nur, weil ich im schönsten Kapitel dieses Buches auch ganz genau erklären will, wie ich den Weg zu meinem Meisterschüler Sven Ottke gefunden habe. Dabei muss ich mir eingestehen, dass es nur auf diese Weise passieren konnte. Andersherum nicht.

Lassen Sie mich das erklären: Direkt nach der Wende war – wie sich aus den genannten Zahlen unschwer ablesen lässt – unter den DDR-Trainern natürlich der Frust groß. Vor allem bei denen, die sich plötzlich – wie heißt das so schön und gemein – auf dem freien Arbeitsmarkt umschauen mussten. Ich habe das auch zu spüren bekommen. Bin mit meiner West-Trainerstelle oft von der Seite oder auch frontal angepflaumt worden.

Doch viele derartige Situationen und Debatten konnte ich mit einem Satz stoppen: »Denkt doch mal nach: Wenn wir gewonnen hätten, wenn der Sozialismus gesiegt hätte, wir hätten keinem einzigen von denen einen Posten gegeben. Keinem einzigen.«

Das war Fakt. Wir kannten doch unseren eigenen Staat ganz genau. Ich weiß, dass sich viele von Ihnen jetzt an dem nächsten Satz stoßen werden, aber ich meine ihn so, wie ich ihn sage: Wenn der Osten gewonnen hätte, wäre die Sieger- und Abwickelmentalität noch viel brutaler zu spüren gewesen, als es der Westen nach der Wende durchgezogen hat.

So. Das habe ich erst mal weg von der Seele. Aber jedes Mal, wenn ich diese Passagen durchlese, will ich etwas ändern. Daran sehen Sie meine Zerrissenheit bei diesem Thema. Ich will Ihnen etwas erklären, was mich jeden Tag ganz tief in meiner Seele beschäftigt. Und weiß nicht, ob ich es richtig mache.

Ich versuche es zu guter Letzt noch einmal in einem einzigen Satz: Eine gesamtdeutsche Geschichte wie die meine zu verstehen, ist nur möglich, wenn man beiden Teilen Deutschlands gerecht wird. Ohne Schaum vorm Mund. Ohne Verklärung oder Verteufelung. Dafür aber mit Neugier, Verständnis und Menschlichkeit.

Natürlich ist keiner von uns ein Heiliger. Jeder hat seine Prägung und seine Vorlieben für bestimmte Menschentypen. Und jeder hat auch Vorurteile. Aber ob jemand Ossi oder Wessi ist, spielt im Endeffekt keine Rolle. Wichtig ist, was hinter dem Etikett für ein Kerl steckt.

Das gesagt, muss ich Ihnen allerdings gestehen, dass ich ausgerechnet in dem Moment, in dem sich Sven für mich als Trainer entschieden hat, ganz groß auf der Ost-West-Orgel gespielt habe.

Es war ein normales Training mit Sparring im Box-Leistungszentrum in der Berliner Deutschlandhalle. West- und Ostberlin haben sich so langsam kennengelernt, was bei Boxern nie ein großes Problem ist. Ich war immer noch für die TSC-Boxer zuständig, obwohl ich als Bundeshonorartrainer bezahlt wurde. An diesem Tag stand ein Drei-Runden-Sparring zwischen meinem Bert Schenk und dem damals schon sechsfachen Deutschen Meister Sven Ottke an.

Svennie hat den ebenfalls hochtalentierten, aber leider aus verschiedenen Gründen sein Potenzial nie ausschöpfenden Bert Schenk zwei Runden lang ganz locker dominiert. So wie nur er es kann mit seiner Schnelligkeit, seinem Bewegungsgefühl und seinen grandiosen Meidbewegungen. Dazu immer wieder präzise Treffer.

Als Bert nach der zweiten Runde zurück zu mir in die Ecke schlurfte, ist Hitzkopf Wegner, der harte, ehrliche, sinnbringende Sparringsarbeit sehen wollte, richtig in die Luft gegangen.

»Du Pfeife«, habe ich meinen Boxer ins Gesicht geschleudert, »lässt dich hier von einem Wessi verhauen. Komm ja nicht wieder hierher zurück nach der dritten Runde.« Dann deutete ich in die andere Ecke, wo Sven und sein Trainer Gerhard »Bubi« Dieter das Spektakel überrascht und leicht befremdet verfolgten. »Da, dort drüben kannste rausgehen nach noch so einer Runde«, gab ich Bert mit auf den Weg.

Bert konnte hauen wie ein Pferd und war auch technisch wirklich klasse. Jetzt ging er los wie eine Rakete. Und Sven, nach zwei lockeren Runden nicht in der Lage, sofort auf hundert Prozent zu schalten, wurde ein-, zweimal hart getroffen. Dazu müssen Sie wissen, dass Wirkungstreffer im Sparring eigentlich nicht erwünscht sind. Die Boxer sollen miteinander arbeiten, sich gegenseitig helfen, besser zu werden, aber ohne Schaden anzurichten.

Sven aber war angeklingelt. Bubi Dieter stoppte das Sparring. Und ich bekam die Breitseite des Stars dieser Trainingshalle ab. »Das haste jetzt davon«, rief Sven in einem Ton, der genervt, beleidigt und irgendwie verletzt klang. »Na, super. Tolle Arbeit. Das haste jetzt davon.« Ich antwortete nur: »Was hast du denn zwei Runden gemacht? Das war doch auch kein Sparring.«

Ein unfairer Konter von mir, weil Sven nur das gezeigt hatte, was er immer im Ring zeigte. Bert hätte schon von alleine in den Sparringskampf finden müssen.

Das Training jedenfalls war beendet. Jeder ging seines Wegs. Und obwohl mein Boxer und ich sozusagen als Gewinner das Seilgeviert verlassen hatten, war ich nicht zufrieden mit der ganzen Angelegenheit. Ich hätte viel lieber gesehen, dass Sven sich dem Ansturm von Bert gestellt hätte. Svennie war der Beste in dieser Trainingsgruppe, deshalb habe auch ich, obwohl ich nicht sein Trainer war, immer ganz genau beobachtet, was er macht.

Und natürlich habe ich mir vorgestellt und überlegt, was ich ihm beibringen könnte. So denkt jeder Trainer. Wer etwas anderes sagt, der lügt. Jeder Bundesliga-Trainer, der nicht bei den Bayern ist, spielt den Fall, mit diesem Superstar-Ensemble arbeiten zu dürfen, im Kopf durch. Und jeder Bayern-Trainer wiederum wälzt Gedankenspiele, was er aus dem FC Barcelona, Real Madrid oder Manchester United herausholen könnte.

Um eines klarzumachen: Das ist kein Jagen nach fremden Reichtümern, das ist die uns eingepflanzte Sucht nach der Perfektion, nach dem besten Athleten, den es gibt. Um ihn zu lehren, zu formen, zu unterstützen und weiterzubringen – damit er schließlich das Optimum leisten kann.

Aber abgesehen von alledem, so dachte ich bei mir auf dem Nachhauseweg, ist es immer gut für meine Boxer und mich, sich auf der Halle ein bisschen Respekt zu erarbeiten. Ende der Geschichte.

Oder besser: der Anfang.

Am nächsten Tag kam Herr Ottke und sagte ohne jedes einleitende Wort: »Ich will bei dir trainieren.« Er hatte ganz offensichtlich das Geschehen im Ring nicht so einfach abschütteln können. Es muss mächtig in ihm gearbeitet haben, dass da ein Boxer in der anderen Ecke, den er locker beherrscht hatte, plötzlich abging wie eine Rakete. Noch dazu einer, der in seiner Gewichtsklasse, dem Mittelgewicht bis 75 Kilogramm, zu Hause war, also ein ernsthafter Konkurrent werden konnte.

Svennie hatte ja immer den Traum von einem internationalen Titel und ganz besonders von einer Medaille bei den Olympischen Spielen. Aber ich bin sicher, dass er 1990 selbst das Gefühl hatte, auf einem hohen Leistungsniveau zu stagnieren.

Er, der sich bei internationalen Turnieren immer unter die DDR-Boxer mischte und dadurch sehr viel über unser Sportsystem mitbekam, hatte plötzlich einen Trainer aus dieser für ihn fremden, aber irgendwie faszinierenden Welt in der eigenen Trainingshalle. Und der hatte ihm auch noch eine deftige Lektion erteilt.

»Ich will bei dir trainieren.«

Für mich war das ein hochproblematischer Satz. Einerseits hatte ich irgendwie auf diese Chance gehofft, weil Svennie ohne jede Frage das größte Talent aller Boxer im vereinigten Berlin verkörperte. Andererseits wusste ich zu diesem Zeitpunkt nicht, ob ich damit nicht das hervorragende Verhältnis zu den Trainern und Funktionären auf der anderen Seite - es gab die andere Seite immer noch, machen wir uns nichts vor - zerstören würde. Und überhaupt: Die lockere, flapsige Art der Anfrage, noch dazu mitten in der Halle, passte nicht in mein Bild einer Trainer-Sportler-Beziehung.

»Ich will bei dir trainieren.«

Dieser Satz löste deshalb trotz aller Emotionen, die durch meinen Körper rasten, keine Umarmung aus oder gar einen Jubeltanz. Ich ließ die Worte ausklingen und sagte Herrn Ottke: »Das ist ja interessant. Aber das klärst du erst mal mit deinem Trainer. So läuft das bei uns. Und überhaupt: Wenn du das Wörtchen Sie nicht kennst, oder nicht weißt, ob Er, Sie oder Es die richtige Anrede ist, dann sag wenigstens Trainer.«

Svennie schluckte. Das war nicht die Antwort, die er erwartet hatte, die er hören wollte. Er ist absolut kein arroganter, selbstverliebter oder eingebildeter Mensch. Aber er war der Star. Es war logisch für ihn zu denken, dass er sich seinen Trainer aussuchen durfte.

Für mich war die Reaktion eine natürliche Sache. Auch wenn ich wusste, dass eine Entscheidung dieses Ausnahmekönners für mich einen Glücksfall darstellte, durfte ich ihn das nicht merken lassen. Distanz zwischen Athlet und Trainer ist wichtig.

Ich weiß, dass Sie jetzt schmunzeln. Ulli Wegner und Distanz zu seinen Boxern. Ausgerechnet der Trainer, der immer den Eindruck macht, dass kein Blatt Papier zwischen ihn und seine Schützlinge passt. Doch obwohl mit Sven Ottke später eine Seelenverwandtschaft der ganz besonderen Art entstand, die viele Grenzen aufweichte, war es gerade am Anfang und gerade bei einem so lockeren Typen wie ihn wichtig, den richtigen Start zu finden.

Den Trainer zu duzen, das geht einfach nicht. Basta!

Sven ging also zu seinem Trainer und zu Hans-Peter Miesner, dem Präsidenten seines Vereins, des Spandauer Box-Clubs, und erklärte, er wolle ab sofort bei Ulli Wegner trainieren. Damit waren die Weichen gestellt für alles, was kommen sollte.

Aber genau hier ist der Punkt, an dem ich Ihnen einen Mann vorstellen muss, der in kaum einer Geschichte über den ungeschlagenen Mittelgewichts-Weltmeister Sven Ottke auftaucht. Und wenn, dann nur als Randnotiz.

Bubi Dieter – Sie wissen bereits, dass er bis zu diesem Zeitpunkt in Svens Ecke stand – war einer der Schlüssel zum Erfolg. Und ein sensationeller Typ obendrein.

Mit Bubi habe ich ganz am Anfang meiner Zeit im Westen einen Menschen gefunden, der für immer eine ganz besondere Stellung in meinem Leben, in meinem Herzen einnehmen wird. Auch wenn ich mit diesen Begriffen normalerweise nicht so umgehe, sage ich es Ihnen jetzt als Scherz mit völlig ernstem Hintergrund: Ich wusste als Ossi gar nicht, dass es solch tolle Wessis gibt wie Bubi Dieter.

Bubi Dieter, geboren als Gerhard, war ein Unikum der ganz besonderen Sorte. Ein guter Trainer mit einem unfassbar feinen Näschen für das, was im Kampf selbst vor sich geht. Wie man Schwächen eines Gegners ausnutzt und den eigenen Kämpfer genau darauf einstellt. Ein mutiger Trainer noch dazu, der bei Mannschaftskämpfen mit überraschenden Gewichtsklassen-Wechseln seiner Boxer immer Duelle schuf, die seinem Team einen Vorteil gaben.

Dazu ein klasse Freund, der immer für mich da war. Egal ob es in der Boxhalle war, bei endlosen Gesprächen zwischen uns oder kürzeren mit den Kämpfern oder mit den Verantwortungsträgern der jeweiligen Staffeln, in denen wir beide Kämpfer hatten. Ein Aufpasser für mich, den unerfahrenen Ossi, der bei jedem seiner Schritte auf dem neuen Terrain noch ganz genau hinhörte, ob nicht das Eis zu knirschen begann. Ein fürsorglicher Kumpel, der mich, den Ost-

Besoldeten, in seine Kneipe »Bubis fröhliche Runde« in Spandau einlud, mit Buletten abfüllte und – ich sage es Ihnen, wie es war – beim Abschied dann mit nach draußen kam.

»Hier Ulli, nimm, damit du schnell nach Hause kommst. Morgen haben wir wieder alle Hände voll zu tun«, sagte er, mein Freund Bubi, und drückte mir einen 50-Mark-Schein in die Hand. Ich habe das Geld genommen, weil ich im Taxi eine Stunde weniger nach Hause in die Zingster Straße in Hohenschönhausen brauchte als mit Bussen und Bahnen. Und weil ich diese Beträge damals selber einfach nicht übrig hatte.

Aber auch, weil es eine Geste war, die man Bubi gar nicht hätte abschlagen können. Bubi, der Ur-Spandauer, wusste viel besser als alle Politiker, was direkt nach der Wende abging. Mit seiner Vergangenheit in der geteilten Stadt, mit seiner Art und mit seinem sperrangelweit offen stehenden Herzen war er einer, der das Zusammenwachsen von West und Ost, Ost und West, nicht als Sonntagsrede begriff. Er hat es jeden Tag vorgemacht.

Können Sie auch nur ansatzweise abschätzen, wie sehr es einen Vollblut-Trainer wie Bubi getroffen haben muss, dass sein erfolgreichster Schützling zu mir wechselte? Er hätte laut »Diebstahl« schreien, sich beklagen und mich ächten können. Auch wenn es natürlich kein Diebstahl war, weil ich ja Svennie, als er mich ansprach, kategorisch dazu aufgefordert habe, das erst mit seinem Trainer – also mit Bubi – zu klären, ehe wir das erste Mal richtig zusammenarbeiteten.

Aber, und das ist eine der vielen Qualitäten, die Bubis Größe ausmachten: Er hat es nicht nur zugelassen und akzeptiert, sondern er hat Sven und mich auch weiterhin mit seiner ganzen Kraft und Expertise unterstützt. Er hat sich uns beiden gegenüber verhalten wie immer, genauso locker, genauso hilfsbereit, genauso Bubi!

So etwas erlebt man wirklich nicht oft.

Treten Sie mit mir doch noch einmal einen Schritt zurück. Ich habe Ihnen so viel zu erzählen über Bubi Dieter, dass ich gerne weiter ausholen möchte.

Ich weiß nicht mehr, wann wir uns das erste Mal über den Weg gelaufen sind. Sicher bei irgendeinem Turnier in der zweiten Hälfte der 80er Jahre oder beim TSC-Turnier in der Werner-Seelenbinder-Halle, dort, wo jetzt das Velodrom steht und immer Anfang des Jahres der Sechs-Tage-Wirbel der Radfahrer tobt.

Ich weiß aber noch ganz genau, wann ich Bubi das erste Mal so richtig erlebt habe. Und ich glaube, jeder erinnert sich an den Moment, an dem Bubi in Topform in sein Leben stürmte, mit endlosen witzigen Sprüchen und jeder Menge Herzlichkeit.

Bei mir war es ein Turnier in Bulgarien. Wir liefen uns über den Weg, beim Wiegen und später im Hotel – und fingen einfach an zu quatschen. Übers Boxen natürlich. Ich erinnere mich, wie er irgendwann fragte, ohne jede Überheblichkeit fragte, wie viel bulgarisches Geld, also Lewa, ich denn für 100 Ost-Mark bekäme.

Ich antwortete: »100 Ost-Mark sind 30 Lewa.« Dann schaute ich ihm direkt in die Augen. Ich glaube bis heute, dass Bubi mir eigentlich gar nicht mehr antworten wollte. Er wich ein bisschen aus und sagte dann: »100 West sind 300 Lewa. Komm, ich lade dich ein.«

Wir haben gequatscht ohne Ende in diesen bulgarischen Tagen. Und wann immer ich konnte, habe auch ich ein Bier oder eine Flasche Wein bezahlt. Aber Bubi machte sich einen Spaß daraus, dass ich kaum eine Chance dazu hatte. Für ihn war das alles kein Thema. Er wollte seine Lewa ausgeben, wollte eine gute Zeit haben – und wollte vor allem sein Wessi-Sein nicht als Überlegenheit ausleben. Sondern als Freundschaft.

Jeder Abend mit ihm war ein Erlebnis. Im Boxen kannte er jeden mit allen Stärken und Schwächen. Und wenn ich auf meine Fußball-Leidenschaft zu sprechen kam, drehte er erst richtig auf. »Hör doch auf mit diesen Memmen«, rief er. »Die fallen doch heutzutage schon um, wenn einer auf der Tribüne mit dem Programmheft wedelt.« Und dann erzählte er, mit typischem Bubi-Elan, wie er selbst früher Fußball gespielt hatte. »Wenn es regnete, waren die Bälle so schwer wie Kanonenkugeln - und genauso gefährlich. Aber an guten Tagen habe ich die Ecken geschlagen, bin vors Tor gerannt und habe sie selber reingeköpft.«

Bubi verfügte über ein endloses Repertoire an Geschichten. An jedem x-beliebigen Abend saßen und standen die Menschen in Dreierreihen um ihn herum, um ja jede Pointe und jeden Spruch mitzubekommen.

Und wehe, es bezeichnete ihn jemand als Berliner. Dann legte Bubi mit einer Abhandlung über Spandau los, die jeden Fremdenführer stolz gemacht hätte. Sein Spandau sei schon urkundlich erwähnt worden, da seien in Berlin noch nicht mal Pisspötte ausgeschüttet worden. Wenn dann jemand anzumerken wagte, als Spandauer sei er nun mal seit der Eingemeindung 1920 Berliner, kam Bubis kurz und trocken geschlagener Konter: »Zwangsweise. Aber Berliner sind noch lange keine Spandauer.«

Wie gesagt, das alles erlebte ich in Albena zum ersten Mal. Ich war viel, viel länger mit ihm, seinem Spandauer Clubpräsidenten Hans-Peter Miesner und dem sehr guten und fairen Ringrichter Karl-Heinz »Charly« Siebert zusammen, als es für einen DDR-Trainer eigentlich gut sein konnte. Wir hatten Spaß und gute Laune, redeten über unseren Sport und höchstens mal in kleinen Nebenbemerkungen über West und Ost.

Alles völlig harmlos. Und doch warnten mich ein paar Stimmen, denen ich auf unserer Seite der Mauer durchaus zuhörte, es nicht zu übertreiben. So war das damals, auch wenn es heute von den Jüngeren kaum noch jemand glauben mag. Ein paar Abende, an denen man in der Nähe von West-Trainern und -Funktionären gesehen wurde, bedeuteten Alarm. Echten Alarm!

Das Ganze zwang mich dann zu einer oberpeinlichen Nummer.

Kurze Zeit nach dem Wettkampf in Bulgarien war wieder TSC-Turnier. Gleich zu Beginn war ich mit anderen DDR-Trainern in der Halle unterwegs, als mir Charly Siebert über den Weg lief. Ich sah ganz deutlich, dass er auf ein Zeichen von mir wartete, um mich anzusprechen. Aber ich tat so, als wäre er Luft für mich, als hätte ich ihn noch nie im Leben gesehen.

Dasselbe wiederholte sich mit Bubi und Hans-Peter Miesner. Ich musste die ganzen Turniertage hindurch dieses blöde Spiel spielen, weil zu viel geredet wurde. Ich habe mich wirklich mies gefühlt, habe es später dann allen erklärt. Bubi lachte nur: »Das war doch klar, dass du dich so benehmen musstest. Aber richtig böse haste geschaut.« Wir konnten beide darüber lachen – und mir fiel ein Riesenstein vom Herzen.

Bubis Unterstützung und sein Verständnis waren unschätzbar hilfreich. Weil er der Zusammenarbeit von Svennie und mir quasi den Segen gab, konnten wir ohne Querschüsse und ohne großes Gerede auf unsere gemeinsame Reise starten.

Dieses Bild von der Reise passt wirklich sehr gut. Svennie machte damals eine Ausbildung zum Bürokaufmann und hatte ab 10 Uhr Berufsschule. Ich wollte aber wenn möglich zwei Trainingseinheiten pro Tag durchziehen, also mussten wir vor Schulbeginn zum ersten Mal die Handschuhe und Pratzen anziehen. Von 8 Uhr bis 9.30 Uhr ging es voll zur Sache. Ich stand deswegen jeden Tag um 6 Uhr auf, machte mich frisch und kletterte in den kleinen, niedlichen Suzuki-Bus, den ich mir vom TSC geliehen hatte. 24 Kilometer bis zur Trainingshalle des Spandauer BC unten in der Bruno-Gehrke-Halle. 24 – ich werde diese Zahl nie vergessen, weil sie mich in meinen Träumen verfolgte. In meinen Albträumen.

Und die gingen so: Am Steuer einer rollenden Kiste, die niemand ernst nimmt, sondern die irgendwie dauerndes Hupen provoziert, quält sich ein im Westberliner Straßentrubel völlig ungeübter Autofahrer durch den morgendlichen Berufsverkehr. Alles macht er falsch, vor allem auf der Seestraße, wo die Blechlawine jeden Tag bis zum Horizont reicht und dennoch alle vorankommen außer dem verzweifelten Mann in seinem kleinen Bus.

Jeder Spurwechsel wird zum Desaster. Jede Ampel ein Drama, weil er es wagt, bei Gelb zu bremsen, statt richtig aufs Gas zu gehen. Schweiß rinnt ihm von der Stirn. Er verflucht jeden einzelnen der 24 Kilometer von Hohenschönhausen nach Spandau und jede einzelne Minute der eineinhalb Stunden, die er dafür unterwegs ist.

Endlich, endlich kommt unser geplagter Pendler am Ziel der Reise an. Um von einem frechen Sven Ottke empfangen zu werden: »Na, Trainer, wieder gebummelt heute Morgen?« Ich musste mir von meinem neuen Starboxer schon den einen oder anderen sarkastischen Spruch reindrücken lassen. Andererseits war Sven auch immer voll bei der Sache.

Wenn ich wirklich mal zu lange brauchte beim Durchleben meines täglichen Albtraums, dann begann er selbstständig und professionell mit der Erwärmung, die zu jedem Training gehört. Und wenn ich dann auftauchte, konnten wir gleich mit der richtigen Arbeit beginnen. Da kam keine Beschwerde und keine Stichelei mehr.

Es war einfach so: In der Trainingshalle wurde aus meinem Albtraum der schönste Traum eines jeden Trainers. Ein hochtalentierter, topmotivierter, lernbegieriger Athlet, der jede Minute daran arbeitet, besser zu werden. Das Boxparadies auf Erden – 24 Höllenkilometer von meiner Wohnung entfernt. Paradies deshalb, weil Svens Fähigkeiten zusammen mit meiner Philosophie vom Boxen eine ideale Kombination ergaben. Meine Lehre war und ist bis heute: Aus einer sicheren Deckung heraus den Kampf zu bestimmen. Den Gegner durch Angriff und Gegenangriffe ständig unter Druck und Spannung zu halten. Ihn dadurch vorzubereiten für klare oder sogar entscheidende Aktionen.

Svennie brachte das komplette Rüstzeug dafür mit, diese Philosophie umzusetzen. Neben einer guten boxerischen Grundausbildung – da haben alle seine Trainer beim Spandauer BC und im Westberliner Leistungszentrum wirklich Beachtliches geleistet – gehört dazu der Willen und die Fähigkeit, sich während des Kampfes an eine Strategie zu halten und sie bis zur Perfektion zu entwickeln. Das alles kann man lernen, doch bei Sven kam ein gottgegebenes Talent dazu: seine unvorstellbare Schnelligkeit.

Der Boxlaie sieht die Schnelligkeit eines Boxers wie Sven Ottke meist nur in den Meidbewegungen. Also in jenen Situationen, in denen dieser Kämpfer mit irrwitzigen Reflexen oder blitzschneller Flucht nach hinten oder zur Seite gegnerischen Treffern ausweicht. In dieser Beziehung war Sven sowieso unschlagbar, im wahrsten Sinn des Wortes. Aber was wir als Experten dann zusätzlich nutzen, was uns begeistert, ist die Fähigkeit eines solchen Boxers, im Feuerbereich des Gegners zu bleiben, ohne Schaden zu nehmen – und dann sofort den Gegenangriff zu starten.

An seinen besten Tagen – und davon gab es soooo viele – hatte ein Gegner von Sven nur die Wahl zwischen zwei verschiedenen tödlichen Giften.

Wenn der Sportler aus der anderen Ecke passiv agierte, setzte Sven nach einer gewissen Abtastphase die Treffer nach Belieben, erarbeitete sich einen klaren Vorsprung und ließ den verzweifelten Kontrahenten dann ins Leere laufen. Kampf gewonnen. Null Gefahr. Aber natürlich auch wenig Spektakel fürs Publikum.

Anders herum funktionierte das genauso: Wenn ein Ottke-Gegner, der nicht zur absoluten Weltspitze zählte, sein Heil im bedingungslosen Kampf suchte, fand er mit den Fäusten auch nur Luft. Mit dem Kinn aber Leder. Svennie zerlegte solche Boxer nach allen Regeln der Kunst. Zum besten Beispiel kommen wir später noch. Ich sage nur: James »The Harlem Hammer« Butler.

Zwar wurde in diesen Kämpfen der Teil der Boxfans, der unbedingt eine Keilerei mit zwei blutenden, zu Boden gehenden Gladiatoren sehen will, immer noch nicht befriedigt. Aber Svens boxerische Klasse trat auch für Laien schon deutlich sichtbar zum Vorschein.

Die unzähligen leichten Siege waren für Sven immer etwas ganz Besonderes, auch wenn die Stimmung in der Halle bei diesen Boxlehrstunden nicht gerade überkochte. Er genoss solche Siege, weil es seinem Ideal des »Treffens, aber nicht getroffen werden« entsprach.

Dazu müssen Sie wissen, dass Svennie, wenn er nach einem Kampf in die Kabine zurückkam, immer nur eines im Sinn hatte: Wo ist der Spiegel? Wo kann ich nachprüfen, wie ich aussehe?

Nein, Sven ist nicht eitler als Sie oder ich. Er hasste es nur aus tiefster Seele, nach einem Duell im Ring gezeichnet herumzulaufen. »So ein Mist«, legte er los, wenn er wirklich mal was abbekommen hatte. »Wie scheiße schaut das denn aus? Klasse, Herr Ottke, wirklich klasse.«

Sven war in solchen Momenten unfassbar sauer auf sich selbst und auf das Boxen. »Wieso mach ich das eigentlich?«, ging die Tirade normalerweise weiter. »So ein Schwachsinn.« Es war ihm völlig egal, dass er vielleicht eben mit 20:1 Treffern bei den Amateuren oder 120:108 bei den Profis gewonnen hatte. Der eine kleine Cut oder die eine angeschwollene oder verfärbte Stelle verdarb ihm alles.

Kurioserweise gab es nur eine Sorte von Kämpfen, nach denen der Spiegel zwar immer noch wichtig war, aber doch eine Nebenrolle spielte. Die Schlachten, in denen Sven durch die Hölle gehen musste, um den Sieg zu erringen. Diejenigen Momente, in denen er alle seine Fähigkeiten in die Waagschale warf, weil es um alles ging.

Zum Beispiel 1991 im EM-Halbfinale von Göteborg. Damals, in Sven Ottkes Ecke, bei diesem legendären Duell mit dem schlagstarken UdSSR-Boxer Alexander Lebsjak, war es die totale Gefühlsexplosion. Dreimal drei Minuten zwischen tiefer Verzweiflung, Aufbäumen, Herzinfarkt-Gefahr, Hoffen, Bangen und dann totaler Euphorie.

In der Rückschau ist es der Moment, in dem das Team Ottke-Wegner geboren wurde. Sven erkämpfte sich damals den ersehnten internationalen Titel. Aber wir beide gewannen etwas viel Wichtigeres: den bedingungslosen Glauben in die Fähigkeiten des anderen. Auch wenn es danach noch Momente gab, in denen es zwischen uns holperte – Göteborg war der Grundstein für alles, was noch kommen sollte.

Kommen Sie doch einfach mal mit in die Halle in Göteborg, folgen Sie mir an den Ring, in dem Sven gleich auf Lebsjak treffen wird.

Sie müssen zur allgemeinen Situation des wiedervereinigten Amateurboxens wissen, dass diese Europameisterschaften das erste gemeinsame große Turnier der beiden deutschen Staffeln waren. Günter Debert, der legendäre Medaillenschmied des DDR-Boxens, war als Cheftrainer eingesetzt worden.

Die Besetzung der Gewichtsklassen gab mit acht DDR-Boxern (Jan Quast, Mario Loch, Andreas Tews, Heiko Hinz, Marco Rudolph, Andreas Zülow, Andreas Otto sowie Torsten Schmitz) und vier Athleten aus den alten Bundesländern (Sven Ottke, Bert Teuchert, Andreas Schnieders und der aus Polen nach Leverkusen gekommene Dariusz Michalczewski) halbwegs die Kräfteverhältnisse wieder.

Halbwegs – das sage ich aus Sicht eines wehmütigen DDR-Trainers. Für uns war es eine Selbstverständlichkeit, eine volle Zwölferstaffel zu schicken. Vier Plätze abzugeben, das tat weh. Keine Frage.

Die Anspannung war für alle deutlich spürbar. Jedem war klar, dass wir einen Sack voller Medaillen mit nach Hause bringen mussten. Und Titel. Aber eine echte Mannschaft konnte das natürlich noch nicht sein. Jahrzehntelang war uns in der DDR eingebläut worden, dass die BRD als Klassenfeind der Gegner Nummer 1 war. Und jetzt plötzlich sollte es keine Geheimnisse, keine Rivalitäten mehr geben – nur noch perfekte Kooperation für den gemeinsamen Erfolg.

Doch während Trainer und Sportler versuchten, sich auf die

Wettkämpfe zu konzentrieren, schwirrten durchs Mannschaftshotel Abwerber von Bundesliga-Vereinen aus Westdeutschland, die nichts anderes im Sinn hatten, als die gewachsenen Clubs der DDR-Boxszene nach Strich und Faden auszuplündern. Willkommen im Kapitalismus! Was uns gehört hatte, gehörte jetzt allen. Und was dem Westen gehört hatte, ging uns nichts an.

Verstehen Sie das nicht als Anklage. Wir haben das Thema ja weiter oben ausführlich behandelt. Aber einfach war diese Übergangszeit auf keinen Fall. Weder für meine DDR-Trainerkollegen, die mit ihren gewohnten Boxern arbeiteten, noch für mich, der ich das westdeutsche Aushängeschild übernommen hatte.

Aber jetzt wirklich zum Ring, dorthin, wo in Runde 1 mein erstes wichtiges Turnier als Bundeshonorartrainer völlig gegen den Baum knallte. Lebsjak boxte flüssig und druckvoll, hochmotiviert - und Sven versäumte es, Gegendruck aufzubauen. Gewertet wurde mit der Punktmaschine, nicht mehr nach Einzelrunden. Und die Treffer ratterten nur so auf das Konto unseres Gegners. 6:14. Sechs! Zu vierzehn!

Wir waren erledigt! Aus und vorbei nach nur drei Minuten des Halbfinales. Lebsjak lag unvorstellbare, unaufholbare acht Treffer vorne. Traum geplatzt. Statt Gold nur Bronze, der ungeliebte Trostpreis. Verdammter, verdammter, verdammter Mist.

In der zweiten Runde probierte ich alles, um Sven nach vorne zu schicken. Ihn zu bewegen, das Unmögliche wenigstens zu probieren. Er versuchte es auch, bekam den Junioren-Weltmeister von 1987 besser in den Griff. Wir holten ein paar Punkte auf. Aber zwei Drittel des Kampfes waren vorbei. Die bittere, bittere Niederlage wartete in exakt drei Minuten Entfernung.

Ich sah es Svens Augen an, dass er genau wusste: Dieser Kampf ist so gut wie verloren. Aber ich wollte es einfach nicht wahrhaben. Ich redete auf ihn ein. »Du musst jetzt alles geben, Sven.« - »Mensch, du liegst hinten. Du musst was machen!« - Und dann kam der Satz, der alles verändern sollte: »Sven, wenn du nicht gewinnen willst, dann mach's für deinen Trainer. Mach's für mich!«

Sie können mich in ein Verlies sperren und stundenlang foltern. Sie können mir Wahrheitsserum einflößen oder mich hypnotisieren. In keiner Faser meines Körpers, in keiner Zelle meines Gehirns steckt die Antwort auf die Frage: Warum habe ich genau das in genau dem Moment gesagt?

Nüchtern betrachtet war es eine sinnlose Aktion. Niemand konnte gegen einen Klasseboxer wie Lebsjak diesen Monster-Rückstand aufholen. Das Kraftpaket aus Donezk in der Ukraine musste einfach nur seinen Stiefel weiter herunterboxen und würde ins EM-Finale einziehen.

Warum also dieser Appell an meinen Boxer, den ich längst gut genug kannte, um genau zu wissen: Eine gnadenlose Schlacht ist so ungefähr das Letzte, was man von ihm erwarten oder verlangen darf.

Auf meiner Suche nach dem »Warum« finde ich nur einen Strohhalm, an dem ich den Versuch einer Erklärung festmachen kann. Ich wollte nicht, dass wir aufgeben. Wir! Denn die gesamte Arbeit mit Sven, die normale Trainingsarbeit und die spezielle EM-Vorbereitung, war einfach außergewöhnlich gut gelaufen. Svennie hatte alles gemacht, was ich von ihm verlangt hatte, und das mit Hingabe, mit Lust aufs Lernen und mit seinem sensationellen Talent als Turbo. Er hatte sich überzeugen lassen, auf meine Art einzusteigen. Er, der ja schon seine Erfolge hatte, der keine Befehle annahm, sondern überzeugt werden wollte.

Das alles hatte funktioniert. Da konnte ich mir einfach nicht eingestehen, dass das alles umsonst gewesen sein sollte. Das ist wohl der Grund dafür, warum ich an einem Regler gedreht habe, der eigentlich gar nicht zur Verfügung stand.

Was dann in jener dritten Runde geschah, ist längst deutsche Amateurbox-Legende. Sven, unser vorsichtiger Sven, ging los wie die

Feuerwehr. Er lieferte sich mit Lebsjak eine wilde Schlacht, einen Kampf ohne Rücksicht auf Verluste. Er hat dabei mehr schwere Treffer genommen, als er sonst in einem ganzen Wettkampfjahr einstecken muss. Aber er packte das weg, behielt trotz dieser Bomben jederzeit den Überblick, blieb trotz der Gefahr ganz nahe an Lebsjak und punktete mit Serien von Treffern.

Der Rückstand, eben noch so gewaltig, schmolz wie ein Schneeball in der Sauna. Ich schrie und feuerte Svennie an, mahnte ihn im nächsten Atemzug brüllend zur Vorsicht – und flog hochkant aus der Ringecke. Ich war dem Ringrichter zu laut, zu wild, musste nach unten in den Zuschauerraum – und brüllte von dort aus weiter.

Ich landete dort unten, weit weg von meinem tollen Jungen, direkt neben Cheftrainer Günter Debert. Er hatte das Programmheft der Finalveranstaltung in den Händen und verarbeitete es während dieser wahnsinnigen drei Minuten zu Konfetti.

Was soll ich sagen? Das Ende war ein Siegesschrei der Ekstase. Es war nicht einmal mehr knapp. Svennie hatte das Ergebnis gedreht und triumphierte mit 35:29 Treffern. Unglaublich!

Wir hatten es geschafft. Wir hatten einen verlorenen Kampf aus dem Feuer gerissen. Günter Debert schloss mich in seine Arme – und so eine Umarmung passiert ja wirklich nicht oft im Leben. Ich stürmte zurück in den Ring, umarmte selbst meinen Sieger – und hörte von Sven als Erstes: »Ich hasse diese verdammte Scheiße.«

Typisch Sven!

Ich selbst kann Ihnen beim besten Willen nicht mehr sagen, was ich mit meinem Boxer, mit den ganzen Gratulanten oder mit den Journalisten besprochen habe. Nach wirklich brutalen, knappen, emotionalen und wichtigen Kämpfen ist da ein schwarzer Fleck in meiner Erinnerung. Wir kommen bei Svennies erstem WM-Kampf als Profi noch einmal auf dieses Thema zu sprechen.

Der ganze Druck, den ein Trainer aushalten muss – kein Jammern! Es ist ein Traumjob! –, führt anscheinend dazu, dass direkt nach der

Entscheidung irgendwas in mir regelrecht ausgeschaltet wird. Ich bin stolz darauf, mich an zigtausend Details aus meinem Leben erinnern zu können – aber hier muss ich passen. Die Stunden nach dem Triumph über Lebsjak sind total leer.

Das Finale war dann eine Demonstration von Svennis Boxkunst. Sein Gegner Michal Franek aus der Tschechoslowakei passte wie maßgeschneidert. Ein Angriffsboxer, der jedoch der Schnelligkeit seines konterstarken Kontrahenten hilflos ausgeliefert war. 43:13 lautete das Endergebnis. 30 Treffer Vorsprung. Das deutlichste Ergebnis aller Endkämpfe quer durch die zwölf Gewichtsklassen. Was für ein Unterschied zum Halbfinale.

Sven Ottke hatte seinen heiß ersehnten ersten großen Titel. Ich hatte meinen heiß ersehnten ersten großen Titel. Die EM von Göteborg war für den DABV mit seiner ersten wiedervereinigten Staffel ein schöner Erfolg. Mit einer ganz feinen Ironie des gesamtdeutschen Schicksals: Nicht die Faustkämpfer aus der ehemaligen DDR hatten in punkto Titel die Kohlen aus dem Feuer geholt. Torsten Schmitz, Andreas Zülow und Mario Loch mussten nach Final-Niederlagen mit Silber vorlieb nehmen.

Nein, der Berliner Sven Ottke und der Leverkusener Dariusz Michalczewski trugen sich in die Ehrenliste der Europameister ein. Zwei Athleten, stationiert im ehemaligen Westen der Republik – Westberlin und Leverkusen. Trainiert aber von zwei Fachleuten, die ihr Wissen und ihre Kompetenz im ostdeutschen Sport erworben haben. Denn bei Dariusz stand einer in der Ecke, den auch alle Boxfans kennen: Fritz Sdunek, mein Freund, Kollege und Konkurrent als Weltmeistermacher bei den Profis! Ein klasse Boxlehrer mit dem Näschen für besondere Athleten und deren besondere Stärken.

Subtiler hätte die Wiedervereinigung im Boxerlager doch gar nicht anlaufen können, oder?

Eine Geschichte rund um den Titel von Göteborg muss ich Ihnen allerdings noch erzählen. Weil sie so wunderbar das Verhältnis zwischen Sven und mir beschreibt und dazu meine unbeholfenen ersten Schritte im goldenen Westen. Dabei rankt sich die Story wieder einmal um eine Autofahrt.

Es war nämlich so, dass ich eigentlich gar nicht in Göteborg dabei sein sollte. Ich hatte mit Sven nur einen Boxer unter den EM-Fahrern, das war nicht genug für eine Entsendung als Bundestrainer. Ich hatte mich schon damit abgefunden, als es plötzlich hieß: Ulli, du bist doch in Schweden dabei. Aber alle Reisen sind längst gebucht, du musst irgendwie alleine dorthin kommen.

Der Hintergrund war, dass Sven ziemlich eiskalt mit einem Verzicht auf die EM gedroht hatte, falls man mich, seinen Trainer, zu Hause lassen würde. Svens Loyalität und die Hilfe seines Freundes und Förderers Heinz Birkle aus Karlsruhe, Vize-Präsident im Box-Verband, machten mich also zum Seiteneinsteiger für das Projekt EM-Gold. Plötzlich stand ich auf der Trainerliste. Und die Frage meiner Anreise war für Svennie dann erst recht ein Kinderspiel.

»Dann habe ich ja jemanden, der mein Auto nach Göteborg fahren kann«, sagte der freche Kerl, drückte mir seinen Mercedes-Schlüssel sowie die Fahrzeugpapiere in die Hand und machte sich mit dem Tross des Deutschen Amateurbox-Verbandes gemütlich auf den Weg.

Da stand ich nun auf dem Parkplatz der Sportschule Hennef bei Bonn, wo wir den Boxern den letzten EM-Schliff gegeben hatten, und hatte statt der Rückfahrt nach Berlin plötzlich ein Ziel in 1050 Kilometern Entfernung. Weil es dann grade so passte, nahm ich in Svens Auto auch noch einen anderen Trainer, Valentin Silaghi, mit.

Der gute Valentin, ein toller Trainer und ein genauso guter Mensch, hatte schon nach gut 100 Kilometern die Nase voll von dem vorsichtigen Ossi am Steuer des Mercedes. Ich fuhr konsequent 120, keinen Strich schneller. Schließlich hatte ich die Verantwortung für dieses tolle Auto. Ein Mercedes! Für mich, den erprobten Trabi-Piloten, war das ein unglaubliches Gefühl.

Okay, ich gab der Klage von Valentin nach, ließ ihn ans Steuer. Aber auf dem Beifahrersitz passte ich auf wie ein Wachhund. Er fuhr so lange, bis er beinahe hinter dem Lenkrad eingeschlafen wäre. Dann habe ich wieder übernommen und irgendwann Göteborg erreicht. Hurra!

Verrückt, oder? Stellen Sie sich nur mal vor, Svennie wäre nicht so vehement für mich eingetreten. Oder ich hätte gesagt: Lasst mal, das ist mir alles zu stressig und kompliziert, ich bin dann eben beim nächsten Mal mit von der Partie. Oder ich hätte auch einfach nur Bammel vor der Autofahrt gehabt und abgelehnt. Wie wäre alles gekommen? Im Leben von Sven und in meinem eigenen?

Oft denke ich über genau solche Dinge nach, versinke in Grübeleien. Weil es immer wieder entscheidende Entwicklungen gab, manchmal in letzter Sekunde, die alles so hingebogen haben, wie es letztlich passiert ist.

Das Leben ist nicht immer eine gerade Linie. Auf Sonne folgt Regen. Und wirklich nicht alle Träume gehen in Erfüllung.

Auch wenn es im Nachhinein nicht so aussieht, durch die Profikarriere, in der Sven Ottke 34 Kämpfe mit 34 Siegen schmückte, gab es doch in den verbleibenden fünf Jahren, die ich ihn als Amateur betreute, eine Reihe geplatzter Hoffnungen.

Das ging gleich los mit der Amateurbox-WM 1991 in Sydney. Wir flogen im November ans andere Ende der Welt, Svennie war als frischgebackener Europameister natürlich ein heißer Anwärter auf eine Medaille. Mindestens.

Doch schon in den Wochen vorher warnte mich Cheftrainer Günter Debert. »Ulli, der Sven läuft nicht so sauber in der Spur, wie ich das sonst von ihm kenne. Irgendwas stimmt nicht.« Ich habe den Hinweis ernst genommen, versucht, im Training herauszufinden, was an letzter Konsequenz bei Sven nicht abrufbar war. Auf dem Weg nach Australien dachte ich noch: »Das haben wir alles hinbekommen. Das wird ein gutes Turnier.«

Doch dann war im Achtelfinale Endstation. Gegen keinen anderen als Alexander Lebsjak. 16:21, ein knappes Ding. Die einzig mögliche Bewertung des Kampfes: An diesem Tag wollte es Svennies Gegner mehr. Die Niederlage von Göteborg muss ihm unglaublich wehgetan haben.

Ich hatte an Svennies frühem Aus richtig zu knabbern. Dieses Wechselbad von der heißen Europameister-Euphorie hin zur frühen WM-Niederlage machte mich unruhig, hibbelig und wieder einmal zu einem Extrem-Grübler. Was gab es, welche Ansprache und welche Tricks, um Sven Ottke dauerhaft zu stabilisieren? Um das grandiose boxerische Potenzial, das in ihm steckte, auch wirklich zur Wirkung zu bringen? Das Thema beschäftigte mich Stunden um Stunden – aber die Lösung lag noch weit in der Ferne.

Ganz nah hingegen war der goldene WM-Triumph eines Boxers, der in Sydney den größten Tag seiner Karriere feierte, und der dadurch perfekt in dieses Kapitel über Sven Ottke passt. Leichtgewichtler Marco Rudolph war immer einer der ruhigen, sympathischen, man kann sogar sagen anhänglichen Athleten. Sie wissen eventuell, dass er als Amateur für Cottbus boxte, aber für die WM wurde ich mit seiner Betreuung beauftragt. Das ging so weit, dass wir uns in Sydney im Mannschaftshotel in Darling Harbour – einem traumhaften Eckchen in einer tollen Stadt – ein Zimmer teilten. Ich hatte nur kurz die direkte Vorbereitung von Marco übernommen, aber er war einer, für den die Umstellung von Punktrichter-Urteilen auf die Punktmaschine perfekt passte. Drei Punktrichter mussten damals innerhalb von einer Sekunde auf den Knopf für den roten oder blauen Boxer drücken, damit ein Treffer gewertet wurde. Rudi mit seinen fast klinisch genauen Händen war wie geschaffen dafür. Er schlug nie besonders viel, dafür immer besonders genau.

Bei der Auslosung allerdings langte Marco voll daneben. Sowohl ein gewisser Oscar de la Hoya, von den Amerikanern schon als kommender Superstar gefeiert, als auch ein Artur Grigorian landeten in seiner Hälfte des Tableaus. Aber er, die Ruhe in Person, machte sich nichts daraus.

Ich schon. Ich bin richtig heiß gelaufen vor dem Achtelfinal-Duell mit de la Hoya. Irgendwann bin ich einfach zu ihm hin, zu dem Jungen, der später als »Golden Boy« eine Wahnsinns-Profikarriere hinlegte und heute zu den großen Kampfveranstaltern auf diesem Planeten zählt. Ich stand also vor ihm, deutete auf meine rechte Faust und sagte: »Rudolph!« Dann ließ ich die Faust in meine linke Hand krachen und sagte: »You!«

Chefbundestrainer Helmut Ranze stand in der Nähe, sah das Ganze – und muss mich wohl für einen vollkommen Verrückten gehalten haben. Nach dem 17:13-Sieg von Rudi war das aber auch egal. Mein Zimmergenosse hatte für die erste große Sensation der WM gesorgt. Und war noch längst nicht am Ende seiner Kunst.

26:13 im Viertelfinale über den Franzosen Julien Lorcy, der später als Profi WBA-Weltmeister im Leichtgewicht wurde. Also nach Oscar de la Hoya ein weiterer Knaller, den Rudi aus dem Weg räumte. Dann ein 18:4 über den ebenfalls sehr kampfstarken Rumänen Vasile Nistor, gegen den Rudi schon mal vorzeitig verloren hatte. Und im Finale ein 19:14 über Grigorian, der ebenfalls später Profi-Champion wurde.

Der Endkampf war eine grandiose Demonstration im Punktmaschinen-Boxen. Jede Hand mit absoluter Genauigkeit ins Ziel gebracht. Effektiv, sicher, siegreich.

Prüfen Sie es nach. Wälzen Sie die Archive. Es würde mich wirklich interessieren. Aber ich glaube, es ist einzigartig, was Marco Rudolph damals in Sydney geleistet hat. In vier Kämpfen drei künftige Stars der Profiszene zu entzaubern – bis heute kriege ich Gänsehaut, wenn ich an diese Tage in der Sonne von Sydney denke.

Marco selbst schaffte es später leider nicht, sich einen WM-Gürtel als Berufsboxer zu erkämpfen. In seinem einzigen Titelkampf im März 1998 verlor er klar gegen Grigorian. Ich war fix und fertig, als ich dieses Duell damals sah. Rudi, mein Rudi, hatte nicht den Hauch einer Chance. Vermutlich ging es nur noch um eine letzte Gage. Aber diese vernichtende Niederlage mitzuerleben bereitete mir Herzschmerzen.

Der Junge, der in seiner Glanzzeit im Boxring so ruhig, präzise und tadellos organisiert die Gegner verzweifeln ließ, kam nach seinem Abschied aus dem Ring mit dem Leben nicht klar. Eine Kneipe lief schlecht, seine Ehe zerbrach, irgendwann musste er sogar ins Gefängnis, weil er Unterhaltszahlungen nicht mehr geleistet hatte.

Durch Jörg Lubrich, den Boxexperten der *Bild-Zeitung,* erfuhr ich im Sommer 2009, dass Rudi jederzeit in Freiheit kommen würde, wenn jemand die noch ausstehenden Tagessätze seiner Strafe begleichen würde. Und bin einfach spontan hingefahren und habe das geregelt.

Von der Idylle eines Trainingslagers im luxuriösen Baltic Hotel in Zinnowitz auf Usedom vor die Mauern des Cottbuser Gefängnisses. Eine Reise, bei der meine Gefühle unbeschreiblich waren. Rudi war so glücklich, dass sich jemand um ihn kümmerte. Andererseits war uns beiden klar, dass er sein Leben selbst in den Griff bekommen muss.

Falls Sie wissen wollen, was ich für die Freilassung bezahlt habe? Sorry, das verrate ich Ihnen genauso wenig wie damals Jörg Lubrich. Ihm antwortete ich auf dieselbe Frage: »Ist doch scheißegal, es geht um Rudi.«

Haben Sie bitte Verständnis dafür, dass ich dieses ganze Thema nicht weiter auswalzen möchte. Bei Marco Rudolph wurde es publik, weil es die Hilfe ohne die *Bild-Zeitung* gar nicht gegeben hätte. Ansonsten ist so etwas – und da spreche ich sicher für alle Menschen, die anderen mal unter die Arme greifen – absolute Privatsache.

Dass ich Ihnen das überhaupt erzähle, noch dazu mitten in dem Kapitel über Sven Ottke, hat zwei Gründe.

Zum einen erfreut es mein Herz jeden einzelnen Tag, dass ich weiß, dass Svennie heil und finanziell abgesichert aus dem Boxgeschäft herausgekommen ist. Dass er sein Leben genießt und sich für ihn die Strapazen, Entbehrungen und Blessuren gelohnt haben.

Zum anderen ertappe ich mich manchmal dabei, dass ich mir wünsche, ich hätte damals ein Auto voller Boxer mit nach Cottbus genommen. Boxer, die sich gerade auf einen Kampf da oben im Scheinwerferlicht vorbereiten. Die alle paar Meter die Aufmerksamkeit der Fans, eines Helfers oder einer Fernsehkamera spüren. Und die alle Warnungen, dass ihr Ruhm vergänglich ist, ihre Karriere begrenzt und ihre Gagen danach für ein Leben reichen müssen, mehr oder weniger an sich abprallen lassen.

Ich verstehe es bis heute nicht, warum ein junger Mensch, der gerade einen für Normalsterbliche unvorstellbar großen Haufen Geld verdient hat, sich im nächsten Moment eine Schippe nimmt und dieses Geld in ein Autohaus schaufelt. Ich fahre gerne Auto und gerne luxuriöse Wagen. Aber zwischen einem sehr guten fahrbaren Untersatz und einem, für den man weit über 100 000 Euro hinblättern muss, ist bei mir irgendwo die Wand. Das kann sich meinetwegen ein Multimillionär als Spielzeug kaufen, aber jemand, der noch gar nicht weiß, mit welchem Kontostand er am Ende das Scheinwerferlicht wieder verlassen wird, sollte seine Moneten zusammenhalten.

Aber da kann ich als Trainer reden, wie ich will. Da kann mein Boxstall die Athleten beraten, bis das Sandmännchen kommt. Das alles hilft manchmal nichts.

Genau deswegen hätte ich gerne die Gesichter der Stars von heute gesehen, wenn einer, der sich an boxerischer Klasse vor ihnen garantiert nicht zu verstecken brauchte, nach einer blöden privaten Notsituation aus dem Gefängnistor tritt. Mich selbst wird dieser Moment ein Leben lang begleiten. Das ist sicher.

Das gilt, auch wenn es sich nur um ein sportliches Ergebnis handelte, ebenso für die Enttäuschung der Olympischen Spiele 1992 im wunderschönen Barcelona. Für mich persönlich ging damit ein Traum in Erfüllung, einer, den ich schon in mir getragen habe, als ich ein

Teenager war und die Ergebnisse des größten Sportereignisses der Welt auswendig gelernt habe.

Endlich Olympia. Und dann diese Riesenpleite.

Im dritten Kampf traf Svennie auf den neuen kubanischen Mittelgewichts-Star Ariel Hernández. Ich kannte diesen Klasseboxer gut. Und natürlich wussten wir, dass wir mit dem kubanischen Cheftrainer Alcides Sagarra auch einen der besten, wenn nicht den besten Taktikfuchs zum Gegner hatten.

Der Beweis: Ich hatte Sven eine für mich absolut gewinnversprechende Marschroute mit in den Ring gegeben. Schnell punkten, ein-, zweimal. Und dann totale Defensive. Ich glaubte, dass das den Kubaner, der auf Aktionen seines Gegners geradezu lauerte, aus dem Konzept bringen würde.

Aber dann machte Hernández genau das, was Svennie und ich besprochen hatten. Als hätten sie uns bei der Taktikbesprechung belauschen können. Hernández setzte zwei schnelle Treffer und ward nicht mehr gesehen. Endstand 5 : 0. Svennie fand keine Möglichkeit, dem Gegner den Kampf anzutragen. Wir waren komplett am Boden zerstört. Keine Olympiamedaille. Nicht mal Bronze. Nichts außer dem ekligen Geschmack der Niederlage.

Dass Hernández souverän die Goldmedaille holte, im Finale dabei den späteren Profi-Schwergewichts-Weltmeister Chris Byrd besiegte, konnte unseren Frust auch nicht lindern.

Und dennoch war Barcelona nicht völlig umsonst. Weil aus einem Streit eine lange Nacht, ein sensationelles Gespräch und eine ganz wichtige Weichenstellung wurden.

Der Reihe nach: Vielleicht wissen Sie, dass es bei Olympischen Spielen ein sogenanntes Deutsches Haus gibt. Es ist ein Treffpunkt für Sportler, Funktionäre, Sponsoren und Journalisten, dazu der eine oder andere Promi, der gerade in der Olympiastadt vorbeischaut. In Barcelona war dieses Refugium der absolute Hammer.

Oben auf dem Berg Montjuic gelegen, mit einem großen Außenbereich, der sich einen sanften Hügel hinunterschwang und jede Menge Möglichkeiten bot, die warmen spanischen Abende und Nächte zu genießen.

Dumm nur, dass mir überhaupt nicht nach Genießen zumute war. Und als ich am Abend nach Svens Ausscheiden aus dem Olympischen Boxturnier ins Deutsche Haus kam, lief mir auch gleich noch ein Berliner Journalist und guter Freund meines Schützlings über den Weg.

»Du und dein Svennie«, knallte ich ihm statt einer Begrüßung hin. »Mein Svennie und sein Meistertrainer«, kam es wie eine scharf geschlagene Gerade zurück. Ich blieb stehen, schaute ihn genauer an – und sah in dieser Sekunde, dass auch bei dem Herrn von der Presse die Enttäuschung über die Ottke-Niederlage knochentief saß.

Ich kam nicht mal dazu, eine Entschuldigung für meine Bemerkung zu formulieren. Svennies Freund war jetzt auf 180 und legte los. »Mein Svennie? Mein Svennie? Es ist dein Svennie. Aber dann mach auch was draus«, so die Einleitung. Und dann: »Kapier doch, wie er tickt. Kapier, was ihn antreibt. Warum er manche Sachen machen kann und manche nicht. Sven ist Sven. Du wirst ihn nie ändern. Aber du musst verstehen, warum er so ist, wie er ist.«

Ich hätte beleidigt sein können. Schließlich hatte ich mich intensiv mit Svens Vergangenheit, mit seiner Familie und seinem Aufwachsen ohne Präsenz des leiblichen Vaters beschäftigt. Ich spürte seinen Drang, aus seinem Leben mit Hilfe des Boxens etwas zu machen. War beeindruckt, wie er neben seiner Boxkarriere und der Stukkateur-Lehre eine zweite Ausbildung, die zum Industriekaufmann, durchgezogen hatte. Ich glaubte, ihn ganz gut zu kennen.

Aber die Enttäuschung dieses Freundes von Sven kam aus tiefem und ehrlichem Herzen. Ich spürte, dass es noch Dinge gab, die aus dem Blickwinkel des Trainers nicht zu sehen waren. Also setzten wir uns hin.

Das Gespräch dauerte über vier Stunden, bis die Morgensonne

über der Olympiastadt aufging. Ich bekam Informationen und Einsichten über meinen Boxer, die unbezahlbar waren. Und die einen Teil zum gesamten Erfolg unseres gemeinsamen Weges beigetragen haben. Vieles davon spürte ich schon. Aber es brauchte diese Nacht von Barcelona, um das alles Realität werden zu lassen.

Die Kernsätze dieser Nacht fasse ich heute noch so zusammen: Du wirst Sven nie ändern, niemand schafft das, also versuche ihn zu steuern. Und: Svennie kann Unglaubliches leisten, viel, viel mehr, als ihm jeder zutraut. Aber nur, wenn er will. Und das will er nur, wenn er einen Sinn darin sieht. Denn: Du wirst ihn nie zu etwas zwingen können, niemals im Leben.

Übrigens, so sagte Svennies Freund weiter: Ruhm und Ehre und Popularität kannst du als Motivation bei Sven komplett vergessen. Es geht ihm auch nicht ums Geld – zumindest nicht in dem Sinne, dass er gierig danach ist, immer mehr zu haben. Oder mehr als irgendjemand anderes. Geld bedeutet für ihn nur eines: Sicherheit. Und nach der strebt er sein ganzes Leben lang.

Dann kam noch ein Satz, der seither in mein Gehirn gebrannt war: Sven mag dich, Trainer, das musst du kapieren. Aber nutze es niemals aus. Wenn alles gutgeht, wird er es dir sowieso immer wieder zeigen.

Verrückt, oder? Vieles – oder besser gesagt: fast alles – wurde im Laufe der Jahre wichtig, wurde wahr. Half uns dabei, die großen Erfolge zu erringen. Natürlich ist Sven noch vielschichtiger, als es diese Zeilen beschreiben. Aber zum Verständnis dieses Jungen waren sie unheimlich wichtig.

Wobei ein Satz für mich erst Sinn ergab, als es darum ging, ob er Profi werden solle oder nicht. Dazu ein wenig später, ich werde Sie rechtzeitig daran erinnern.

Jetzt müssen wir erst einmal die Amateurzeit zu Ende bringen. Aber im Eiltempo – und mit einer Riesenportion Groll. Um nicht zu sagen: glühender Wut.

Svennie wurde 1995 in Dänemark noch einmal Europameister. Schlug auf nationaler Ebene alles, was ihm vor die Fäuste kam. Wehrte auch den Angriff des hochtalentierten, aber auf Dauer viel weniger erfolgreichen Thomas Ulrich ab. Aber dann, wenn Weltturniere stattfanden, passierte immer dasselbe.

Ariel Hernández bei den Olympischen Spielen 1992 in Barcelona. Ariel Hernández 1993 bei der WM in Tampere. Ariel Hernández 1996 bei den Olympischen Spielen in Atlanta. Auch wenn wir in Tampere um ein Haar die Sensation geschafft hätten – Sven verlor nach einem 2 : 2, bei dem er dem Kubaner nichts erlaubte, aber leider am Schluss keine Aktion mehr ins Ziel brachte –, geht es mir um etwas ganz anderes.

Es ist ein offenes Geheimnis, dass im Amateurboxen bei großen Turnieren geschoben und gedreht wurde. Das war nicht immer so offensichtlich wie bei der Farce 1988 in Seoul, als Roy Jones das Finale gegen den südkoreanischen Lokalmatador so deutlich gewann, wie ein Formel-1-Rennwagen ein Fahrrad abhängen würde. Aber dennoch von drei der fünf Punktrichter um den Sieg betrogen wurde. Nein, oft wurde schon vor dem ersten Gong ganz fies an der Auslosung gedreht.

Ich behaupte es, nein, in meinem Herzen weiß ich es: Svennie wurde von 1992 bis 1996 um Medaillen bei Olympia und Weltmeisterschaften betrogen. Die dreimalige Auslosung gegen Hernández war kein Zufall, obwohl es mathematisch möglich scheint. Es war das Opfern eines Klasseboxers, um dafür in anderen Gewichtsklassen leichte Wege für andere Boxer als Gegengeschäft zu erhalten.

Ich sage es noch einmal: Was Sven in Barcelona, Tampere und Atlanta passiert ist, war Betrug. Und wie gerne würde ich Ihnen auch noch den Namen eines der Drahtzieher sagen. Ich kann es leider nicht, weil mir die konkreten Beweise fehlen. Aber allzu weit müsste man gar nicht gucken ...

Zähneknirschend hake ich das Thema ab, obwohl es für immer

eine offene Wunde bleiben wird. Und ich muss, trotz aller Erfolge, trotz der Vielzahl an fantastischen Boxern und Menschen, die mir in der Amateurzeit begegnet sind, das bittere Fazit ziehen: Einer der Hauptgründe, warum ich Ende 1996 zu den Profis wechselte, waren die Mauscheleien, Trickserein und Betrügereien im Amateurlager.

Die Mär vom sauberen Amateursport im Vergleich zum unsauberen Profiboxen – darüber kann ich nur lachen. Im inzwischen sogenannten Olympischen Boxen laufen nach meiner Erfahrung ganz üble Dinge. Denn es geht für die Verbände und Nationen um unfassbar viel Geld. Wer bei Olympia Gold holt, hat in vielen Ländern der Welt ausgesorgt, wird vom Staat mit Geschenken überhäuft. Die staatliche Sportförderung alleine ist für viele ein Weg aus der Armut in ein privilegiertes Leben. Also ist jedes Mittel recht, um den Erfolg sicherzustellen.

Ganz ehrlich: Ich vermisse so gut wie gar nichts am Amateurboxen. Bin heilfroh, die Szenerie gewechselt zu haben.

Was ich vermisse, sind meine Boxer; ich hatte ja auch nach der Wende noch bis zu sechs Kaderathleten, die ich mit bis zu vier verschiedenen Trainingseinheiten am Tag wie ein Besessener für große Kämpfe und Turniere vorbereitete.

Was ich ebenfalls vermisse, ist die Konkurrenz einer Phalanx von hervorragend geschulten Trainern. Fritz Sdunek, Otto Ramin, Karl-Heinz Krüger, Dietmar Schnieber, Hans-Jürgen Witte und noch mehr. Vor jedem einzelnen habe ich Hochachtung – es war eine Ehre und eine Herausforderung, gegen diese Mitbewerber im deutschen Amateurboxen den Stützpunkt Berlin zu einer echten Macht auszubauen. Aber der Rest des Amateurboxens ...

Schluss. Aus. Ende. Lassen Sie uns professionell damit umgehen. Ab sofort sprechen wir nur noch über Profiboxen.

Das, was meinen Boxern und mir so viele traumhafte Momente bescheren sollte, begann als einer. Ja, wirklich.

6. KAPITEL

Unsere Siege, Siege, Siege

Wie ich ins Profilager wechselte und mit Sven Ottke die Boxwelt aus den Angeln hob

Mein Entschluss, Profitrainer zu werden, reifte 1995 und 96, als ich nicht nur die Mauscheleien in der internationalen Amateurbox-Szene immer deutlicher spürte, sondern auch die Ränkespiele im Deutschen Amateurbox-Verband. Es ist bis heute für mich ein Witz, dass Sven Ottke ausgerechnet für seine Heim-Weltmeisterschaft 1995 in Berlin aus der Staffel manövriert wurde.

Auch wenn man auf den aufstrebenden Thomas Ulrich nicht verzichten wollte (dass er ein ewiges Talent bleiben würde, war damals noch nicht abzusehen), der Start von Dirk Eigenbrodt aus Frankfurt an der Oder im Mittelgewicht war pure Standortpolitik und Verbandsschacherei. Svennie hätte vor eigenem Publikum – und die Deutschlandhalle wäre garantiert voll gewesen, nicht halbleer wie ohne ihn! – um den Titel mitgekämpft. Eigenbrodt scheiterte vorzeitig an einem ägyptischen Sportkameraden. Das sagt alles.

Ups, jetzt habe ich mein Versprechen gebrochen, kein Wort mehr über die Amateurzeit zu schreiben. Lassen Sie es mich aufs Neue versuchen. Nur noch Profis ab sofort!

1995, am Rande einer Großveranstaltung in Berlin, an der ein Lokalmatador nicht teilnehmen durfte (kein Wort über Amateure!), traf ich mich mit dem Universum-Boxstall. Der Hamburger Großveranstalter Klaus-Peter Kohl und seine rechte Hand, Peter Hanraths, wollten wissen, ob ich bei ihnen als Trainer einsteigen würde. Möglichst sofort.

Ich hörte mir alles an, wir sprachen noch nicht einmal konkret über Verdienstmöglichkeiten, aber ich konnte den Herren keine Zusage geben. Zum einen wollte ich auf jeden Fall noch meine Chancen beim zweiten großen Boxstall, Sauerland, sondieren. Zum anderen stand für mich fest: »Ich mache auf jeden Fall noch die Olympischen Spiele in Atlanta mit. Ich war vor fünf Jahren so froh, dass ich eine Bundestrainerstelle bekommen habe. Ich kann und werde den Verband und meine Boxer so kurz vor diesem Höhepunkt nicht im Stich lassen.«

Als Antwort hörte ich von Peter Hanraths einen Satz, der mir bis heute eine Lehre geblieben ist: »Das ist löblich und fair, dass du so denkst, Ulli. Aber glaube mir: Es wird dir niemand danken. Wenn du nach Atlanta zu den Profis gehst, bist du eben dann der Buhmann.«

Ich wollte es nicht glauben, aber genau so kam es. Kaum Dank für die beiden olympischen Medaillen durch Oktay Urkal (Silber) und Thomas Ulrich (Bronze), dafür Anfeindungen und Vorwürfe. Und die Prämie von 10 000 Euro, die mir der Verband für diese Erfolge hätte anweisen können – eine Kann-Bestimmung, zugegeben! –, fand auch nie den Weg auf mein Konto. Egal. Wie mir zugetragen wurde, ist der Betrag auf die anderen Trainer aufgeteilt worden. Damit kann ich leben. Wenn es denn wirklich so war.

Die Buhmann-Prophezeiung wurde jedenfalls in dem Moment Wahrheit, als während der Spiele von Atlanta mein Wechsel zu den Profis bekannt wurde. Ich hatte mich mit dem Sauerland-Boxstall geeinigt und dort einen Vertrag ab Oktober 1996 unterschrieben. Es war keine Entscheidung gegen die Hamburger Universum-Leute, sondern eine für Wilfried Sauerland. In den Gesprächen wurde mir schnell klar, dass wir menschlich gut zueinander passen. Ich spürte, er würde mir auch bei kritischen Entscheidungen den Rücken freihalten, würde mir vertrauen, auch wenn er vielleicht nicht hundert-

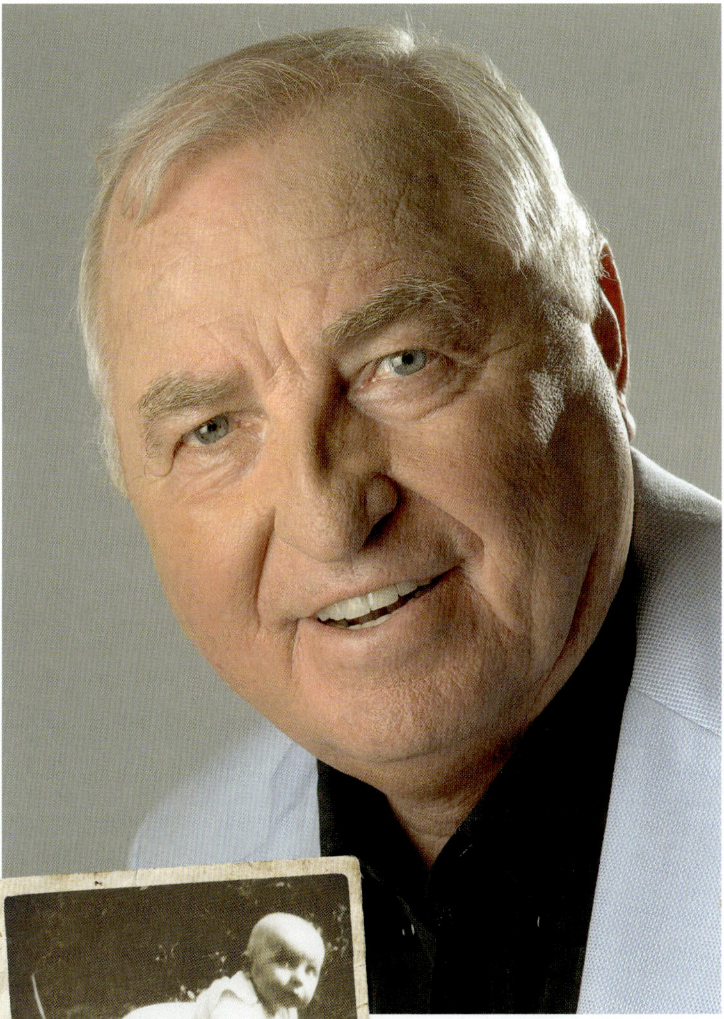

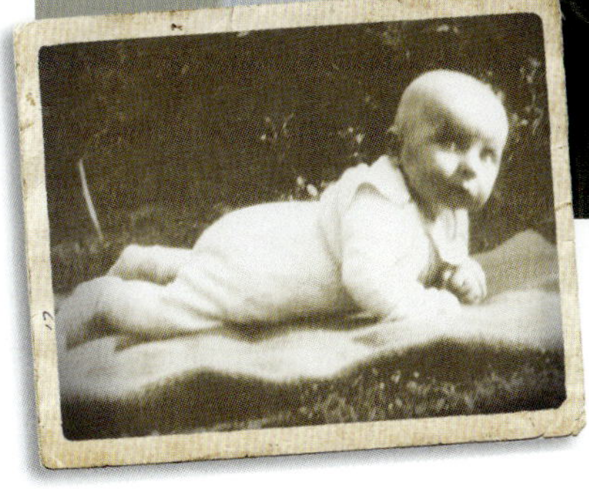

75 Jahre Ulli Wegner

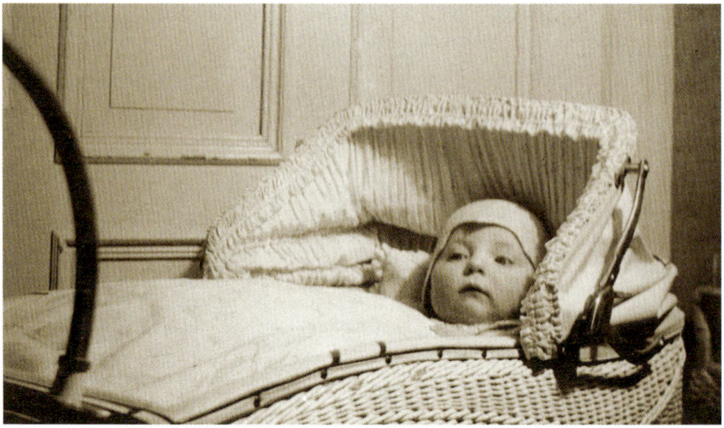

Hellwach im Kinderwagen

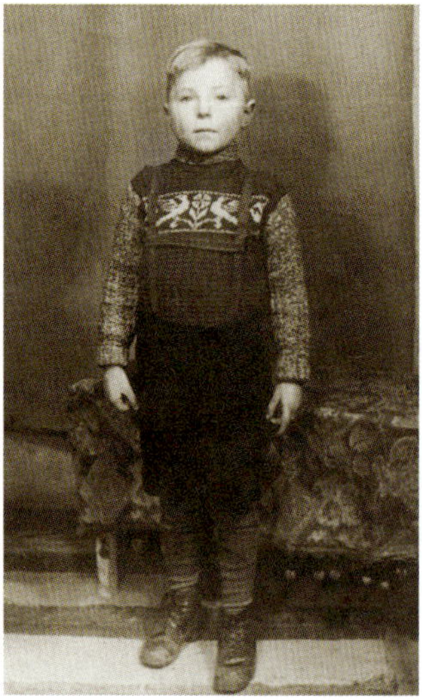

Einschulung in Büssow

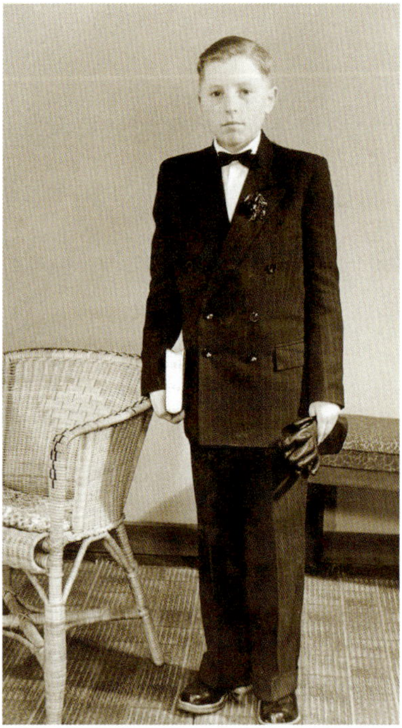

Jugendweihe 1956

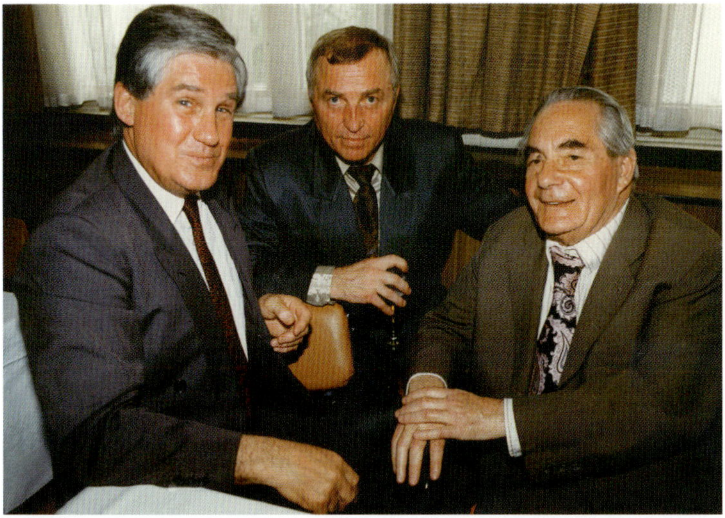

Mit den bekannten DDR-Trainern Kurt Rosentritt (r.) und Peter Thomas (l.)

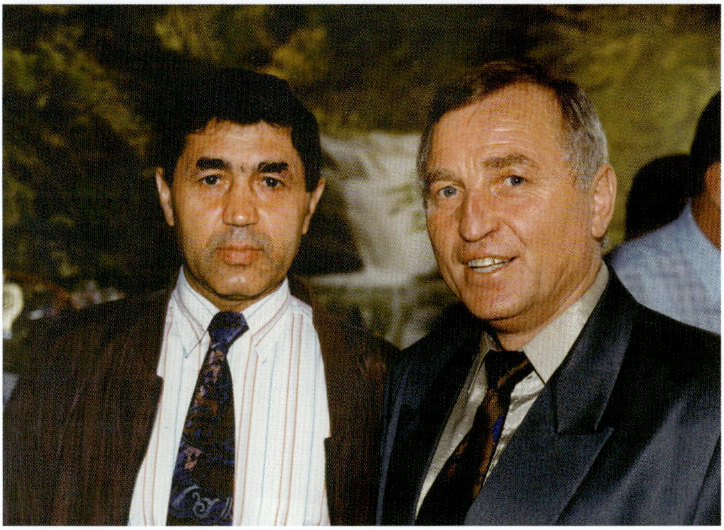

Mit meinem Freund und Trainerkollegen Stefan Haubrich

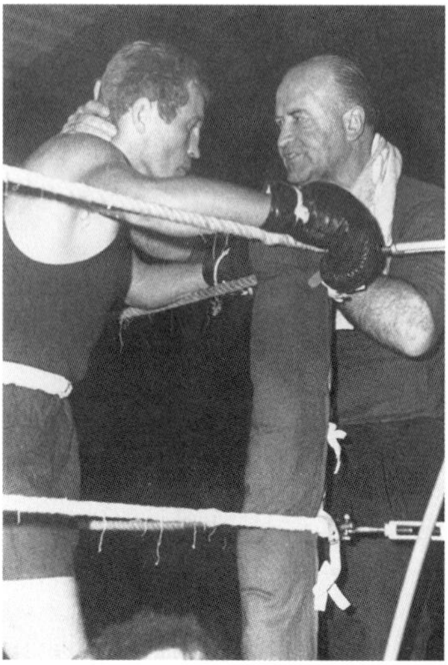

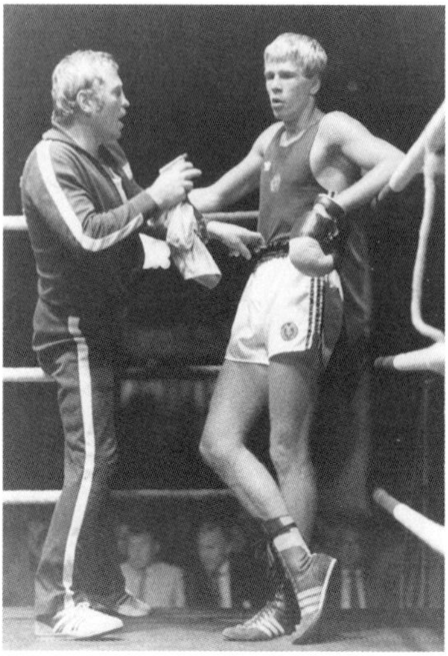

Als aktiver Boxer zusammen mit seinem Trainer Hans Spazierer, Gera

Mit seinem Lieblingsboxer Ronald Poyé

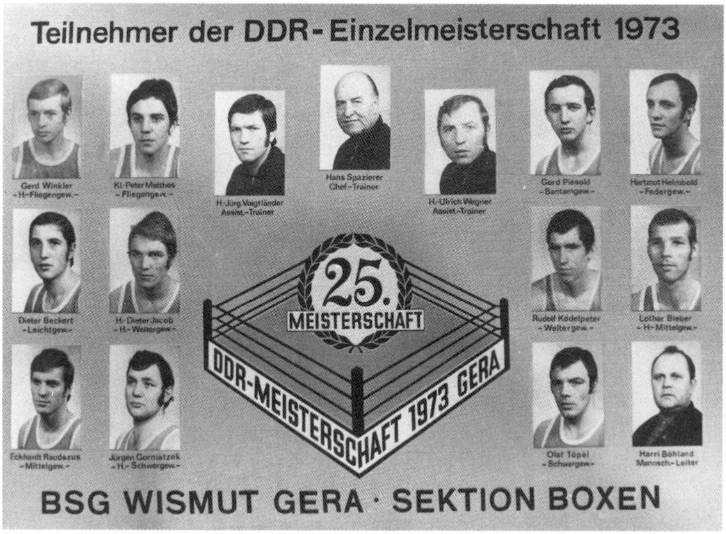

DDR-Meisterschaft 1973, als Assistenztrainer der BSG Wismut Gera

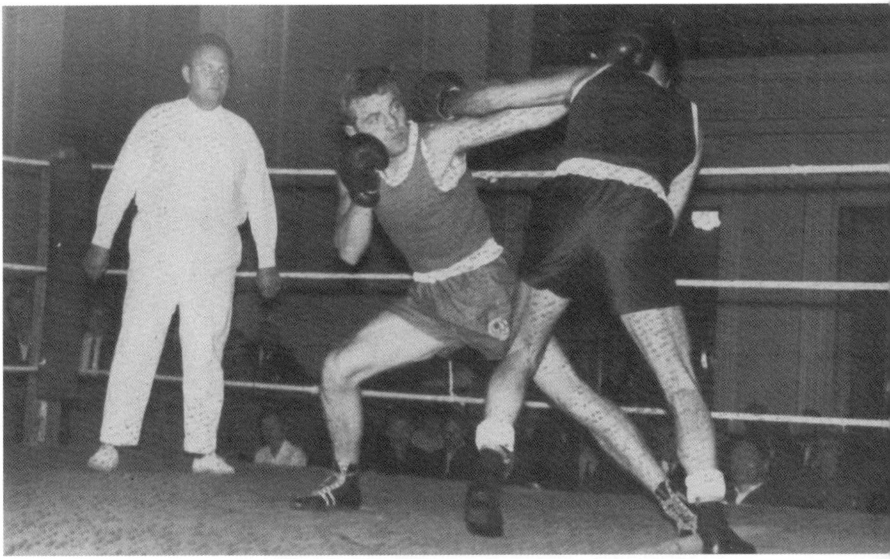

Als aktiver Boxer, nicht gerade mit bester Beinhaltung

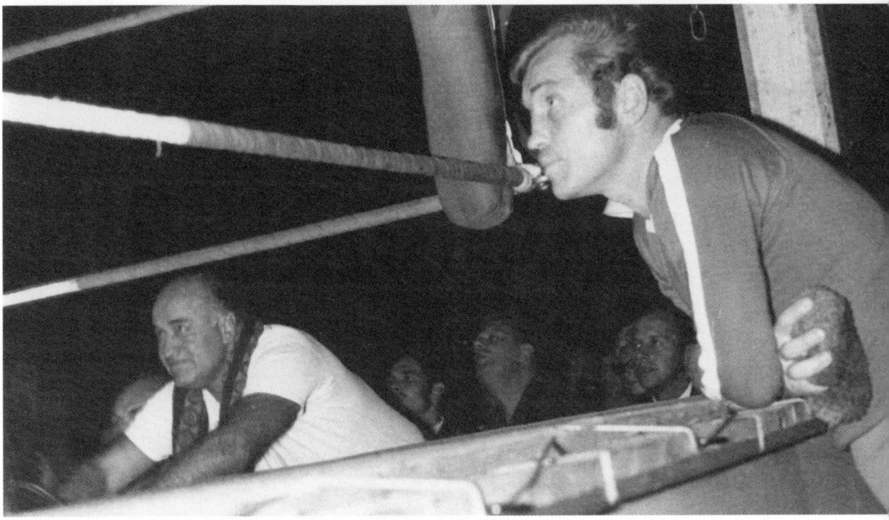

100 Prozent konzentriert als Assistent von Hans Spazierer

Jürgen Knips, mein bester Kumpel – hier während der Marinezeit

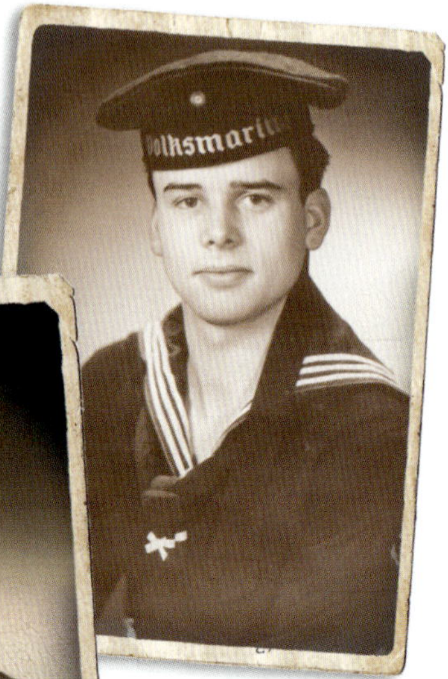

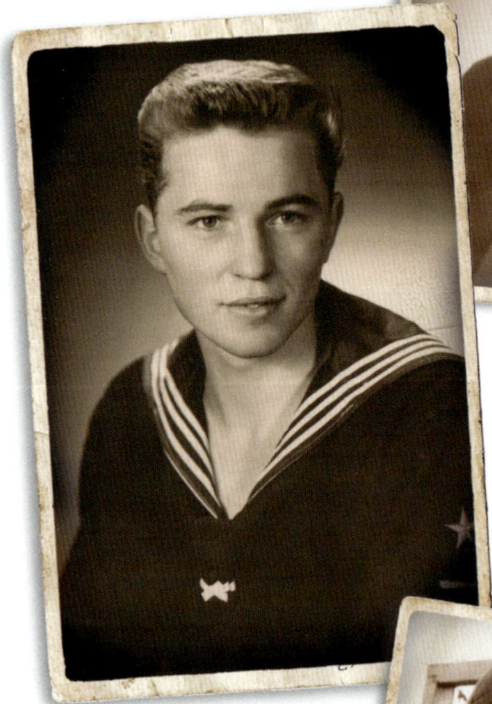

Mein Lieblingsbild aus der eigenen Marinezeit

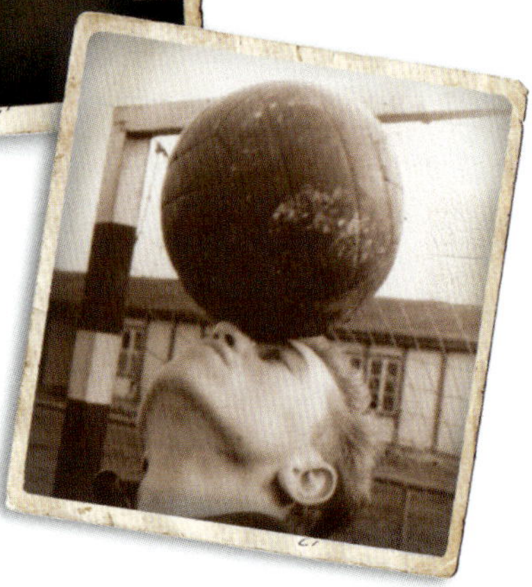

Fußball. Mehr muss dazu nicht gesagt werden

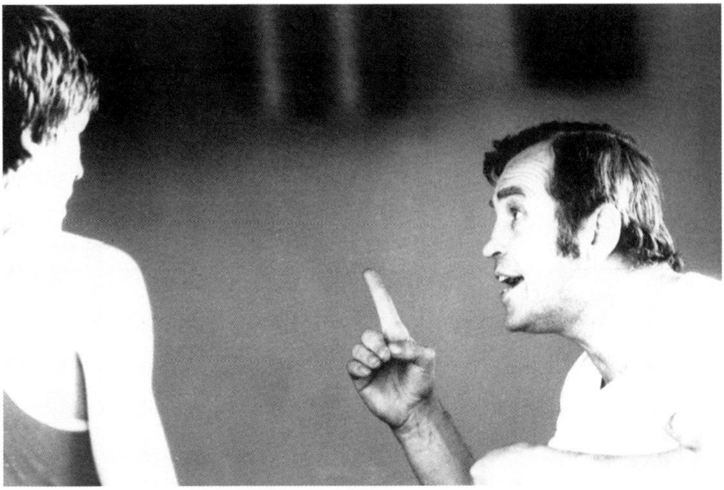

Als wäre es heute: Ich bin voll bei der Sache

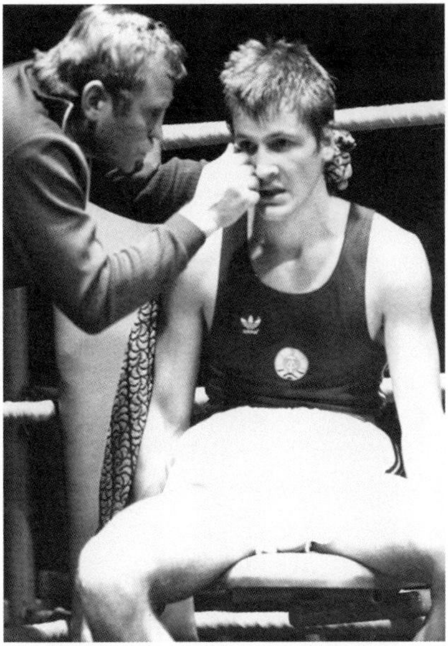

Mit Maske-Bezwinger Eike Walther

Als Feierbiest nach einem Kegelabend am Alexanderplatz

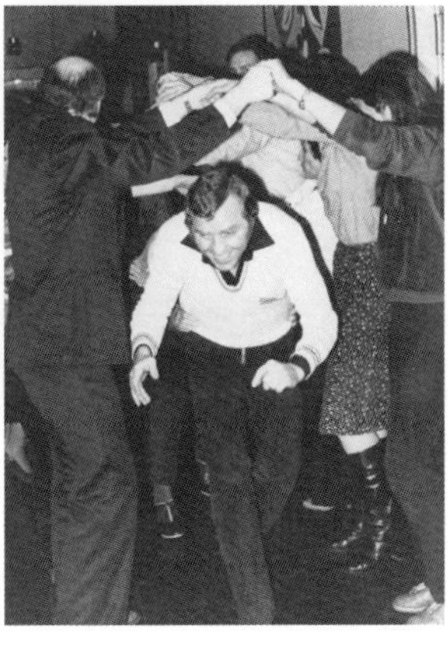

Der Trainer boxt natürlich mit. Zusammen mit Stefan Haubrich am Ring

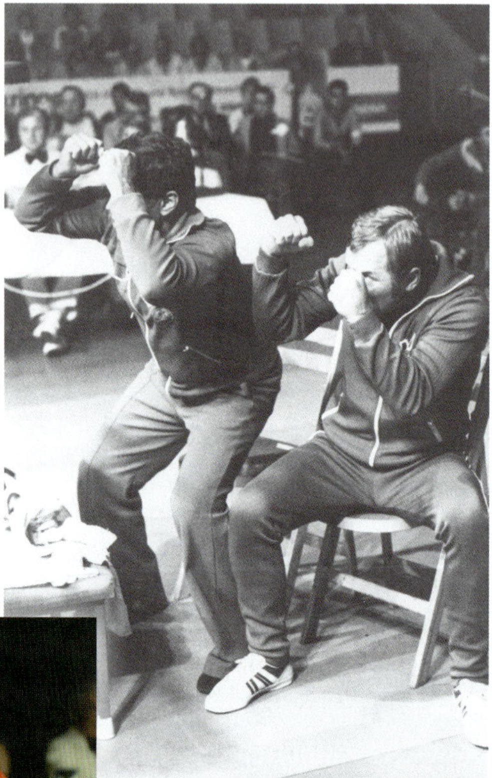

Boxring Berlin. Zusammen mit dem legendären Westberliner Trainer und Freund Bubi Dieter

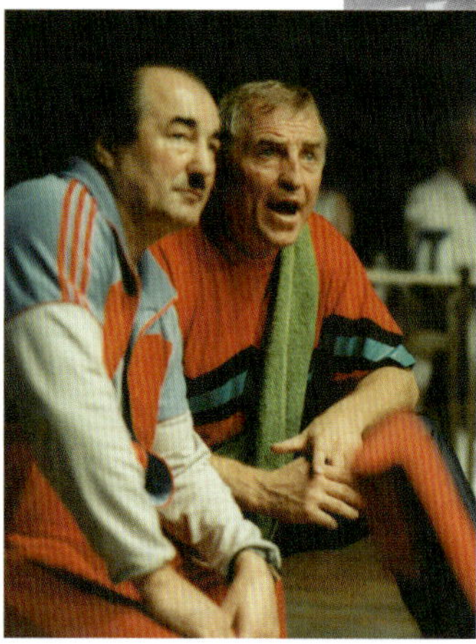

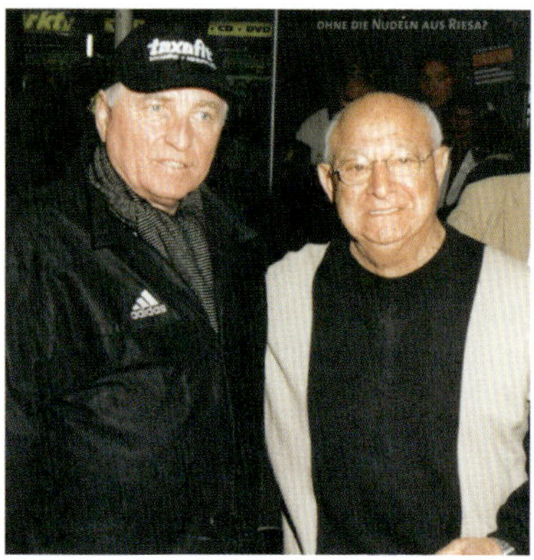

Mit Angelo Dundee, Trainer von Muhammad Ali

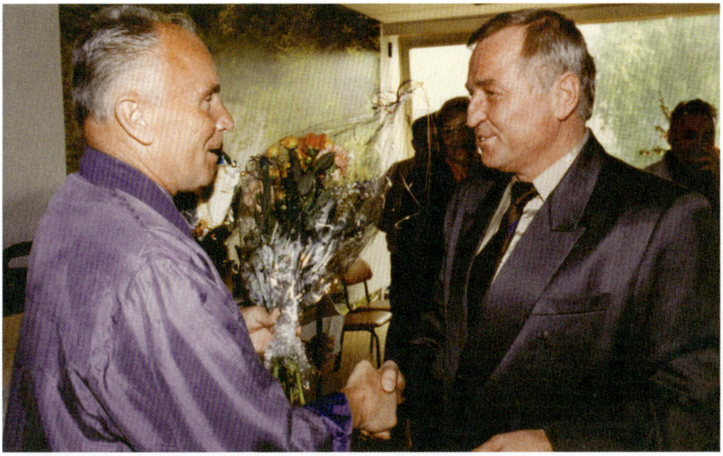

Mit Günter Debert, Cheftrainer der DDR-Boxer

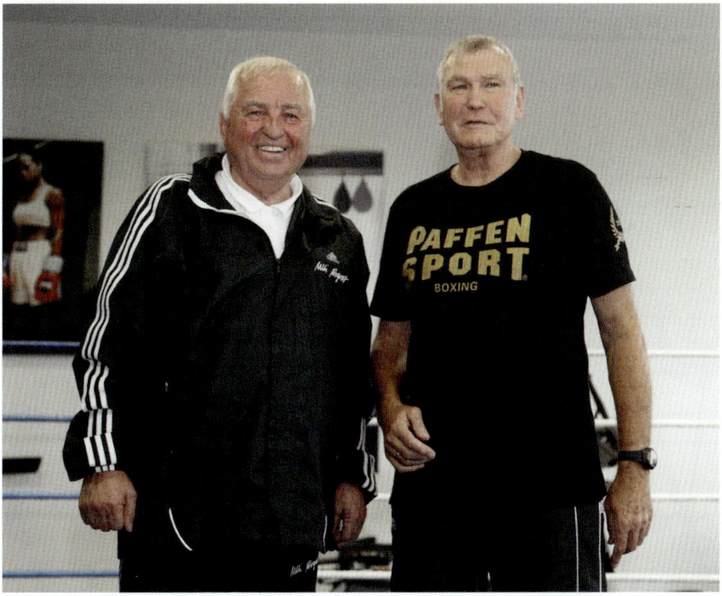

Mit Fritz Sdunek, über Jahrzehnte ein guter Freund und hochgeschätzter Kollege

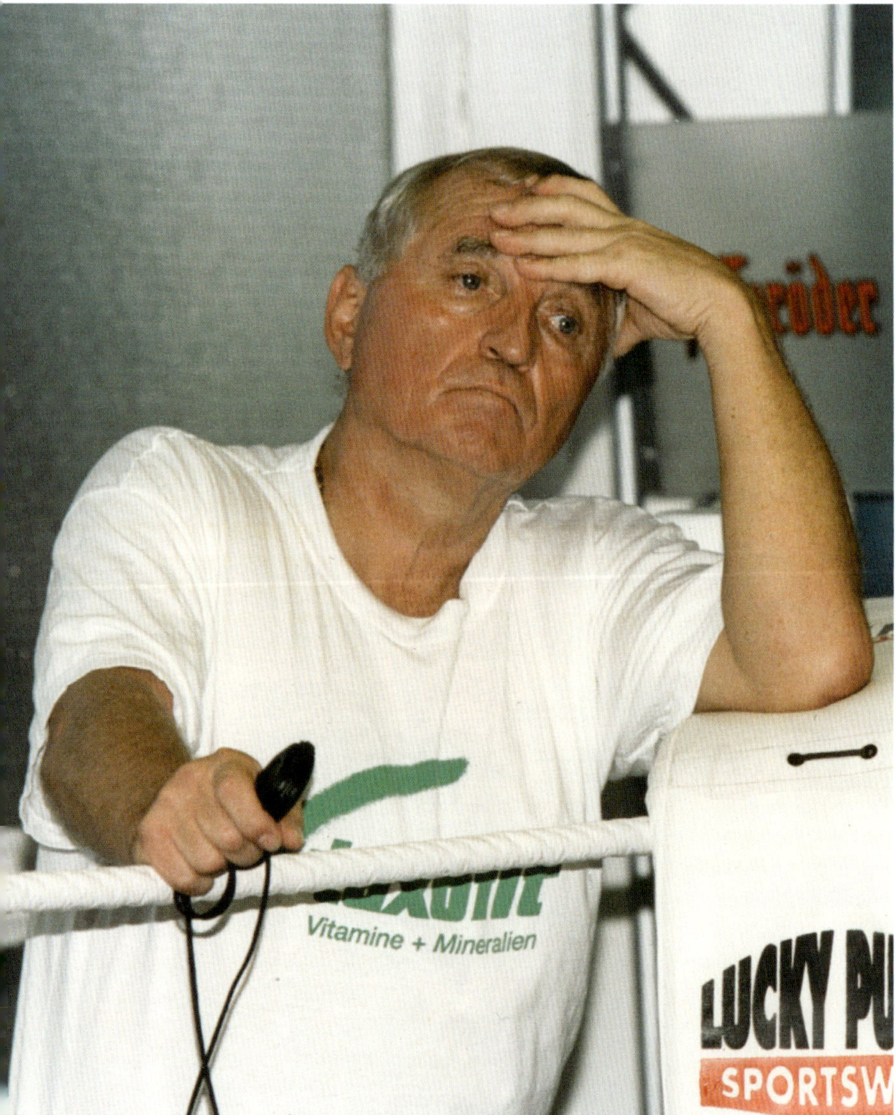

Plötzlich bin ich Profi-Trainer: nachdenklich im Kölner RTL-Gym

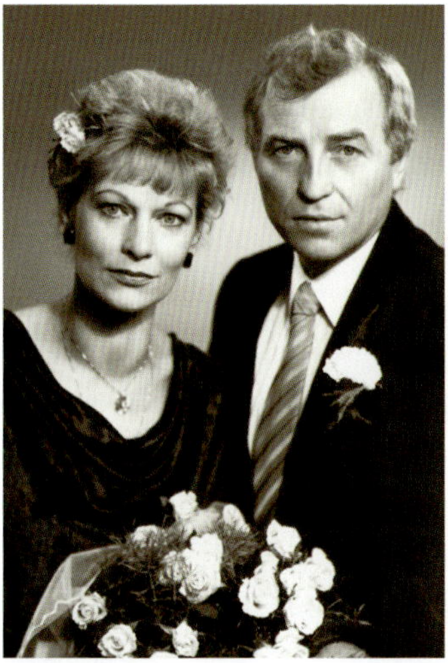

Margret und ich. Seit unserer Hochzeit am 25. Oktober 1985 hält sie mir den Rücken frei

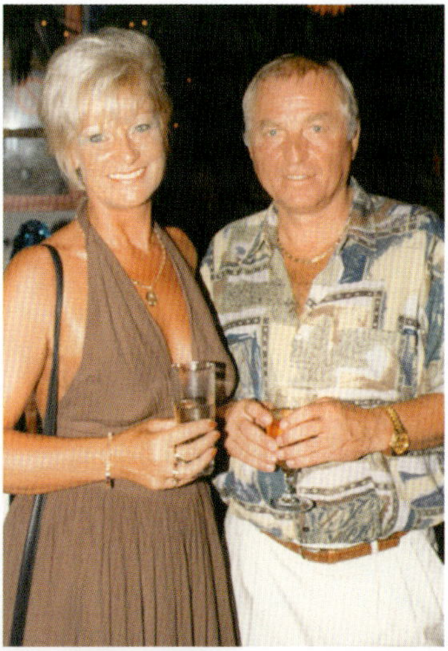

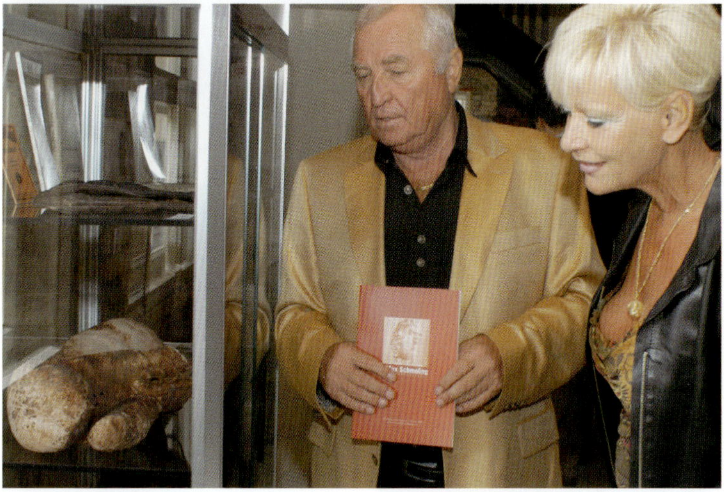

Bei der Eröffnung der Max-Schmeling-Ausstellung in Bad Saarow

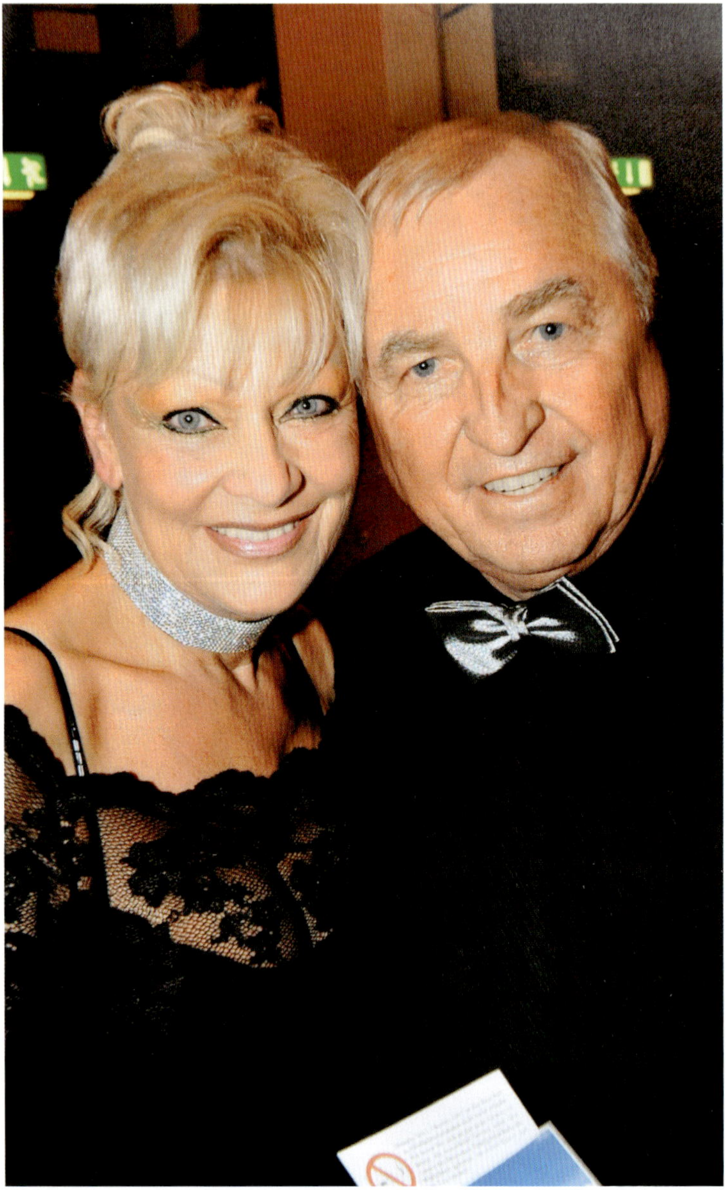

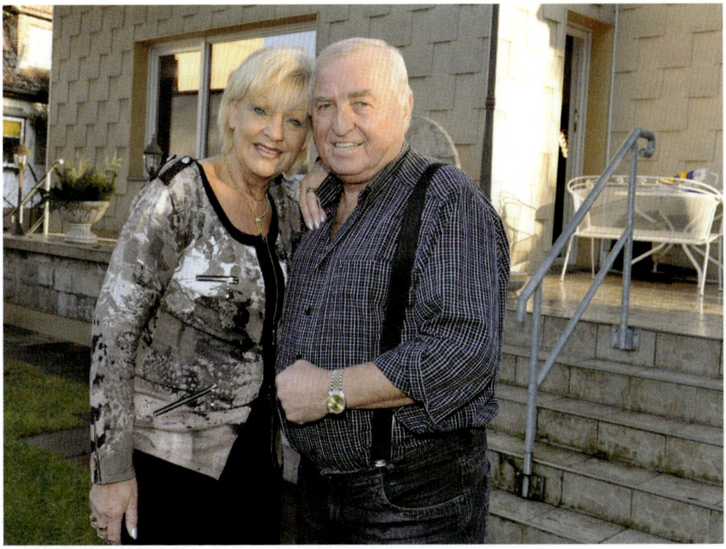

Unser Haus …

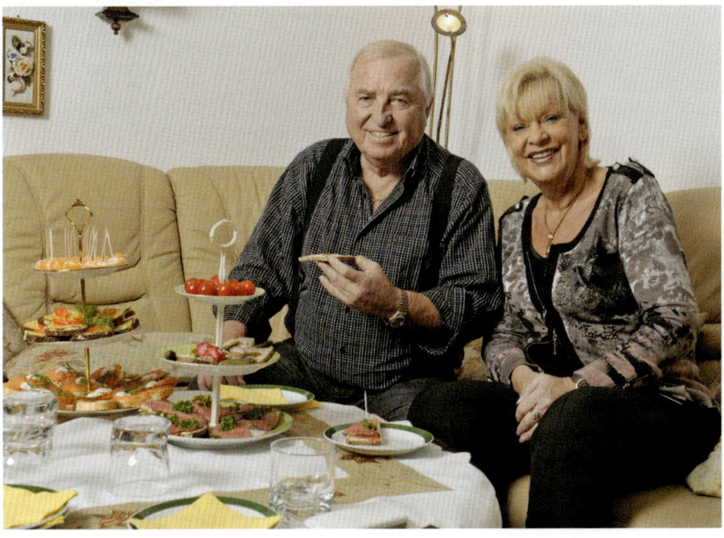

Unsere Lieblingsecke im Wohnzimmer … Margret hat angerichtet!

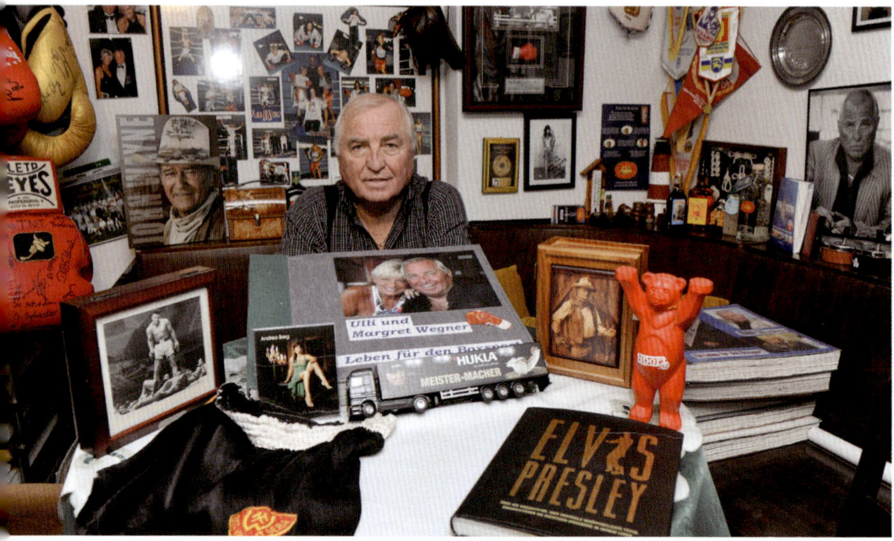

In meinem Hobbykeller …

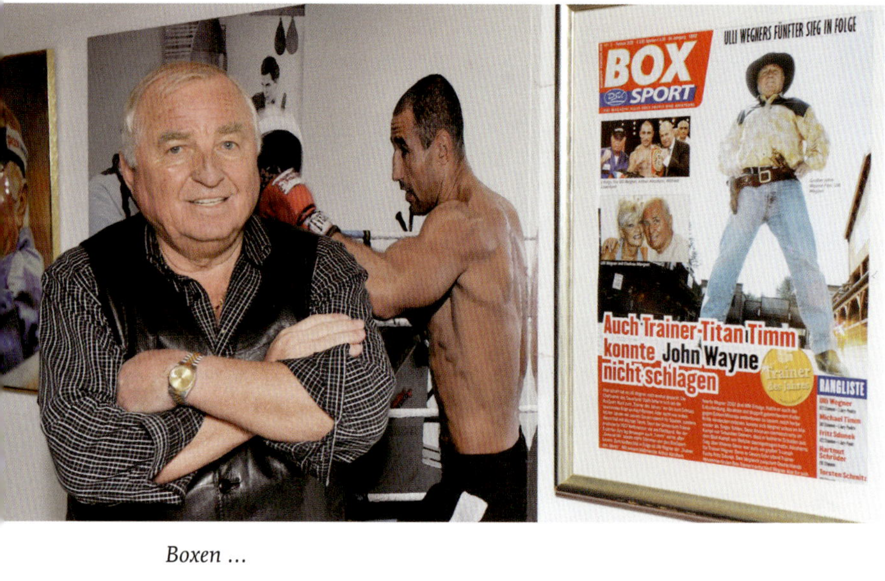

Boxen …

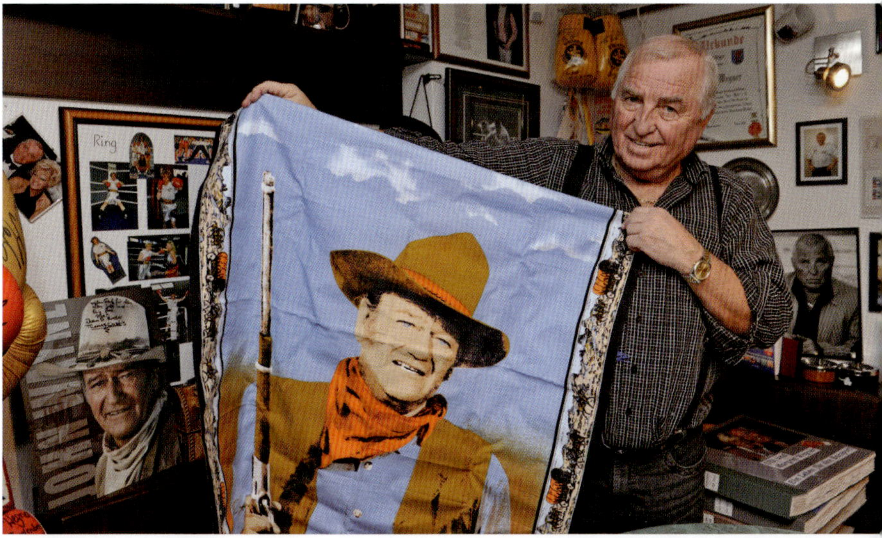

John Wayne …

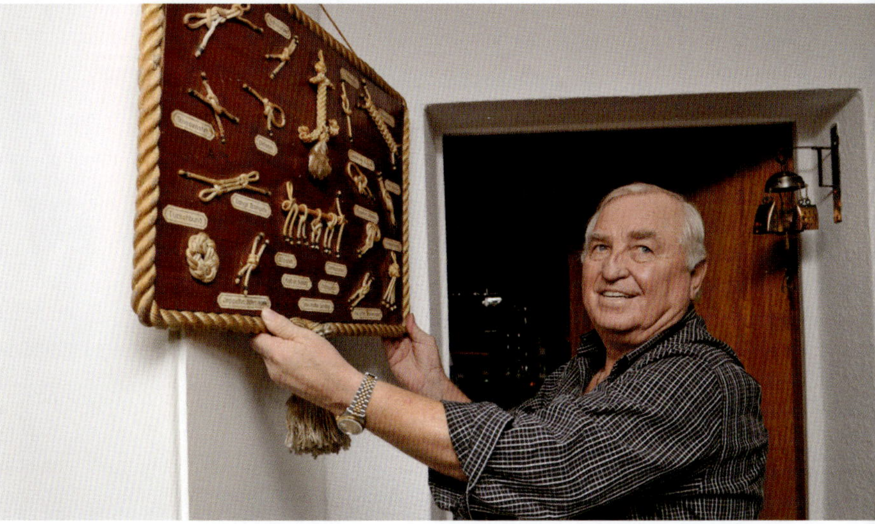

… und Erinnerungen an die Marinezeit

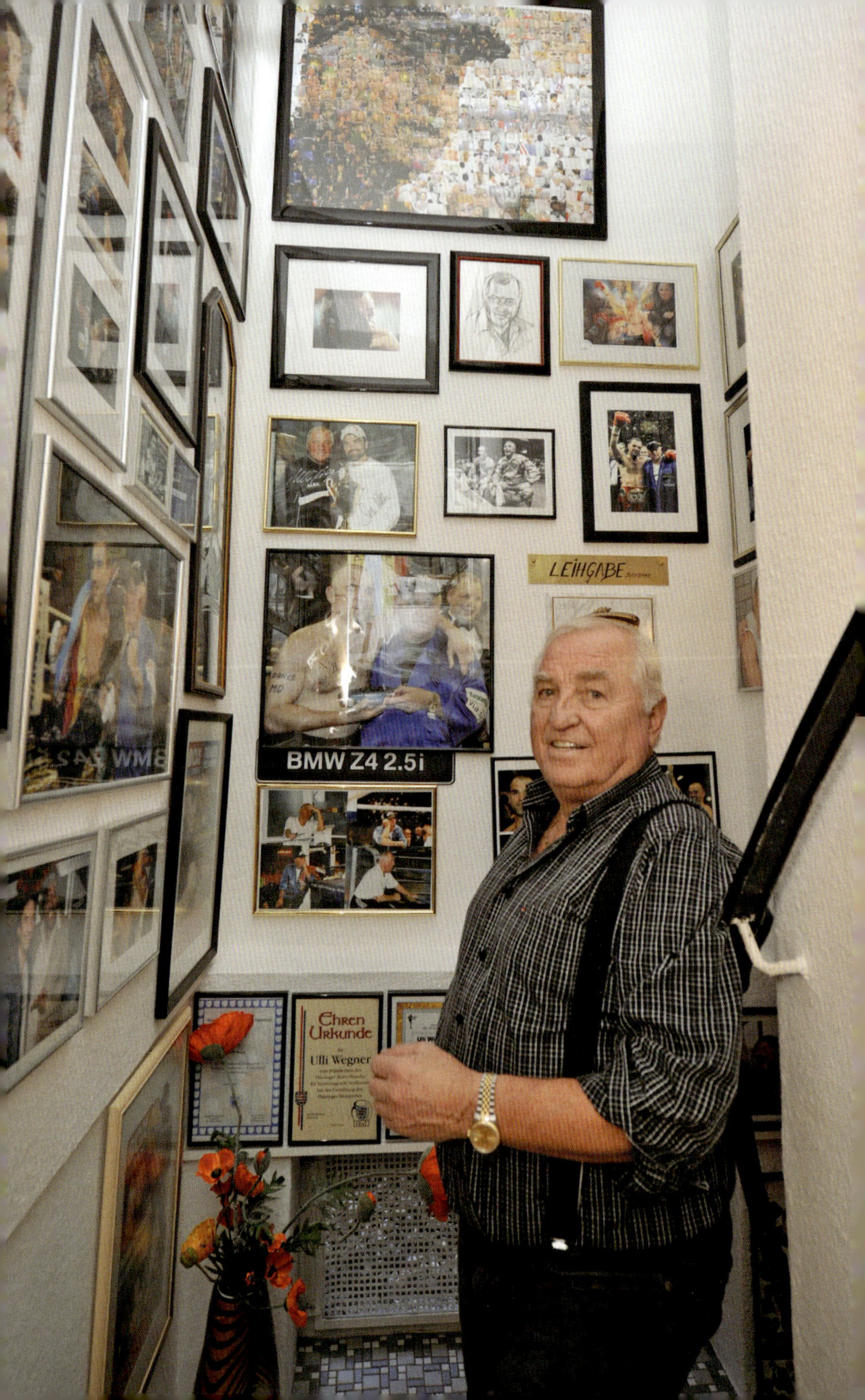
LEIHGABE
BMW Z4 2.5i
Ehren Urkunde
Ulli Wegner

prozentig von meinen Plänen überzeugt sein würde. Zum Beispiel bei der wichtigsten Entscheidung – jener, Sven Ottke zu den Profis zu holen.

Tja, jetzt bin ich Ihnen wohl den Traum schuldig. Denn das war so: Ich war im Winter 95/96 doch ziemlich hin- und hergerissen, wie mein beruflicher Weg weitergehen sollte. Universum in Hamburg, Sauerland in Köln. Oder doch Bundestrainer bleiben? Eines Tages, zwischen Weihnachten und Neujahr, schlief ich auf unserer Wohnzimmer-Couch in der Zingster Straße unruhig ein. In meinem Traum ging es natürlich ums Boxen. Und plötzlich kam ich in eine Situation, die eine Entscheidung verlangte. Jetzt. Sofort. Ein Traum-Ultimatum. Und es war ganz einfach. »Natürlich mache ich das mit Sauerland«, gab ich noch schlafend die Antwort – und wachte auf.

Natürlich mache ich das mit Sauerland. Die Entscheidung war gefallen. Und ob Sie es glauben oder nicht, selbst wenn Sie mich für verrückt erklären – keine zehn Minuten später klingelte das Telefon. Jean-Marcel Nartz war in der Leitung, Deutschlands »Mr. Profiboxen« und damals als Matchmaker (Kampforganisator) die rechte Hand von Wilfried Sauerland. Ob wir mal sprechen könnten. Ja, wir konnten.

Aber auch als alles klar war mit meinem neuen Arbeitgeber, fehlte immer noch Sven. Ich trete niemandem zu nahe – die Begeisterung für einen Ottke als Profi war ungefähr so groß wie die Vorfreude auf einen Zahnarztbesuch mit viel Bohren. Svennies Sicherheitsboxen schreckte alle Profiveranstalter ab. Auch Wilfried Sauerland stoppte mich immer wieder. »Sven ist ein lieber, netter Kerl, er kann boxen – aber als Profi boxt er uns die Hallen leer.«

Es gab kaum jemanden, der das sehen wollte, was ich sah. Erinnern Sie sich an mein Gespräch mit einem Freund von Sven in Barcelona? Ein Kernsatz war: Svennie kann Unglaubliches leisten, viel, viel mehr, als ihm jeder zutraut.

Immer, wenn ich sah, wie Sven sich Gegner im Boxring zurechtlegte, in der dritten Runde oder (später, als fünf mal zwei Minuten geboxt wurden) in der fünften Runde den Kampf beherrschte, weil er das boxerische Rätsel für sich komplett gelöst hatte, dachte ich: Schade, dass er nicht mehr Zeit hat, sein Können zu zeigen.

Im Profiboxen gab es genau dieses Mehr an Zeit. Svennie, als intermediärer Athletentyp, der gleichermaßen über Muskelfasern für die Schnellkraft als auch über solche für die Ausdauer verfügt, musste einfach als Profi aufblühen. So meine Theorie. Jeden einzelnen Tag spielte ich im Sauerland-Stall den Ottke-Propheten.

Der kleine Haken daran: Auch nach den Olympischen Spielen von Atlanta, die für ihn wieder mit der Ariel-Hernández-Enttäuschung vorzeitig zu Ende gegangen waren, bewegte sich Sven keinen Millimeter in Richtung Berufsboxen.

Kein Wunder. Er bekam ja all die hämischen Kommentare mit. Warum sollte er sich das antun, in eine Szene einzusteigen, die nur darauf wartete, ihn auszulachen? Und so war es für mich als frischgebackener Profitrainer im Spätherbst 1996 keine große Überraschung, dass Sven in einem MDR-Interview noch einmal kategorisch einen Wechsel ins Profiboxen ausschloss.

Auf normalem Wege hatte ich keine Chance. Obwohl ich Sven bei den Deutschen Meisterschaften in Riesa, wo er wieder den Titel holte, seinen elften, einen kleinen Vortrag über seine Vorteile als intermediärer Typ hielt, biss ich auf Granit. »Trainer, ich fahre in vier Jahren nach Sydney«, war seine Antwort.

Also brauchte ich einen kleinen Trick.

Nach der Devise: Dich krieg ich schon, mein Freund, preschte ich einfach mal frech nach vorne. Im Gespräch mit einer Reihe von Boxjournalisten – soweit ich mich erinnere, waren Jörg Lubrich von der *Bild*, Dietmar Kreft, damals bei der *BZ*, und Michael Heinrich vom *Kurier* darunter – behauptete ich einfach mal, dass sich Svennie doch für einen Wechsel entschieden hätte. Und wartete auf die Schlagzeilen.

»Sven Ottke wird doch Profi«, knallte es aus den Zeitungen. Und sofort meldete sich Svennie bei mir. »Trainer, haben Sie die Geschichten gelesen? Woher kommt denn so was?« Ich wusste natürlich von nichts, gab ihm aber gleich den nächsten kleinen Stoß: »Aber ich hoffe doch, Svennie, dasste dann zu mir kommst, oder?«

Parallel hatte ich Wilfried Sauerland und Jean-Marcel Nartz endlich so weit bearbeitet, dass sie nicht mehr mit den Augen rollten, wenn ich von Svennie anfing. Herrn Sauerland, der in Südafrika wohnt, habe ich wirklich jeden einzelnen Tag in Kapstadt angerufen und im vorgequengelt, dass ich Sven als Boxer haben wolle. Irgendwann war er dann weichgekocht: »Also gut, Ulli, du kriegst deinen Willen. Wir machen Svennie ein Angebot.« Danke, Chef! Danke! Danke! Danke!

Auch die letzte Etappe ging gut. Sven akzeptierte die Offerte des Sauerland-Stalls – und wir waren wieder zusammen.

Ob mir mulmig war, fragen Sie? Ich gestehe es ja an verschiedenen Stellen dieses Buches, dass ich ein manischer Grübler bin. Natürlich habe ich über Sven als Profi endlose Stunden, zig Nächte lang nachgedacht. Aber so kurios das auch klingen mag: Ich war überzeugt davon, dass mein Urteil richtig war. Dass die Profi-Distanzen wie für ihn geschaffen waren. Nicht am Anfang, bei den Vier- und Sechs-Rundern. Aber mit seiner Fitness, mit seiner Hingabe ans Training und mit seiner Ring-Intelligenz musste es über acht, zehn oder zwölf Runden einfach funktionieren. Das habe ich ihm – und mir – immer wieder eingehämmert.

Dennoch ging es genauso zäh los, wie es die Kritiker erwartet hatten. Svennies Debüt am 22. März 1997 in der Berliner Max-Schmeling-Halle gegen einen Boxer namens Eric Davies ging gleich über die Runden – noch dazu hatte sich mein Schützling zusichern lassen, gleich mit sechs Runden statt vieren anzufangen.

Und er wollte so oft wie möglich boxen. Einerseits, um die Gagen zu verdienen, die ihn finanziell absichern sollten. Andererseits, um die erhofften Titelkämpfe – EM und WM – so schnell wie möglich zu erreichen. Immerhin wurde Svennie am 3. Juni seines ersten Profijahres schon 30. Aber wie gesagt: Außer Häme und dem »Wir haben es doch gewusst«-Gestichel seiner Feinde holte Svennie in seinen ersten Kämpfen keinen Blumentopf. Nur ein vorzeitiger Sieg. Sechsmal in sieben Auftritten ging es über die vollen Runden. Und ich merkte es Wilfried Sauerland an, dass er mich bewusst nicht auf das Thema ansprach, das doch alle interessierte: Wann, verdammt noch mal, wird aus Sven Ottke ein Profiboxer?

Dazu müssen Sie wissen, dass der K. o. die knallharte Währung im Berufsboxen ist. Die Stars von morgen müssen ihre Gegner auf die Bretter schicken, sonst werden sie keine Stars von morgen. So war es schon immer, so wird es immer sein. Egal, ob einem aufstrebenden Profi ein echter Aufbaugegner – auch Fallobst genannt – als Kontrahent vorgesetzt wird oder ein Stinker – diese Boxer zerstören den Kampf mit allen Mitteln – oder ein Star von gestern, der auf dem Weg nach unten ist: reingehen, weghauen, jubeln, Knock-outs zählen.

Svennie, das können Sie sich vorstellen, interessierte das nicht die Bohne. Er arbeitete in der Trainingshalle sehr gut mit, ich war hochzufrieden mit diesem Teil des Experiments. Aber im Ring boxte er so risikoarm wie früher. Wenn er den Gegner beherrschte – und das, wie ich eben erklärt habe, ist im Profiboxen ja die Voraussetzung bei den frühen Kämpfen einer Karriere –, dann interessierten ihn weder K.o. noch Publikum. Ihm ging es einfach darum, ein Gefühl für die längere Rundenzahl zu bekommen. Den Unmut und das Kopfschütteln als Reaktion auf seine Kämpfe eins bis sieben blendete er einfach aus.

Ich konnte das nicht. Unser Boxstall brauchte einen neuen Star, brauchte einen Weltmeister. Dringend! Denn die Fernseh-Verträge – damals arbeitete Sauerland noch mit RTL zusammen – sind an Titel gekoppelt. Für Weltmeisterschaften gibt es am meisten Geld vom TV-Partner. Ohne einen titelreifen Boxer droht – Sie werden es noch erleben! – die Kündigung des Vertrages.

Die Situation war die eines Wachwechsels. Henry Maske war im November 1996 nach der Niederlage gegen Virgil Hill abgetreten. Schwergewichtler Axel Schulz konnte die großen Hoffnungen nach seinem Gala-Auftritt gegen George Foreman in Las Vegas nicht bestätigen. Und eine erneute Zusammenarbeit von Sauerland mit Graciano »Rocky« Rocchigiani endete wie immer im Streit.

Neue Helden mussten her. Und zwar so schnell wie möglich.

Diese Notwendigkeit verband sich auf kuriose Art und Weise mit Svennies wenig spektakulären Auftritten. Beim Nachdenken über das, was Neu-Profi Ottke im Ring zeigte, oder eben nicht zeigte, machte es in meinem Gehirn plötzlich klick! Plötzlich war alles sonnenklar: Wir müssen angreifen! Wir müssen uns in Riesensprüngen zu wichtigen, harten, echten Boxkämpfen katapultieren. Nur so ergibt es mit Sven Sinn. Alles anderes ist, um einmal in diesem Buch sein Lieblingswort zu benutzen, Pillepalle!

Gesagt, getan. Noch im Jahr 1997 bekam Sven im Kampf um die Deutsche Meisterschaft Ali Saidi vor die Fäuste. Ein Schlachtross. Ein zäher, harter, tapferer Bursche, der nie aufgibt und dem Gegner wehtun will, ganz egal, wie viele Treffer er dabei selbst einsteckt. Svennie musste über zehn Runden erstmals an seine Grenzen gehen, hatte nach dem Punktsieg (was sonst?) endlich mal schlechte Laune, weil dieser Erfolg eben kein Spaziergang war.

Genau deswegen war für mich damit der weitere Weg noch deutlicher vorgezeichnet: Ich wollte mit Sven so schnell wie möglich um eine WM kämpfen. Es musste nur ein Gegner her, gegen den er seine neu gewonnenen Stärken ausspielen konnte.

Ich hatte also einen Plan. Und ich hatte ein Problem. Das, was ich mit Sven vorhatte, wovon ich felsenfest überzeugt war, widersprach allen Erfahrungswerten und Konventionen des Profiboxens. Man saust nicht im Eiltempo zu einer WM. Man probiert nicht, im zweiten Profijahr schon nach ganz oben zu greifen. Profiboxer werden langsam aufgebaut und entwickelt. Graciano Rocchigiani bestritt in seinem sechsten Profijahr den ersten WM-Kampf, es war sein 24. Kampf als Berufsboxer. Henry Maske, Amateur-Weltmeister und Olympiasieger, also ein kompletter, fertiger Boxer, holte seinen Titel nach knapp drei Jahren im Profigeschäft. Im 20. Kampf.

Es war also wieder eine ganze Menge Überzeugungsarbeit nötig, um Wilfried Sauerland von der Taktik zu überzeugen, die für mich die einzig richtige schien. Ich sagte ihm: »Schauen Sie doch mal genau hin: Wenn Sven im Rahmenprogramm boxt, gehen die Leute Bier holen. Dass er gewinnt, weiß jeder. Aber zuschauen muss man nicht.« Das Argument zog bei meinem Chef. Wir bekamen grünes Licht, einen Titelkampf zu wagen.

Das Jahr 1998 begann, Sven boxte Achtrunder und Zehnrunder. Und ich wartete auf einen Weltmeister, den er vor die Fäuste bekommen sollte.

So, liebe Freunde und Fans, jetzt muss ich einmal tief durchschnaufen. Muss ein paar Schritte gehen, meine Gedanken sammeln und das Kribbeln am ganzen Körper unter Kontrolle bringen. Was ich Ihnen jetzt erzähle, war das größte Wagnis meines ganzen Lebens. Die heißeste Nummer, die schwerste Herausforderung, die nervenaufreibendsten Monate, die ich je durchgemacht habe.

Ich habe alles aufs Spiel gesetzt. Aber, und das ist mir sehr wichtig, aus tiefster Überzeugung und in dem festen Glauben an Sven Ottkes boxerische und mentale Fähigkeiten sowie mein Urteilsvermögen als Trainer.

Ein bisschen Wahnsinn war es trotzdem.

»Wie bitte? Charles Brewer? Als WM-Gegner für Sven Ottke? Ulli, habt ihr den Verstand verloren?«

Die Reaktionen waren überall dieselben. Aber ich hatte eine genaue Vorstellung von Svens WM-Gegner, hatte Wilfried Sauerland gebeten, von den verfügbaren Weltmeistern den für einen Titelkampf zu verpflichten, der sich am meisten über offensive Kampfstärke definierte. Mein Chef sah als ausgewiesener Boxkenner natürlich sofort, dass von allen 1998 aktuellen Supermittelgewichts-Champions der drei großen Weltverbände (die WBO war damals für Sauerland tabu) Charles Brewer perfekt zu meinen Wünschen passte. Er machte das Ding klar. Und ich begann mit Svennie mit der Wettkampf-Vorbereitung. Ab sofort stand bei jedem Training, bei jedem Gespräch Charles Brewer mit im Raum.

Sven fragte natürlich auch: »Warum denn ausgerechnet der?« Doch als ich es ihm erklärte, ihm die Lücken in Brewers boxerischem Können verdeutlichte, war mit ihm alles okay. Er sah selbst, dass es kein Problem sein würde, gegen Brewer Treffer zu landen. Das Problem war, selbst keinen entscheidenden Treffer zu kassieren.

Denn für den Rest der Boxwelt stand fest: Wenn dieser Kampf wirklich stattfindet, ist das Kapitel Ottke beendet. Schlagartig!

Charles »The Hatchet« Brewer. Hatchet heißt Kriegsbeil oder Streitaxt oder Hackebeil. Egal, Sie verstehen schon, was gemeint ist. Ein schlagstarker, K. o.-gieriger Kämpfer aus Philadelphia, einer Box-Hochburg in den USA mit dem Ruf, die ganz Harten hervorzubringen.

Charles Brewer, IBF-Weltmeister im Supermittelgewicht seit Juni 1997. 37 Kämpfe, 32 Siege, 24 davon durch K. o. oder technischen K. o.

Charles Brewer, der – mit der Aussicht auf einen lukrativen WM-Kampf gegen diesen langweiligen Ottke – auf einer Sauerland-Veranstaltung in der Messehalle Leipzig eine Titelverteidigung gegen seinen Landsmann Antoine Byrd bestritt. Brewer zerlegte seinen Gegner in drei brutalen Runden. Und am Ring hauten sich Zuschauer aus dem Rotlichtmilieu begeistert auf die Schenkel und riefen: »Der schlägt eurem Svennie den Kopf ab!«

Brewer war nach einem Wirkungstreffer sogar am Boden, stand aber wieder auf, ging bedingungslos zur Offensive über und knockte Byrd aus. Sie können sich vorstellen, dass Wilfried Sauerland nun nicht mehr hundertprozentig überzeugt war, mit der Erfüllung meines Wunsches nach einem kampfstarken Gegner richtig gehandelt zu haben. Ich war ganz offensichtlich dem Irrsinn verfallen. Das dachten 98 Prozent der deutschen Boxexperten. Aber ich fühlte mich durchaus als Herr meiner Sinne. Für mich war Charles Brewer durch seine K.o.-Power und seinen Siegeswillen natürlich auch respekteinflößend. Aber ansonsten verkörperte er die große, große Chance.

Kommen Sie einfach mal mit in meine Gedankenwelt.

Ein bedingungslos offensiver Mann. Damit kommt mein Svennie sehr gut klar. Er muss nur höllisch aufpassen, darf sich nicht erwischen lassen. Erstes Häkchen.

Von der Schnelligkeit war Brewer nichts Besonderes. Klarer Vorteil für Svennie. Zweites Häkchen.

So wie sich die Geschichten vor dem Duell entwickelten, konnten wir auch mit einer gewissen Überheblichkeit des Weltmeisters rechnen. Wer ist schon dieser Ottke? Ein technischer K. o., aber kein wirklicher Knock-out in zwölf Kämpfen. Lächerlich, musste ein Kämpfer wie Brewer denken. Drittes Häkchen.

Dann machte ich auch noch eine überraschende Entdeckung beim stundenlangen Videostudium. Charles Brewer war ein verkappter Rechtsausleger. Er boxte zwar im normalen Stil, hatte aber in der linken Hand mehr Power als in der rechten. Das gab uns den Vorteil, Svennie über die Schlaghand des Gegners angreifen zu lassen und Brewer zu überraschen. Viertes Häkchen.

So weit, so gut. Doch was nützt das alles, was nützt meine Überzeugung, wenn alle Experten und Fans eine vernichtende Niederlage für Sven prophezeien? Gegen diese Stimmung anzukämpfen, die WM-Vorbereitung durchzuziehen und weiter positiv zu denken, das brachte mich fast um den Verstand.

Fragen Sie meine Frau! Sie musste in den Wochen vor dem Brewer-Kampf mit einem Zombie zusammenleben. Mit einem Untoten, der selbst mitten in der Nacht den Fernseher einschaltete, um Boxvideos zu gucken. Und zwar auf jenem Flachbildschirm, der in unserer Kölner Wohnung im Schlafzimmer in der Kante zwischen Schrank und Decke angebracht war. Ich musste unbedingt noch mal die Runde X aus dem Brewer-Kampf Y anschauen. Margret schreckte hoch, sah den Irren neben sich im Ehebett und griff sich eine Schlafmaske. Während ich zum fünfhundertsten Mal eine Angriffssequenz von Brewer studierte.

Die Stimmung in der Trainingshalle war auch alles andere als prickelnd. Sven und ich, die wir eigentlich alles zwischen uns ohne Zoff regeln konnten, hatten einen ausgewachsenen, heftigen Streit. Es hat richtig geraucht. Der Grund war eine Übung, die darauf abzielte, Brewers linken Haken – Sie wissen, in dieser Hand hatte er mehr Dampf – unschädlich zu machen. Halbdistanz, rangehen, einklemmen. Wir haben das tausendmal probiert, aber es hat nie funktioniert. Sven, der Musterschüler, war völlig frustriert. »Ich kann das nicht.« Und: »Ich schaffe das nicht.« Die Atmosphäre lud sich immer mehr auf.

Dann, endlich, klappte das Manöver zum ersten Mal. Ich war auch schon ziemlich fertig auf der Bereifung, brüllte bloß: »Na also, Herr Europameister, geht doch.« Dann drehte ich mich um und verließ die Trainingshalle. Es war gar nicht so böse gemeint. Ich war einfach nur glücklich, dass wir das endlich geschafft hatten – und war im nächsten Moment ganz leer. Ich musste weg.

Svennie aber kochte vor Wut. Er lief hinter mit her und beschwerte sich: »Das kann man mit mir nicht machen. Ich bin kein dummer Junge.« Ich wusste, was er meinte. Er war beleidigt, weil ich ihn seiner Meinung nach bloßgestellt hatte. So nach dem Motto: Das dauert ja ewig, bis der Ottke was kapiert.

Mit vielen Jahren Abstand kann ich heute sagen: Svennie, du hattest recht, ich hätte mich als Trainer anders verhalten müssen. Aber damals hatte sich was hochgeschaukelt. Der Druck, den ich spürte, ging mir wirklich an die Substanz. Dazu Svennies dauerndes »Ich kann das nicht« – da war ein Siedepunkt erreicht.

Wie auch immer. Am nächsten Tag ging die WM-Vorbereitung weiter. Ich fragte ihn: »Sven, alles in Ordnung?« Er brummte: »Muss ja.« Mehr brauchten wir nicht, um wieder Partner für ein großes Ziel zu sein.

Die Tage vor dem Kampf gegen Brewer waren für mich die pure Hölle. Am Kampfort Düsseldorf musste ich den Optimistischen spielen, aber die Zweifel hatten mich inzwischen voll gepackt. Nicht etwa Bedenken, dass wir es nicht schaffen konnten. Unsere Chance hatte ich deutlicher vor Augen als je zuvor. Aber mich plagte die Angst, dass es aus irgendeinem Grund, den ich nicht bedacht hatte, oder einer Überraschung, die im Boxen einfach immer passieren kann, schiefgehen würde. Dann hätte ich mit meinem einsamen Wunsch, eine Kampfmaschine als Gegner auszusuchen, alles kaputtgemacht. Für Sven, für den Sauerland-Boxstall und für mich.

Kurz bevor es dann am 24. Oktober 1998 losging, kam noch ein Hammer.

Ein Journalist und Freund von Sven, der auch zu uns in die Kabine durfte, erzählte uns eine wenig ermutigende Geschichte. Hans Mahr, bei RTL für die Sportübertragungen zuständig, hatte sich im Produktionsraum in der Halle nicht gerade als riesengroßer Ottke-Fan geoutet. Seine Ansage an das RTL-Fernsehteam und den als Experten das Duell kommentierenden Henry Maske: »Nun lasst uns unseren letzten Boxkampf noch sauber über die Bühne bringen.«

Wer solche Fans hat, muss die Dinge eben alleine regeln. Svennie war auf den Punkt topfit. Und alles, was wir uns erträumt hatten, ging auf.

Ja, Brewer war stark. Aber Svennie hielt dagegen, punktete, stahl Runden und ließ sich nicht erwischen. Fast nicht.

Und nochmals ja: Brewer, der Weltmeister, war richtig arrogant und überheblich. In dem einzigen Moment, in dem er Svennie hätte entscheidend treffen können, bot er lieber eine übertriebene Show, hampelte herum und vergab so seine Chance.

Dennoch stand unser Schicksal auf des Messers Schneide. Die achte Runde war die mit dem »fast nicht erwischen«. Ein brutaler Aufwärtshaken kam durch. Ich merkte sofort, dass dieser Treffer Sven erschüttert hatte. Er kam nach dem Gong in die Ecke, und hatte einen ganz komischen Gesichtsausdruck. Alarmstufe Rot!

Später, in der Kabine, gestand er mir: »Trainer, nach der achten wollte ich stecken.« Er erklärte weiter: »Der Aufwärtshaken war schlimm. Aber dazu hat er mich in der ganzen Runde immer wieder getroffen. Es war so, als würde mir durch die Schläge der Strom ausgehen. Ich dachte, ehe ich k. o. gehe, mache ich lieber Schluss.«

Ich glaube nicht, dass Sven das wirklich getan hätte. Dazu kenne ich ihn viel zu gut. Er hätte es noch einmal probiert und wäre dann beim nächsten Hieb aufs Knie gegangen, um Zeit zu gewinnen. Aber dennoch wusste ich, dass er dringend Hilfe, Motivation, einen Energieschub brauchte. Ich erledigte das Übliche: Mundschutz raus, Trinkflasche, Wasserdusche, beruhigen, ans Atmen erinnern. Dann beugte ich mich nach vorne und flüsterte Sven ins Ohr: »Hast du nun Ehre, mein Junge? Hast du Ehre?«

Bei der Erinnerung an diesen Moment und die folgenden Runden kriege ich schon wieder Gänsehaut. Nein, Ehre musste mir Sven Ottke nicht beweisen. Ehre ist ein viel zu großes Wort für einen Boxkampf. Aber wie er nach dieser schlimmen achten Runde wieder in die Schlacht zog, wie er sich der Streitaxt stellte und erneut die Oberhand gewann, das raubt mir heute noch den Atem. Es war das, worauf ich mit jeder Faser meines Körpers gehofft hatte. Es war das, was in Svennie steckte und was er an diesem Abend auch voll ausschöpfte. Es war sensationell. Wunderschön. Und endlich, endlich, endlich vorbei.

»Sieger mit 2 : 1-Punktrichterstimmen und damit« – Pause – »neuer Weltmeister im Supermittelgewicht! – Sven Ottke.«

Wir hatten es geschafft. Wir hatten es allen Zweiflern, Kritikern und Ungläubigen gezeigt. Svennie hatte es ihnen gezeigt. Weltmeister im erst 13. Profikampf. Der Triumph der Boxkunst über die Brechstange. Der Beginn einer sensationellen Regentschaft. 22 Titelkämpfe. 22 Siege. Und ein vor wahrer, ehrlicher und echter Begeisterung geradezu glühender Gratulant in der Kabine.

Sie haben es sicher schon erraten. Hans Mahr nahm unseren Svennie in die Arme, lobte ihn mit den Worten »klasse gemacht« und gab das Versprechen ab: »Nach diesem Sieg darfst du dein Leben lang umsonst in der RTL-Kantine essen.« So schnell kann aus einem letzten Kampf eine ewige Mahlzeit werden ...

Ich habe diese Szene noch mitbekommen, aber sonst nicht mehr viel. Jetzt fühlte ich mich wie mein Boxer nach der achten Runde. Der ganze Druck, die ganze Erwartungshaltung, der ganze Wahnsinn – alles wich einer gespenstischen Leere. In der *Berliner Morgenpost* stand in der Berichterstattung über Svennies WM-Triumph eine Beobachtung über mich in den Momenten direkt nach dem Kampf.

Ich hatte schnell geduscht, war aber noch gar nicht wieder vollständig angezogen und musste mich ganz dringend um ein Paar schwarzer Socken kümmern. Ich stopfte sie ineinander. Ich nahm sie auseinander. Ich stopfte sie ineinander. Ich nahm sie auseinander. Ich stopfte sie ... Übersprungshandlung nennt man das in der Psychologie. Überlastet vom aktuellen Geschehen tut der Mensch etwas, was eigentlich gar keinen Sinn ergibt. Ich habe mich an diesem Paar Socken einfach für ein paar Minuten festgehalten. Das war wichtig. Glauben Sie mir!

Aber als ich die Socken dann nicht mehr brauchte, setzte die Realität ein. Weltmeister! Svennie hatte es wirklich geschafft! Der Plan war aufgegangen. Auf die harte Tour zwar, aber der Titel gehörte uns.

Die wunderbare, faszinierende Reise mit einem der größten Champions, den das Boxen je gesehen hat, konnte beginnen.

21 weitere Titelkämpfe folgten. 21 Siege. In 65 Monaten. Ich runde ein bisschen und sage: Alle drei Monate stieg dieser Teufelskerl in den Ring und besiegte einen Herausforderer – oder später, im März 2003, mit Byron Mitchell den Weltmeister eines Konkurrenz-Weltverbandes. Alle drei Monate Boxen auf höchstem Niveau, davor natürlich eine harte Vorbereitung, danach ein kurzer Urlaub. Und dann zur nächsten WM. Wir boxten die Weltranglisten des Supermittelgewichtes und der angrenzenden Gewichtsklassen von oben nach unten und von unten nach oben. Alle drei Monate ein neuer Gegner. Und eine erfolgreiche Titelverteidigung.

»Uhrwerk Ottke«, betitelte die *Berliner Morgenpost* einen Artikel über Sven. Stimmt genau. Mit unglaublicher Disziplin hielt er diesen extrem schnellen Kampfrhythmus durch. Das ging nur, weil er für seinen Sport lebte. Viele Athleten behaupten das, glauben es vielleicht auch. Aber dann machen sie eben doch mal Pause, feiern ihr Dasein, nehmen ein paar Kilo zu und sagen: Sobald es wieder ernst wird, lebe ich nur noch für den Sport.

Svennie, mein Verrückter, hielt es keinen einzigen Tag ohne Training aus. Legendär und absolut wahr sind die Geschichten, dass er meist am Morgen nach einem WM-Kampf aus dem Hotel verschwand, wo noch alle fest schliefen, um die VIP-Party auszukurieren. Sven hingegen schnürte seine Joggingschuhe und lief zehn Kilometer.

Diese Hingabe, die Professionalität habe ich immer bewundert. Nur so war es möglich, über fünf Jahre lang Titelkampf an Titelkampf zu reihen. Und keinen einzigen davon platzen zu lassen. Nur so war es möglich, gegen einen Klasseboxer wie Glen Johnson – Svens vierte Titelverteidigung im November 1999 – sogar nach einer gerade auskurierten Grippe in den Ring zu steigen. Nach den zwölf Runden, die er knapp für sich entschied, war Svennie völlig hohl, wie wir Sportler sagen. Ein Windzug hätte ihn umgeworfen. Aber er hatte den Sieg in der Tasche. Einen Triumph über den Mann, der später Roy Jones junior ausknockte, Boxer des Jahres 2004 wurde und unfassbarerweise im Jahr 2010 – im Alter von 41 Jahren – noch ins Super-Six-Turnier der Supermittelgewichtler einstieg.

Kommen Sie einfach mit auf die Erlebnistour durch die unvergleichliche Erfolgsära von Sven Ottke. Ich will Ihnen nicht zu jedem Kampf etwas erzählen, aber die besten Geschichten, Anekdoten und Erinnerungen mit Ihnen teilen.

Da war die zweite Titelverteidigung gegen Gabriel Hernández, den Svennie so beherrschte, dass er im Clinch hinter dem Rücken des Gegners seinen Freunden zuzwinkerte, die vorne am Ring saßen.

Da war Nummer 8 – ich werde das jetzt auf diese Weise vereinfachen – gegen den Italiener Silvio Branco in Svens neuer Heimatstadt Karlsruhe. Der Sportfreund, ein muskelbepackter Modellathlet, kam als römischer Legionär kostümiert in den Ring. Dort allerdings ging Rom in zwölf Runden sang- und klanglos unter. Branco war so beeindruckt von Svens Schnelligkeit und seiner eigenen Unfähigkeit, den Gegner selbst zu treffen, dass er das Kämpfen komplett einstellte. Sein Trainer brüllte ihn in einer Rundenpause an: »Mach endlich was, Silvio. Geh raus und kämpfe. Sonst hau ich ab, dann bin ich weg. Meine Koffer sind schon gepackt.« Und da sagen Sie, ich bin manchmal zu deutlich mit meinen Pausenpredigten ... Branco übrigens fand auch nach dieser Aufmunterung nicht in den Kampf. Ein Journalist witzelte nach dem Duell: »Der italienische Profibox-Verband braucht eine neue Flagge: Weiße Handschuhe auf weißem Grund.«

Da war – Magdeburg. Magdeburg. Ich schreibe das Wort noch einmal, weil so unfassbar viel dabei mitschwingt. Svennies Wohnzimmer. Die Stadt, in der ihn die Fans mit so viel Liebe, Hingabe und Begeisterung überschütteten, dass jede Fahrt dorthin für immer Gänsehaut bei mir auslösen wird. Achtmal kämpfte Svennie in der Bördelandhalle. Das waren keine Boxkämpfe, das waren Partys mit und für einen Helden. Dabei begann alles mit einer Szene, die kein Boxfan sehen will. Bei Nummer 3 gegen den starken US-Amerikaner

Thomas Tate kam es zu einem Abbruch in der elften Runde. Tate, vor dem Kampf in der unabhängigen Computer-Weltrangliste von Box-Rec sogar höher eingestuft als Svennie, hatte – sicher schon frustriert von den blitzschnellen Aktionen meines Champions – in Runde 9 mit unfairen Mitteln gearbeitet. Kopfstoß! Svennie erlitt einen Riss über dem linken Auge. Nach 25 Sekunden der elften Runde stoppte der Ringarzt das Gefecht, weil die Gefahr bestand, dass die Verletzung weiter aufreißen würde.

Ich habe schon Hallen erlebt, in denen das Publikum so ein plötzliches Ende mit gellenden Pfeifkonzerten abstrafte. Aber nicht die Boxkenner in der mit 8 000 Fans ausverkauften Bördelandhalle.

Ja, Svennie und ich hatten immer den Eindruck, dass dort in Magdeburg neben dem Event Profiboxen auch ganz besonders die Boxkunst eine Rolle spielte. Wie eigentlich überall dort, wo Fans aus der ehemaligen DDR zusahen. Es gibt einfach Sportarten wie das Boxen – oder anders herum die Formel 1 –, die in einem Teil Deutschlands vor dem Mauerfall nicht regelmäßig erlebt und erlernt werden konnten, während sie im anderen Teil ein fester Bestandteil der Sportszene waren. Aber nicht nur das Verständnis für den verletzungsbedingten Abbruch – auf den Punktzetteln lag Svennie klar vorne – war das wirklich Geniale an diesem ersten Auftritt in Magdeburg. Als mein Boxer sich endlich vom Spiegel losreißen konnte, nachdem er minutenlang sein Pech, diese Blessur abbekommen zu haben, mit schillerndsten Flüchen kommentiert hatte, sagte er stolz: »Trainer, die Stimmung war toll heute. Das hat Spaß gemacht.«

Ich weiß genau, was Sven meinte. Die Magdeburger Boxfans würdigten seine blitzschnellen Defensivaktionen genauso wie die Treffer, die der alte und neue Weltmeister setzte. Einmal löste sich Sven bei einem druckvollen Angriff von Tate mit einer wunderbaren Meidbewegung, wich zur Seite aus und war weg. Szenenapplaus des Publikums. Für eine Meidbewegung. Das genau war einer der Wow-Faktoren in Sven Ottkes Wohnzimmer.

Achtmal Magdeburg. Acht kleine Schmuckkästchen voller toller Erinnerungen.

Da war die mit Spannung erwartete Revanche gegen Charles Brewer – Nummer 7 auf der Liste der Titelverteidigungen. Es war alles andere als ein Spaziergang durch den Elbauenpark. Dafür war Brewer viel zu gefährlich. Aber eine klare Sache war es allemal. Neben der überbrodelnden Stimmung in der Halle ist mir ein ganz ruhig gesprochener Satz von Brewers Manager J. Russell Peltz im Gedächtnis haften geblieben. Als alles inklusive Pressekonferenz vorbei war, sagte der Mann, der nach dem ersten Duell noch von Fehlurteil und Betrug gesprochen hatte: »Ich muss das nicht mögen, was Ottke macht. Aber er macht es perfekt.«

Zum Glück klopfe ich mir nie selbst auf die Schulter, sonst wäre ich vermutlich in der Ära Ottke ziemlich schief durch die Gegend gelaufen. Spätestens mit dem zweiten Brewer-Kampf war all das aufgegangen, was ich für die Profikarriere des Herrn Ottke prophezeit hatte.

Unser Svennie fühlte sich pudelwohl in der 12-Runden-Distanz. Oft sagte er: »Ich könnte doppelt so viele Runden boxen.« Ich habe es ihm immer geglaubt. Das Wertungssystem des Profiboxens – jede Runde wird einzeln abgerechnet, alle Runden zählen gleich viel – erlaubte es ihm, vorsichtig zu starten, den Gegner zu studieren. Und dann, nach ein paar Runden, schonungslos die Defizite des jeweiligen Herausforderers aufzudecken und auszunutzen.

Kaum einmal war das schöner und glanzvoller zu bestaunen als bei einem weiteren Magdeburg-Kampf. Dem gegen James »The Harlem Hammer« Butler – ich habe dieses Duell schon weiter oben erwähnt.

Wie der wieder einmal martialische Kampfname aussagt, stand ein K. o.-Künstler im Ring. Sieben der acht Kämpfe vor dem Gang gegen Sven hatte Butler vorzeitig gewonnen. Er kam mit einem einzigen Ziel: treffen, vernichten, jubeln und den WM-Gürtel mitnehmen. Doch dann ließ ihn Svennie so hilflos und deplatziert aussehen wie jemanden, der mit dem Vorschlaghammer angeln geht.

Lesen Sie bitte ein paar Pressestimmen, die mein Boxstall damals nach dem Duell gesammelt hat.

Die *BZ* jubelte: »Der Spandauer lieferte die wohl eindrucksvollste Performance seiner Profilaufbahn, und es ist ja keineswegs so, als habe er bislang nur mindere Preisklasse geboxt.«

Die *FAZ* fragte: »Wenn schon der anerkannte K. o.-Schläger aus Harlem nicht in der Lage ist, Ottke den Weltmeistergürtel des Verbandes IBF im Supermittelgewicht abzunehmen, wer dann?«

Die Welt analysierte: »Wo der Hammer einschlagen sollte, da hatte sich Ottke, genannt ›Phantom‹, meist blitzartig verdünnisiert.«

Und die *Berliner Morgenpost* staunte: »Butler teilt das Schicksal aller bisherigen Ottke-Gegner in den zwölf erfolgreichen Titelkämpfen. Ganz egal, wie viel man erwartet, angesichts der irrlichternden Schnelligkeit des Supertechnikers sehen sie teilweise aus wie Anfänger.«

Ein einziges Mal fand Butlers immer mit voller Kraft geschlagene Rechte ihr Ziel. Ausgerechnet in der zwölften und letzten Runde passte Sven eine Millisekunde nicht auf, musste dann blitzschnell den Rückwärtsgang einlegen - hatte 20 Sekunden später aber wieder alles unter Kontrolle.

Typisch Sven. In der Kabine nach dem Kampf ärgerte er sich nur über den einen Fehler. Die Freude über ansonsten zwölf Runden perfektes Boxen überließ er anderen. Überschwängliche Feiern gab es mit ihm sowieso nie. Er wusste ja am allerbesten, wie viel Arbeit in seinen so locker und leicht aussehenden Faustkampf-Demonstrationen steckte. Wie viel er - inzwischen schon 34 Jahre alt - investieren musste, um seine Gegner zu frustrieren.

Denn genau das, so wurde mir berichtet, war die Stimmung in der anderen Umkleidekabine. Todesstille. James, der Hammer aus

Harlem, saß auf einer Bank und pflückte sich die kleinen Silberscheibchen des Sieger-Konfettis vom Körper. Ein Glitzerstück nach dem anderen. »Ich habe ihn nicht erwischt, oder?«, fragte Butler in den Raum hinein. Sein Trainer und sein Manager sahen keinen Sinn darin zu antworten. Lange Pause. Dann noch einmal Butler. »Hab ich nicht. Hab ich wirklich nicht. Gottverdammt noch mal.«

Die Stimmung in der Halle war nach diesen grandiosen zwölf Runden kaum noch zu beschreiben. Die Fans feierten Svennie wie einen König. Sie hatten ihn längst als Sohn der Stadt Magdeburg adoptiert. Und immer wieder erstaunte es mich, wie viele ihn, den in Tempelhof geborenen Spandauer mit Lebensmittelpunkt in Karlsruhe, als einen der ihren einstuften. Als Ossi.

Eine MDR-Straßenumfrage machte das wirklich zum Thema. »Ist Sven Ottke Wessi oder Ossi?« Die Mehrzahl, so meine Erinnerung, tippte auf Ossi. »Das ist einer von uns«, war eine Aussage über zehn Jahre nach dem Mauerfall.

Ich habe das Geheimnis, warum Svennie in der ehemaligen DDR so gut ankam, schon zu Beginn dieses Kapitels beschrieben. Die Kämpfe in Magdeburg bestätigten es nur noch einmal in viel größerem Rahmen. Auch als Weltmeister blieb unser Sven völlig normal. Egal ob auf der Straße oder im wunderschönen Maritim Hotel, unserem regelmäßigen Hauptquartier – Herr Ottke hatte keine Sonderwünsche, kommandierte niemanden herum, fand für jeden Zeit und zuckte nicht mal, wenn bei einem Spaziergang jemand brüllte: »Ey, Ottke, kannste mal 'n Foto.« Sven nahm solche Ausrutscher hin, weil er genau wusste, wie sehr ihn die Magdeburger (und alle anderen Fans) ansonsten unterstützten. Vor seinem ersten Kampf in Sachsen-Anhalt, dem gegen Thomas Tate, hatte ihm ein Mädchen einen kleinen Teddybären als Glücksbringer geschenkt. Vor jedem Kampf band Svennie das Bärchen in die Schnürsenkel seines linken Boxerstiefels. Rechts kam der Ehering hin. Und nichts mehr konnte schiefgehen.

Außer wenn doch etwas schiefging. Oder zumindest beinahe. Aber dafür müssen wir James Butler, Titelverteidigung Nummer 11 und Magdeburg verlassen. Ich verspreche Ihnen, wir kommen in die Bördelandhalle zurück. Mit einem Feuerwerk an Emotionen!

Der Australier Anthony Mundine, ein Aborigine, also ein australischer Ureinwohner, war eines der schlimmsten, unsympathischsten Großmäuler in unserem an Großmäulern wirklich nicht armen Business. Als Rugby-Spieler war er bereits ein Star, dann wechselte er in den Boxring, weil sein Vater als Faustkämpfer ein Volksheld gewesen war. Papa Anthony »Tony« Mundine boxte sogar einmal um die Mittelgewichts-WM, verlor 1974 gegen den großen Carlos Monzón durch K. o. Sein Sohn, der als Rugby-Topverdiener ständig Zoff mit den Funktionären hatte – ich konnte das gut nachvollziehen! –, wollte sozusagen den Familientraum vollenden. Mit nur zehn Profikämpfen bekam er für mich völlig überraschend seine WM-Chance gegen Sven.

Es war wirklich nicht so, dass ich diesen Herausforderer unterschätzte. Ja, seine blöden Sprüche nervten. Er werde Sven Ottke im Ring töten, sagte er in einem Interview. Dann sorgte er für einen weltweiten Aufschrei, weil er wenige Tage nach dem schrecklichen Geschehen in den USA ein gewisses Verständnis für die Attentäter des 11. September 2001 äußerte. Dieser Kerl ging einfach allen auf die Nerven.

Dennoch schaute ich mir wie immer Kampfvideos von ihm an. Sah einen sehr athletischen, überraschend guten, aber noch ungeschliffenen Boxer. Einen, der mit so viel Siegeszuversicht in den Ring kam, als erwartete er, jeder Gegner werde sich nach dem ersten Mundine-Treffer freiwillig hinlegen. Für Svennie würde das kein großes Problem werden. Er unterschätzte keinen Gegner, würde das auch diesmal nicht tun.

Wir waren schon am Kampfort Dortmund, und alles lief nach Plan. Das einzig Außergewöhnliche war, dass Wilfried Sauerland erstmals bei einer Ottke-WM nicht am Ring sitzen konnte. Er war mit einem anderen meiner Boxer, Markus Beyer, beim Kongress des Weltverbandes WBC in Bangkok, um eine neue Titelchance sicherzustellen. Kein Problem, Chef, wir kriegen das schon gebacken.

Denkste mit »kein Problem«. Ich kann Ihnen beim besten Willen nicht sagen, warum ich ausgerechnet bei diesem Kampf und bei diesem Gegner zum Pressetraining des Herausforderers gegangen bin. Normalerweise tauche ich dort nicht auf. Zu diesem späten Zeitpunkt ganz kurz vor dem WM-Tag ist die ganze Vorbereitung schon erledigt. Mein Erscheinen bei diesem Termin des gegnerischen Lagers könnte eher als Provokation gesehen werden. Also bleibe ich weg.

Zum Glück habe ich mit dieser Tradition gebrochen. Und, zweites Glück, ich erlebte einen Mundine, der keine Kasperei für die TV-Kameras machte, wie es oft der Fall ist, sondern sein volles, ehrliches Programm durchzog. Ein Hammer! Ein absolut unvorstellbarer, mich ins Mark treffender Hammer! Was ich dort sah, war nicht der Mundine von den Kampfvideos. Sondern ein wahnsinnig schneller, mit flüssigen Kombinationen und toller Beinarbeit glänzender Topathlet. Mein Pulsschlag schoss nach oben. Ich war geschockt, richtiggehend geschockt. Das war ganz klar ein kommender Weltmeister. Und ich brauchte einen Alarmplan, damit die Prophezeiung nicht schon in wenigen Tagen Wirklichkeit werden würde.

Ich alarmierte Wilfried Sauerland, der aus allen Wolken fiel. Aber aus 9000 Kilometern Entfernung konnte er nicht helfen. Dann musste ich Sven die komische Nachricht überbringen, dass da kein unerfahrener Quatschkopf auf ihn wartete, sondern eine der größten Herausforderungen seiner ganzen Karriere.

Svennie war dementsprechend begeistert. »Na, klasse«, sagte er. »Läuft ja alles prima.« Dann schauten wir uns ein eiligst besorgtes, aktuelleres Video von Mundine an. Und sagten beide eine ganze Weile gar nichts mehr.

Was ein Trainer in zwei, drei Tagen noch drehen kann, fragen Sie?

Wenig. Aber natürlich nahm ich mir viel mehr Zeit für Sven als vor einem normalen WM-Kampf, wenn man eher darauf bedacht ist, dem eigenen Boxer nicht auf die Nerven zu gehen. Immer wieder sprach ich mit ihm über seine Stärken. Erklärte ihm, dass seine große Tugend, den Gegner erst einmal zu studieren, jetzt ganz besonders wichtig werden würde. Kein Risiko am Anfang. Höllisch aufpassen. Dabei locker bleiben. Komplizierte Kiste.

Die Fans in der Westfalenhalle ahnten davon nichts. Als Sven Runde um Runde abwartete, sich dem Kampf immer wieder entzog, machte sich Unmut breit. Umso mehr, als auch Mundine auf seine Chance lauerte. Irgendwie schien er Sven immer nur zeigen zu wollen: »Alles, was du Weltmeister-Würstchen kannst, kann ich besser.« Er flitzte aus dem Schlagbereich von Sven, tänzelte an den Seilen entlang, vergaß aber zum Glück dabei die Treffer. Dann bekam Mundine wegen einer Unsauberkeit die wirklich übertriebene Strafe von zwei Punkten Abzug vom Ringrichter. Das zwang ihn zum Angriff. Und los ging die heiße Jagd.

Wenn irgendjemand in ferner Zukunft mal die Geschichte von Sven Ottke erforschen will, braucht er sich nur die Runden acht, neun und zehn des Mundine-Kampfes anzusehen. Alles, was meinen Klassejungen ausmacht, steckt da drin.

Mundine schaltete hoch auf hundert. Wie ein Wilder, dabei aber immer noch boxerisch klasse, ging er auf Sven los. Der wehrte sich, versuchte Gegendruck aufzubauen. Es gelang, aber dann hing unsere Weltmeisterzeit doch an einem dünnen Faden. Mundine traf in den letzten Sekunden der achten Runde zweimal mit harten Händen, Svennie flüchtete ins Ringseil, sprang beim Herausfedern in den Schlagarm seines Kontrahenten und wurde von dem Australier mehr oder weniger zu Boden geworfen.

Sven Ottke am Boden. Erstmals in seiner Profikarriere. Das kollektive Atemeinziehen in der Halle, dieses Schock-Geräusch, werde ich nie vergessen. Ja, wir hatten Glück, dass der Ringrichter nicht auf Niederschlag erkannte. Er wertete die Aktion als Bodenkontakt ohne Schlagwirkung. Aber wohl jeder in der Halle dachte: Au weia, jetzt geht es zu Ende mit Ottke.

Komischerweise fühlte ich mich in der Ecke immer noch ganz gut. Ja, Mundine hatte im Moment die Oberhand. Aber bis auf den einen Schlag, der voll auf Svens linker Gesichtshälfte eingeschlagen war, war nichts allzu Schlimmes passiert. Ich glaubte an meinen Boxer. Ich habe Sven gebetsmühlenartig in jeder Pause eingeschworen: »Mach Überraschungsangriffe. Aber vor allem: Immer sicher sein.«

Mundine kam wie von einem Katapult geschleudert aus seiner Ecke, um in Runde neun die finale Jagd auf den Weltmeister zu beginnen. Spitze Schreckensschreie der Fans begleiteten seine Aktionen, als er Svennie durch den ganzen Ring jagte, ihn traf, allerdings nicht sonderlich hart. Aber das musste jetzt jeden Moment passieren.

16 Sekunden Mundine-Treibjagd. 16 Sekunden Ottke-Flucht. Und dann blieb die Zeit stehen.

Mitten in dieser wilden Sequenz, in der es so aussah, als würde Svennie nur noch dem unausweichlichen K.o. davonlaufen, drehte er den Spieß einfach um. Schauen Sie sich das Video an. Mundine hetzt ihn, aber Sven taucht mit einer puren Weltklasse-Aktion einfach unter dessen rechter Schlaghand durch, steht plötzlich hinter dem Australier und – leichte Übertreibung meinerseits – ruft fröhlich: »Kann's jetzt losgehen, Mister?«

In dieser Sekunde schaltete Svennie den Lebsjak- und Brewer-Modus ein. Ab diesem Moment ballerte er mit beiden Händen. Alles, was seine Kondition hergab. Er hatte Mundines beste Aktionen gesehen, überstanden und zeigte jetzt, wer der wahre Champion war. Trommelfeuer von Sven Ottke. Ganz egal, was der Gegner auch machte. Ich jubelte an meinem Platz in der Ringecke wie alle anderen Ottke-Fans. Schlagkombinationen zwangen Mundine in die Defensive. Ja, er versuchte Sven zu provozieren. Robotergang. Herwinken. Aber Sven machte einfach weiter.

In Runde zehn gibt es nach 1:45 Minuten eine Gänsehaut-Szene, über die eigentlich nie jemand gesprochen hat. Bei einem wilden Schlagabtausch trifft Mundine zweimal unsauber den Hinterkopf von Sven. Dessen Hand fliegt nach oben, um das Foul anzudeuten. Und bevor es weitergeht, streckt ihm der Australier den linken Handschuh als Entschuldigungsgeste hin.

Svennie, jetzt hast du ihn, dachte ich in diesem Moment. Die letzten Minuten mit einem entfesselten Ottke hatten Mundine das ganze Großmaulsein aus dem Körper vertrieben. Plötzlich hatte er Respekt vor dem Mann, der ihm serienweise das Leder ins Gesicht oder an den Körper donnerte. In diesem Moment, so glaube ich, war der Kampf gewonnen.

Der Vollzug war dann umso spektakulärer. Die Halle tobte, weil Sven immer weiter marschierte. Noch 20 Sekunden in Runde zehn. Eine Rechte tief zu Mundines Körper, um die Deckungshand nach unten zu ziehen. Eine Linke hinterher zum Kopf, die Mundine blocken kann, dabei aber den Überblick verliert. Plötzlich steht Sven goldrichtig und schlägt den kurzen, trockenen rechten Kopfhaken, den er im Training bestimmt 20000 Mal geschlagen hat. Die erneute Linke zum Kopf, der vierte Teil dieser Kombination, war schon gar nicht mehr nötig.

Die Rechte an die Schläfe hatte Anthony Mundine ausgeknockt. Wie vom Blitz getroffen stürzte er zu Boden, lag regungslos wie gekreuzigt da. Der Ringrichter zählte bis 10. Er hätte bis 1000 zählen können. Mehr als fünf Minuten gab der Australier kein Lebenszeichen von sich. Ich fragte mehrmals besorgt nach, Svennie – normalerweise in solchen Dingen zart besaitet – war es egal. »Das hat er sich verdient«, sagte er nur und genoss seinen tollen Triumph.

Wissen Sie, was echt gemein ist? Ich musste mir den Sieger-Schlag auf Video ansehen.

Von meinem Platz in der Ringecke verdeckte mir Svens Rücken den Blick auf die Entscheidung. Ich sah nur seine Armbewegung, registrierte den gigantischen Aufschrei in der Halle, und dann war auch schon alles vorbei.

Niemals in meiner ganzen Laufbahn habe ich in der Pressekonferenz lieber das Krakeelen der schlechten Verlierer ertragen. Mundines Manager beschwerte sich über den Ringrichter, forderte ein Rematch, schimpfte auf alles und jeden und überhaupt. Es war mir schnuppe. Ich weiß noch, dass ein Journalist süffisant nachfragte: »Entschuldigung, hat der Referee ihren Boxer ausgeknockt, oder war es vielleicht doch Sven Ottke?«

Zurück in der Kabine musste ich Svennie einfach noch einmal in die Arme nehmen und ganz fest drücken. »Heiße Kiste, Trainer. Oder?«, fragte er lachend. Und ich gab lachend zurück: »Aber vor allem, Svennie, immer sicher sein.«

Anthony Mundine wurde noch Weltmeister. Insgesamt dreimal, zuletzt im Oktober 2011. Als ich das letzte Mal seinen Kampfrekord anschaute, standen da 47 Kämpfe, 43 Siege, zwei Niederlagen nach Punkten und zwei durch K.o. Der einzige andere Boxer, der Mundine vorzeitig besiegte, war ein australischer Außenseiter namens Garth Wood. Der entscheidende Schlag: eine Rechte zur Schläfe. Verrückt, oder?

Tja, fast sah es so aus, als würde sich Sven Ottke doch noch zu einem schreckenerregenden Knock-outer entwickeln. Ich scherze natürlich. Aber der Volltreffer gegen Mundine bildete den Mittelpunkt einer Strecke von sieben Titelverteidigungen mit vier vorzeitigen Siegen.

Und mindestens genauso schön wie der K. o. von Dortmund war die Rechte, mit der er Nummer 15 beendete. Joe Gatti stand in Leipzig auf der falschen Seite der Boxhandschuhe. Und war wohl so schwer getroffen, dass er später Journalisten erzählte, Ottke müsse Zement in den Handschuhen gehabt haben. Ein mieser Verlierer. Aber egal. Sven und ich haben darüber kräftig gelacht. Haben uns in der nächsten Wettkampfvorbereitung im malerischen und rundum perfekten Leistungszentrum Kienbaum vor den Toren Berlins immer wieder scherzhaft gefragt: »Wer sollte denn heute den Zement mitbringen?« Aber ehrlicherweise beschäftigten wir uns schon längst mit dem Projekt Doppel-Weltmeister.

Es war Svens großes Ziel auf der Zielgeraden seiner großen Karriere. Und im März 2003 war es dann endlich so weit. Byron Mitchell, Champion der WBA, stellte sich in der Berliner Max-Schmeling-Halle zur Titelvereinigung. Svennie gewann den Kampf knapp, aber verdient. Ich könnte auch darüber viel erzählen, vor allem über die zwölfte Runde, in der er doch noch einmal in Schwierigkeiten kam. Aber so groß der sportliche Wert dieses Erfolges auch ist, von der Dramatik kam der Kampf nicht auf einen der ganz vorderen Plätze.

Dafür wurde die Rücktrittsdiskussion nach dem Gewinn des zweiten WM-Titels heiß geführt. Das letzte große Ziel erfüllt, wie lange will Ottke noch boxen, wurde allenthalben nachgehakt. Svennie ließ die Frager genauso ins Leere laufen wie die meisten Gegner im Ring. Ich spürte, er war noch nicht bereit, die Handschuhe an den Nagel zu hängen. Auch wenn ich merkte, dass selbst für ihn, den Trainingsverrückten, den Unverwüstlichen, die Belastungen des Spitzensports immer spürbarer wurden.

Zum letzten Akt der großen Erfolgsgeschichte müssen Sie zwei Dinge wissen. Erstens hatten wir schon seit Jahren eine Abmachung, was das mögliche Karriere-Ende betraf: »Sven, sag mir bitte nie, wann du aufhörst. Dafür sage ich dir, falls du aufhören sollst.«

So einfach war das zwischen uns. Und mein lieber Sven hat diese Abmachung sogar noch zu einem fiesen, wunderschönen, gemeinen, sensationellen Spiel benutzt.

Schon weit über ein Jahr vor seinem letzten Kampf sprachen wir mal über Autos. Im Besonderen über zweisitzige Cabrios wie die Roadster von BMW oder Mercedes. »Trainer, das ist doch nichts für alte Menschen«, stichelte mein Meisterschüler. »Für so ein Auto muss man jung sein.« Damit hatte er mich sofort auf der Palme.

»Ich bin nicht alt«, regte ich mich mit meinen 61 Jahren auf. »Auf jeden Fall noch jung genug für so einen Schlitten.«

Ich bin sicher, dass ab dieser Unterhaltung in Svennie der Plan für mein Abschiedsgeschenk reifte.

Sie wissen, was jetzt kommt.

Wir kehren ein letztes Mal zurück nach Magdeburg. Erleben ein fantastisches Boxfest in der Bördelandhalle. Sehen, wie Sven Ottke in seinem 22. Titelkampf gegen Armand Krajnc zwölf Runden lang Vollgas gibt und die Arena in einen tosenden, ausflippenden Hexenkessel verwandelt. Und dann vor laufenden Kameras überraschend seinen Rücktritt verkündet.

Es fällt mir wahnsinnig schwer, bei diesem Thema meine Emotionen halbwegs unter Kontrolle zu haben. Vielleicht hätte ich es wissen können, es gab ein paar Anzeichen. Svennie war im Trainingslager sehr ruhig und ernst. Aber eigentlich glaubte ich in diesem März 2004 daran, dass wir im Sommer mit einem riesigen Box-Event in der Berliner Waldbühne seinen Abschied feiern würden. Mein Lieblingsgegner wäre übrigens Dariusz Michalczewski gewesen. Der Tiger. Und ich bin felsenfest davon überzeugt, dass es wie bei Charles Brewer gelaufen wäre. Niemand hätte an Svennie geglaubt. Und Svennie hätte gewonnen.

Zurück nach Magdeburg. Mitten rein in den Kampf. Was war nur mit meinem Sven los? Runde für Runde für Runde brannte er ein Feuerwerk ab. Keine Pausen, kein Sicherheitsdenken, nur die pure Lust am Boxen. Das ist aber schön, dachte ich. Und komisch.

In der Pause zur zwölften Runde musste ich ihn einfach loben. »Drei Minuten noch, du toller Junge«, sagte ich ihm. Und noch bevor er antwortete: »Ja, und dann muss Schluss sein«, wusste ich, was Sache war.

Er würde aufhören. Hier und heute und jetzt und sofort. Natürlich in Magdeburg. Natürlich jetzt, da es keiner ahnte. Darum war er wie verwandelt. Darum trug er das Tattoo »MD« auf dem Oberarm. Es würde keinen weiteren Kampf mit meinem Traumjungen mehr geben.

Die Erkenntnis traf mich mit voller Wucht. Noch auf dem Weg aus der Ringecke, auf der kleinen Treppe nach unten, schossen mir die Tränen in die Augen. Ich hielt das Handtuch vors Gesicht, habe von der letzten Runde gar nichts mehr gesehen.

Es war vorbei. Aus und vorbei. Und jede Gefühlswelle, die mich überrollte, zeigte mir, wie viel mir die Jahre mit Svennie bedeutet hatten. Ich spürte tiefste Wehmut, riesige Dankbarkeit, einen Schuss Erleichterung und grenzenlose Euphorie, das alles mit ihm geschafft zu haben. Inzwischen stand ich schon im Ring neben ihm, während er das Mikrofon in der Hand hielt und gerade anfing: »Ich muss euch noch etwas sagen. Ihr wisst ja, was kommt.«

Unser Sven, mein Sven, der einzigartige Sven erklärte seinen Rücktritt als ungeschlagener Weltmeister. Und ich war absolut im Reinen mit seiner Entscheidung. Die Tränen, die flossen, waren Freudentränen.

Svennie, der Schlingel, drückte mir ein Modell eines BMW Cabrio in die Hand. »Die viel größere Version wartet im Maritim Hotel auf dich, Trainer«, sagte er. Und irgendein fieser Kerl drückte mir genau in diesem Moment mit beiden Händen die Kehle zu. Ich konnte nichts antworten. Stand einfach nur stumm da und wollte diesen Moment nie enden lassen.

Wenig später saßen wir gemeinsam in dem Z4, Svennis Abschiedsgeschenk an mich. »Na, Trainer, wie fühlt es sich an?«, fragte er. Wieder brachte ich kein Wort heraus. Die Gefühle peitschten durch meinen Körper. Ich zähle sie noch einmal auf: Trauer, Freude, Dankbarkeit, Euphorie.

Der Geldwert eines Geschenkes ist kein Gradmesser für die Ehrlichkeit der Beweggründe. Das wissen wir alle. Ich war auch nicht deshalb überwältigt, weil Sven, der als sehr sparsam bekannt ist, für mich etwas derart Teures ausgesucht hatte. Geld war nie Thema unseres gemeinsamen Weges. Was Sie alleine schon daran ablesen können, dass Sven der einzige aller meiner Boxer war, der mich prozentual an seinen Werbeeinnahmen beteiligte. Völlig freiwillig. Als Geste des Respekts, so habe ich es verstanden. Und als Beleg der Aussage: Wir ziehen das gemeinsam durch. Wir beide.

Es gibt zwei Geschichten, die das noch mehr verdeutlichen, als ich es sowieso schon beschrieben habe. Beide ranken sich um die Brewer-Revanche im September 2000.

Wie erwähnt, hatten wir in unserer gesamten Zusammenarbeit erstaunlich wenig Probleme, offene Streitigkeiten oder richtigen Zoff. Aber vor dem Rückkampf gegen die Streitaxt brachte mich eine Bemerkung von Svennie doch ein bisschen auf die Palme. Einem Reporter der *Bild-Zeitung* antwortete er auf die Frage, ob ich einen Spitznamen hätte, mit der spitzen Bemerkung: »Natürlich. Der Diktator. Was denn sonst?«

So ein Quatsch. Ich versuche wirklich, auf meine Boxer einzugehen. Für jeden einzelnen individuell den besten Weg zum Erfolg zu finden. Natürlich muss ich die wichtigen Entscheidungen treffen. Aber jeder, der bei mir trainiert, darf seine eigene Meinung haben.

Sofern sie sich mit meiner deckt ...

Scherz beiseite. Ich muss Diktator sein. Sonst funktioniert die ganze Sache nicht. Aber tief in meinem Inneren wünsche ich mir, dass die Sportler verstehen, dass ich jede Entscheidung nur zu ihrem Wohle und für ihr Weiterkommen treffe. Als Sven das mit dem »Diktator« sagte, wurmte es mich deshalb ziemlich. Ich kopierte aus einem Lexikon die Bedeutung des Wortes Diktator, klebte sie Sven an die Tür seines Spindes in der Umkleidekabine des Kölner Sauerland-Camps. Und, er hatte es ja gesagt, ich schrieb ganz dick darunter: Und hier bestimme nur ich!

Okay, den Spitznamen Diktator verwendete Sven noch viel, viel öfter. Aber ich weiß, dass er das gar nicht so gemeint hat. Ich glaube, dass Sven sehr schnell erkannte, dass es für mich wirklich nur ein

Ziel gab: ihn und seine überragenden Fähigkeiten in spektakuläre Erfolge umzumünzen. Und das ist uns ganz gut gelungen.

Die andere Seite unseres Svennies erlebte ich in einem Moment, in dem es mich von einer Sekunde auf die andere komplett aus den Angeln hob. Nach dem zweiten Sieg über Brewer bereiteten wir uns im Höhentraining in St. Moritz auf den nächsten Gegner vor. Wir kamen zurück nach Köln, spielten dort mit dem ganzen Sauerland-Team noch eine Runde Fußball. Aber plötzlich wurde mir speiübel, ich hatte Schmerzen im Brustkorb und brauchte eine Pause.

Mein Riesendusel war, dass unser Physiotherapeut Walter Knieps hellwach war und sofort reagierte: Ulli, das kann ein Herzinfarkt sein. Zehn Minuten später war der Notarztwagen da. In derselben Nacht wurde ich noch operiert, bekam einen Stent eingesetzt, damit das Blut wieder sauber zum Herzen fließen konnte. Und fühlte mich am nächsten Tag schon wieder den Umständen entsprechend ganz gut. Nicht auszudenken, wenn Walter Knieps nicht da gewesen wäre. Meinem Naturell zufolge hätte ich die Schmerzen einfach ignoriert und wäre nach Hause gefahren. Ich bin ja der Verrückte, der normalerweise alle Warnzeichen ignoriert. Sprechen Sie bloß nicht meine Frau auf dieses Thema an ...

Auf jeden Fall lag ich am Tag nach dem Schock in meinem Krankenhauszimmer. Plötzlich ging die Tür auf, und Svennie kam herein. Er war, als er von meiner OP erfahren hatte, in Karlsruhe ins Auto gesprungen und nach Köln gedüst. »Mensch, Trainer, was machen Sie denn für eine Scheiße«, war seine Begrüßung. Ich musste mir ein paar Belehrungen über gesundes Leben anhören und was ich alles tun solle, damit so was nicht noch einmal passierte. Dann saß er einfach nur stumm auf meinem Bett. Froh, dass alles glimpflich abgegangen war. Und ich habe mich einfach nur gefreut, dass mein Boxer das Bedürfnis hatte, nachzuschauen, ob es seinem Diktator halbwegs gutginge. Nein, ehrlich, es war ein bewegender Moment, als Svennie bei mir auftauchte.

Wir alle hoffen doch, dass wir den Menschen aus unserem persönlichen Umfeld wirklich etwas bedeuten. Oder nicht?

Diese beiden Geschichten und noch viel mehr schossen mir durch den Kopf, als ich am 27. März 2004 in Magdeburg sprachlos neben Sven stand oder saß. Denn mir wurde klar, dass mit seinem Rücktritt auch ein wichtiger Teil meines Lebens enden würde. Meine erfolgreichste Strecke als Trainer mit dem Sprung in den Westen, den Amateur-Titeln, dem Wechsel zu den Profis und den unbezahlbaren Erlebnissen auf dem Gipfel.

Aber es war gut so. Denn etwas derart perfekt zu Ende zu bringen ist etwas Wunderbares. In diesen Momenten wurde mir bewusst, wie viel dieser eine Boxer als Mensch für mich bedeutet hat. Denn wie prophezeit zeigte er mir seine Wertschätzung für die gemeinsame Zeit, die gemeinsamen Erfolge. Wertschätzung für den Trainer, der ihm den Weg wies. Und für den Menschen, der hinter dieser Trainerfigur steckt.

Wir beide waren in diesen gesamten Jahren keine dicken Kumpels in dem Sinne, dass wir tiefgründige Gespräche über private Probleme geführt hätten oder gemeinsam in Urlaub gefahren wären. Wir beide hatten jeweils unser eigenes Leben. Das Verhältnis, die Partnerschaft und die Freundschaft zu Sven waren immer von einem tiefen beidseitigen Respekt geprägt. Und von unerschütterlichem Vertrauen. Denn dieses Gefühl füreinander, bei dem ich mir seit dem Ende unserer Sportler-Trainer-Zusammenarbeit auch den tief empfundenen Schuss Dankbarkeit gönne, braucht keine dauernde Nähe oder stundenlange Telefonate.

Seit Svennies Rückzug aus dem Boxgeschäft sehen wir uns nicht mehr regelmäßig. Manchmal laufen wir uns monatelang nicht über den Weg. Aber dann taucht Svennie plötzlich auf, oder wir treffen uns bei einer Veranstaltung. Er grüßt mich mit: »Hallo Super-Coach, wie geht's?«

Und mir schießt sofort wieder dieser eine Gedanke durch den

Kopf. Der Gedanke, der diesen Boxer, diesen Menschen am besten beschreibt. Der Gedanke, der mir bei seinen stärksten Kämpfen selbst unter größter Anspannung ein Lächeln auf die Lippen zauberte.

Der Gedanke, der da lautet: Sven Ottke, was bist du nur für ein toller, toller Junge.

6. KAPITEL – TEIL 2

Wir sind immer noch ein Team

Was mich bis heute mit Sven Ottke verbindet und warum mich nur drei meiner Ehemaligen duzen

Der »tolle Junge« – Sie wissen natürlich, dass ich Sven Ottke meine – und ich, wir sind nach wie vor immer zusammen. Nein, nicht mehr örtlich – sondern auf eine ganz andere Weise. Wir haben regelmäßig Kontakt, treffen uns bei den verschiedensten Terminen und veranstalten einmal im Jahr gemeinsam ein Box-Camp im Robinson Club auf Mallorca.

Aber ehe ich dazu komme, muss ich jetzt wirklich mal angeben. So eine richtige Sensation verkünden: Sven Ottke ruft alle paar Wochen bei mir an.

Wenn Sie jetzt ein bisschen komisch auf dieses Buch schauen und sich fragen, was daran das Besondere ist, dann erkläre ich es Ihnen gerne. Svennie ruft normalerweise niemanden an. Seine Frau natürlich und seine Kinder. Aber ansonsten freut er sich zwar, wenn sich jemand meldet – meistens zumindest. Aber das aktive Kontaktaufnehmen, mal durchklingeln, um zu quatschen, das war noch nie seine Sache.

Er macht lieber sein Ding, geht nach wie vor mit großem Ehrgeiz Golf spielen und hat sehr, sehr gerne seine Ruhe. Aber bei mir macht er eine Ausnahme, und ich freue mich sehr darüber. Weil ich den Respekt spüre, den er mir als Trainer und Mensch zollt. Man merkt die bleibende und immer noch wache Anerkennung unserer gemeinsamen Erfolge. Und das ist das Schönste, was ein Trainer überhaupt spüren kann.

Dass diese Verbindung nach Svens aktiver Zeit weiter besteht, ist schon außergewöhnlich. Wenn ich darüber nachdenke, dann bin ich fast nahe am Wasser gebaut. Weil es das Ausrufezeichen hinter seiner außergewöhnlichen Karriere ist.

Seien wir doch mal ehrlich: Wir haben nur einen deutschen Weltmeister, der ungeschlagen abgetreten ist. Und wir haben auch nur einen, der seine Karriere derart konsequent und diszipliniert durchgezogen hat. Alle drei Monate eine Titelverteidigung. Immer perfekt vorbereitet. 22 WM-Kämpfe bestritten, 22 gewonnen. Seinen IBF-Titel im Supermittelgewicht 21-mal in Folge verteidigt. Und dann auch noch den WBA-Gürtel dazugeholt.

Wahnsinn, wenn ich das alles noch einmal schwarz auf weiß sehe. Das sind, glaube ich, Rekorde für die Ewigkeit für einen deutschen Faustkämpfer.

Gerade beim Box-Camp auf Mallorca kommen viele Erinnerungen an diese tolle Zeit wieder hoch. Dort im Robinson Club bringen wir normalen Menschen, quer durch alle Berufsgruppen, unseren Sport näher – wobei auffällig ist, dass die Anzahl der Frauen von Jahr zu Jahr steigt.

Wir vermitteln den Teilnehmern gewissermaßen das Grundschulwissen des Boxens. Angriffsschläge und Verteidigungshandlungen, die richtige Fußstellung und andere Grundlagen. Wir passen da gut zusammen, arbeiten wie Kollegen miteinander, ergänzen uns gut, bringen den Leuten wirklich eine Menge bei – und haben auch einen Fehler gemeinsam: Wir sind mit nichts zufrieden.

Natürlich loben wir auch viel, aber das wird eben immer mit Anregungen zu Verbesserungen verbunden. Svennie wird dabei auch gerne laut, ruft dann Sätze wie: »Was war das denn, du schlägst ja wie meine Oma.« Ich bin der ruhigere Kritiker. Aber uns beide verbindet eben ein lange, sehr erfolgreiche Zeit. Eine Ära, in der wir den

Boxsport mit messerscharfer Präzision und absoluter Disziplin trainiert und ausgeübt haben, so dass wir extrem hohe Ansprüche stellen.

Auf jeden Fall haben wir noch keine Kritik von den Teilnehmern gehört. Svennie mögen die Menschen einfach und nehmen ihm die Sprüche gar nicht übel. Das ist eben sein Naturell. Er verbiegt sich nicht und sagt das, was er denkt. Punkt.

Natürlich habe ich mit großem Interesse verfolgt, dass mein Svennie inzwischen auch ein paar Ausflüge in den Trainerjob gemacht hat. Er stand bei Nina Meinke und bei Serdar Sahin in der Ecke. Die beiden sind ein Berliner Paar, und Svennie kennt Nina, seit sie geboren wurde. Weil Ninas Vater Christian ein sehr guter Freund aus gemeinsamen Berufsschultagen ist.

Nina hat auch schon bei mir trainiert. Ist ein tolles Mädchen und hochtalentiert. Eigentlich wäre sie reif, das deutsche Frauenboxen wieder flottzumachen. Ich traue ihr das jedenfalls zu. Sie braucht nur die Chance dazu.

Einmal stand Sven auch bei Ikram Kerwat in der Ecke. Es war das erste Mal bei einer größeren Veranstaltung, noch dazu in Potsdam, also in der Nähe seiner Heimatstadt Berlin. Und dementsprechend groß war das Medieninteresse.

Kurz vor dem Kampf wurde es in Ikrams Kabine wohl sehr hektisch, so dass Sven einen Kameramann anraunzte. Warum und wieso, das erklärte er in einer Geschichte im Berliner Kurier.

Sven Ottke: »Ich spüre immer, wie viel ich von meinem Trainer gelernt habe. Ulli Wegner ist immer dabei. Sein Plan vom Boxen, seine Art, mich perfekt auf jeden Gegner einzustellen, das will ich weitergeben. Wir waren wie Deckel und Topf. Ulli ist und bleibt der Größte. Er ist auch immer laut geworden, wenn mich was abgelenkt hat.«

Stimmt genau. In der Kabine vor einem Kampf muss jede Ablenkung des Boxers unterbunden werden. Ein paar wenige Weggefährten bekommen zwar Zutritt, aber nur, wenn sie sich absolut unauffällig verhalten. Wer sich an einem Kampfabend länger in einer Boxerkabine aufhält, ohne eine wichtige Aufgabe zu haben, der muss das Talent besitzen, quasi unsichtbar zu werden. Ansonsten fliegt er raus.

Ich würde mich sehr freuen, wenn Sven den Ehrgeiz aufbringen sollte und als Boxtrainer sein Können und seine Erfahrungen an die nächste Generation weitergibt. Aber irgendwie glaube ich, dass er sein Leben ohne die Zwänge und Verantwortung eines derartigen Jobs zu sehr genießt, um sich wirklich mit Haut und Haaren und Herz in diesen anspruchsvollen und risikoreichen Beruf zu stürzen. Lassen wir uns einfach mal überraschen.

Immerhin wird Svennie im Juli 2017 – also nicht lange, nachdem die neue Ausgabe dieses Buches in den Handel kommt – 50 Jahre alt. Und ich nutze die Gelegenheit, um ihm auf diesem Weg ein paar Sätze zu seinem runden Geburtstag zu schicken: Sven, jetzt machst du also ein halbes Jahrhundert voll. Und ich will dir sagen, du hast sehr viel erreicht. Nicht nur im Ring, sondern auch in meinem Herzen. Im boxerischen und auch im menschlichen Bereich hat dich noch niemand übertroffen. Ich kann mir auch nicht vorstellen, dass das noch passieren wird. Sven, nutze die zweiten 50 Jahre deines Lebens weiter dazu, Freude zu haben und so zu bleiben, wie du bist. Und jetzt lass dich feiern, du Nummer 1.

Eigentlich wäre das ein schönes Schlusswort für das zusätzliche Kapitel über Sven, aber ich habe da noch zwei Dinge, die ich Ihnen unbedingt erzählen muss.

Sven Ottke ist einer von nur drei Boxern in meinem Leben, denen ich nach dem Ende ihrer Laufbahn das Du angeboten habe. Die beiden anderen sind Eike Walther, mein erster Meister damals in der DDR. 1984 hat er im Finale Henry Maske besiegt. Und dann natürlich Ronald Poyé, über den Sie vorne im Buch eine ganze Menge lesen konnten.

Ich bin da knallhart. Das Siezen des Trainers durch die Athleten ist einfach Gesetz bei mir. Ich verstehe andere Trainer nicht, die sich von ihren Sportlern duzen lassen. Ich brauche die Distanz der höflichen Anrede, weil es eine Distanz geben muss. Boxtrainer zu sein ist eine riesengroße Verantwortung. Das geht nicht auf Kumpelbasis.

Auch wenn meine Boxer nicht mehr aktiv sind, bleibt das Du eine Ausnahme. Meine Schützlinge verstehen das. So ticke ich eben und so will ich das haben.

Das Du für diese drei Boxer, oder besser gesagt Ex-Boxer, spiegelt meine Wertschätzung wider. Ihre Leistungen in den Rekordbüchern unserer Sportart sind sehr unterschiedlich. Aber menschlich hat mich jeder aus diesem Trio auf ganz besondere Weise berührt. So funktioniert das mit dem Du in meiner Welt. Es muss erworben werden. Man kann es nicht kaufen.

Das ist insofern wichtig, weil ich Ihnen jetzt noch die Antwort auf eine oft gestellte Frage schuldig bin. Wenn ich so durch die Gegend ziehe, des Boxens wegen oder für andere Termine, wollen immer mal wieder Menschen wissen: »Herr Wegner, was ist denn eigentlich aus dem BMW-Cabrio geworden, das Ihnen Svennie geschenkt hat?«

Tja, was soll ich sagen. Es ist mein größter Schatz und wird das bis zu meinem letzten Atemzug bleiben. Selbst wenn ich Kitt aus den Fenstern fressen müsste, weil irgendein Schicksal mich zum armen Mann gemacht hätte, würde ich dieses Auto nicht verkaufen.

Einmal ist es leider durch einen Schwelbrand in unserer Garage beschädigt worden. Aber ich habe es natürlich restaurieren lassen. Alle 14 Tage fahre ich damit ein bisschen durch die Straßen Berlins, damit das gute Stück auch bewegt wird und nutzbar bleibt. Dabei denke ich natürlich immer an Svens letzten Kampf. Damals in Magdeburg gegen Armand Krajnc im März 2004. Denke an seine grandiose Leistung zum Abschluss einer grandiosen Karriere. Und an meine Überraschung, an meine Emotionen, als er mir im Ring ein Model des im Hotel-Ballsaal wartenden Geschenks überreichte.

Noch einmal in aller Deutlichkeit: Es ist nicht im Geringsten der materielle Wert, der dieses Geschenk so besonders macht. Sondern die Tatsache, dass so etwas fast einzigartig ist in den Beziehungen zwischen Sportlern und Trainern.

Inzwischen weiß ich auch, wie lange vorher er diese Aktion schon geplant hatte. Vorbereitungen traf und alles so organisierte, dass es wirklich nur ein paar Eingeweihte wussten.

So etwas für einen Trainer zu tun, bei all den Konflikten und Spannungen, die in diesem doppelten Abhängigkeitsverhältnis vorkommen und manchmal auch in knallharten Streit ausarten, das berührt mich bis heute in der Tiefe meines Herzens.

Sven Ottke ist und bleibt ein toller, toller Junge!

7. KAPITEL

Auf der VIP-Party

Wie ich auf meine ganz eigene Art Siege erlebe und welche Menschen mir helfen, erfolgreich zu sein

Wie schlimm und leer und trostlos es in mir aussieht, wenn ein wichtiger Kampf verloren geht, das beschreibe ich Ihnen im zehnten Kapitel. Jetzt soll es um den zum Glück viel häufigeren Fall des großen Sieges gehen. Durch die Klasse und die harte Arbeit meiner Boxer kommen Niederlagen eher selten vor, wir können also beruhigt ein bisschen gemeinsam feiern. Ich komme gerne mit Ihnen auf die VIP-Party, damit wir uns in Ruhe unterhalten können. Ich werde nur noch ein bisschen hier oben im Ring gebraucht, Fernseh-Interviews und so. Sie kennen das ja aus den ARD-Boxnächten. Aber wenn der Trubel abgeklungen ist, das verspreche ich Ihnen, stelle ich Ihnen ein paar interessante, wichtige und tolle Menschen vor.

Ich weiß nicht, ob Ihnen das schon einmal aufgefallen ist: In den seltensten Fällen sehen Sie mich in einer Jubeltraube oder vor Freude durch den Ring hüpfen oder auch nur die Siegerfaust Richtung Hallendecke ballen. Das ist weder Routine, denn jeder einzelne Erfolg meiner Boxer bedeutet mir nach wie vor unheimlich viel, noch ist es eine gesteuerte Masche von mir. Ich bin einfach fertig.

Ich habe selbst nach spektakulären Triumphen meiner Jungs keine Unze Kraft oder Ekstase in mir, um die große Freudenshow bieten zu können. Sehen wir es mal ganz nüchtern: In der Sekunde des Erfolges hat Ulli Wegner seine Arbeit getan. Einen Job, der ihn Wochen, wenn nicht gar Monate unter Volllast laufen ließ, der irgendwann in der Vorbereitung Probleme bereitete und wichtige, mit

Risiko beladene Entscheidungen verlangte. Denn da sind alle großen Kämpfe gleich. Irgendwas passiert immer. Das muss keine Erkrankung oder leichte Verletzung unseres Hauptkämpfers sein, obwohl auch das regelmäßig vorkommt und wir dann die Trainingspläne komplett neu schneidern müssen. Es reicht schon, wenn die Tage kommen, in denen die Launen aller Beteiligten in den Bereich Zoff-Gefahr kommen. Und ich doppelt aufpassen muss, um meinen boxenden Star einerseits bei Laune zu halten und andererseits die Zügel nicht zu sehr schleifen zu lassen.

Im Laufe meiner 45 Trainerjahre habe ich schon eine Menge Krisen in der direkten Kampfvorbereitung erlebt. Heimweh eines Hauptkämpfers. Dispute um Geld. Oder denken Sie nur an den Schock, der uns in die Knochen fuhr, als wir vor einem als ganz normal eingestuften WM-Kampf von Sven Ottke plötzlich mitbekamen, dass sein Gegner - der Australier Anthony Mundine - viel stärker war als gedacht.

Vielleicht ist es auch nur ein unbedacht dahingesagter Satz meines Kämpfers, oder auch von mir, der von einem findigen Journalisten zu einer dicken Schlagzeile genutzt wird und Unruhe in unser Lager bringt. Ganz egal: In diesen Wochen habe ich nur ein Ziel, dient mein Handeln nur einem Zweck. Die optimale Form meines Kämpfers zu garantieren. Ihn nicht irgendwann mal fit zu machen und dann bis zum ersten Gong spazieren zu gehen, sondern ihn auf den Punkt, zum Kampftag und in die Abendstunden hinein in die Lage zu versetzen, Bestleistung zu bringen.

Die schlimmste Phase für die Kämpfer, selbst für erfahrene Hasen, ist immer der Übergang vom knallharten Ausdauertraining in die gegnerspezifische Wettkampfvorbereitung. Manchmal dauert es Tage, bis der Weltmeister im Trainingsring auch wieder als solcher erkennbar ist. Denn seine Sparringspartner stehen meist voll im Saft. Er selbst aber hat einen Zeitpunkt der optimalen Form, der noch weit in der Zukunft liegt. Er sieht nicht gut aus in den Runden gegen eigentlich weit schwächere Boxer. Der Frust steigt und die Stimmung sinkt.

Dass das alles schlaucht, körperlich wie psychisch, darf sich kein Trainer anmerken lassen. Jeder von uns hat sein Pokergesicht, das er tragen muss, ganz egal, was im Hintergrund passiert. Wir Trainer müssen so tun, als wäre das alles ein Kinderspiel. Wenn wir Stress-Signale aussenden würden, Gott bewahre, dann würde der ganze Laden noch vor dem Kampf auseinanderfliegen.

Aber der Körper und vor allem die Seele merken sich das. Alles, was getan, geregelt, geglättet oder geflickt werden musste, kommt auf eine große Rechnung. Und wenn der Kampf vorbei ist, noch während mein Boxer in allen vier Ringecken in die Seile springt, um sich von den Fans für seinen Sieg feiern zu lassen, steht da plötzlich das Leben vor mir und sagt: »Hier, Ulli, die Rechnung, bitte.«

Meistens gehe ich in eine der beiden neutralen Ecken. Um ein bisschen Distanz zu haben zur Euphorie um meinen Boxer und zur Enttäuschung in der Ecke des Kontrahenten. Da stehe ich dann, spüre jeden einzelnen Knochen im Leib, aber ziemlich wenig an Emotionen.

Erleichterung kommt durch die plötzliche Müdigkeit. Job erledigt. Aufgabe erfüllt. Das ist mehr ein Abhaken und noch kein intensives Spüren. Dann ertappe ich mich dabei, wie ich – als säße ich auf einem der besten Plätze im Kino oder im Theater – die Jubelszenen beobachte.

Lachen Sie bitte nicht über mich. Aber wenn ich so darüber nachdenke, ist das genau mein Siegesritual: Ich gehe in die neutrale Ecke, um mich zu freuen, wie sich die Menschen freuen.

Ich kann das tun, weil sich sowieso alles um den Sieger dreht. Er wird geherzt und geküsst und hochgehoben. Er bekommt Liebesbeweise und Lob ins Ohr geflüstert und ins Gesicht gebrüllt. Sein Schweiß verteilt sich auf einem Dutzend von Anzügen und Abendkostümen, weil ihn jeder drücken will und jeder drücken darf.

Dann kommt das Fernsehen bei mir vorbei, ich habe mich ja kaum vom Fleck gerührt. Ich gebe eine kurze Einschätzung des Kampfes ab. Und schon bin ich wieder alleine unter Tausenden von feiernden Menschen. Der eine oder andere Journalist, der schon länger dabei ist und meine Stimmungen kennt, steht inzwischen oben am Ringseil und ruft: »Ulli? Ulli, bitte?« Manchmal gehe ich für zwei, drei Sätze hin. Aber meistens sind meine Füße zu schwer.

Die Situation kann noch ein paar Minuten dauern. Damit Sie mich nicht falsch verstehen, ich bin ganz zufrieden, dass niemand etwas von mir will, dass sich alles auf den Sieger konzentriert. Er hat die Knochen hingehalten und die Aufgabe gelöst. Er hat sich den Jubel verdient. Wenn ich jetzt gerade zu dem Gefühl richtiger Freude in der Lage wäre, würde ich mich auch zuerst für meinen Jungen freuen. Und dann erst für uns als Team. Aber eine derart starke Emotion lässt meine Seele noch lange nicht zu. Ich bin immer noch träge, fast gelähmt – aber meine Augen beginnen nach etwas zu suchen. Nach jemandem. Ich suche weiter. Ich finde. Ich setze mich in Bewegung, steige aus dem Ring. Jeder denkt, dass ich in die Kabine will. Das stimmt auch, aber zuvor habe ich ein anderes Ziel.

Ich gehe zu Margret, meiner Frau, meinem Rückhalt und Kraftzentrum, und sage einfach nur: »Danke!«

Sie hat wie immer in der ersten Reihe mitgefiebert. Hat mit mir um meinen Schützling gezittert. Die Hände verschränkt, wenn es knifflig wurde. Oder sogar hochgerissen in dramatischen Sekunden. In jeder Rundenpause sprang sie auf und applaudierte wie wild.

Aber dafür gilt der Dank gar nicht. In diesem Moment bedanke ich mich auch nicht für ihre ganze Arbeit und Organisationshilfe im Hintergrund, die kaum jemand sieht. Ich bedanke mich schlicht und einfach dafür, dass sie es seit über 30 Jahren in meinem verrückten, hektischen, hochkomplizierten Leben aushält. Danke!

So, ich schlage vor, Sie gehen schon mal vor in den VIP-Raum. Ich muss nur noch schnell in die Kabine, duschen und umziehen. Dann ist da noch die Pressekonferenz. Und dann treffen wir uns dort, wo der Sieg noch einmal gefeiert und begossen wird.

Obwohl, lassen Sie mich schnell noch etwas zur Pressekonferenz sagen. Ich bin ja begeisterter Zeitungs- und Zeitschriftenleser. Wenn Sie an einem x-beliebigen Tag bei mir zu Hause oder auf dem Hotelzimmer vorbeischauen würden, dann lägen da vier, fünf oder mehr Tageszeitungen, dazu die *Sport Bild,* der *Kicker* und die *SUPERillu.* Auch deshalb darf ich mir ein Urteil erlauben zu dem, was über das Boxen geschrieben wird. Und ich finde, dass die Boxberichterstatter einen sehr guten Job machen.

Viele kenne ich seit zehn, zwanzig Jahren. Manche sogar noch aus den Zeiten vor dem Mauerfall. Boxjournalisten sind eine lustige Bande, aber auch eine, die viel Sachverstand und Jagdeifer mitbringt.

Jörg Lubrich von der *Bild-Zeitung* ist sicher der, der die meisten Kämpfe, Trainingstage und sonstigen Events begleitet hat. Einer, der unaufhörlich und unerbittlich nach einer knackigen Nachricht schürft. Eigentlich glaube ich ja, dass Lubo noch einen geheimgehaltenen Zwillingsbruder hat. So oft, wie er bei mir anruft ...

Uwe Jacob - und früher Dietmar Kreft - von der *BZ* in Berlin sowie Michael Heinrich vom *Berliner Kurier* (inzwischen im Ruhestand) gehören in dieselbe Kategorie, immer auf der Jagd nach der Nachricht und der emotionalen Geschichte. Matthias Brzezinski von der *Berliner Morgenpost* ist ein geschätzter, sachkundiger Wegbegleiter durch Amateur- und Profizeiten. Gunnar Meinhardt von der Welt für die großen Interviews mit ebensolcher Wirkung bekannt. Irmgard Stoffels vom *Kölner Express* darf ich auf keinen Fall vergessen, sie hat ihren männlichen Kollegen schon manche Exklusiv-Geschichte vorgebraten. Hans Reski macht als Chefredakteur die Zeitschrift *Boxsport* mit Hingabe und Pfiff. Hans Scherzer ist als Altmeister immer noch in guter Form. Und die Vater-Sohn-Schlagkombination von Hans-Joachim und Arne Leyenberg, mit der die *FAZ* und die *FR* Treffer landen, finde ich richtig prima.

Ich könnte die Liste noch mindestens zwei Seiten fortführen, bräuchte dann zwei weitere Seiten für die geschätzten Kollegen unseres TV-Partners. Ich kriege ja aus erster Hand mit, wie viel Mühe, Planung, Kompetenz und pure journalistische Knochenarbeit drinsteckt, um aus irgendeiner Halle ein spannendes Box-Event in die Wohnzimmer zu senden.

Ich freue mich, dass Boxen einen derartigen Stellenwert in der Presse hat. Und danke jedem Einzelnen, der dazu beiträgt.

Und Ihnen danke ich, dass Sie so lange auf mich gewartet haben. Jetzt holen wir uns das VIP-Bändchen, das tolle kalt-warme Büfett lasse ich erst mal aus, weil ich noch stundenlang weder Hunger spüre noch etwas runterbekommen würde. Lassen Sie uns lieber ein bisschen herumschauen.

Dort hinten, sehen Sie, sitzt mein Chef. Wilfried Sauerland mit seiner Frau Jochi. Die beiden gehen bei jedem Kampf voll mit, es reißt sie regelmäßig aus den Stühlen.

Sie kennen mich inzwischen gut genug, um zu wissen, dass ich kein Schleimer bin. Also darf ich Ihnen auch erzählen, warum er für mich ein guter Chef ist. Ich habe das mit dem Mitgehen bei den Duellen im Ring ja nicht von ungefähr erwähnt. Wilfried Sauerland ist auch nach über 35 Jahren als Großveranstalter in erster Linie ein Boxverrückter. Einer, bei dem alles von Herzen kommt. Und das ist unheimlich wichtig für mich. Mit einem Apparatschik als Boss könnte ich nicht leben, könnte auf keinen Fall die optimale Leistung bringen, was wiederum heißt: das Optimale aus Boxern herausholen. Bei Wilfried Sauerland beginnt alles beim Boxen. Wir diskutieren alle Ideen, er ist oft auch bereit, ein Risiko mitzugehen – siehe Sven Ottke, siehe Marco Huck –, wenn ich es ihm nur gut genug begründe.

Ich bringe es mal auf den Punkt: Ich könnte noch so gut sein –

wenn es keinen gäbe, der an mich glaubt und der die Trainingsgruppe des Ulli W. finanziert, dann wäre das Resultat gleich null. Ohne Wilfried Sauerland bin ich eine Luftnummer, so einfach ist das.

Dort drüben sitzen Chris Meyer und Hagen Doering, treibende Kräfte in unserer Firma. Chris sorgt dafür, dass der Laden läuft, hat sicher schon wieder die folgenden Termine parat. Hagen Doering hat früher sogar mal bei mir geboxt. Dann war er als Matchmaker vor allem dafür da, Gegner zu besorgen. Bei Weltmeisterschaften ist das Teamwork. Von Wilfried Sauerland und seinen längst mit in der Verantwortung stehenden Söhnen Kalle und Nisse ausgehend, über alle wichtigen Akteure - wir diskutieren Namen und Strategien. Bei den anderen Kämpfen machte Hagen Doering das meist im Alleingang. Mittlerweile ist er nicht mehr im Team und fehlt merklich.

Patricia Sattel als unsere Eventmanagerin löst jedes Problem rund um eine Veranstaltung mit einem (schönen) Lächeln. Und Jan Kucht und Thomas Schlabe, noch relativ neu im Team Sauerland, organisieren die Pressearbeit.

Das ist der Kern des Teams, das dafür sorgt, dass Boxer boxen und Trainer trainieren können. Wie in jeder anderen Firma gibt es auch im Sauerland-Boxstall mal Krach, aber jeder respektiert den anderen. Nach einem Gewitter packen alle wieder mit an, das nächste große Ding zu organisieren und erfolgreich durchzuziehen.

Ich glaube fest daran, dass die allgemeine Stimmung in einem Betrieb, in einem Team, in einer Gruppe vom jeweiligen Anführer ausgeht. Wilfried Sauerland ist als Boss ein Mensch, mehr muss ich nicht erklären, oder?

Ich habe jedenfalls meine vor über 20 Jahren getroffene Entscheidung für diesen Chef und diesen Boxstall kein einziges Mal bereut. Wer kann das schon von sich behaupten?

Kommen Sie mit, ich will Ihnen ein paar aus unserem Team zeigen, die sonst eigentlich nie in der Öffentlichkeit bemerkt werden. Unseren Hausmeister aus dem Berliner Max-Schmeling-Gym zum Beispiel, Michael Schwarz. Der gute, nimmermüde hilfreiche Geist, der genauso schnell eine DVD mit Kämpfen eines potenziellen Gegners aus unserem Archiv zusammenschneidet, wie er einen Teller lecker belegter Brötchen aus dem Nichts zaubert, wenn wir mal wieder keine Zeit zum Essengehen finden.

Und unser Physiotherapeut Ralf Lewandowski, dem Sie jetzt bitte einfach mal glauben, dass er in der DDR dreimal Eiskunstlauf-Meister war. Er war es, ich weiß es. Bei uns zeigt er statt riskanter Sprünge ein anderes Kunststück und beseitigt mit seiner Massagekunst und seinem lockeren, umgänglichen und doch verschwiegenen Naturell Verspannungen aller Art.

Die Menschen, die ich Ihnen bisher gezeigt habe, und mit denen ich mich jeweils kurz oder länger unterhalte, sind nach den meisten Box-Events in den meisten VIP-Räumen meine Anlaufstationen. Es mögen jetzt zwei, drei Stunden seit der Entscheidung im Ring vergangen sein. Und ich werde in diesen Nächten nach wichtigen Kämpfen definitiv nicht zum Feierbiest. Das geht einfach nicht.

Inzwischen ist zwar diese bleierne Schwere im Körper weg, und meine Gedanken drehen sich wieder um ganz normale Dinge. Aber immer und immer wieder zischen kurze Szenen aus dem Kampf durch mein Gehirn. Wie ein kurzes, flackerndes Video. Gute Aktionen meines Boxers. Und auch nicht so gute. Die grauen Zellen schieben Überstunden, so ist das eben. Ich habe mich längst daran gewöhnt.

Ich freue mich trotzdem, wenn mir dort bei Musik und Schummerlicht ein alter Freund, ein guter Bekannter oder ein netter Gesprächspartner beispielsweise aus dem Fußball-Lager über den Weg läuft. Wenn ich ein Thema finde, das abseits des Boxens liegt, hilft das beim Runterkommen, beim Abschalten. Aber niemand darf mir böse sein, wenn ich zwischendurch mal wie abwesend wirke. Manchmal, nach hochdramatischen Kämpfen, dauert es Tage, bis sich die volle Konzentrationsfähigkeit auf das Leben an sich wieder einstellt. Fragen Sie nur mal meine Frau.

Kommen Sie, eine Runde drehen wir noch. Sitzen ist jetzt sowieso nicht das Richtige für mich. Ich suche auch noch ein, zwei Menschen, die ich Ihnen vorstellen will.

Wir haben Glück, dort drüben steht einer, den ich gesucht habe. Eine Legende des Profiboxens. Hagen Sevecke, den alle nur Hako nennen. Seit über 25 Jahren der ruhende Pol und umsichtige Helfer in der Ecke der Superstars. Er stand dort schon bei Graciano »Rocky« Rocchigiani Ende der 80er Jahre. Er begleitete Henry Maske und Axel Schulz durch ihre Karrieren. Ich habe ihn bei Sauerland quasi als Cornerman geerbt, bei Sven und Markus und Arthur und vielen anderen auf ihn vertraut, von seiner Erfahrung profitiert.

Hako hat alles schon erlebt im Boxen. Bis hin zur Prügelei nach der zwölften Runde. Als der Manager von John Ruiz nach einer Punktniederlage gegen Nikolai Walujew dem von Sauerland gemanagten russischen Riesen den eben gewonnenen WM-Gürtel entreißen wollte, ließ Hako sich das nicht bieten. Auch er gewann den Kampf ...

Ich gehe jede Wette ein: Wenn bei einem Kampf ein Ufo in der Halle landen würde und drei Marsmännchen ausstiegen, Hako würde in der Ecke nicht mal zucken. Er würde in aller Gelassenheit seine Arbeit zu Ende bringen und säße nicht lange nach dem Kampf mit den Jungs vom Mars zusammen, weil die gierig nach möglichst vielen Geschichten aus Hakos Leben wären.

Ich schaue mich noch mal um, aber ich glaube, wir haben alle gefunden. Mich peinigt der Gedanke, jemanden übersehen oder vergessen zu haben. Denn niemand hat Erfolg ohne gute Freunde, aufopferungsvolle Helfer und starke, motivierte Mitarbeiter. In meinem Herzen habe ich jeden, der wichtig für mich ist. Und wenn einer hier auf diesen Buchseiten nicht auftaucht - bitte, bitte, bitte nicht böse sein. Weil es nicht böse gemeint ist!

Himmel noch mal. Da fehlt ja noch jemand. Schnell, ich weiß, wo ich ihn finde. Etwas abseits des Trubels, aber hellwach. Da vorne sitzt er. Er wäre mir um ein Haar durchgerutscht.

Nein, wäre er nicht. Ich habe mir meinen Bramme extra bis jetzt aufgehoben. Georg Bramowski, mein Co-Trainer, mein Fels, mein ... wie finde ich jetzt nur die richtigen Worte? Ich probiere es mal so: Georg Bramowski ist vermutlich der einzige Mensch auf der Welt, der mich besser versteht als ich mich selbst.

Ich muss Ihnen das erklären. Mein Stil, einzelne Boxer und die ganze Trainingsgruppe zu führen, und zwar so zu führen, dass der größtmögliche Erfolg dabei herauskommt, ist eigentlich ganz einfach zu beschreiben: knallhart mit einem offenen Herzen.

Ja, ich bin als Trainer ein Diktator. Sven Ottke hatte recht und wird, wenn er das liest, jubelnd durch sein Wohnzimmer toben. Ich bin, besser und netter ausgedrückt, ein bestimmender Anführer. Einer, der leben und gedeihen lässt. Der jedem seiner Boxer den Erfolg gönnt und dann, wenn die großen Feiern laufen, auch gerne im Hintergrund wartet. Bis die nächste Trainingsphase beginnt. Dann ist jeder, ob Weltmeister oder Anfänger, wieder ein Sportler, der sich einordnen muss, der Regeln beachten muss, und der mir zeigen muss, dass er immer noch und jeden Tag ein Stück besser werden will.

Das Schlimmste für mich wäre ein Co-Trainer, der meine Härte durch einen Kuschelkurs gegenüber den Sportlern aufweichen würde. Wir beide, Schorsch und ich, sind die Wand, an der die Boxer das Klettern üben müssen. Oder sagen wir: dürfen. Und die Wand hört nach oben nie auf. Georg Bramowski zieht das – mit einer kleinen Unterbrechung – seit über 30 Jahren mit mir durch. Er kennt die individuellen Trainingspläne genauso gut wie ich. Er hat keine Scheu, Leistung von den Athleten einzufordern. Ich kann mich hundertprozentig auf ihn verlassen und ihn jederzeit einbinden oder fragen, wenn ich Hilfe brauche. Ich kann ihm jeden unserer Boxer jederzeit anvertrauen und weiß ganz genau, dass die Arbeit ohne Bruch nach unserer gemeinsamen Philosophie weitergeht. Was sehr wichtig ist, weil ich bei einigen Auslandsterminen Teile der Trainingsgruppe auch mal zurücklassen muss.

Aber ich will nicht weitere schmalzige Worte aneinanderreihen. Dazu ist mir Bramme zu wichtig. Die einfache Wahrheit ist: Fürs Boxen braucht man zwei Fäuste und für den Erfolg unserer Trainingsgruppe Georg Bramowski und mich.

Ich lasse Sie jetzt alleine, schlendern Sie ruhig noch ein bisschen durch den VIP-Raum. Es sind wie immer Promis da. Aus Funk, Film und Fernsehen, aus der Politik und dazu viele Stars aus anderen Sportarten. Die meisten davon sind begeisterte Boxfans, das freut mich natürlich. Aber mir war es bei unserem Rundgang wichtig, Ihnen das Team hinter unseren Erfolgen einmal menschlich näherzubringen. Dankeschön, dass Sie mich begleitet haben.

8. KAPITEL

In der Notaufnahme

Wie ich den Blutkampf von Wetzlar in der Ecke von Arthur Abraham überstand und warum ich ihm kein Wort von der schweren Verletzung sagte

Bis zum heutigen Tag hat niemand, kein Einziger, danach gefragt, wie es mir ergangen ist!

So. Der Satz musste einfach mal raus. Denn jetzt wird es hart und brutal und blutig. Jetzt reden wir über den Blutkampf von Wetzlar, über die Ringschlacht, die Arthur Abraham zum Superstar machte. Weil er ab der vierten Runde mit gebrochenem Kiefer weiterboxte und den in Miami lebenden kolumbianischen K. o.-Schläger Edison Miranda nach Punkten besiegte.

Arthur Abraham, der Tapferste der Tapferen. Keine Frage, mit dieser grandiosen Energie-, Vertrauens- und Boxleistung hat er sich das alles zum damaligen Zeitpunkt verdient. Für ihn den Ruhm, für mich eine Strafanzeige wegen Körperverletzung. Darüber muss ich mit Ihnen diskutieren.

Es klingt im Nachhinein verrückt, wenn ich auf das Geschehen im September 2006 zurückblicke, aber ich hatte eine Vorahnung, dass Arthurs dritte Titelverteidigung des IBF-Mittelgewichtsgürtels kein normaler Kampf werden sollte.

Sie müssen wissen, dass es oft so ist, dass ich für eine anstehende Aufgabe ein bestimmtes Leitmotto wähle. In diesem Fall war es der Begriff Willensstärke. Ich war mit der Entwicklung und vor allem mit den Erfolgen von Arthur sehr zufrieden. Aber immer wieder kamen die kleinen Undiszipliniertheiten dazu. Ich will es mal so sagen: Arthur sucht gern nach Abkürzungen, damit der Weg zum Ziel nicht ganz so schwer wird.

Ich habe ihm das Wort Willensstärke so oft an den Kopf geschleudert, dass er schon mit den Augen rollte, wenn ich wieder mit dem Thema begann. »Arthur, nur ein willensstarker Boxer kann sich aus einer komplizierten Lage befreien.« – »Ja, ja, Trainer.« – »Arthur, hast du mich verstanden? Irgendwann wird mal was passieren, was du nicht unter Kontrolle hast. Dort oben im Boxring. Dann wird sich zeigen, ob du über den Willen verfügst, Champion zu sein.« – »Ja, ja, Trainer.« – »Arthur, mein Junge, hör mir zu. Verdammt noch mal.« – »Ja, ja, Trainer. Mach ich doch.«

Ich glaube, ich habe ihn sehr genervt und auch ein bisschen verletzt mit diesen dauernden Predigten. Das ging so weit, dass ich ihn fragte: »Arthur, du wärst doch gerne groß, ein großer Boxer?« Als er bejahte, erklärte ich ihm die Bedeutung des deutschen Wortes Gernegroß. Da war er sauer auf mich, fand das ungerecht.

Vielleicht waren es die Geschichten, die ich über Edison Miranda gelesen und gehört hatte, die dieses Verlangen in mir weckten, Arthur auch auf Unmögliches vorzubereiten.

Für Miranda, das zeigt sich in jedem seiner Kämpfe, ist das Boxen kein Sport. Es ist ein Mittel, dem Leben zu zeigen, dass er der Stärkere ist. Er, der als Baby von der Mutter ausgesetzt und als Junge von den Pflegeeltern geschlagen und ausgenutzt wurde. Der mit neun Jahren einfach davonrannte und irgendwie alleine überlebte. Der aus einem Elend und einer Verzweiflung ins Scheinwerferlicht des Profiboxens geklettert war, das wir uns in Deutschland kaum vorstellen können. Ich habe eine Menge Jungs aus armen Verhältnissen oder zerrütteten Familien trainiert. Das bringt der Job des Boxtrainers einfach mit sich.

Aber was ich über Miranda hörte und was sich auch in dem Hass auf alles und jeden widerspiegelte, den er in den Boxring trug, das hatte ich noch nicht erlebt.

Zwischen den Nationalhymnen machte er die Geste des Halsabschneidens, zog sich die eigene Hand über die Gurgel. Nicht nur einmal, sondern ein zweites, ein drittes und ein viertes Mal.

Edison Miranda will nicht siegen. Er will vernichten. Und das, obwohl er es ja fast schaffte, war letztlich unser Sieg. Ich muss Arthur loben. Er ging sehr konzentriert und sehr kampfstark in diese WM. Nicht seine übliche Art, erst mal gar nichts zu machen und nur zu schauen, nein, ich war sehr zufrieden.

Ich werde versuchen, Sie mit ein paar Zitaten durch diesen Kampf zu führen. Sprüche, die ich in der Ringecke auf Arthur herunterregnen ließ, um ihn bis zum Ende führen zu können. Kommentare des fantastischen ARD-Journalisten Andreas Witte, der diesen dramatischen Kampf mit seinen Analysen perfekt begleitete. Und ein paar andere Sätze, die zwischendurch fielen.

Nach Runde eins also sagte ich Arthur: »Das hast du gut gemacht.« Und dachte bei mir gemeinerweise: Wenn er jetzt schon spürt, dass es gefährlich wird, dann können wir noch was erleben.

Urteilen Sie nicht zu streng mit mir. Die Gedanken eines Trainers in einem engen Gefecht müssen – ja, müssen! – die gesamte Bandbreite des Möglichen abdecken. Ich muss den besten und den schlimmsten Fall einberechnen, damit ich auf alles vorbereitet bin.

In der zweiten Runde zeigte sich, dass ich mit meiner boxerischen Einschätzung des Gegners komplett richtig gelegen hatte. Miranda kam mit allem, was er hatte. Ein Rohdiamant, der körperlich und von der Vielfalt seiner Schläge eigentlich alles mitbringt. Ein Klasseboxer, dem nur konsequente taktische Schulung fehlte und fehlt – sonst wäre er sicher ein dominierender Faktor im Mittelgewicht geworden.

Seine Wildheit brach nach dem Schlussgong durch. Nachschlagen. Arthur machte mit. Ringrichter Randy Neumann musste die beiden auseinanderreißen. »Was ist denn hier los«, rief Andreas Witte ins Mikrofon. Und ich war sauer.

»Arthur, was soll das«, herrschte ich ihn an. »Du bist doch klug, nicht er.« Und dann, weil es offensichtlich war, dass Miranda auf jede Lücke lauerte: »Nicht ausholen, Arthur.« Arthur kann gerade und sauber und defensivstark boxen. Aber oft, zu oft, holt er seine Schwinger heraus. Ein starker Gegner kann das ausnutzen.

Die Runden drei und vier zeigten den Fans noch mehr Offensivboxen. Arthur traf Miranda zum Ende des dritten Durchgangs mit einer harten Rechten, das erste wirkliche Achtungszeichen des Champs. Eine Runde später hatte er ihn meiner Meinung nach angeschlagen. Doch Miranda, der die ersten 21 Kämpfe seiner Karriere durch K. o. gewonnen hatte, 16 davon in der ersten Runde, kam zurück.

Genau in dieser Phase muss passiert sein, was ich bis heute nicht genau benennen kann. Ich habe das Video des Kampfes bestimmt ein Dutzend Mal angeschaut. Aber welcher Schlag von Miranda den Kieferknochen von Arthur Abraham zerbricht, das weiß ich bis heute nicht. Man kann es nicht einmal erahnen, weil es drei, vier schwere rechte Hände sind, die auf Arthurs linker Gesichtshälfte einschlagen. Einmal, aber sehr früh in der Runde, sieht es so aus, als ginge sein Handschuh schützend, oder nach einem Schmerz suchend, sofort nach oben. Vielleicht war es dieser Moment.

Im Endeffekt ist es egal. Als Arthur nach einer weiteren gewonnenen Runde zum Witte-Kommentar »Ein toller Kampf« in die blaue Ecke zurückkam, wurde klar, dass wir ein Riesenproblem hatten. Zuerst dachte ich nur, er habe sich auf die Lippe gebissen. Weil Blut aus dem Mund floss. Doch dann, als ich immer mehr dunkles Blut sah und registrierte, dass Arthur den Mund komisch offen hielt, knallte mir die Erkenntnis durchs Gehirn: »Der Kiefer. Das muss ein Bruch sein. Verdammter Mist, das gibt's doch nicht.«

Ich habe selbst schon mit einer gebrochenen Hand einen Kampf zu Ende gebracht. Habe vier-, fünfmal in meinem Trainerleben einen Kieferbruch bei einem Boxer erlebt. Ich weiß ganz genau, was der menschliche Körper an Schmerzen aushalten und verdrängen kann.

Und ich sage ganz deutlich: Ich kenne jeden Boxer so genau, dass ich weiß, wann ich ihn schützen muss.

Aber dennoch. In der Sekunde, in der mir klar wurde, dass Arthur so schwer verletzt war, lief es mir eiskalt den Rücken hinunter. Ich zwang mich mit aller Macht, mir nichts anmerken zu lassen. Ich brüllte ihn an: »Arthur, du musst dich zusammenreißen. Arthur, nimm die Deckung hoch.«

Zeitgewinn. Das war der Sinn dieser Worte. Konnte es vielleicht doch nur eine Prellung des Kiefers sein? Dazu eine Wunde im Mund, die das Blut erklären würde? Plötzlich schoss mir auch der Satz durch den Kopf, der später in dem ganzen Irrsinn der Beschuldigungen noch sehr, sehr wichtig werden würde. »Bei einem Kieferbruch wird der Nerv betäubt«, hatte mir einmal ein Arzt gesagt.

Verdammt noch mal, dachte ich bei mir. Wir können jetzt nicht aufgeben. Wir schauen mal, wie es weitergeht. Aber, so herrschte ich mich selbst an: Pass auf, Ulli, lass Arthur nicht ins Messer laufen.

Die Anspannung ab dieser Entscheidung ist im Nachhinein kaum zu beschreiben. Ich erlebte jede weitere Situation bis zum Schlussgong der zwölften Runde in einem Zustand höchster Alarmbereitschaft. Obwohl ein Teil meines Seins damit beschäftigt war, Ruhe auszustrahlen, hatte mein Geist – ich kann es nicht anders beschreiben – weit aufgerissene Augen, die alles viel greller und lauter und direkter erscheinen ließen, als es sowieso schon war.

Die fünfte Runde begann. Und Andreas Witte hatte etwas mitbekommen. »Kann es sein, das da etwas gebrochen ist?«, kommentierte er Arthurs eher zögerlichen Start. Wenn Sie ganz genau hinschauen beim Kampfvideo, kommt nach 1:30 Minuten eine Einstellung, in der Arthurs Gesicht über Mirandas rechter Schulter sehr gut zu sehen ist. Da ist ein Riss in der Unterlippe und bereits eine leichte Schwellung drei Viertel des Weges bis zum Kiefergelenk. Denn auch das war so unheimlich wichtig: Wäre das Gelenk selbst gebrochen gewesen, hätte ich den Kampf sofort beendet. Das weiß jeder Trainer. Die Gefahr von dauerhaften Schäden wäre immens, das Risiko untragbar.

Genau in dieser Situation half uns das Glück ein wenig. Besser gesagt, der Vernichtungswille von Miranda. Er hatte natürlich gespürt, dass Arthur ein Problem hatte, wollte Vollgas weiterboxen und war irgendwie tödlich beleidigt, dass mein Junge jetzt klammerte und auswich, statt weiter den Schlagabtausch zu akzeptieren. Die Reaktion des wilden, ungezügelten Kolumbianers: Im Nahkampf leistete sich Miranda einen absichtlichen Kopfstoß. Gezielt auf Arthurs rechte Kopfseite, aber, zugegeben, deutlich oberhalb des Kiefers treffend.

Der Ringrichter unterbrach den Kampf per Time-out. Über fünf Minuten ging die Diskussion, ob bei einem Abbruch die Punktzettel ausgewertet werden würden. Oder ob es als Aufgabe von Arthur Abraham und deshalb als Niederlage gelten würde. Neumann war für die Punktzettel. Er wurde aber zu Recht vom IBF-Supervisor, dem Aufseher des Weltverbandes International Boxing Federation, überstimmt. Der Kopfstoß habe nichts mit dem Blut zu tun, das Arthur stoßweise aus dem Mund kam. Miranda bekam zwei Punkte Strafe. Aber dann hieß es: weiterboxen oder den Titel verlieren.

Für mich war in diesem Moment die Entscheidung schon gefallen. Während Ringarzt Dr. Walter Wagner den Kiefer von Arthur abtastete und den Bruch endgültig bestätigte, während Andreas Witte »Oh, ist das schade« in sein Mikrofon rief, während Arthur unschlüssig am Ringseil stand, nicht aufgeben und auch nicht weitermachen wollte, bin ich hinaus aufs Drahtseil ohne Netz und entschied: weitermachen.

»Komm, Arthur, boxen«, hieß das. Und die Gefühle dahinter waren vieles, aber eines waren sie nicht: eiskalt, so wie es mir vorgeworfen wurde.

Verstehen Sie bitte, oder versuchen Sie es wenigstens nachzufühlen: Ich bin Boxtrainer seit langen Jahren. Und ich kann diesen Job nur machen, wenn ich eine Bindung zu meinen Jungs habe, die weit über das normale Trainieren eines talentierten Menschen hinausgeht. In der täglichen Arbeit schicke ich die Sportler in Extremsituationen, die sich normale Menschen kaum vorstellen können. Das Boxtraining erreicht phasenweise eine solche Härte, dass die Seele meines Kämpfers ganz deutlich sichtbar wird. Ich spüre und verstehe, was er aushalten kann, was für ihn wichtig ist, wo seine Grenzen sind.

Und ganz egal, was ich selbst über Arthurs Willensstärke vor diesem Irrsinnstag in Wetzlar gedacht habe, wichtiger war, was er selbst darüber dachte. Was er versuchte zu sein: ein Held im Boxring, der – so formulierte er es selbst sehr oft – lieber sterben würde als den Titel zu verlieren.

In der letzten Konsequenz ist das Blabla. Sterben, oder auch nur in die Nähe kommen, darf niemand. Beim minimalsten Gedanken daran stoppt jeder Trainer, der diese Bezeichnung verdient, den Kampf. Außerdem zitiere ich aus dem *Focus* den Gesichtschirurgen Jürgen Bier: »Wegen eines Kieferbruchs stirbt keiner.«

Aber ich wusste, dass ich meinen Schützling, den stolzen Weltmeister, auf eine andere Weise umbringen würde. Ich würde ihn zerstören, wenn ich ihn aus dem Ring nehmen würde. Sein Selbstverständnis würde zerbrechen. Und unser Vertrauensverhältnis auch.

Im Klartext: Eine Aufgabe, solange er noch eine Chance hatte, seinen Titel und Nimbus zu verteidigen, wäre das Ende unserer Zusammenarbeit gewesen. Denn wie hätte ich ihm erklären können, dass ich im Vorfeld des Kampfes die ultimative Willenskraft von ihm eingefordert hatte, und ihm dann keine Chance gab, das zu zeigen?

Zwei Dinge müssen Sie noch verinnerlichen, um meine Entscheidung richtig zu werten. Eins, das für mich spricht. Und eines, das Sie selbst beurteilen müssen.

Jede einzelne Sekunde, als der Kampf lief und tobte, hatte ich das Handtuch wurfbereit in der Hand. Ich hätte es geschmissen, hätte den Kampf aufgegeben, wenn ich auch nur einmal das Gefühl gehabt hätte, Arthur könne sich nicht mehr verteidigen. Ich hätte keine einzige Schlagserie von Miranda gegen meinen Mann zugelassen, falls Arthur bei den Treffern Wehrlosigkeit gezeigt hätte.

Das war ich mir und meinem Gewissen schuldig.

Das zweite Geständnis ist dieses: Mit der linken Hand habe ich den Ringarzt festgehalten. Habe Dr. Walter Wagner an der Hand oder am Unterarm gepackt und so verhindert, dass er nochmals nach oben an die Ringseile ging, um die Verletzung erneut zu inspizieren. Ich wollte das verhindern. Ein Kieferbruch ist ein Kieferbruch. Ich wollte nicht noch mehr Dramatik, Bedenken, Ängste schüren.

Das war ich Arthur Abraham schuldig.

Ach, kommen Sie, ich leiste gleich noch das dritte Geständnis: Ja, ich habe in keiner Ringpause, mit keinem Wort und keiner Geste meinem Boxer gegenüber die Verletzung thematisiert. Ich habe sogar – wie aus Versehen – den Kopf weggedreht, wenn er mir die lädierte Seite zeigen wollte. Ich sah keinen Sinn darin, darauf einzugehen. Er darf nicht anfangen, sich selbst zu bedauern, Ulli, war mein Gedanke dazu. Bau ihn auf, er muss sich selber feiern und anfeuern bis zum Schluss.

Aus all dem dürfen Sie gerne urteilen, dass ich sehr hart war in den noch verbleibenden sieben Runden. Das stimmt. Aber ich war nicht brutal!

Und das ist mir wichtig.

Ganz im Gegenteil. Ich habe – für Arthur – die beste Entscheidung getroffen. Diejenige, bei der das Risiko eigentlich nur bei mir lag. Wenn es schiefgegangen wäre, wer hätte die Schuld tragen müssen? Wenn Arthur k.o. gegangen wäre, oder doch noch hätte aufgeben müssen, oder der Ringrichter abgebrochen hätte? Wer wäre gegeißelt worden? Der Trainer, dieser menschenverachtende Kerl.

Hätte ich den Kampf beendet, wäre ich gelobt worden. Aber ich hätte mich als Verlierer gefühlt. Als Verlierer gemessen an der Leistungsfähigkeit von Arthur, der Wichtigkeit meiner Prinzipien. Und vor allem als Verlierer in puncto Ehrlichkeit. Immer wieder predige ich meinen Boxern, wie hart unser Sport ist. Welche Entbehrungen und welchen Einsatz man bringen muss, um ein Großer zu sein.

Dann muss ich es auch zulassen. Ende der Durchsage!

Vor Beginn der sechsten Runde fragte mich Arthur etwas, das ich nicht ganz verstand. Irgendwas mit: »Gebrochen, oder?« Wie Sie schon ahnen, antwortete ich: »Nein, alles okay.« Das war aber auch die einzige Notlüge, die ich benutzte. Ich hasse es, Kämpfern die Unwahrheit zu sagen, auch wenn es als Motivation manchmal so sein muss, dass man als Trainer einen Rückstand oder einen Vorsprung knapper weitergibt, als er wirklich ist. Ich hasse es und konzentrierte mich deswegen darauf, Arthur so zu führen, so durch die Runden zu begleiten, dass er im Gefühl eigener Stärke gar nicht mehr nachfragte.

»Mach den Mund zu«, forderte ich ihn auf, damit das Thema beendet werden konnte. »Du bist doch ein Kerl. Du schaffst das.« Genial, dass unser Cutman Malcolm Garrett – Cutmen sind die Wunderheiler für Risse und andere Blessuren in der Ringecke – genau in diesem Moment mit einstimmte und unserem verletzten Star klarmachte, dass er nach Punkten vorne lag: »You are winning the fight, Arthur.«

Ich sah ein kleines Leuchten in Arthurs Augen. Ein Leuchten des Verständnisses. Ein Leuchten der Chance, doch noch den Titel zu verteidigen. Das war alles, was ich von ihm brauchte.

Es ging weiter in einem kochend heißen und klirrend kalten Wechselbad der Gefühle. Jeder Treffer von Miranda traf auch mich, wie es zuvor noch nie bei einem Kampf passiert war. Meine Hand verkrallte sich so in das Handtuch, dass ich in den Ringpausen Schwierigkeiten hatte, den Eimer für das Wasser-Blut-Gemisch zu halten, das aus Arthurs Mund strömte.

Andreas Witte als ARD-Kommentator fasste die Brisanz des Geschehens weiter in starke Worte. »Der Mund steht weit offen bei Arthur Abraham. Es kann eigentlich so nicht weitergehen. Fast fratzenhaft entstellt, das Gesicht.«

Ja, es sah schlimm aus. Aber es wurde nicht schlimmer. Sie sehen doch selbst, wenn Sie die Runden noch einmal mitgehen: Arthur boxte fantastisch, zahlte jeden Treffer mit zweien heim. Hatte Linie in seinen Aktionen und Kraft in den Schlägen. Es gab keinen Grund mehr, den Kampf nicht weiterlaufen zu lassen.

»Arbeite, arbeite, mein lieber Junge«, nahm ich Arthur vor der siebten Runde mit Worten in den Arm, drückte ihn an mein Herz. Es war schon klasse, was er zeigte. Und als Miranda in diesem Durchgang aus Unbeherrschtheit sich mehrmals Tiefschläge leistete, dafür zwei Punkte abgezogen bekam, war von Seiten der Boxmathematik alles klar. Nach Punkten konnten wir nicht mehr verlieren.

»Du schaffst das. Zeig, dass du ein Indianer bist.« Das waren meine Worte vor Runde acht. Andreas Witte kommentierte die folgenden Szenen nach einer starken Schlagserie von Arthur, die Miranda in Bedrängnis brachte, dann so: »Ist das stark von Abraham. Mit mehr Courage, mit mehr Einsatz kann man seinen Gürtel nicht verteidigen.«

Meine Vorahnung hatte sich erfüllt. Und die Hoffnung war aufgegangen. Arthur stieg mental in einen Bereich auf, den er vorher noch nie erreicht hatte. Er hatte sich durch eine elementare Krise gekämpft und auf faszinierende Art wieder die Oberhand gewonnen.

Der beste Teil der ARD-Übertragung beschreibt es genau: »Der Kiefer steht völlig quer«, ruft Andreas Witte. »Aber wer denkt jetzt an die Schnabeltasse, die meisten denken an die Krone, die sich King Arthur wieder aufsetzen will.«

Der Kommentator hatte absolut recht. Die gesamte Geschichte hatte sich gedreht. Aus Angst und Entsetzen war Zuversicht und Bewunderung geworden. Außer bei jenen, die das Boxen verdammen.

Und für die dieser Kampf trotz Arthurs Energieleistung, sich wieder klar zum überlegenen Kämpfer im Ring aufzuschwingen, unverzeihlicher Horror war und blieb.

Es gab noch einen einzigen Schreckensmoment, als Miranda in Runde zehn mit einem schweren Haken zum Kinn durchkam. Aber die innere Einstellung meines Champions hielt das jetzt problemlos aus. »Du kannst nicht mehr verlieren«, lobte ich ihn in der folgenden Pause. Und Andreas Witte setzte schon zur Triumphrede an: »Wir wussten von der Schlagkraft und von der Ringintelligenz Abrahams. Aber wir haben heute eine unglaubliche Willensstärke von ihm gesehen.«

Als ich das im Nachhinein hörte, kam ein zufriedenes Lächeln auf meine Lippen. Sie wissen, warum.

Arthur Abraham, der alte und neue Mittelgewichts-Weltmeister nach Version der IBF, brachte die letzten zwei Runden locker über die Zeit. Ende des elften Durchgangs posierte er sogar ein bisschen, nachdem er Miranda wieder einmal hart getroffen hatte. Das Punkturteil war mit einem klaren 3:0 Formsache. Andreas Witte beschloss seinen Kommentar mit dem Ausruf: »Was für eine Leistung von Arthur Abraham.« Arthurs Bruder Alexander weinte bei der Siegerehrung vor Erleichterung. Und ich hatte plötzlich ein neues, völlig weißes Handtuch in der Hand.

»Wo ist denn das mit dem ganzen Blut hin?«, stellte mein Gehirn eine wirklich bescheuerte Frage. Ich weiß noch, dass ich damit Arthur noch einmal das Gesicht abgewischt habe. Dann muss es mir jemand entrissen haben, weil es wohl zu schrecklich aussah.

Boxfans wissen, dass ich nach diesem Kampf in der Öffentlichkeit richtig auf die Fresse bekam. Darf man seinen Boxer so quälen? Schwebte Abraham in Lebensgefahr? Brutales Boxen! So lauteten die Schlagzeilen.

Keine Lebensgefahr! Geringe Schmerzen durch den betäubten

Nerv! Alles wird wieder heilen! Das bestätigte Jürgen Bier, der Gesichtschirurg im *Focus*. Aber das ging im Getöse unter. Ich bekam sogar eine Strafanzeige wegen Körperverletzung, was mich doch sehr geschockt und geärgert hat. Wie wenig Ahnung muss man vom Sport haben, wie abscheulich muss man über Menschen denken, die Profis sind, die ihren Namen und ihren Ruf vor Millionen Zuschauern unter Beweis stellen, wie krank muss man denken, dass man mir vorwirft, ich hätte Arthur Abraham durch die Kampffortsetzung schädigen wollen oder eine schwerere Verletzung in Kauf genommen? Die Anzeige wurde abgewiesen. Natürlich wurde sie das.

Geärgert habe ich mich auch, leider, über meinen Kollegen Fritz Sdunek. Er wurde irgendwo zitiert, ich hätte abbrechen sollen. Unter Kollegen, unter Freunden sogar, sollte man sich mit solchen Beurteilungen zurückhalten. Ich habe es ein Jahr später auch getan, als er seinen Boxer Khoren Gevor gegen Arthur in Runde elf in einen schrecklichen K.o. laufen ließ. Obwohl Gevor in Runde acht schon chancenlos und sturmreif geschlagen war.

Egal. Ich hatte nach dem Blutkampf sowieso erst einmal mit mir zu tun. Normalerweise lässt die Anspannung einer WM nach zwei Tagen nach, dann ist alles verarbeitet. Diesmal dauerte es über eine Woche. »Ulli, du bist so ruhig. Denkst du immer noch an den Kampf?«, fragte meine Frau Margret immer wieder. Ich antwortete ihr kaum. Es war so, als müsste ich jede Sekunde dieser unmenschlichen Anspannung, dieses selbst auferlegten Daueralarms mit einer Stunde Regeneration bezahlen. Noch heute denke ich nicht mit einem totalen Jubelgefühl an diese Boxnacht zurück. Sondern spüre sofort wieder diesen kalten Schauer den Nacken hochkriechen.

Ich bin stolz, dass alles gutgegangen ist. Aber einmal im Trainerleben reicht!

Dass Arthur im von vielen mit Spannung erwarteten Rückkampf gegen Miranda, im Juni 2008 in Florida, klar siegen würde, war für mich – und auch für Arthur – sonnenklar. Der psychologische Vorteil des ersten Gefechts wog einfach zu schwer. Arthur gewann durch technischen K.o. in Runde vier. Und konnte dieses Kapitel seines Boxerlebens zu den Akten legen.

Egal, wie sehr ich von seiner Leistung im späteren Super-Six-Turnier der weltbesten Supermittelgewichtler auch enttäuscht wurde (mehr dazu im nächsten Kapitel), Arthurs Sieg über Miranda in Wetzlar bleibt für immer eine der größten Leistungen aller meiner Boxer.

Ich behalte den Blutkampf am liebsten mit einer Szene in Erinnerung. Am Sonntagmorgen besuchte ich Arthur in der Siegener Klinik, in der er in der Nacht noch operiert worden war. Er konnte natürlich kaum reden, aber eines musste er einfach loswerden: »Na, Trainer, habe ich nun Willen oder nicht?«

Wir lachten beide. Es war ein Moment, von dem ich mir wünschte, er würde ewig halten.

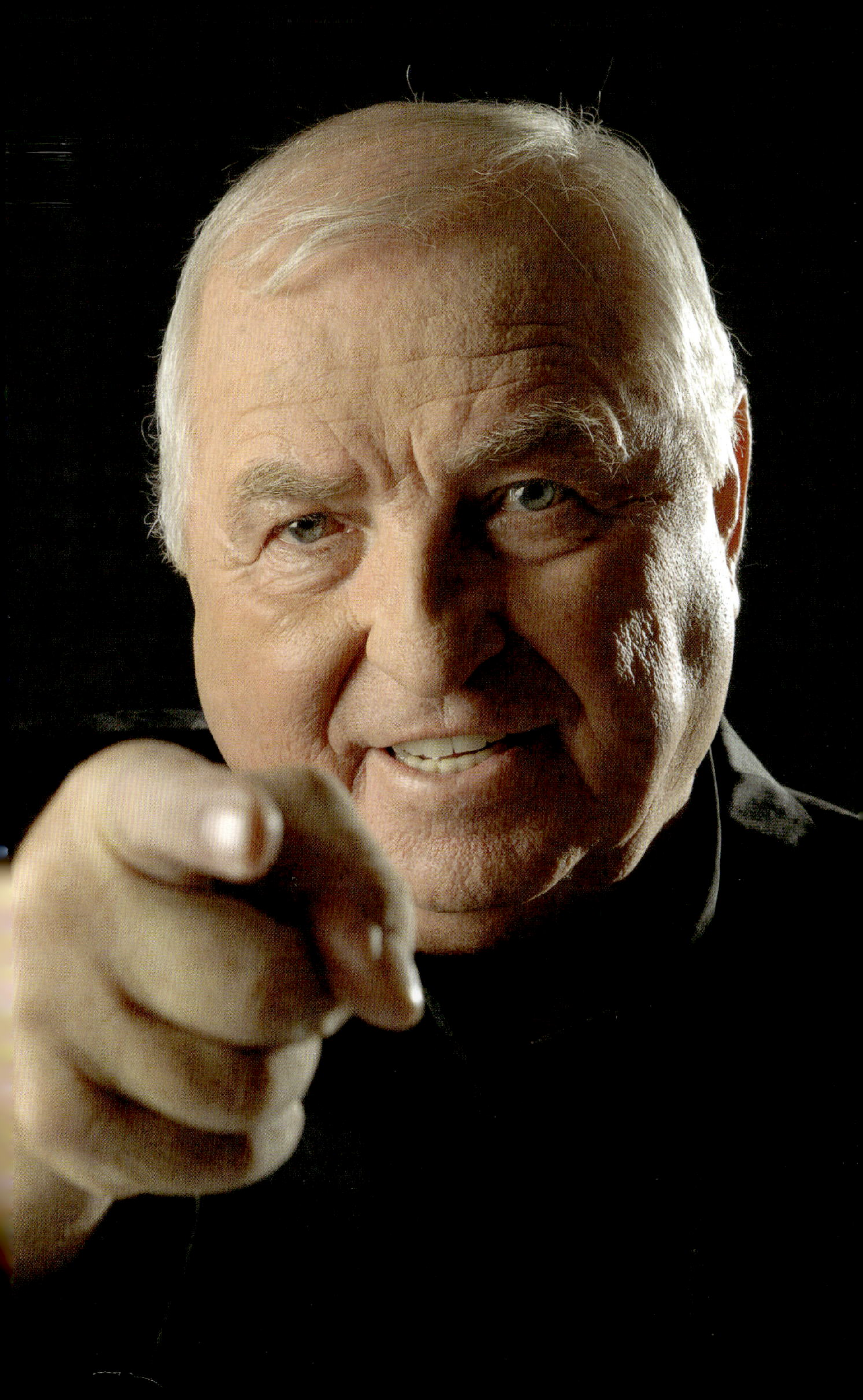

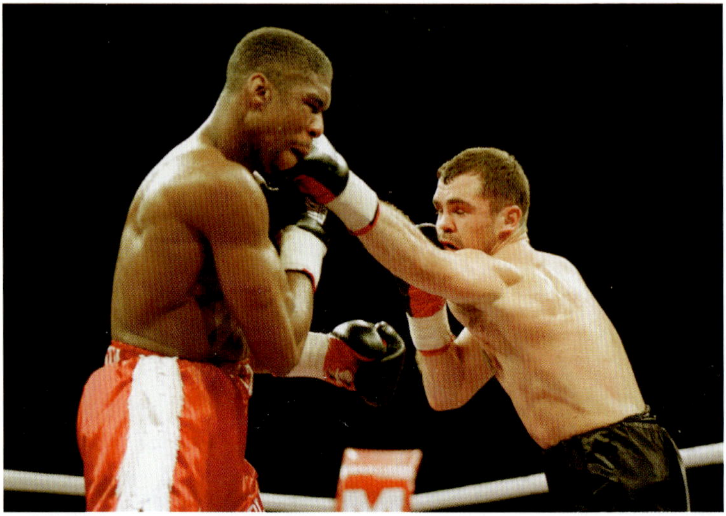

Sven Ottke, du toller Junge! Im Kampf gegen Charles Brewer

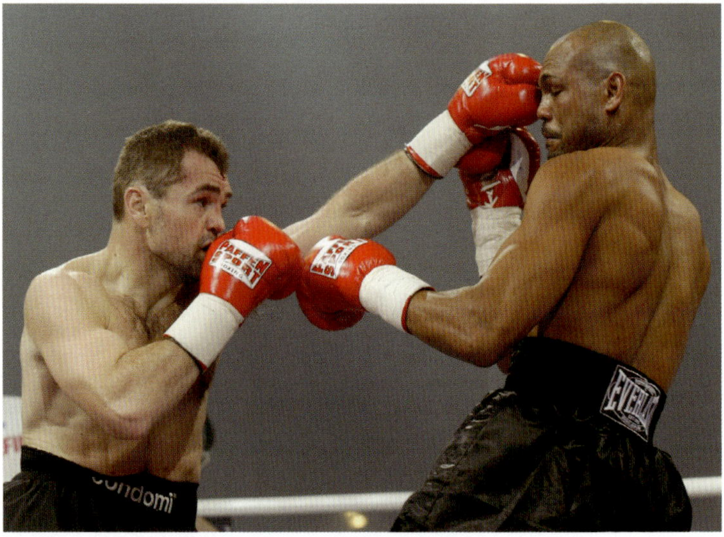

… gegen Byron Mitchell

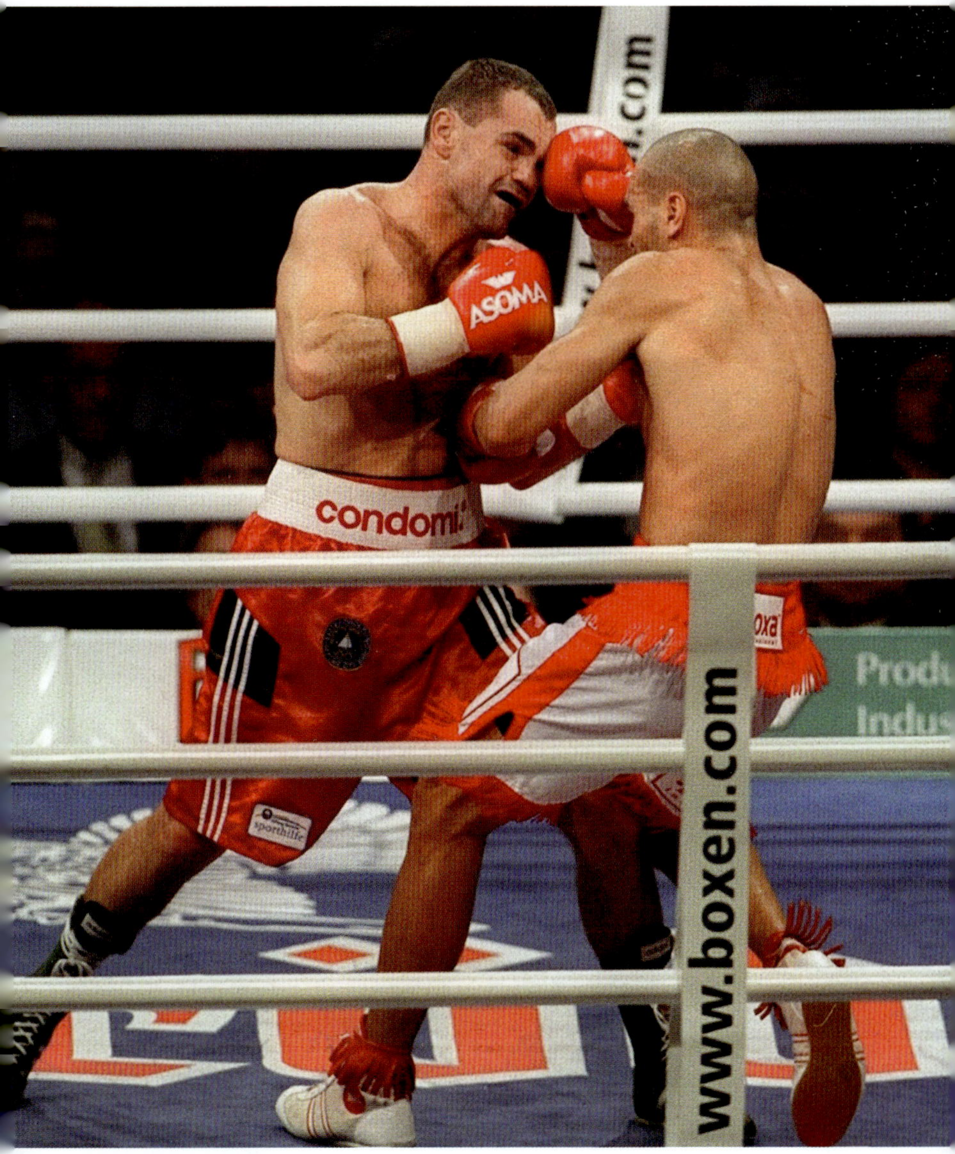

… gegen Anthony Mundine

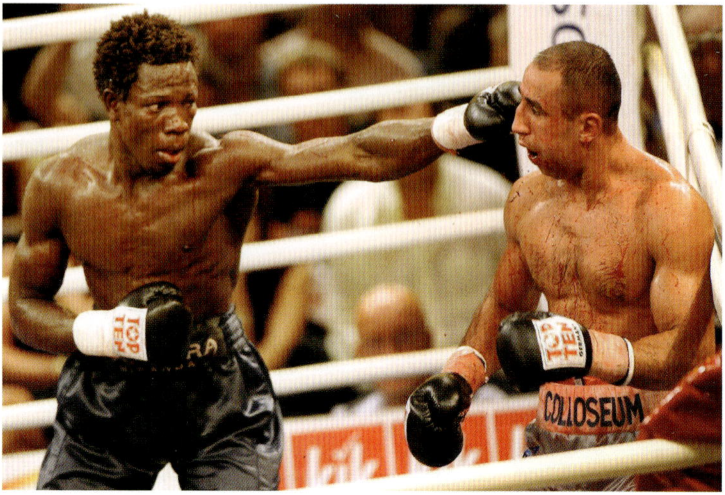

Arthur Abraham lässt Edison Miranda ins Leere schlagen

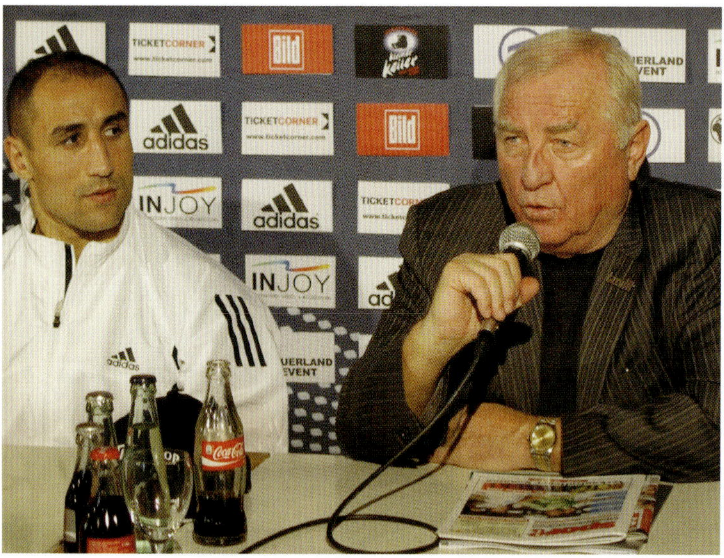

Pressekonferenz mit Arthur: als wir das Mittelgewicht dominierten

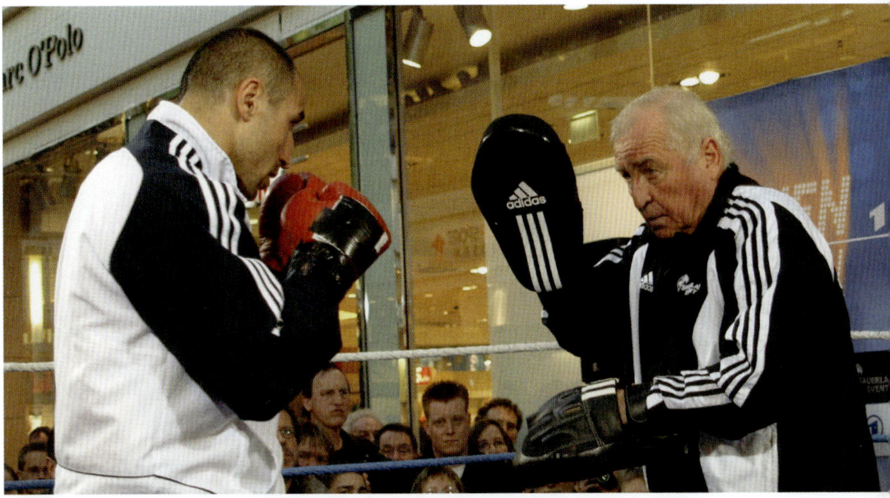

Pressetraining mit Arthur

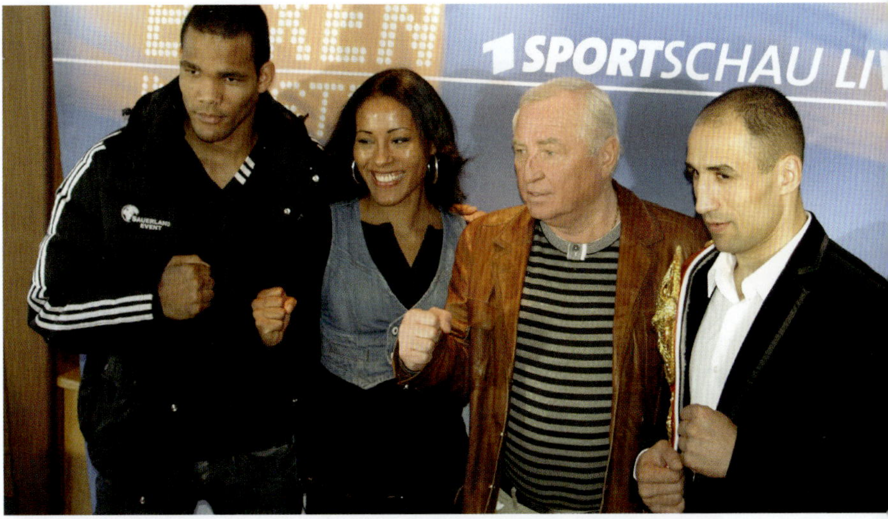

Pressetermin für unseren langjährigen Fernsehpartner ARD: mit Yoan Pablo Hernández, Cecilia Braekhus und Arthur Abraham

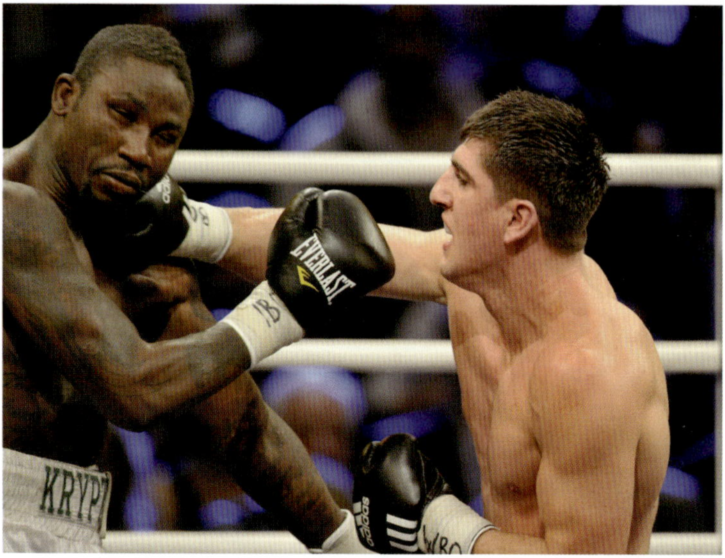

Marco Huck in voller Aktion gegen Ola Afolabi

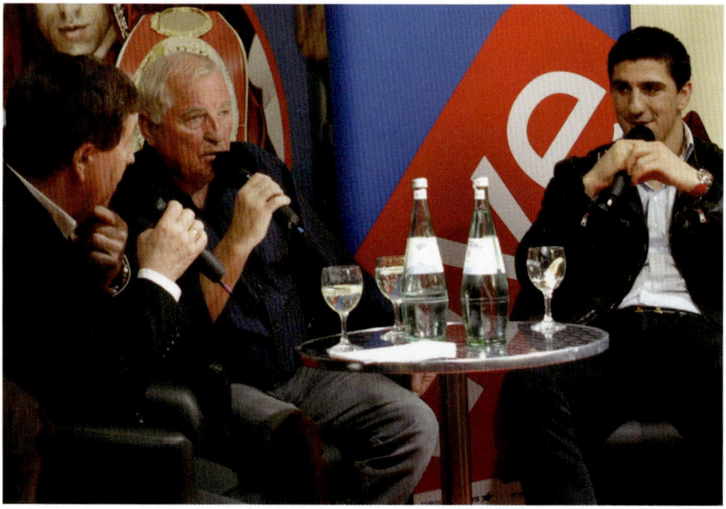

Talkrunde mit Marco Huck

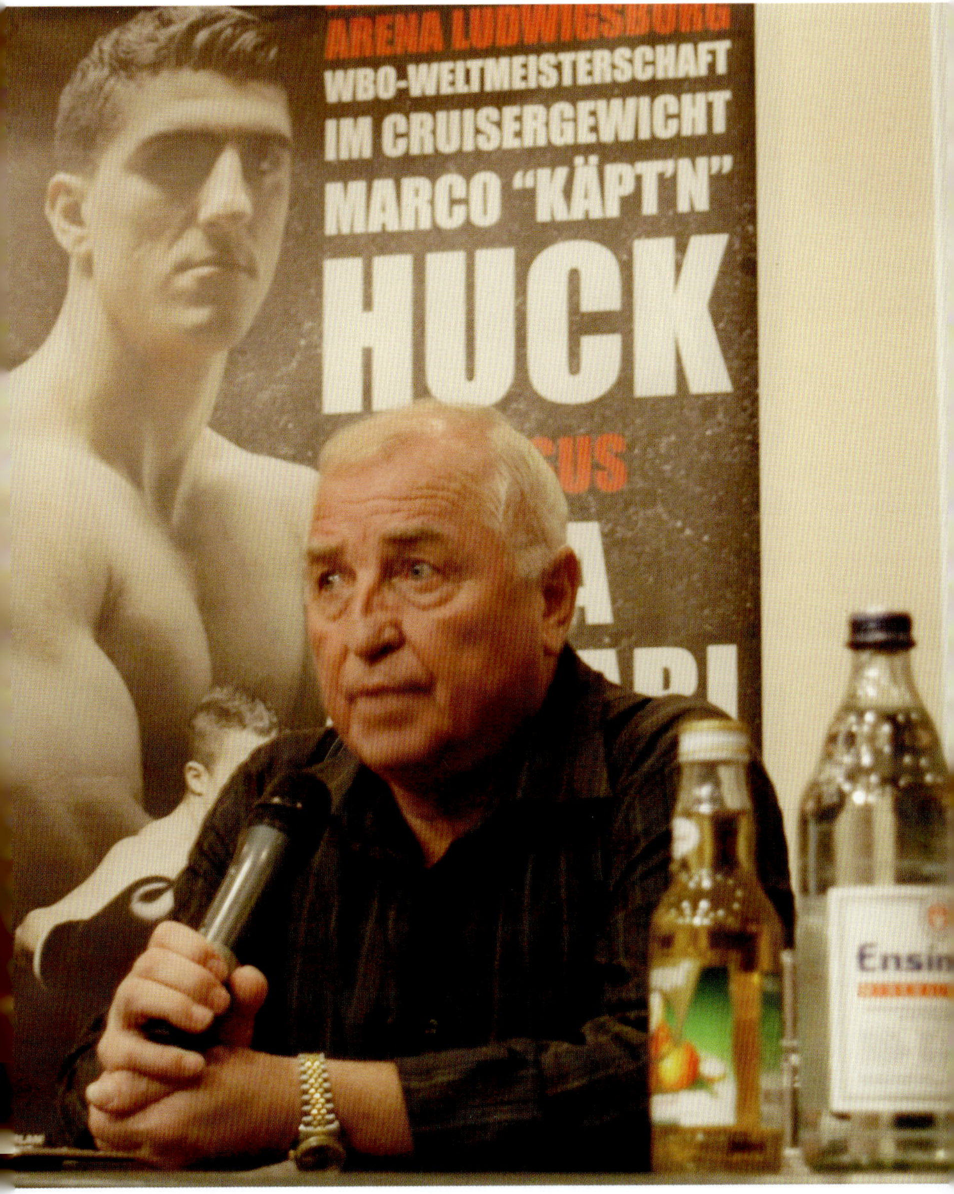
ARENA LUDWIGSBURG
WBO-WELTMEISTERSCHAFT
IM CRUISERGEWICHT
MARCO "KÄPT'N"
HUCK

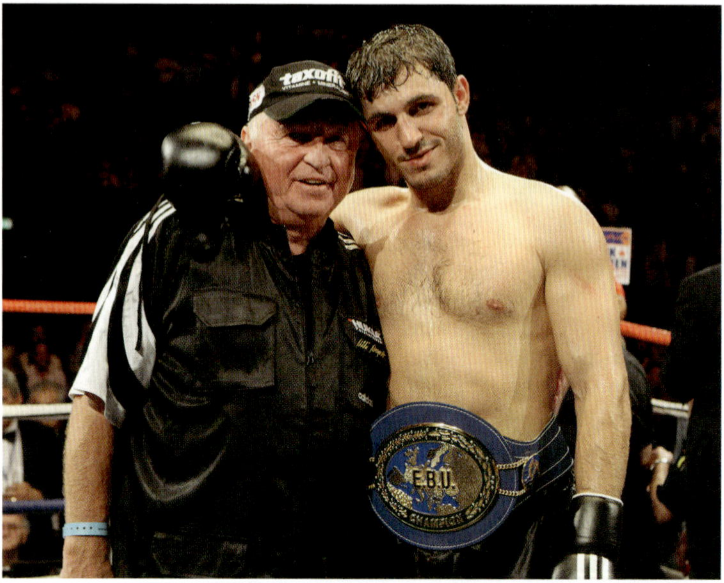

Mit Alexander Frenkel als frisch gekürtem Europameister im Cruisergewicht

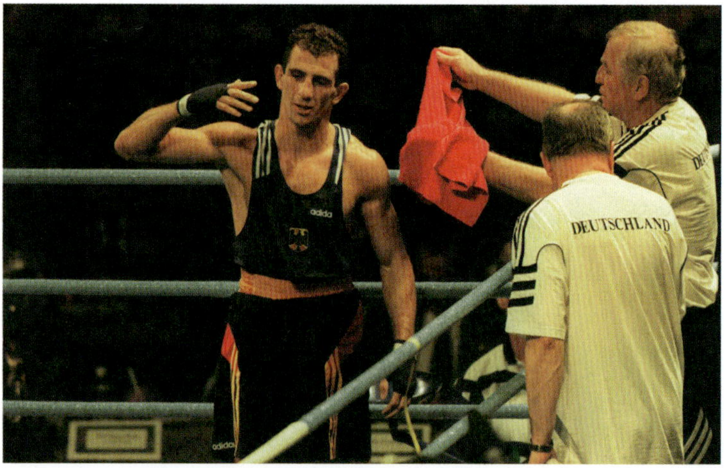

Mit Oktay Urkal, ein Bild aus Amateurzeiten

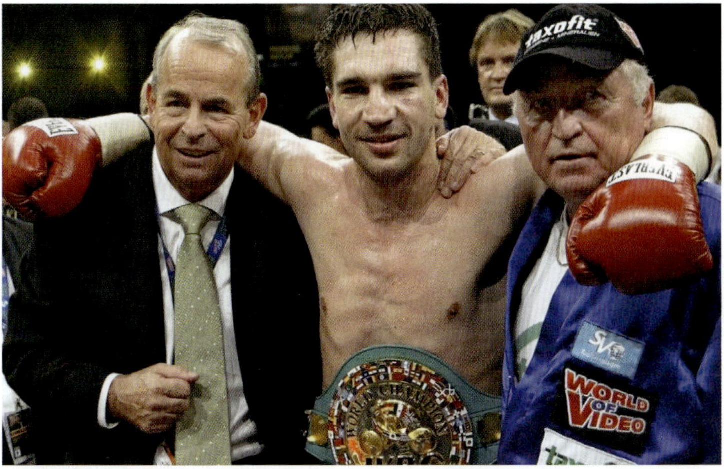

Tolle Zeiten: mit Markus Beyer und meinem Chef, Wilfried Sauerland

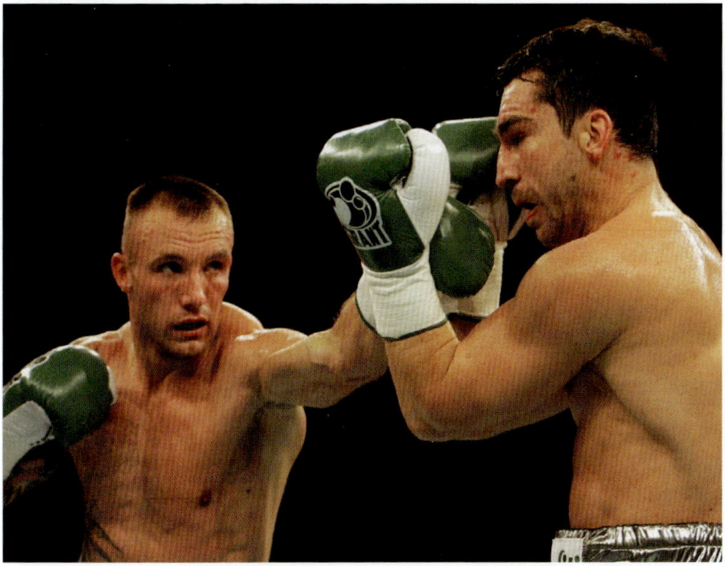

Markus Beyer, bittere Niederlage gegen Mikkel Kessler

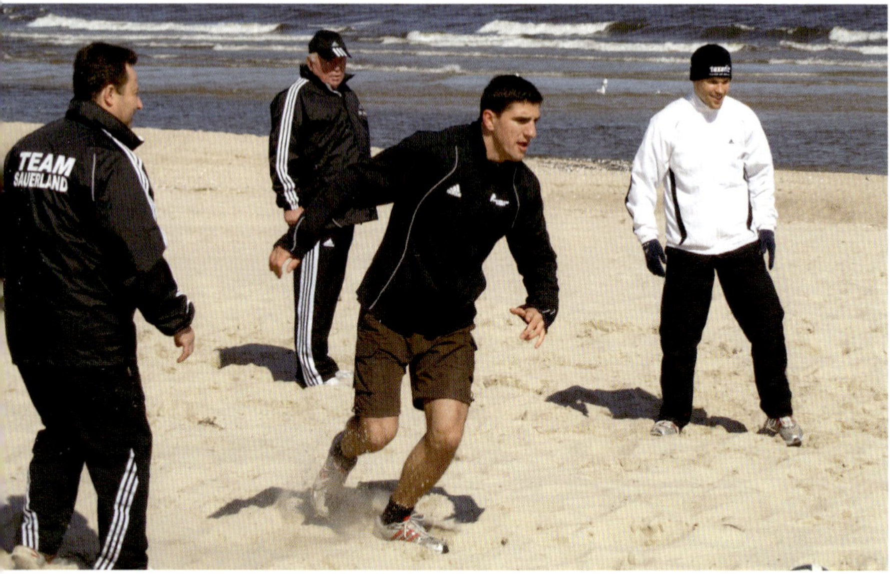

Trainingsszenen. Das schaut ganz locker aus, aber die Jungs müssen Blut und Wasser schwitzen

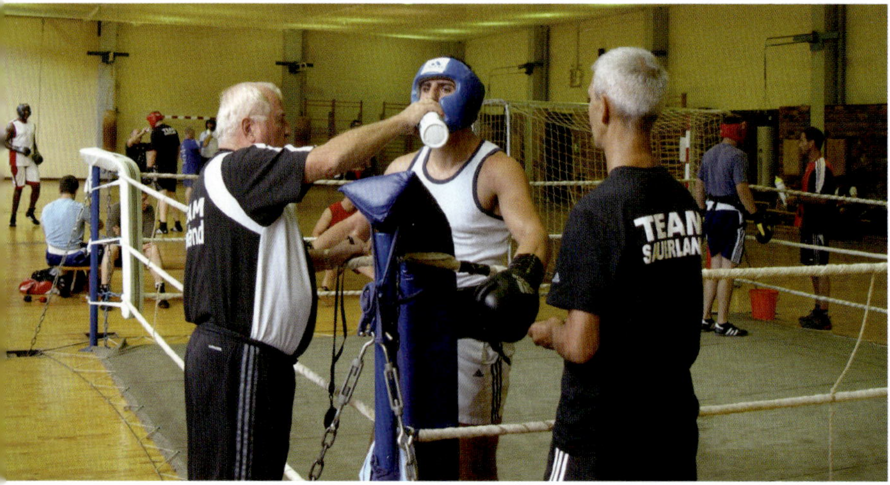

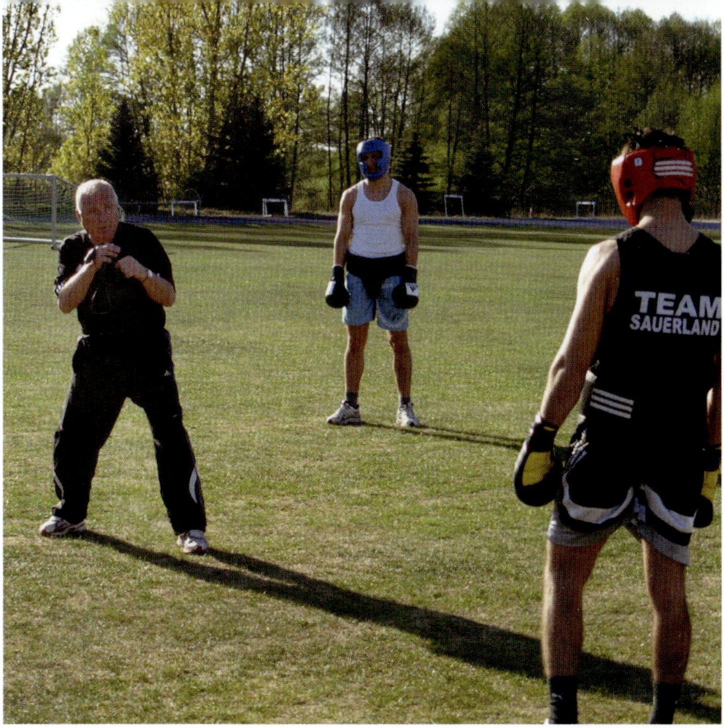

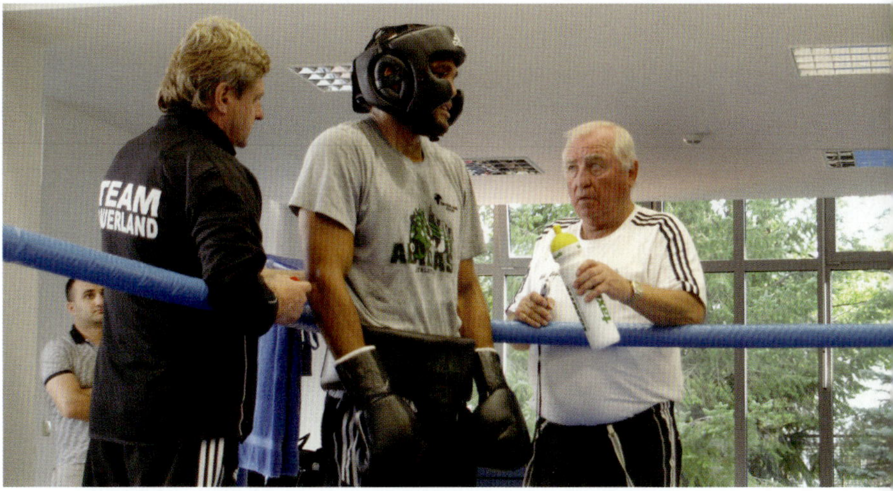

Am Trainingsring mit meinem Assistenten und Freund Georg Bramowski

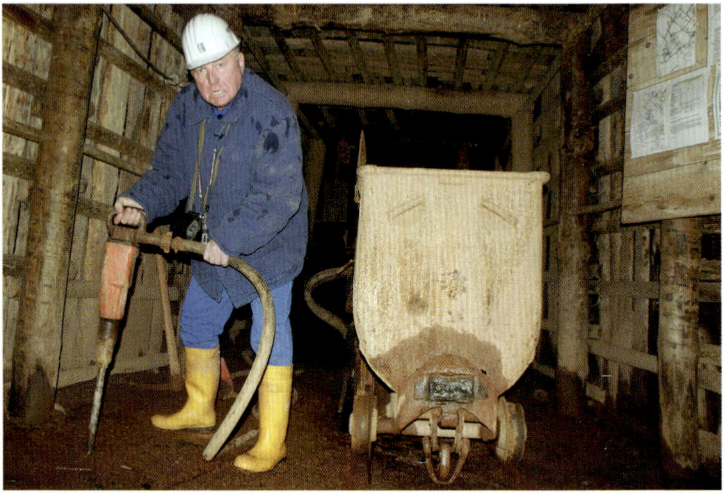

Die eigenen Wurzeln sollten nie vergessen werden, sei es im Bergbau ...

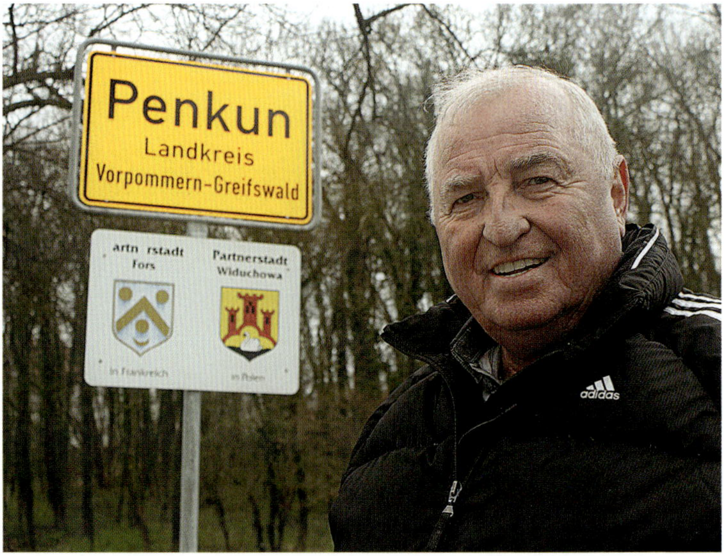

... oder in meiner Heimatstadt Penkun, deren Ehrenbürger ich sein darf

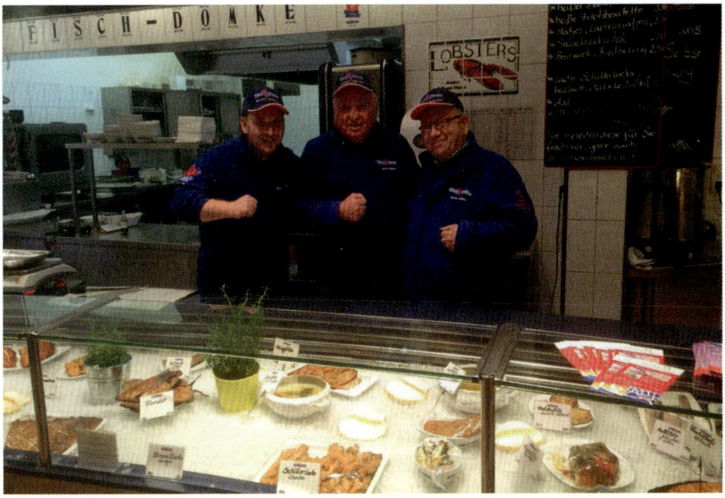

Bei Fisch Domke auf meiner geliebten Insel Usedom bin ich Stammgast

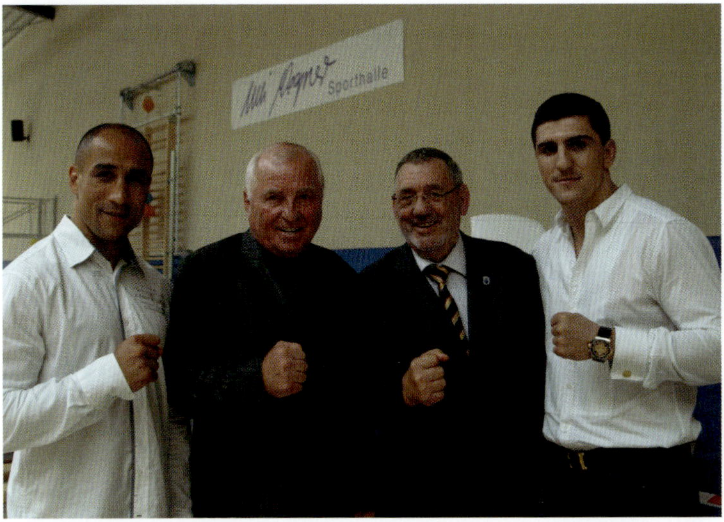

Mit Arthur Abraham, Bürgermeister Jochen Storrer und Marco Huck bei der Einweihung der Ulli-Wegner-Sporthalle in Usedom

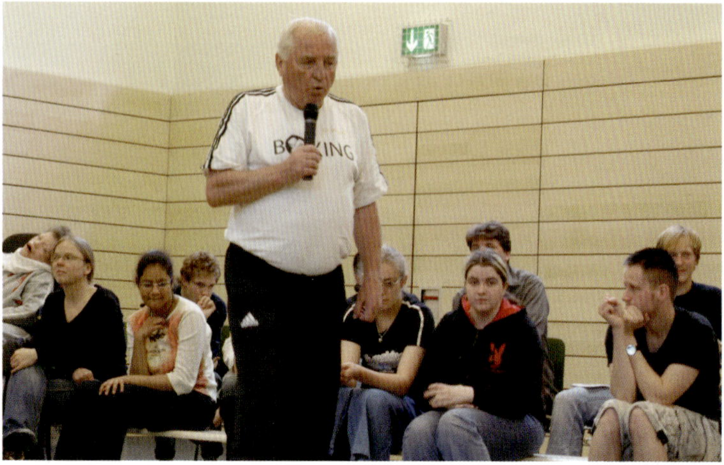

Wann immer ich kann, versuche ich, junge Menschen für den Sport und besonders fürs Boxen zu begeistern

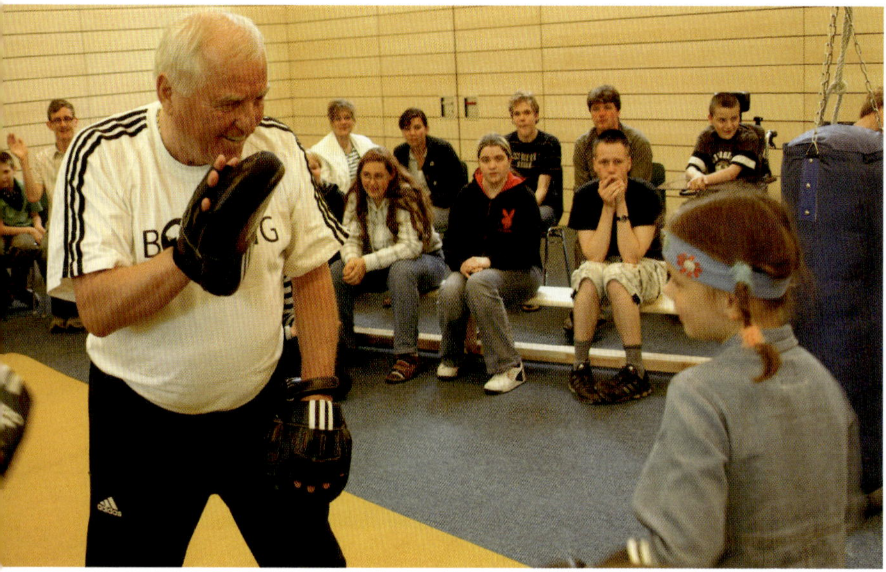

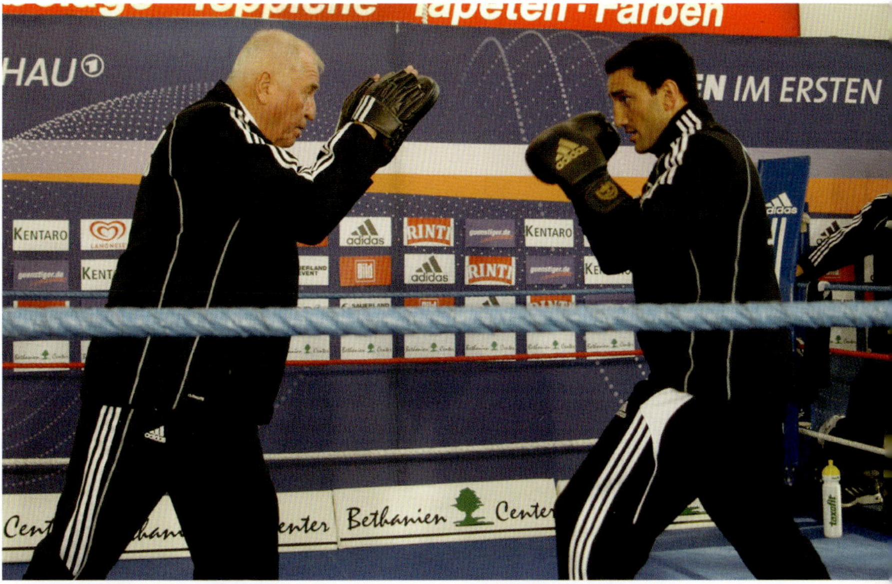

Pressetraining vor einem großen Kampf

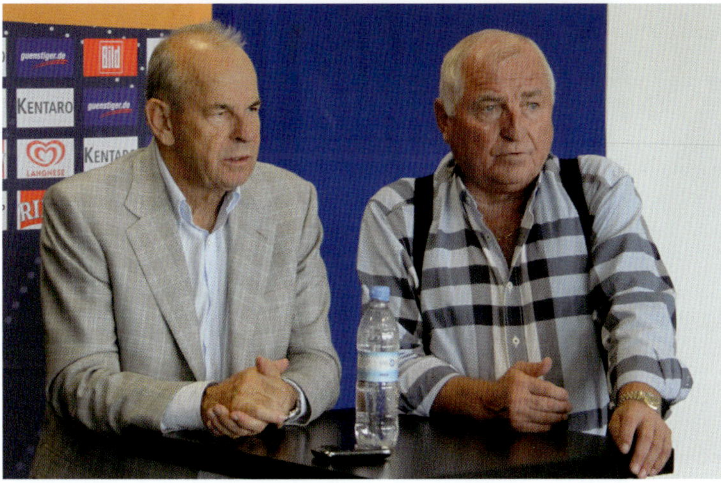

Pressetermin mit Wilfried Sauerland

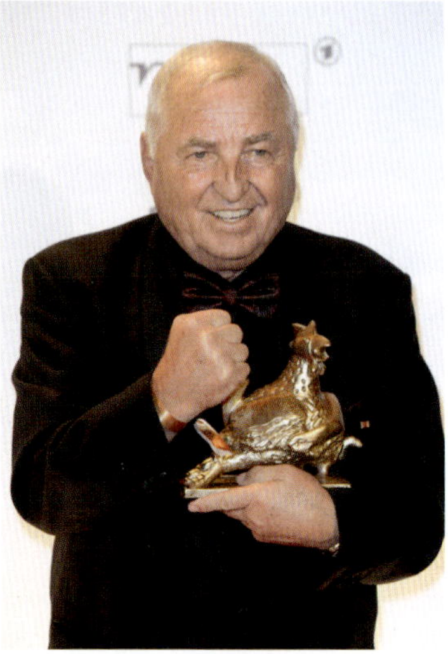

Auszeichnung mit der »Goldenen Henne«, 2011

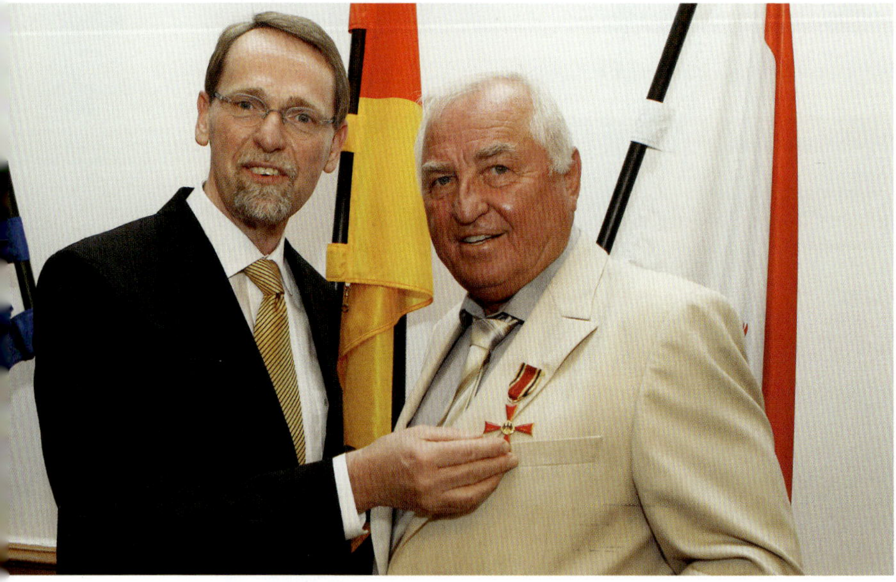

Als erster Boxtrainer wurde ich mit dem Bundesverdienstkreuz am Bande ausgezeichnet. Eine große Ehre und Ansporn zugleich!

9. KAPITEL

In König Arthurs Welt

Wie der K. o.-Matador zu mir kam, warum ich weiter an ihn glaube und wie er mich manchmal zum Wahnsinn treibt

Liebe Freunde, liebe Boxfans, jetzt beginnt das komplizierteste Kapitel des ganzen Buches. Meines ganzen Lebens.

Wie werde ich einem Boxer gerecht, von dem ich gerade geschwärmt habe? Arthur Abrahams Leistung, vor allem der Triumph seines Willens im Blutkampf gegen Edison Miranda, war absolute Weltklasse. Und doch reden wir über den Boxer, der im Super-Six-Turnier der weltbesten Supermittelgewichtler drei Kämpfe in Folge verlor.

Zuerst gegen Andre Dirrell, als er nach Punkten weit zurückliegend wegen Nachschlagens disqualifiziert wurde. Dann gegen Carl Froch, als er das Kämpfen total einstellte und ich ihn in der Ringecke mit den Worten »Arthur, das ist richtig feige. Der lacht sich halbtot über dich« aufrütteln wollte. Und schließlich gegen Andre Ward, als Arthur es auch nur anfangs probierte und sich dann fast willenlos ausboxen ließ.

Wie kriege ich es hin, Kritik zu üben, wo sie nötig und angebracht ist? Aber nicht zu vergessen, dass Arthurs Zeit als Mittelgewichts-Weltmeister mit insgesamt zehn Titelverteidigungen eine tolle Zeit war. Eine große Zeit. Dass er sich den Status, den er vor allem mit dem teuer erkämpften ersten Sieg erwarb, wirklich verdient hat. Wie mache ich aber auch klar, dass das nicht alles sein darf? Dass er danach eben nicht wie ein Champion auftrat?

Ich hoffe, dass ich dem Gesamtkomplex Arthur Abraham gerecht werde. Denn ich glaube immer noch an ihn. Ich glaube daran, dass er Dinge an sich und in seinem Leben ändern kann und dass wir ihn wieder als großen Champion erleben werden.

Aber im Moment ist es so, dass er genau darum kämpfen muss. Sein Comebacksieg gegen den Argentinier Pablo Farias in Offenburg, ein paar Tage bevor diese Seiten 2012 in die Druckerei gingen, war ein kleiner Schritt dahin. Aber wirklich nur ein kleiner.

Und jetzt mitten hinein in den Kampf mit und um König Arthur.

Arthur ist raffiniert, sehr raffiniert sogar. Aber das ist etwas ganz anderes, als im Ring eine taktische Aufgabe zu erfüllen. Ein raffinierter Boxer sucht in jeder Kampfsekunde nach einer Lösung und findet sie oft auch. Und dann auf spektakuläre Art und Weise wie bei vielen K. o.-Siegen von Arthur Abraham. Die denkwürdigsten waren sicher jene über Khoren Gevor in der Berliner Max-Schmeling-Halle und über Jermain Taylor ein paar Kilometer weiter in der gigantischen O_2 World.

Dann kann sich der raffinierte Boxer feiern lassen, wird auf Schultern aus der Halle getragen und im VIP-Raum bis in den frühen Morgen gefeiert. Aber sein Trainer macht gute Miene zum riskanten Spiel.

Noch einmal in Zeitlupe, weil mir das so wichtig ist: Ein raffinierter Boxer sucht in jeder Kampfsekunde nach einer Lösung. Ein taktisch perfekter Boxer weiß die Lösung und arbeitet konsequent darauf hin.

Und das war das Problem von Arthur im Super-Six-Turnier der weltbesten Supermittelgewichtler. Er hat gespürt, dass es keine Lösung geben wird, dass seine ganze Raffinesse ihm gegen diese Kaliber nicht helfen wird. Genau in diesem Moment fehlte ihm das, was er jahrelang vernachlässigt hatte: die knallharte, sture, monotone Ausarbeitung einer Taktik. Seine Gegner aber – Andre Dirrell, Carl Froch und Andre Ward – hatten neben ihrer boxerischen Extraklasse auch noch einen Plan und konnten den umsetzen. Während Arthur nichts von dem, was wir strategisch vorbereitet hatten, abrufen konnte. Seine Gegner hatten Arthurs Kämpfe als Mittelgewichts-Weltmeister genau analysiert, hatten gesehen, wie ihm viele Gegner – aus Angst oder was auch immer – in die Karten gespielt haben. Mit Vollgas auf Arthur losgehen, das Pulver verschießen und dann selbst entscheidend getroffen werden – das war mehr oder weniger immer die Geschichte.

Im Prinzip einfach zu lesen für die Weltspitze eine Gewichtsklasse höher. Dort, das ist logisch, war die Furcht vor Arthurs Fähigkeiten und auch vor seiner Schlaghärte deutlich geringer. Und die eigene Stärke der Herren Dirrell, Froch und Ward machte den Taktikwechsel möglich. Arthur wurde ausgeboxt und fand sich in seiner eigenen Falle gefangen. Der Weg zum Sieg, aus dem er seinen ganzen Mittelgewichts-Mythos gebastelt hatte, war versperrt.

Ja, ich sehe den Finger, mit dem Sie jetzt auf mich zeigen. Ich bin derjenige, der dafür verantwortlich ist, seinem Kämpfer dieses taktische Rüstzeug mit auf den Weg zu geben. Da haben Sie absolut recht.

Aber es gibt in jedem Trainerleben Beispiele wie das von Arthur Abraham. Er hat viel und gut gelernt, hat hart gearbeitet – aber irgendwann begann er, an seine eigene Legende zu glauben. Der K. o.-Schläger Arthur Abraham, der jeden Gegner auf die Bretter schicken kann, ganz egal wie sehr er sich auch vorher in seiner Doppeldeckung versteckt. Diese Überfigur legte die Saat für die Enttäuschungen im Super-Six-Turnier.

Glauben Sie mir und fragen Sie Arthur. Wir hatten Hunderte von Auseinandersetzungen zu diesem Thema. Arthur ist ein sehr komplexer Mensch, der durch seine Erfolge auch einem immensen Druck ausgesetzt ist. Er trägt die Hoffnungen seiner ganzen Familie und aller seiner Freunde auf den Schultern. Und auch die finanzielle Verantwortung – Sie verstehen schon, was ich meine.

Weil er schlau ist, weiß er, dass er nicht ewig boxen wird. Also begann er schon ganz früh, sich andere Geschäftsfelder zu suchen. Aber jede dieser Firmen, jeder dieser Deals ging auf Kosten der Konzentration auf das Hauptgeschäftsfeld. Als Trainer spürt man das ganz deutlich, versucht in jeder Trainingseinheit gegenzusteuern. Aber der Boxer sieht das natürlich ganz anders. Es läuft doch alles ganz super, redet sich der Athlet ein. Was dieser Nörgler nur schon wieder von mir will? Der hat doch keine Ahnung, was wirklich in meinem Leben los ist.

Und das Umfeld des Boxers bekräftigt ihn natürlich, profitiert von seiner Popularität. Also feuern alle ihren Star an: Du machst das toll, Arthur! Was du alles kannst, das ist ja sensationell! Was hältst du denn von dieser neuen Idee, das ist doch perfekt für dich! Dein Trainer meckert ja nur noch, lass dich ja von ihm nicht unterbuttern, du bist der Superstar!

Arthur, da verrate ich kein Geheimnis, war nie der Pünktlichste. Das ist sein Naturell. Oder anders ausgedrückt: Er hat es nie gelernt, hat früher in den Tag hineingelebt. Und seine boxerische Laufbahn verlief viel zu steil, als dass er sich die totale Disziplin hätte angewöhnen müssen.

Unsere Auseinandersetzungen über sein Zuspätkommen sind legendär. Ich erinnere mich an einen WM-Kampf von Sven Ottke in Nürnberg, im Dezember 2003 gegen den Engländer Robin Reid. Wir alle saßen schon in dem Kleinbus, der uns zum Waldlauf bringen sollte, als Arthur mal wieder nach der vereinbarten Zeit erschien. Ich habe ihn nicht mehr einsteigen lassen, habe ihm vor versammelter Mannschaft gesagt, er könne gefälligst alleine trainieren. Er wollte das nicht wahrhaben, versuchte, in den Bus zu klettern. Also habe ich den Fahrer einfach Gas geben lassen.

Nach solchen Knalleffekten ging es dann ein paar Tage oder sogar Wochen gut. Dann kam immer wieder der Schlendrian. Und ich gebe offen zu, dass ich mich damit auch ein bisschen abgefunden habe, weil Arthurs Leistung in der Trainingshalle und vor allem dann bei den Kämpfen weitgehend dem entsprach, was ich von ihm erwartete oder erhoffte.

Man darf als Trainer auch nicht den Fehler machen, alles zu kritisch zu sehen. Den perfekten Boxer mit der perfekten Karriere gibt es nicht, auch wenn Sven Ottke als Profi ganz nahe an meinem Idealbild war. Vor allem bei Kämpfen, in denen der Gegner beherrschbar ist, gibt es verschiedene Wege zum Ziel, zum Sieg. Wenn Arthur also einen Kontrahenten mal ein paar Runden länger stehen ließ als nötig, dann war das in Ordnung, weil sich damit auch ein Lernerfolg einstellt. Das hoffte ich zumindest lange.

Ich will in dieser Analyse auf keinen Fall so herüberkommen, als würde ich Arthurs Leistungen bis zu der Serie von drei Niederlagen in vier Kämpfen abwerten wollen. Ich sage ganz deutlich: Das, was er als Mittelgewichts-Weltmeister geleistet hat, war schon in der Nähe des Idealbildes eines dominanten Champions. Hinter der Doppeldeckung so viel Druck aufzubauen, dass die Gegner immer auf dem Sprung waren, immer Arbeit investieren mussten - sehr gut. Seine Körpersprache im Ring, diese Aura der Unbesiegbarkeit, so dass niemand, weder der Gegner noch das Publikum, mitbekam, dass auch Arthur mal getroffen wurde - absolut überragend. Sein Näschen für die Entscheidung und sein bedingungsloser Wille, dann den K. o. auch zu erzwingen - beeindruckend.

Im Nachhinein gesehen ist es kurioserweise wohl so, dass Arthur über den Blutkampf gegen Edison Miranda hinaus noch eine weitere Schrecksekunde gebraucht hätte. Einen Niederschlag vielleicht, im Extrem sogar eine Niederlage. Dann hätte er, da bin ich ziemlich sicher, die Taktik als neuen Weg zu alter Größe entdeckt. So wie Marco Huck durch seine WM-Pleite gegen Steve Cunningham mehr über das Boxen gelernt hat als in seinen ganzen Siegen zusammengenommen.

Ich muss noch mal auf die Bremse gehen, muss eine Schleife drehen, um Arthur Abraham genau zu beschreiben. Wie komplex er ist.

Er erinnert sich nicht nur an den Tag seines ersten Profikampfes – den 16. August 2003 –, sondern an den Tag, an dem er sich zum Sparring bei mir im Kölner Gym vorstellte. Es war, ich habe ihn gefragt, der 20. Februar 2003. Er kam mit seinem Bruder Alexander, der inzwischen nicht mehr aktiv ist. Mit seiner boxerischen Klasse, aber seinen konditionellen Defiziten, die er auch nicht immer mit voller Ernsthaftigkeit bekämpfte, zeigte er sich von der ersten Sekunde an als Mensch mit zwei Seiten.

Er ist jemand, der auf der einen Seite immer wieder positiv überrascht. Der Geschenke macht – mir hat er zum Beispiel mal einfach zwei Brillengestelle mitgebracht und gesagt: »Trainer, die Brille, die Sie tragen, ist nicht mehr modern. Die hier passen besser zu Ihnen.« Der viele Fragen stellt und alles, was mit dem Boxsport und dem Boxgeschäft zu tun hat, begreifen will. Der Siege mit Hunderten von Freunden feiert und sich um jeden kümmert. Aber dann lässt er alles schleifen. Schafft es nicht, pünktlich zu sein. Oder ein Training bis zum Schluss konsequent durchzuhalten.

Manchmal glaube ich, dass er sich selbst unfassbaren Druck macht. Vor allem bei dem Versuch, seine Rolle als König Abraham zu spielen. Er steckt in der Zwickmühle, dass er etwas als perfekt darstellen will, was er perfekt gar nicht machen kann.

Niemand, und ich wiederhole: niemand kann gleichzeitig Box-Weltmeister, erfolgreicher Unternehmer, bester Kumpel für zig Freunde und ein fehlerfreier Mensch sein. Aber Arthur will genau das sein und verliert sich darin, es sich und seinem Umfeld vorzuspielen. Wenn er sich nur auf das Boxen konzentrieren würde, wenn es nicht – bis hin zum weißen Weihnachtsbaum – überall das Tollste sein müsste, das Arthur Abraham hat oder tut, wäre er meiner Meinung nach immer noch Champion. Und hätte das Super-Six-Turnier gewonnen. Davon bin ich überzeugt.

Alleine vom Talent hatte er es allemal drauf. Beim ersten Sparring mit Sven Ottke hat er sowohl Svennie als auch mich beeindruckt.

Natürlich hatte er keine Chance gegen den amtierenden Weltmeister, aber jeder spürte: In diesem Burschen steckt jede Menge Potenzial.

Wissen Sie, was ich glaube? Arthur Abraham bewundert Sven Ottke bis heute. Und er leidet bis heute unter dem Champion Ottke, der ohne Niederlage und ohne Zoff und ohne Rückschläge durch die Karriere marschierte. Arthur wäre gerne so makellos erfolgreich wie Sven. Aber er hat das nicht geschafft.

Ich verrate Ihnen noch etwas: Ins Super-Six-Turnier startete Arthur Abraham mit dem spektakulären Triumph über Jermain Taylor. Er lag sowieso schon nach Punkten vorne und lockte den Ex-Weltmeister aus den USA in der letzten Runde in die K. o.-Niederlage. Er spielte ihm vor, flüchten zu wollen, bot immer mehr Möglichkeiten zum Angriff, und schoss ihn dann regelrecht ab. Ein toller Sieg. Und ein saublöder Moment für mich.

Wenig von dem, was er in diesem Kampf gezeigt hatte, war das, was wir vorher taktisch besprochen hatten. Arthur verließ sich eigentlich nur noch auf seine K.o.-Qualitäten. Und wurde erneut und auf riesengroßer Bühne belohnt. Ich sagte zu meinem Assistenztrainer Georg Bramowski: »Jetzt, genau in dieser Minute, sollte ich eigentlich zurücktreten. Mehr kann ich mit diesem Arthur Abraham nicht mehr erreichen.«

Mit diesem Arthur Abraham, wohlgemerkt. Für den Arthur Abraham hingegen, den ich immer noch als Endprodukt unserer gemeinsamen Arbeit sehe, gibt es die Chance, noch mehr zu erreichen. Um wieder König Arthur zu werden, muss er aber sein Leben entrümpeln. Muss ganz klar die Entscheidung treffen, beim zweiten Anlauf die Fehler zu eliminieren, die sich beim ersten eingeschlichen haben. Er muss kapieren, dass er zu gut ist, um Siege über normalstarke Gegner zu feiern, als wäre es das größte Ding der Welt. Er muss realisieren, dass er mehr Waffen braucht als nur den K. o., dass er das komplette Arsenal des Profiboxens greifbar haben muss, um Kaliber wie Froch oder Ward gefährlich zu werden.

Der K. o. ist toll. Aber er ist ein Gift für den Boxer, der sich zu sehr auf ihn verlässt. Weil der K. o.-Schlag alles überzeichnet und davon ablenkt, dass es Defizite gibt. Und die gibt es bei Arthur immer noch.

Solange ein Arthur Abraham vom Laufband steigt, deutlich messbar bevor er sich bis an die Grenze seiner Leistungsfähigkeit verausgabt hat. Solange er nur gerade so viel über Taktik zu lernen bereit ist, dass er gegen normale Gegner einen späten K.o.-Schlag anbringen kann. Solange er nicht realisiert, dass das gut ist, aber nicht optimal. Solange ist klar, dass er wieder Weltmeister werden kann. Aber kein Superstar.

Ich hätte aber lieber einen Superstar Arthur Abraham. Dabei geht es nicht um weitere Millionen auf dem Konto, sondern um boxerische Unsterblichkeit. Es geht um das, was Arthur immer als so wichtig für ihn bezeichnet. Es geht um die Ehre!

Es geht, um das ganz deutlich zu machen, um Revanchen gegen Carl Froch und Andre Ward. Ein Arthur Abraham in taktischer und kämpferischer Topform besiegt auch diese Gegner. Keine Frage.

In meinen Träumen schafft er das. Ich hoffe, er träumt dasselbe. Und ich hoffe inständig, er schwitzt Blut und Wasser bei seinen Träumen. Denn nur dann haben wir eine echte Chance.

9. KAPITEL – TEIL 2

Der beinahe beste Boxer in einer anderen Zeit

Warum zwischen Arthur Abraham und mir keine Ruhe einzieht und ich mich (fast) nie um den Finger wickeln lasse

Was ich vor fünf Jahren über Arthur gedacht und was ich von ihm erwartet habe, steht in den letzten drei Absätzen des vorangegangenen Kapitels. Ich habe mir das mindestens fünfmal durchgelesen, ehe ich mich an die schwierigste Aufgabe dieser aktualisierten Fassung herangetraut habe. Ja, ich habe mir die klaren, fordernden und irgendwie auch prophetischen Passagen sogar noch einmal vorlesen lassen - um die Worte zu hören, um sie noch einmal durchdenken und werten zu können.

So völlig zerrissen bin ich bei der Wertung dieses beinahe besten Boxers in einer völlig anderen Zeit.

Verstehen Sie bitte eines: Einerseits hat Arthur Abraham, vor allem im Mittelgewicht, Großartiges geleistet. Auch die Wiedererlangung von Weltmeisterehren ist lobenswert. Und seine Bilanz zu seinem 37. Geburtstag liest sich auch nicht so schlecht.

50 Kämpfe, 45 Siege, 5 Niederlagen. 30 vorzeitig gewonnene Duelle. 18 Triumphe in Titelkämpfen, vier Pleiten mit einem WM-Gürtel als Preis. Und noch eine Statistik: Gegen frühere und aktuelle Titelträger lautet seine Bilanz 7:4. Ein klarer Beweis, dass dieser Arthur Abraham, der mir so viel Kopfzerbrechen bereitet, seinen gerechten Platz inmitten der Weltklasse gefunden und erkämpft hat.

Und dennoch!

Warum sehe ich dann auch, und bringe es klar zur Sprache, dass ein Sven Ottke in Bestform über Abraham steht? Und dass die beiden Welten trennen, wenn es darum geht, wie ein Sportler seine ihm gegebenen Möglichkeiten auch ausschöpft? Dass Abraham in einer anderen Ära vielleicht nie den WM-Gürtel errungen hätte?

Svennie hat weit mehr erreicht, als ihm selbst die größten Optimisten je zugetraut hätten. Er hat das geschafft, weil er sich in der wichtigsten Phase seiner Karriere – als Profibox-Weltmeister – auf einzigartige Weise konzentriert hat. Professionell zu leben, das heißt eben viel mehr, als nur zum Training zu kommen und dort die vom Trainer gestellten Aufgaben zu erfüllen. Ein Profi zu sein heißt, sich in jedem Bereich des Lebens so auszurichten oder eben einzuschränken, dass der Erfolg im Sport das einzig Wichtige ist.

Sven Ottke war dafür das Paradebeispiel. Seine Versessenheit aufs Training ist Legende. Am Morgen nach einem gewonnenen WM-Kampf die Laufschuhe anzuziehen und erst einmal zehn Kilometer abzuschrubben, das war für Sven das Normale. Weil er ein Getriebener war. Weil er aus der kurzen Zeit als Profi das Optimale herausholen wollte. Weil er wusste, dass dazu einhundert Prozent gehören. Er ist der Maßstab! Auch für Arthur!

Lassen Sie uns mal gemeinsam zu dem Kabinett in meinem Büro im Max-Schmeling-Gym am Berliner Olympiastadion gehen. Dort liegen die Amateur-Startbücher von Arthur. Und jetzt zeige ich Ihnen was, was auch ich erst ziemlich spät entdeckt habe.

Da stehen 90 Kämpfe mit ganz wenigen Niederlagen. Diese Rückschläge waren ganz klar vorhersehbar, weil sie alle gegen Kämpfer passierten, die zum jeweiligen Zeitpunkt einfach ein Stück weg waren. Ich formuliere das ganz nüchtern und meine es gar nicht böse: Als Amateur hat Arthur Abraham all jene Gegner besiegt, denen er von seinem Können her überlegen war. Und er verlor gegen jene wenigen, die besser waren.

Merken Sie was?

Svennie besiegte Alexander Lebsjak, Dariusz Michalczewski, Michael Moorer, Torsten May und dann einen aufstrebenden Thomas Ulrich. Er besiegte diese oft stärker eingeschätzten Kontrahenten, weil er sie besiegen musste - wie Lebsjak auf dem Weg zum EM-Titel 1991 - oder weil er - zusammen mit mir - einen taktischen Weg fand, der die Klasse des Gegners ins Leere laufen ließ.

Svennie nämlich hatte zwei Wege zum Sieg. Den über sein Talent und den über die Umsetzung eines den Sieg versprechenden Plans.

Arthur hingegen hat sich den zweiten Weg nur in ganz seltenen Fällen zu eigen gemacht. Deshalb gingen die Ausflüge in die absolute Weltklasse schief. Katastrophal schief. Erst gegen Carl Froch und Andre Ward und dann noch einmal. Darauf kommen wir am Ende dieses Kapitels leider zurück.

Aber beginnen müssen wir im Sommer 2012, nachdem sich Arthur mit zwei Comeback-Siegen als Ex-Weltmeister wieder das Recht erkämpft hatte, nach einem Titel zu greifen. Und das noch dazu in einem deutsch-deutschen Duell.

Robert Stieglitz aus dem Magdeburger SES-Boxstall trug den Supermittelgewichtsgürtel der WBO - und das passte auf vielen Ebenen perfekt. Einerseits erschien Arthur durch seine drei Niederlagen im Super-Six-Turnier plötzlich verwundbar und galt nicht mehr als die dominante Kraft aus seinen Mittelgewichtszeiten. Zweitens sind deutsch-deutsche Duelle natürlich immer etwas Besonderes. Für die Beteiligten genauso wie für die Fans und auch für den übertragenden TV-Sender. Und drittens, das darf man ruhig so sagen, passte Stieglitz sehr gut als Gegner.

Verstehen Sie mich richtig: Sie werden von mir kein schlechtes oder gar herablassendes Wort über Stieglitz hören. Vom Einsatzwillen und Ehrgeiz her bekommt er von mir sogar Bestnoten. Dennoch darf ich als Trainer die Analyse in den Raum stellen, dass die Kampfmaschine aus Magdeburg nicht unbedingt sehr variabel zu Werke ging und geht.

Robert Stieglitz kennt nur eine Art zu boxen, Dauerfeuer im Vorwärtsgang. Und da Arthur über Stärken als Konterboxer verfügt, war es eigentlich ein ziemlich logisches Ding: Falls Stieglitz mit seinem Dauerdruck durchkommen und Abraham hart treffen würde, dann, so die allgemeine Prognose, würde mein Schützling in Schwierigkeiten geraten. Wenn aber Abraham trotz der gegnerischen Kanonade in der Lage sein würde, eigene Treffer zu landen, Runden zu gewinnen, dann würde es einen neuen Weltmeister geben. Entweder durch einen Punktsieg oder vielleicht sogar durch ein vorzeitiges Ende.

Wenn Sie den Kampf damals als Boxfan verfolgt haben, dann erinnern Sie sich vielleicht noch, dass ich in den Wochen vor dem Duell sehr viel über die boxerischen Limits von Robert Stieglitz gesprochen habe. Das war, ich will es noch mal klarmachen, keine Abwertung - eher schon das Gegenteil.

Auf irgendeine Weise spürte ich schon eine gewisse Gefahr durch Robert Stieglitz und wollte mit meinen Worten, die in der Presse natürlich als Sticheleien ausgelegt wurden, zweierlei erreichen. Einerseits schien es mir wichtig, die Konzentration von Arthur zu erhöhen. Er hatte verdammt viel zu verlieren in diesem Duell. Also machte ich Stieglitz schlechter, als er es eigentlich war, und erklärte Arthur immer wieder, dass ein Sieg mit einer guten Vorstellung seine absolute Pflicht war.

Und dazu wollte ich einfach Stieglitz sowie seinen Trainer Dirk Dzemski verunsichern. Dirk ist 30 Jahre jünger als ich, ich dachte einfach, ich gebe ihm etwas zu denken vor dem Kampf. Etwas, was er so vielleicht noch nicht erlebt hatte. Vielleicht würde er durch meine pausenlosen Bemerkungen - zum Beispiel jene, dass der WM-Gürtel für Stieglitz sehr schwer zu tragen sei und wir ihn deshalb von dieser Last befreien würden - seine klare Sicht auf Arthurs logische Taktik verlieren. Vielleicht würden sie bei SES glauben, dass wir die Aufgabe auf die leichte Schulter nehmen würden.

Aber genau das haben wir nicht getan. Auf dem Weg zurück zu einem WM-Kampf habe ich nämlich ganz genau hingeschaut, wenn Arthur seine üblichen Abkürzungen nehmen wollte. Mal wichtige Termine hatte, mal nicht voll durchzog. Er bekam von mir Feuer ohne Ende und das nicht nur in der Trainingshalle.

Ein guter Freund von mir, der ab und zu beim Training Gast ist, hat mir später mal erzählt, dass ich Arthur bei einem Mittagessen richtig zur Weißglut gebracht habe. Wir waren im Trainingslager, und ich habe irgendwie mitbekommen, dass mein Boxer trotz stabiler Leistungen in der Trainingshalle nicht hundertprozentig bei der Sache war. Oder besser gesagt: Seine Leidenschaft für Eiscreme gewann immer mal wieder gegen die strengen Essensvorschriften.

Also habe ich am Tisch vor allen Anwesenden gegen ihn gestichelt: »Schaut euch mal ganz genau den Arthur an, den alten und auch bald wieder neuen Weltmeister. Schaut hin, wie gewissenhaft er auch beim Mittagessen für den Erfolg kämpft. Nur ein Stück Fleisch hat er sich genommen und isst das auch ganz langsam.«

Arthur, der öffentliche Kritik oder das Vorgeführtwerden überhaupt nicht mag, kochte bereits innerlich. Aber er konnte ja nicht wissen, dass ich wusste, wie viel Vanilleeis den heimlichen Weg in sein Zimmer gefunden hatte. Also musste er meine Predigt weiter aushalten.

»Wenn jemand so gewissenhaft und diszipliniert mit dem Essen umgeht, dann wird er zum Kampf hin garantiert keine Schwierigkeiten mit der Waage und dem Gewicht haben. Stimmt doch, Arthur, oder?«

Logischerweise musste er mit »Ja, Trainer« antworten. Aber noch vor dem Nachmittagstraining kam er zu mir und fragte, was denn los sei. »Nichts, Arthur«, antwortete ich. »Du machst doch alles richtig. Du bist doch ein Schlauer. Du weißt doch ganz genau, dass du Stieglitz klar besiegen musst, oder, Arthur?«

Ob er es danach noch mal probiert hat, eine Silberschale voller Eis aufs Zimmer zu bestellen, weiß ich nicht.

Wobei ich auch eine Lanze für Arthur brechen muss. Während andere Boxer es durchaus mal richtig krachen lassen und der Alkohol schon so manchen Kämpfer geschwächt oder gar zerstört hat, trinkt Abraham keinen Schluck. Da ist er eisern. Wenn er es denn nur beim Kampf gegen den inneren Schweinehund auch immer wäre.

Aber gehen wir hinein in den ersten Kampf dieser Rivalität, gehen wir in die Riesenhalle am Berliner Ostbahnhof, die damals noch O_2 World hieß und in der Arthur Abraham mit seinem K.o.-Sieg über Jermain Taylor in Runde zwölf ein Glanzstück seiner Karriere abgeliefert hatte. Diesmal, das konnte man während der Kampfvorbereitung deutlich spüren, war bei den Fans eine große Skepsis mit im Spiel. Würde Abraham nach den bitteren Niederlagen wieder an seine alten Leistungen anknüpfen können? Oder würde eine erneute Enttäuschung die Fortsetzung seiner Laufbahn infrage stellen?

Ich kann Ihnen sagen, dass ich an diesem Abend mit Arthurs Leistung schon sehr zufrieden war. Er setzte fast alles um, was wir uns in wochenlanger Schinderei in der Trainingshalle erarbeitet hatten. Gegen den natürlich wild anstürmenden Stieglitz verlor er weder Linie noch Übersicht, konterte gut und manchmal mit Kombinationen sogar sehr gut.

Klar, trotz seiner Dauerattacken konnte Stieglitz nicht die Gefahr ausstrahlen, die Arthur gegen Froch und Ward paralysiert hatte. Das genau nutzte mein Boxer, um den Kopf oben zu behalten und sogar Aufwärtshaken mit Trefferwirkung zu probieren.

Ich war ziemlich ruhig im Hexenkessel der mit 10000 Fans gut gefüllten Arena. In meinem Kopf konnte da kaum was schiefgehen. Nur einmal, ich glaube nach der zweiten Runde, in der Arthur viel zu passiv agierte, musste ich ihn in der Ein-Minuten-Pause anmeckern. »Du musst mehr machen, sonst gewinnen wir nicht.« Aber Sie alle, die meine Pausenpredigten ja zur Genüge kennen, wissen, dass das bei mir fast schon als Kuscheln bezeichnet werden könnte.

An Arthurs Punktsieg gab es keinen Zweifel. Er war wieder Weltmeister, der Sauerland-Boxstall hatte wieder einen Hauptkämpfer mit WM-Gürtel und weiterhin die Hoffnung, mit meinem Boxer noch einmal die absolute Weltspitze im Supermittelgewicht angreifen zu können.

Tja, zu diesem Zeitpunkt wusste ich noch nicht, dass Arthur und ich erst drei Jahre später das Kapitel Stieglitz endgültig abschließen würden. Wusste nicht, dass wir dadurch – bewusst oder unbewusst – auf einer Ebene der relativen Zufriedenheit sitzen bleiben würden. Ich glaube, wenn ich das damals schon gewusst hätte, wäre mein Verlangen nach einem wirklich großen Kampf für Arthur früher und deutlicher zum Ausbruch gekommen.

Es ist im Profiboxen eben so, dass eine Rivalität zwischen zwei Kämpfern sehr gerne genutzt wird, um Hallen zu füllen und hohe Einschaltquoten zu erzielen. Der Rückkampf nach einer engen Entscheidung im Ring ist eine logische Sache und oft auch im Vertragswerk festgeschrieben. Henry Maske boxte zweimal gegen Graciano »Rocky« Rocchigiani. Der wiederum zweimal gegen Dariusz Michalczewski. Sven Ottke zweimal gegen Charles »Das Hackebeil« Brewer. Und Arthur selbst hatte bereits zweimal gegen Edison Miranda zugeschlagen.

Also Abraham gegen Stieglitz, der zweite Teil. Diesmal in Magdeburg. Sieben Monate nach dem ersten Kräftemessen.

Aber erst einmal kam ein Tag, den ich selbst überhaupt nicht auf der Rechnung hatte. Aber die Journalisten finden ja so etwas immer heraus – also musste ich plötzlich Statements abgeben zum Thema »Zehn Jahre Arthur Abraham und Ulli Wegner«.

Es stimmte wirklich. Arthur war zum Sauerland-Boxstall gestoßen, als sich Sven Ottke gerade auf die Doppel-Weltmeisterschaft gegen Byron Mitchell vorbereitete. Also Anfang 2003. Und jetzt, zehn Jahre später, waren wir immer noch ein Team.

Zehn Jahre sind im Boxen eine unglaublich lange Zeit. Vor allem dann, wenn dieses Jahrzehnt komplett im Profigeschäft liegt. Zehn

Jahre Zusammenarbeit, das bedeutet auch, dass ein Team erfolgreich gewesen sein muss – denn sonst hätte es sich längst wieder aufgelöst.

Aber trotz aller Erfolge, die wir gemeinsam gefeiert hatten, konnte ich Arthur zum zehnten Jubiläum keine lupenreine Lobrede hinlegen. Sondern der Zwiespalt, den ich beim Urteil über den Weltmeister im Mittel- und Supermittelgewicht mit mir herumtrage, wurde auch am zehnten Jahrestag offensichtlich.

Lesen Sie doch mal, was ich damals dem Berliner Kurier gesagt habe:

»Arthur bedeutet mir unheimlich viel. Er gehört zu den Boxern in meiner langen Zeit als Trainer, die ein besonderes Eckchen in meinem Herzen erobert haben.« Ja, stimmt bis heute.

Dann aber kamen diese Sätze: »Arthur kann Menschen um den Finger wickeln. Deshalb muss ich ihn auf Distanz halten. Sonst kann ich nicht das Optimum aus ihm herausholen.« Absolut wahr und weiter gültig.

Und dann noch dieses: »Arthur reizt mich bis aufs Blut, wenn er wirklich mal pünktlich kommt – und das dann raushängen lässt. Dann muss ich schlucken, um nicht böse zu werden.« Jawohl, genau so ist es.

Irgendwie ist es schon verrückt. Weder damals nach zehn Jahren noch heute, da es in das 15. Jahr Abraham/Wegner geht, hat sich eine stabile Balance zwischen uns beiden entwickelt. Vielleicht, weil ich meiner Meinung nach der einzige Mensch bin, den er nicht um den Finger wickeln kann. Der einzige, der ihm notfalls auch brutal die Meinung geigt. Und eventuell auch der einzige, der trotz Arthurs Siegen und Titeln nicht zufrieden ist mit der ganzen Wegstrecke.

Ja, ich gebe es noch einmal zu. Meiner Meinung nach hätte Arthur noch so viel mehr erreichen können. Mehr als nur »beinahe der Beste«.

Aber weiter in der Geschichte. Weiter mit Abraham gegen Stieglitz. Rein in die Bördelandhalle zum zweiten Duell.

Und dann war der hart erkämpfte Weltmeistertitel in Nullkommanichts wieder weg. Abbruch nach der dritten Runde wegen Verletzung. Arthurs linkes Auge war grotesk zugeschwollen, er sah auf dieser Seite überhaupt nichts mehr. Es hatte einfach keinen Sinn, den Kampf weiterlaufen zu lassen. Ringarzt Dr. Walter Wagner schaute sich das genau an, dann schüttelte er den Kopf und erklärte später: »Das Auge war komplett geschlossen, Arthur konnte nicht mehr räumlich sehen. Er sah die Schläge nicht mehr kommen. Eine Fortsetzung des Kampfes wäre medizinisch nicht mehr zu vertreten gewesen.«

Und was meint der ach so harte und brutale Trainer von Arthur Abraham dazu? Derjenige, der ihn beim Blutkampf von Wetzlar mit einem gebrochenen Kiefer weiterboxen ließ und dafür sogar angezeigt wurde?

Klar war es ein Abbruch, das ist doch überhaupt keine Frage. Das Augenlicht ist das Wertvollste, nach dem Herzen, was ein Mensch hat. Damit spielt man nicht. Außerdem lasse ich keinen meiner Boxer halbblind ins Verderben rennen. Wer Schläge nicht mehr kommen sieht, ist kein Gegner mehr, sondern eine zum Abschuss freigegebene Zielscheibe.

Also hatte ich überhaupt kein Problem mit der Entscheidung von Dr. Wagner, den ich sowieso über alle Maßen schätze. Durch eine Blessur zu verlieren, das gehört nun einmal zu unserem knallharten Job. Das muss man akzeptieren, selbst wenn sich in dem Moment, in dem es passiert, ein riesengroßes Loch auftut.

Denn ich bin bis heute sicher, dass Arthur ohne die Verletzung den Kampf gewonnen hätte. Das Tempo, mit dem Robert Stieglitz von der ersten Sekunde an loslegte, hätte er unmöglich zwölf Runden lang durchhalten können. Und Arthur, obwohl er unter Druck war, brachte bis zum unglücklichen Ende eine ganze Reihe von guten Kontertreffern ins Ziel.

Was soll's. Ein Boxexperte sagte mir mal: »Im Nachhinein gewonnene Kämpfe sind dasselbe wie fast verhinderte Autounfälle. Man kann sich alles schönreden, aber der Schaden bleibt.«

Also alles zurück auf null. Nein, kurz nachgedacht: auf 1:1. Und auch dafür gibt es im Profiboxen ein ungeschriebenes Gesetz. Wenn es zwischen zwei guten Kämpfern nach zwei Duellen unentschieden steht, ist der dritte Teil die logische Folge. Der SES-Boxstall gewann die Versteigerung des Events und wurde mit dem besten Fight dieser Rivalität belohnt.

Ja, das war wirklich knapp. Da muss man fair sein. Stieglitz hat einen hervorragenden, aggressiven und intensiven Kampf abgeliefert. Aber Arthur war auch sehr gut und sehr gut vorbereitet. Natürlich habe ich meinen Boxer knapp vorne gehabt. Aber ich kann schon verstehen, dass das 2:1-Punkturteil sehr umstritten war.

Das ist die Crux bei den Punkturteilen, vor allem, wenn zwei Boxer mit derart unterschiedlicher Veranlagung aufeinandertreffen. Sollen nun bei den Schlaghageln von Stieglitz, die ein erfahrener Gegner einfach mit einer guten Deckung entschärft, sollen bei diesen Kombinationen die Treffer einzeln gewertet werden? Oder ist die Kunst des Boxens nicht eher, sich im Feuer harte Konteraktionen zurechtzulegen und dann den Gegner präzise zu treffen?

Ich verrate Ihnen mal ein Geheimnis: Ich bin der Überzeugung, dass jeder Boxfan und natürlich auch jeder, der beruflich mit einem Boxer zu tun hat, immer genau dessen Stil bevorzugt. Und das gar nicht wirklich objektiv bewerten kann.

Wenn ein Fan von Arthur Abraham bei einem Kampf gegen Robert Stieglitz in der Halle sitzt und mitpunktet, dann sagt er sich bestimmt: »Das, was Stieglitz macht, tut meinem Favoriten doch gar nicht weh. Aber schaut mal hin, wie Arthurs Treffer Wirkung hinterlassen.«

Verstehen Sie, was ich meine? Oft im Leben sehen wir nur das, was wir sehen wollen. Und ich habe einen knappen Punktsieg für Arthur gesehen, den er damit besiegelte, dass er Stieglitz in der zwölften und letzten Runde kurz zu Boden schickte.

Insgesamt muss man sagen, dass beide Sportler dem Publikum alles gegeben haben, was man sich von einem WM-Kampf erwarten darf. Die Stimmung in Magdeburg war gigantisch. Ein echtes Highlight.

Heutzutage werde ich sehr oft gefragt, warum ich mit meinen 75 Jahren immer noch Boxer trainiere und in der Ecke stehe. Ich antworte immer, dass ich dem Sport, der mir so viel gegeben hat, immer noch etwas schulde. Dass ich mithelfen will, dass der Faustkampf wieder populärer wird. Weil ich glaube, dass die Athleten die Aufmerksamkeit der Massen verdienen.

Aber natürlich bin ich auch deshalb noch in meinem Traumberuf tätig, weil solche Abende wie beim dritten Duell zwischen Abraham und Stieglitz eine wunderbare Belohnung sind. Ich spüre es, jeder davon am Ring spürt es, wenn eine Halle brodelt und kocht. Das ist ein tolles Gefühl und etwas, was ich meinen Boxern auch immer wieder erkläre und vorhalte. Das wir nur dann eine Berechtigung haben, große Gagen zu verlangen, wenn wir die Menschen unterhalten.

Diese zwölf Runden in Magdeburg waren sehr gutes Entertainment. Inklusive der Diskussionen um das Punkturteil. Und genau so muss das auch sein. Das ist der Anspruch, wenn wir zum Ring marschieren!

Oft erzähle ich meinen Jungs in der Trainingshalle, dass sie unfassbar dankbar sein müssen, als Boxer ihr Geld verdienen zu dürfen. Natürlich ist das Training hart und brutal, sind die Wochen vor den Kämpfen extrem entbehrungsreich. Aber das ist in anderen Sportarten, in denen genauso geknüppelt wird, ganz genauso.

Dann sage ich meinen Athleten, sie sollten sich doch zum Beispiel die Turner anschauen. In dieser Disziplin arbeitet einer von vielen Sportlehrern, die ich bewundere: Andreas Hirsch, der als Bundestrainer hervorragende Arbeit leistet. Kunstturner leisten Außergewöhnliches, und Hirsch, das merkt man, hat einen sehr direkten Zugriff auf seine Schützlinge. Bei den Wettkämpfen spürt jeder, dass es dieses unsichtbare Band zwischen Trainer und Stars gibt, das den Erfolg erst möglich macht.

Aber ich weiß, dass diese Ausnahmekönner, die ebenfalls eine spektakuläre Show liefern, nicht ansatzweise so viel verdienen wie die besten Profiboxer. Solche Geschichten müssen sich meine Jungs regelmäßig anhören. Weil es die Wahrheit ist und weil ich nicht betriebsblind werden will.

Zurück zum Boxen.

Aller guten Dinge sind drei, heißt es normalerweise. Aber in diesem Fall erkämpfte sich Stieglitz das Recht auf eine vierte Chance. Aber für diesen tapferen Mann war es das eine Ding zu viel. Es passierte, was bei Kampfmaschinen keine Seltenheit ist. Stieglitz erwischte einen schlechten Tag, Arthur roch das, zog nicht nur seine Linie durch, sondern ging auf K.o. In der sechsten Runde war alles vorbei.

Alles schien in Ordnung. Alles schien bereit zu sein, um noch einmal einen Angriff auf die absolute Weltspitze zu probieren. Wer im 47. Kampf seiner Karriere so gut boxt, alles abruft und umsetzt, der kann doch wirklich von Größerem träumen.

Wenn mir damals, im Juli 2015, im Gerry-Weber-Stadion in Halle/Westfalen, irgendjemand erzählt hätte, dass wir neun Monate später eine riesengroße Blamage erleben würden, hätte ich ihm mitten ins Gesicht gelacht. Nein, nein, nein, nicht mit einem Arthur Abraham in dieser Form. Und wenn dieser Prophet des Grauens dann angefügt hätte, dass auf allen drei Punktzetteln ein 108:120 stehen würde, hätte ich vermutlich einen Arzt gerufen, um diesen offensichtlich verstörten Menschen sicher nach Hause oder ins Hotel bringen zu lassen.

Aber genau so kam es. Arthur verlor in Las Vegas gegen den Mexikaner Gilberto Ramírez seinen Titel auf die denkbar schlimmste Weise.

Wie Sie sicher wissen, gibt es im Profiboxen für eine gewonnene Runde zehn Punkte. Der unterlegene Boxer bekommt neun oder weniger, wenn er zu Boden musste. 120:108 heißt also zwölfmal 10:9 für Ramírez. Das ist im Fußball ein 6:0, mindestens. Im Tennis wäre es ein 6:0, 6:0, 6:0.

Jeder Athlet darf mal verlieren. Scheitern gehört zum Sport genauso wie zum Leben überhaupt. Aber das, was Arthur in Las Vegas gezeigt hat, oder besser: nicht gezeigt hat, ist für mich unglaublich schwer zu akzeptieren. Von der ganzen Beurteilung seines Auftritts sage ich: Es war gut, dass der Kampf nicht live in Deutschland gezeigt wurde.

Was mich so wütend machte, war, dass mein Boxer mit absoluter Selbstsicherheit und Überzeugung nach Amerika geflogen ist. Und auch Sprüche klopfte. Die Vorbereitung war tatsächlich sehr gut. Körperlich hat es Arthur an nichts gefehlt, da bin ich sicher. Schließlich kenne ich ja alle Trainingswerte und war nach dem Höhentrainingslager in Bulgarien absolut sicher, dass Las Vegas eine würdige Vorstellung des Weltmeisters Abraham erleben würde.

Ich habe es ja schon geschrieben, dass Arthur die große, aber zweifelhafte Begabung hat, Menschen ganz leicht um den Finger wickeln zu können. In den Wochen vor dem Kampf gegen Ramírez, das muss ich mir selbst vorwerfen, hat er das ausnahmsweise auch bei mir geschafft. Er hat mir etwas vorgespielt, was gar nicht da war. Und ich bin darauf hereingefallen. Das ärgert mich maßlos.

Also schließt sich leider der Kreis zur Situation von vor genau fünf Jahren. Ja, Arthur ist wieder Weltmeister geworden, hat seinen Titel ein paar Mal verteidigt. Aber der Griff zu den Sternen, der Sprung über den Atlantik, um eine große Nummer in den USA zu werden, ging kläglich daneben.

Verstehen Sie jetzt, warum ich Ihnen die Geschichte vom Amateur-Kampfbuch erzählt habe?

Es gibt Kämpfe in Arthurs Laufbahn, die gehen auf logische Weise verloren, weil er durch das Können des Gegners irgendwie blockiert, fest wird, schwach wird. Schwächer als in schwachen Kämpfen gegen beherrschbare Gegner sogar. Denn bei solchen Ausrutschern hat er immer noch den Weg zum Sieg gefunden. Gegen Carl Froch, Andre Ward und Gilberto Ramírez aber sah es so aus, als gäbe es für ihn keinen Weg. Und damit auch kein Ziel.

Natürlich muss ich mir als Trainer den Vorwurf machen lassen, in diesen Kämpfen keinen bedingungslosen Siegeswillen aus ihm herausgekitzelt zu haben. Wo andere Boxer bereit sind, sich so in das Duell zu schmeißen, dass sie auch ein hohes Risiko gehen, vielleicht vorzeitig besiegt zu werden, gibt es das bei Arthur nur, wenn er dem Gegner überlegen ist.

Das alles aber, und das sage ich aus Überzeugung, macht ihn nicht zu einem schlechten Boxer oder Champion. Seine Erfolge sind unbestritten. Und ein paar absolute Klassekämpfe waren auch dabei. Der Rückkampf gegen Edison Miranda in Florida. Die Revanche für den legendären Blutkampf von Wetzlar – der auf seine Weise außergewöhnlich war.

Nur er, ich (mit Co-Trainer Bramme) und Wilfried Sauerland haben die Chance gesehen, mit einem zweiten, klaren Sieg gegen den boxerisch limitieren Miranda ein richtiges Ausrufezeichen in die Boxwelt zu setzen.

Arthur hat perfekt mitgezogen, ist ins Feuer gegangen, hat die vereinbarte und trainierte taktische Linie genau durchgezogen – der K.o.-Triumph war die logische Folge.

Auch beim Letztrunden-K.o. über Jermain Taylor hat er boxerisch und taktisch geglänzt. Immer Druck oder Gegendruck gemacht in einem sehr spannenden Kampf. Dann die entscheidende Aktion in der zwölften Runde. Fantastisch. Die Halle ist explodiert.

Oder der Knock-out über Khoren Gevor. An diesem Kampf konnte man ebenfalls sein ganzes Potenzial sehen. Der war auch gefährlich. Aber wieder hat Arthur alles richtig mitgenommen in das Gefecht, hat genau zum richtigen Zeitpunkt das Tempo angezogen, in der vierten Runde, in der sechsten Runde – das ist Arthur Abraham auf der Spitze seines Könnens.

Jetzt, auf der Zielgeraden seiner Karriere, stellt sich also dieselbe Frage wie vor fünf Jahren. Eigentlich dürfen wir nur noch von Kampf zu Kampf denken. Aber ich habe die Hoffnung, dass irgendwo in Arthur die Kraft, der Willen und der Ehrgeiz steckt, sich einen ganz großen Abschied zu verschaffen. Das Können dazu hat er immer noch!

Irgendwie, auch wenn das komisch klingt, ist Arthur Abraham das auch dem Boxsport schuldig. Denn in seiner Karriere sind so viele positive Dinge passiert, viele zum genau richtigen Zeitpunkt, dass aus dem Jungen, der nahezu mittellos und ohne große Zukunftshoffnungen zum Sauerland-Stall kam, ein Weltmeister und ein reicher Mann wurde.

Er wurde perfekt gemanagt, und ich habe gehört, dass er auch gar nicht schlecht trainiert wurde. Er verdankt seinem Umfeld sehr, sehr viel. Das muss ihm bewusst sein, wenn er die nächsten Aufgaben angeht.

Kurz und knapp: Arthur Abraham hat von der Lottofee der Lebensschicksale einen Sechser mit Superzahl spendiert bekommen. Ich gönne ihm das ohne Wenn und Aber. Genauso wie ich ihm weiter ganz ehrlich sagen werde, dass er sich und allen, die ihn zu dem gemacht haben, was er geworden ist, noch etwas schuldig ist.

10. KAPITEL

Das Herz eines Trainers

Warum jeder Boxer ewig ein Teil von mir bleibt und wie ich mit Tempo 260 ins Trainingslager raste

Das Herz eines Trainers, so heißt dieses Kapitel. Es könnte genauso gut überschrieben sein mit: »Klassejungs und eine unvergleichliche First Lady.«

Jeder Einzelne, der sein sportliches Schicksal und damit für eine gewisse Zeit auch sein Leben mir anvertraut hat, besitzt einen Platz in meinem Herzen. Diejenigen, die ich hier erwähne, oder die woanders in diesem Buch gewürdigt werden, stehen stellvertretend für alle Faustkämpfer, die mich in 45 Trainerjahren fachlich begeistert, emotional berührt und rund um die Uhr beschäftigt haben. Wenn ich zurückschaue, gibt es keinen einzigen, den ich lieber nicht kennengelernt hätte. Bei allen Verrücktheiten, die einem mit jungen Burschen so passieren können.

Nehmen Sie zum Beispiel Supertalent Thomas Ulrich, der alles mitbrachte, um ein ganz Großer zur werden, aber auf diesem Weg vorzeitig hängen blieb. Wenn es einmal eine dauerhafte, jahrelange Phase gegeben hätte, in der Boxen das Wichtigste im Leben des Thomas Ulrich gewesen wäre – dann müsste man die Geschichte des deutschen Boxsports vermutlich ganz anders aufschreiben, als es heute der Fall ist.

Ich habe es genossen, mit diesem Modellathleten zu trainieren. Obwohl unsere Beziehung eine kitzlige war, weil Thomas zum Hauptrivalen von Sven Ottke wurde. Das änderte sich, als Thomas ins Halbschwergewicht nach oben ging. Wir schafften es, 1996 aus

Atlanta mit der olympischen Bronzemedaille zurückzukommen. Im Halbfinale verlor er nur ganz knapp gegen einen Koreaner. Danach trennten sich unsere Wege. Ich sage es mal salopp: Thomas entschied sich für den falschen Profi-Stall. Sein Potenzial alleine konnte ihn nicht bis zu einem Weltmeistertitel bringen.

Erzählen will ich Ihnen aber eine andere, richtig verrückte Geschichte über den Thomas Ulrich, den die Boxfans selten sahen. Weil er rund um den Boxring immer so scheu, fast unnahbar agierte. Privat, mit ein bisschen Abstand, war er einfach ein lockerer, lustiger Junge. Und der größte Autonarr, den ich je kennengelernt habe.

Ich bin einmal bei ihm im Auto von Berlin ins Trainingslager in Sonthofen mitgefahren. Er hatte eine Kiste, bei der nur noch das Äußere irgendwas mit dem zu tun hatte, was Sie und ich unter einem Pkw verstehen. Innen drin war bis auf die Sitze, die Sicherheitsgurte und einen Überrollbügel alles herausgerissen. Alles! Jedes Fitzelchen an Verkleidung, jedes überflüssige Ausstattungsdetail, dafür hatte er einen 70-Liter-Zusatztank eingebaut. Weil, wie er mir erklärte, der Durchschnittsverbrauch seines hochgezüchteten Spielzeugs bei deutlich über 20 Litern pro 100 Kilometer lag.

Wir fuhren los, vermutlich eher gemütlich für seine Verhältnisse, also nicht mehr als 180 oder 190 Stundenkilometer schnell. Dann überholte uns zuerst ein Porsche, kurz darauf ein Mercedes. Und ich Dussel konnte meinen Mund nicht halten, schaffte es nicht, den Spruch, der mir durch den Kopf schoss, runterzuschlucken. »Siehste«, sagte ich, »jetzt sind wir wieder nur Dritter, das gibt Bronze.«

Thomas Ullrich machte das, was jeder junge Bursche getan hätte. Er stieg voll aufs Gas. Das Auto machte einen Satz, wie ich es noch nie erlebt hatte. Meine beiden Beine flogen hoch, knallten unter das Armaturenbrett. Mit 260, wenn ich es in meinem Schockzustand richtig vom Tacho abgelesen habe, flogen wir an dem Mercedes und dem Porsche vorbei. Der Porsche-Fahrer zeigte uns dreimal den Scheibenwischer.

Danach, das kann ich Ihnen sagen, habe ich immer viel besser aufgepasst mit Sprüchen in einer Rakete auf vier Rädern …

Über Marco Rudolph habe ich an anderer Stelle in diesem Buch schon geschrieben, schreiben müssen, weil er für eine gewisse Zeit mit dem Leben nicht so richtig klarkam. Aber boxerisch, das sollen Sie auch wissen, war er der perfekte Mann für unsere Boxschule in der DDR, die ja mit leichten Abwandlungen auch meine ist. An seinen besten Tagen, rund um die Amateurbox-WM 1991 in Sydney, als er auf dem Weg zum Gold vier Weltklasse-Gegner aus dem Weg räumte, hätte man aus seinen Kämpfen einen Lehrfilm machen können. Jede Aktion überlegt. Jeder Schlag effektiv. Jeder Schritt zweckerfüllt, um dem Gegner schon wieder Druck zu machen.

Ich habe Rudi ja nur zu den Höhepunkten übernommen, aber unser Verhältnis war durch die Zeit, als ich ihn als Junior mit aufbauen durfte, schon etwas Besonderes. Als Weltmeister 1991 bekam er eine Urkunde. Ein paar Monate nach der WM traf bei mir ein großer Umschlag ein mit Marco Rudolph als Absender drauf. Er hatte die Urkunde an mich geschickt. Als Dankeschön. Sie bekam einen Ehrenplatz in dem Erinnerungsalbum über die damalige Zeit. Und die Geste löst bis heute Gänsehaut und Dankbarkeit bei mir aus.

Vielleicht wundern Sie sich, dass die Sportler-Trainer-Beziehung im Boxerlager so viel enger zu sein scheint als beispielsweise bei den Fußballern. Ich will das nicht grundsätzlich bejahen, bin sicher, dass auch die ganz großen Kicker-Stars Trainer fest in ihr Herz einschließen. Aber bei uns, in unserem Sport, ist die Zusammenarbeit enger, direkter, privater. Wir Boxtrainer erleben unsere Schützlinge nicht nur bei der normalen Grundlagenarbeit. Vor allem die Zeiten direkt vor einem wichtigen Kampf schweißen extrem zusammen, sind geradezu intim. Die Ängste und Sorgen und Zweifel und jedes Wehwehchen – alles kommt auf den Tisch. Boxer und Trainer müssen da gemeinsam durch. Müssen einen Weg finden, um zwei Menschen zu werden, die in den wichtigen Momenten wie ein gemeinsamer Organismus funktionieren.

Ehrlichkeit ist dabei ein riesengroßes Wort. Der Boxer muss Ehrlichkeit von seinem Trainer erwarten können, manchmal auch schonungslose Ehrlichkeit. Und andersherum verlässt sich der Trainer auch darauf, dass sein Boxer keinen Mist baut, die Vorbereitung ernst nimmt und zumindest für diese Zeit sein Leben dem sportlichen Ziel unterordnet.

Die Ehrlichkeit ist umso bedeutsamer, als bei diesem engen Aufeinanderhocken unmittelbar vor Kämpfen Unehrlichkeit gar nicht geht. Was nicht heißt, dass sie nicht vorkommt. Auch ich habe Boxer gehabt, die im Trainingslager Dummheiten gemacht haben, ausgerissen sind oder beim Essen super diszipliniert tun, weil die Waage noch zwei Kilo zu viel zeigt, sich dann aber einen Suppenteller voller Eis beim Zimmerservice bestellen.

Ganz egal, was die Boxer auch glauben: Es bleibt nichts geheim bei dieser dauernden Nähe. Es bleibt nur dann geheim, wenn der Trainer entscheidet, es nicht zum Thema zu machen. Die Herren Boxer, ganz nüchtern betrachtet, haben einen entscheidenden Nachteil in diesem Spiel: Für sie ist der, den sie eventuell austricksen wollen, der erste, zweite oder vielleicht dritte Trainer. Für den Trainer ist es aber der einhundertste, zweihundertste oder dreihundertste Boxer, der durch seine Trainingshalle gegangen ist.

Da gibt es zum Beispiel in meinem Trainerleben einen durchaus erfolgreichen Kämpfer, der war so einfach zu lesen wie Leuchtschrift im Dunkeln. Wenn er selbst anrief, um zu sagen, dass er wegen Krankheit nicht trainieren könne, steckte immer wirklich ein gesundheitliches Problem dahinter. Dann telefonierte ich sofort mit dem Arzt, machte einen Termin aus, ließ meinen Schützling doppelt und dreifach checken, ehe wir wieder Vollgas gaben. Aber wenn er seine Freundin oder jemand anderen aus der Familie anrufen ließ, dann wusste ich, dass er einfach nur ein Päuschen machen wollte. Dann wurde das Pensum eben gnadenlos am nächsten Tag nachgeholt. Ich glaube, mein Star wusste genau, warum das passierte. Jedenfalls hörte ich nie auch nur eine Silbe einer Beschwerde.

Aber wir waren bei meinen Boxern. Bei denen, die über dem Durchschnitt lagen. Weit über dem Durchschnitt im Falle von Markus Beyer. Doch, und da wird mir schon wieder schwer ums Gemüt, Markus war derjenige meiner Boxer, der Licht und Schatten gleichermaßen verkörpert.

Dreimal wurden wir gemeinsam Profiweltmeister, konnten den Supermittelgewichts-Gürtel des Weltverbandes WBC erkämpfen. Damit hatte der Sauerland-Boxstall, hatte meine Trainingsgruppe lange Zeit zwei Champions in derselben Gewichtsklasse. Der andere war ja Sven Ottke. Doch wer dreimal Weltmeister wird, der muss nach der Logik des Boxens auch zweimal den Titel verloren haben.

Licht und Schatten, wie gesagt. An den meisten Tagen war Markus locker, dann zeigte er sein wunderbares Talent. Er, der Rechtsausleger und Konterboxer. Der jeden Kampf in jeder Sekunde durch einen K. o. entscheiden konnte. Aber eben auch selber auf dem Drahtseil tanzte und manchmal erwischt wurde.

Ich glaube nicht, dass Svennie beleidigt sein wird, wenn ich hier sage, dass Markus etwas Besonderes hatte. Aber damit aus grenzenlosem Talent dauerhafter Erfolg wird, müssen die Zutaten Fleiß, Wille und Glück mit eingerührt werden. Eigentlich kein Problem für Markus in seinen vielen, vielen guten Phasen. Doch im Gegensatz zu Sven ließ er sich auch ablenken, schleppte immer wieder Themen mit sich herum, die eigentlich in den Spind der Umkleidekabine gehören. Fest eingeschlossen mit zwei Vorhängeschlössern davor.

Ja, Markus war manchmal ein Melancholiker und schaffte es dann, Dinge zu Problemen werden zu lassen, die einfach keine waren. Ich merke, dass ich viel zu sehr ins Meckern abgleite, damit werde ich der Klasse von Markus nicht gerecht. Ich wusste ja ganz genau, was ich an ihm hatte, durfte ihn schon im Juniorenlager führen und in seiner Ecke 1988 in Danzig den Europameister-Titel feiern. Er besiegte im Fliegengewicht den starken Zoltan Lunca, verpasste Gold bei der Junioren-WM in Puerto Rico ein Jahr später vor allem deshalb, weil er im Finale auf einen Lokalmatador traf. Nach der Wende dauerte es bis 1993, ehe ich ihn nach Berlin in meine Trainingsgruppe locken konnte. Und als ich dann zu den Profis wechselte, war es für jeden logisch, dass Markus mitkam. Bei seinen Qualitäten ...

Am stärksten war er immer, wenn er als Außenseiter in den Ring ging. Auch so ein Riesenunterschied zu Sven. Während dieser den Druck, Weltmeister zu sein, den Titel und den Status - und damit auch die Einnahmemöglichkeiten - zu verteidigen, nicht spürte oder nicht zu spüren schien, war das bei Markus anders. Markus spürte den Druck. Und jeder um ihn herum spürte, dass er ihn spürte. Aber wenn er nichts zu verlieren hatte, dann - ich schnalze mit der Zunge - waren Boxspektakel angesagt. Nehmen wir nur den Tag, an dem er zum ersten Mal Champion wurde, den 23. Oktober 1999. Markus gewann in England, entthronte den Briten Richie Woodhall. Einmal in der ersten Runde und zweimal in der dritten Runde hatte er seinen Gegner am Boden - und kam im letzten Durchgang dann selbst noch in Schwierigkeiten. Hatte ich schon einmal was von Licht und Schatten gesagt?

Doch dieser Auswärtssieg war und ist etwas Besonderes. Außer Markus haben bis heute nur Max Schmeling und Ralf Rocchigiani einen WM-Titel in einem fremden Land gewonnen. Die erste Titelverteidigung, ein knallhartes K. o. über Leif Keiski, war eine Augenweide. Und dann kam der Schatten. Gegen den Engländer Glenn Catley, den er vom Können her in jede Tasche stecken konnte, verlor Markus im Mai 2000 durch technischen K. o. in der zwölften und letzten Runde.

Markus hatte mächtig zu knabbern an diesem Rückschlag. Ich

merkte in jeder Trainingseinheit die Unsicherheit und die nicht mehr vorhandene Stabilität. Als auch seine zweite Regentschaft nur drei Kämpfe dauerte, holte er sich Hilfe von einem Psychologen.

Wissen Sie, wir Trainer sind ja selbst Psychologen. Und das meine ich weder ironisch noch im übertragenen Sinne. Jeder gute Coach sollte psychologisch ausgebildet sein. Denn wir müssen die Seelen unserer Sportler genauso trainieren wie den Körper und das Gehirn, das für die Umsetzung der Taktik zuständig ist. Ich selbst verbringe unheimlich viel Zeit damit, über jeden einzelnen Boxer und seine eventuellen Sorgen, Nöte, Probleme nachzudenken. Damit ich spüre, was los ist, und ihm hoffentlich helfen kann. Am besten noch, bevor das, was ihn bedrückt, akut wird.

Manchmal sitze ich stundenlang da und denke drüber nach, was mit einem meiner Jungs nicht stimmt. Ich spüre, dass es so ist. Ganz tief in mir drin. Es bricht sich einfach durch alle logischen Ebenen Bahn. In der Trainingshalle scheint alles noch gut zu laufen. Keiner, der uns - Trainer und Boxer - bei der Arbeit sehen würde, hätte auch nur den geringsten Hinweis oder Verdacht. Aber innen drin spüre ich, dass mein Boxer neben der Spur läuft.

Dafür - um kurz von dem Beispiel Markus Beyer wegzugehen - kann es tausend Gründe geben. Es kann sein, dass die Belastung ihn im Moment daran hindert, die beste Trainingsleistung zu bringen. Vielleicht hat er einen kleinen Infekt. Oder ein paar Probleme im Privatleben. Aber das alles kann ich schnell nachprüfen, abchecken, abhaken. Der Zweifel bleibt. Und wächst in mir. Dann sitze ich vermutlich zu Hause auf der Couch, der Fernseher läuft, vielleicht die Nachrichten - und Margret fragt mich etwas. Rums macht es, und aus irgendeinem fernen Sonnensystem stürzt Boxtrainer Ulli Wegner zurück ins Wohnzimmer in Berlin-Tegel. »Äh, ich weiß nicht, Margret«, sage ich dann. Sie schaut mich an und fragt: »Du bist gar nicht da, Ulli, oder?«

Nein, ich bin nicht da. Ich bin komplett geistesabwesend. Ich bin irgendwo im Nirgendwo. Auf der Suche nach einer Lösung. Nach einer Erklärung. Ich will, ich muss, ICH MUSS herausfinden, was mit meinem Boxer nicht stimmt. Warum er nicht die Leistung bringt, die er zu diesem Zeitpunkt bringen kann. Um Gottes willen, was läuft falsch? Mache ich Fehler? Habe ich irgendetwas übersehen? Ruhig, ganz ruhig, Ulli. Geh noch einmal alles ganz genau durch. Hast du zu viel trainiert? Passt irgendein Trainingsdetail nicht? Mensch, schau noch einmal genau hin! MACH ICH DOCH DIE GANZE ZEIT!

Margret ist längst aufgestanden und schlafen gegangen. Sie kennt mich so gut, dass sie weiß, dass ich dort, wo ich in diesen Momenten bin, für niemanden zu erreichen bin. Nicht einmal für sie. Unser Bungalow könnte brennen, und es bräuchte vier Mann, um mich nach draußen zu tragen. Alleine würde ich nicht mal aufstehen. So sehr bin ich in dem Problem gefangen. So sehr spüre ich, weiß ich, verfluche ich die Gewissheit, die da heißt: Ulli, finde heraus, was gerade unrund läuft. Oder ihr beide, dein Boxer und du, werdet vielleicht ganz bitter dafür bezahlen.

Ich hole Videos. Schaue mir alte Kämpfe an. Von meinem Jungen und vom Gegner. Was habe ich übersehen? VERDAMMT NOCH MAL, WAS HABE ICH ÜBERSEHEN? Ich sitze da, im inzwischen völlig dunklen Wohnzimmer, spiele einzelne Sequenzen von einzelnen Kämpfen immer wieder vor und zurück. Aber was, wenn es gar kein boxerisches Problem ist? Was, wenn ich mich nicht genug um meinen Schützling gekümmert habe? Habe ich irgendwas in seinem Verhalten falsch gedeutet? Brauche ich Hilfe? Soll ich seine Frau, seine Freundin, seinen Vater, seine Mutter oder wen auch immer anrufen?

Mein Wohnzimmer, in dem ich mich so wohlfühle, wird zum Gefängnis. Der Bildschirm ist längst schwarz. Genauso schwarz wie meine Gedanken. Ich rede mir Hoffnung ein: Ulli, bleib ganz ruhig, du hast noch immer die Lösung gefunden. Irgendwann kommst du drauf. Irgendwann, Ulli, lachst du drüber, wie einfach die Lösung war. Aber irgendwann ist so weit weg.

Margret schläft. Mein Boxer schläft. Hoffentlich. Zumindest. Berlin schläft. In meiner Vorstellung schläft die ganze Welt. Nur ich, obwohl ich völlig starr auf der Couch sitze, rase innerlich hin und her und pralle dabei gegen Mauern.

Irgendwann, es ist dann schon weit nach Mitternacht, mache ich mir einen Plan. Ganz genau hinschauen, Ulli. Rede mit dem Jungen, Ulli. Bleib ganz nah dran, Ulli. Und meistens kommt die Lösung innerhalb der nächsten Tage.

Manchmal auch nicht. Als Amateurtrainer habe ich einmal ein ganzes Jahr daran gearbeitet, bei einem Boxer die Führhand umzustellen. Er hatte einen überdurchschnittlich langen Hals, ich wollte und musste die Trefferfläche oben zumachen. Aber seine starke rechte Hand war danach nur noch ein Wattebäuschchen. Ich bin bei der Problemanalyse fast verrückt geworden. Verrückt. Verrückt. Verrückt.

Dann, irgendwann, viel später, sagte mein damaliger Assistenztrainer: »Ulli, der verlagert seinen ganzen Oberkörper irgendwie komisch. Ganz leicht nur. Aber da stimmt was nicht.« Und ich bin ihm fast um den Hals gefallen. »Das ist es. Und ich habe so lange gegrübelt.« Das Problem war gelöst, wir haben es im Training korrigiert. Und alles war wieder in Ordnung.

Bei Markus Beyer gab es keine derart einfache, mechanische Lösung. Ich sah und spürte und bedauerte, wie sehr ihn der zweite Verlust des Weltmeistertitels belastete. Und beschloss, ihn bei der Arbeit mit dem Psychologen mit vollem Einsatz zu unterstützen.

Es war komisch, sehr komisch sogar, über das Intimste zu sprechen, was es in meinem Beruf gibt: die Sportler-Trainer-Beziehung. Aber nachdem ich mich dazu entschieden hatte, gab es kein Zurück und keine Zurückhaltung mehr. Der Psychologe von Markus bekam alles auf den Tisch, ohne jede Scheu. Nicht nur meinen Stolz auf das

Talent dieses Jungen, auf seinen Charakter und die Erfolge, die er schon errungen hatte. Nein, ich redete auch über meine Ängste, ihm, der ein absoluter Lieblingsboxer von mir war, nicht gerecht zu werden. Ich redete über meine Verpflichtung Markus gegenüber. Schließlich war sein Junioren-EM-Titel 1988 unheimlich schön und wichtig für mich. Ich war beim TSC immer noch suspendiert vom Leistungskader-Bereich. Das, was der junge Bursche damals erkämpfte, war ungemein wohltuend für meine Seele. Und für meinen Ruf.

Ich versuchte, dem Helfer von Markus zu helfen, indem ich einen kompletten Seelen-Striptease hinlegte. Ich glaube, dass noch nie ein Mensch von mir einen so tiefen, ungeschminkten und detaillierten Einblick bekommen hat, was Boxen und was vor allem Boxer für mich bedeuten.

Das Gefühl, als ich die Räume des Psychologen in Hamburg verließ, war unbeschreiblich. Als hätte ich ein endlos langes Bad genommen, mit allem, was man zum Säubern nur verwenden kann. Ich war erleichtert, mit Markus und mir im Reinen. Schwebte die ganze Rückfahrt nach Berlin und noch viel länger wie auf einer Wolke. War bereit, noch einmal aufs Neue die Boxwelt anzugreifen.

Markus holte sich die an den Italiener Cristian Sanavia nach Punkten verlorene WM durch einen K.o.-Sieg zurück. Die dritte Zeit als Champion war meiner Meinung nach die stabilste und beste. Aber sein letzter Kampf für den Sauerland-Stall und mit mir in der Ecke, die K.o.-Niederlage gegen Mikkel Kessler – weiß Gott, darauf hätte ich gerne verzichtet.

Es spielt keine Rolle, dass ich Markus Beyer davon abgeraten habe. Es spielt keine Rolle, dass er Kessler eine Rippe angeknackst hatte, ehe er zu Boden ging. Und es spielt auch keine Rolle, dass ein Beyer, bei dem im Umfeld alle an einem Strang gezogen und das Boxen statt das Geschäft in den Vordergrund gestellt hätten, dass dieser Beyer gegen Kessler eine Chance gehabt hätte.

Ich hätte diesen Kampf sehr gerne vermieden. Weil so das Ende der Karriere (den letzten Kampf eineinhalb Jahre später will ich nicht werten) nicht der Klasse von Markus Beyer entspricht. Jener einzigartigen Qualität, in seiner ganzen Laufbahn, 20 Jahre lang, jeden Kampf in jeder Sekunde entscheidend beenden zu können. Aber ich konnte es nicht verhindern. Die einzige Möglichkeit wäre gewesen, nicht in die Ecke zu gehen. Aber das habe ich noch nie getan. So etwas tut ein Trainer nicht. Das ist undenkbar.

Apropos undenkbar. Jeder, der mich ein bisschen kennt, weiß, dass ich nicht gerade zu den erklärten Frauenbox-Fans gehöre. Grundsätzlich bin ich der Meinung, dass Kampfsport Männersache sein sollte. Nennen Sie mich einen Macho oder einen Chauvi. Es ist meine Meinung. Und lange habe ich sie kompromisslos durchgezogen.

Doch ich gebe zu, dass eine Reihe von Frauen in den letzten Jahren alles getan haben, damit meine Meinung ins Wanken kommt. Da muss ich mit Regina Halmich beginnen, die sich mit ihrer grandiosen Karriere meinen Respekt erboxt hat. Regina im Boxring, das war Kampfgeist pur. Herz und Hingabe für den Boxsport. Jedes einzelne Mal. Ihre Auftritte waren für mich Pflichttermine vor dem Fernseher. Und es verging keine Halmich-Show, ohne dass ich mich dabei ertappte, meinem Boxer X oder Y genauso viel Engagement von der ersten bis zur letzten Runde zu wünschen. Ehrgeiz. Wenn man dieses Wort in einem Lexikon erklären will, braucht man nur ein Foto von Regina Halmich danebenzukleben. Super sympathisch ist sie obendrein.

Dennoch fand ich den Zugang zum Frauenboxen in eigener Trainingshalle erst ganz, ganz spät. Eine sehr gute Chance habe ich bewusst verstreichen lassen. In Köln trainierte bei uns Fikriye Selen mit. Die bildhübsche türkische Amateurboxerin, die neben ihrem tollen Aussehen und ihrem Boxtalent auch noch überragende Intelligenz mitbrachte.

Vor allem aus diesem Grund hatte ich damals Manschetten, sie als Profiboxerin aufzunehmen. Vielleicht hat sie das nicht verstanden, aber sie hat als Geschäftsfrau einen beeindruckenden Lebenslauf hingelegt. Als ich das letzte Mal von ihr hörte, war sie in New York gerade zur Kunstmanagerin beim Auktionshaus Christie's aufgestiegen. Bewundernswert.

Dieses Wort verwende ich auch gerne und oft für die langjährige First Lady im Sauerland-Boxstall, Cecilia Braekhus. Mannomann, kann das Mädel boxen. Ich weiß noch, wie sie das erste Mal vor mir stand. Ich dachte mir: Wow, schon wieder so 'ne Hübsche. Nach den ersten Minuten im Ring merkte ich, dass sie auch boxerisch eine Menge mitbrachte. Und weil sie unbedingt Profi werden wollte – im Amateurlager hatte sie ja schon genug Medaillen abgeräumt –, hat Wilfried Sauerland Cecilia dann als erste Frau unseres Teams unter Vertrag genommen.

Sie ist die beste Faustkämpferin auf diesem Planeten, das steht für mich fest. Ein Naturtalent mit immer guter Laune. Vierfache Weltmeisterin, aber keine Starallüren. Und wenn Sie jetzt Geschichten von mir hören wollen, wie problematisch Frauen beim Training für den Hochleistungsport sind, dann kann ich damit nicht dienen. Es gab und gibt keine Dramen, kein Diva-Verhalten, keinen Zoff.

Da muss ich wohl einen echten Männerspruch platzieren, wenn ich die Situation bei uns in der Trainingshalle und im Sauerland-Team beschreiben will: Frauen sind nur gefährlich, wenn es mehrere sind. Cecilia ist eine von den Jungs, sozusagen. Ich bin mächtig, mächtig stolz auf sie. Es war ein positives Erlebnis, mit ihr zu arbeiten.

Das gilt ebenso für meinen lange Zeit stabilsten Weltmeister.

Der Weg von Marco Huck zum Profibox-Champion ist eigentlich ein Märchen. Und deswegen will ich es Ihnen auch wie eines erzählen. Es war einmal vor langer, langer Zeit ein Kickboxer, der einem Freund unseres damaligen Matchmakers Jean-Marcel Nartz auffiel. Und es begab sich, dass wir diesen Kickboxer ins Box-Camp nach Köln einluden und ihn ein paar Sparringsrunden gegen den Schwergewichtler Cengiz Koç absolvieren ließen. Sogleich erkannte der Trainer des Boxstalls ... Ach, Quatsch. Ich erzähle das doch lieber normal weiter.

Kickboxen ist für mich nur Schlägerei, also habe ich das Schlimmste erwartet, als Marco zum ersten Mal vor meinen Augen zuschlug. Aber es war von der ersten Minute an deutlich, dass dieser Kickboxer etwas Außergewöhnliches mit in den Ring brachte. Er zeigte überragende koordinative Fähigkeiten. Sein Balance- und Bewegungsgefühl ist so gut entwickelt, dass ich keine Sekunde zögerte, sondern mich entschloss, das Wagnis mit ihm einzugehen.

Warum Wagnis, fragen Sie? Ganz einfach: Marco fehlte es zu Beginn seiner Boxzeit ein klein wenig an Erfahrung. Er hatte, um es deutlich zu machen, ein paar hundert Kämpfe aus dem Amateurlager plus zig knallharte Turniere auf Nationalkaderebene zu wenig.

Schauen wir uns doch mal Sven Ottke, Markus Beyer oder Arthur Abraham im Vergleich an. Svennie wurde nach 335 Amateurduellen, drei Olympischen Spielen, drei Weltmeisterschaften und fünf Europameisterschaften Profi. Ach, ja: Beinahe hätte ich seine elf Deutschen Meistertitel vergessen. Bei Markus Beyer waren es ein paar große Turniere weniger, aber immerhin auch 274 Amateurauftritte. Und selbst Arthur hatte für seine Clubs in Nürnberg und Eichstätt immerhin 90 Mal im Ring gestanden, ehe er Berufsboxer wurde.

Erfahrung ist so unglaublich wichtig in unserem Sport. Weil es um Automatisierung geht. Um Dinge und Situationen, die zwar auch zu erklären sind, aber vor allem erlebt werden müssen.

Sven Ottke schlug den kurzen rechten Kopfhaken, der Anthony Mundine ins Land der Träume schickte, aus einem Instinkt heraus, der auf zehntausendfacher Wiederholung aufbaut. Jedes einzelne enge Gefecht seiner ganzen, langen Karriere hatte seinen Anteil an dieser Situation, die ihm einen spektakulären und immens wichtigen Sieg bescherte.

Einen Boxer praktisch ohne Erfahrung zu verpflichten (15 Kämpfe stehen in Hucks Amateurpass), ganz egal wie viel Talent er hat, ist schon eine Verrücktheit.

Ich habe es nicht bereut.

Marco erzählt es ja heute selbst: Er war noch ein Kind, als er bei uns anfing. Er war 19 Jahre jung, hatte zwei Ausbildungen nicht zu Ende gebracht und setzte alles auf die Karte Profiboxen. Es war ein hartes, aber lohnendes Stück Arbeit. Natürlich mussten wir erst einmal an der Grundstruktur arbeiten. Mussten Marcos Kickbox-Vergangenheit praktisch deprogrammieren, versuchen, das Kicken in bedrängten Situationen aus seinem Gehirn zu löschen.

Dennoch passierte es ihm in einem seiner frühen Kämpfe, dass er das Knie als Faust benutzte. Allerdings war er vorher von seinem Gegner durch zwei Kopfstöße provoziert worden.

Als Trainer sehe ich, dass ihm die natürliche boxerische Eleganz fehlt. Aber Marco darf sich rühmen, in anderen Bereichen Riesensprünge nach vorne gemacht und sein Potenzial sehr gut ausgeschöpft zu haben. Athletik und Reflexe sind ihm einfach gegeben; diese zu entwickeln und für das Boxen zu nutzen, das war nicht so schwer. Seine Ringpräsenz ist beeindruckend. Der Gegner spürt ihn quasi auch dann, wenn Marco gar keine Angriffsaktion startet. Seine Schlaghärte ist aufgrund seiner Explosivität ebenfalls überdurchschnittlich. Anders wären seine Erfolge gar nicht möglich gewesen.

Dennoch fehlt etwas Wichtiges. Weil Marco seine Siege quasi durch seine körperliche Stärke erzwingt, damit auch im Kickboxlager Erfolg hatte, fehlt ihm sozusagen die Schulbildung in puncto Kampfesführung. Taktik ist ja schön und gut, der Boxer muss sie aber auch umsetzen können. Bei Marco war immer wieder zu spüren, dass er das nur bis zu einem gewissen Punkt durchhielt. Dann wurde die Brechstange ausgepackt.

Verstehen Sie mich nicht falsch: Das ist nichts, was man ihm zum Vorwurf machen könnte. Wir Trainer sagen, dass diese Dinge, das Einhalten eines Planes, das Reagieren auf veränderte Kampfsituationen, schon sehr früh erlernt werden. Oder besser gesagt: Die Grundlagen, von denen ein guter Kämpfer ein Leben lang zehrt, können sehr früh gelegt werden. So im Alter zwischen 14 und 18 Jahren. In dieser Zeit gab es für Marco aber keinerlei Notwendigkeit und keine Gelegenheit, sich in diesen Bereichen zu schulen. Er hat das in unserer Trainingshalle schnell kapiert, war begierig darauf, die Defizite auszugleichen. Es ist sehr aufregend, mit einem derartigen Boxer zu arbeiten. Marco saugt alles auf, was wir als Trainerteam ihm beibringen wollen. Wobei – manchmal ist das so im Leben – sich alles erst nach einer schlimmen Krise richtig fügte.

Ich nehme Sie noch einmal mit zurück in die ersten Tage mit Marco. Damals, als er nur mit einem Trainingsanzug, aber ohne Boxklamotten bei uns im Gym am Müngersdorfer Stadion auftauchte. Und sich vorstellte: »Guten Tag, Herr Wegner, ich bin Kickbox-Weltmeister. Und ich will Profibox-Weltmeister werden.« Für »Hucker«, wie ich ihn oft nenne, war das in dem Moment, in dem er den Vertrag bei Wilfried Sauerland unterschrieben hatte, beschlossene Sache. Für seine ganze Familie auch. Marco wird Weltmeister. Und zwar schnell.

Drei Jahre nach seinem Profidebüt bin ich das Risiko eingegangen. Und stehe heute noch dazu. Wir hatten die Chance, gegen Titelträger Steve Cunningham um die IBF-WM zu boxen. Marco hatte sich prächtig entwickelt, hatte im Kampf zuvor in Bamberg gegen den Russen Vadim Tokarev eine Weltklasseleistung abgeliefert – und er wollte auch unbedingt nach dem Gürtel greifen. Alle Signale auf grün.

Wie wir alle wissen, ging das Wagnis nicht auf. Marco verlor gegen den stark boxenden US-Weltmeister die Linie, verlor seine Ringpräsenz, machte im Verlauf des Duells deutliche Schritte zurück statt nach vorn – und verlor den Kampf.

Ich musste das tun, was die schlimmste und traurigste Pflicht eines Boxtrainers ist. Ich musste das Handtuch werfen, somit das

Ende des jetzt viel zu ungleichen Duells signalisieren. Musste meinen Kämpfer, meinen Marco, in der zwölften Runde vor dem drohenden K. o. retten.

Jetzt reden wir mal Tacheles: Ich rühme mich der großen Siege meiner Boxer, also muss ich auch die Mitverantwortung für die bitteren Niederlagen übernehmen. Ja, ich hatte das Gefühl, dass sich Marco und sein Umfeld ihrer Sache zu sicher waren. Aber dann hätte ich es sein müssen, der noch einmal dazwischenhaut. Mit einer ganz klaren Ansage: Lasst den Jungen in Ruhe, wir haben einen verdammt schweren Kampf vor uns. Dass ich das nicht in diesem Maße getan habe, mache ich mir zum Vorwurf.

Hucker ging, in der Rückschau, schon nach drei, vier Runden aus der Spur. Er fühlte, dass ihm der Kampf entglitt. Und aus Gründen, die oben beschrieben sind, fehlte ihm zu diesem Zeitpunkt das Rüstzeug, das erlernte Erleben, um sich aus dieser Lage zu befreien. Er nahm gar nichts mehr auf, schaute in den Pausen durch mich hindurch. In diesem Moment wurde ich Opfer des Risikos, und Marco wurde Opfer seiner Unerfahrenheit.

Schauen Sie sich, auch wenn es Marco-Huck-Fans wehtut, ruhig noch einmal ein paar Kampfszenen aus diesem Duell in Bielefeld an. Dann werden Sie genauso wie ich damals erkennen: Das ist gar nicht unser Marco Huck, der da im Ring agiert. Das ist ein Imitator, einer, der so aussieht wie der Kämpfer, den wir so gut kennen, der aber null und nichts von dessen Souveränität hat. Weil sie ihm Cunningham abgenommen hat. Dann lässt der Junge, auf den wir so stolz sind, auch noch die Hände fallen. Nimmt fast wehrlos die Treffer. Ein Bild des puren Schreckens.

So einfach und so brutal funktioniert Boxen. Wenn der an diesem einen Abend bessere Mann seine Überlegenheit ausnutzt und ausbaut, wenn er keinen Fehler macht, sondern sich von der Welle tragen lässt, wird die Kluft zum unterlegenen Boxer manchmal riesengroß. Könnte man die Uhr zurückdrehen und den Kampf noch einmal starten mit dem Wissen, was falsch laufen wird, könnte man es korrigieren. Aber in der Situation ist ein Tempowechsel, ein Comeback schwierig und verdammt selten.

Ich bleibe dabei, auch wenn ich dafür vielleicht ausgelacht werde: Marco hatte es in sich, auch schon damals Weltmeister zu werden. Aber wir alle, Boxer, Trainer, Umfeld, haben nicht das Optimale geleistet. Deswegen flog das Handtuch aus der blauen Ecke. Ein beschissenes Gefühl.

In dieser Sekunde, als das blöde Teil noch durch die Luft flatterte, schossen mir tausend Gedanken durch den Kopf. Warum hast du diese WM zugelassen? Du hättest es wissen müssen! Das ist eine Katastrophe. Ach was, mach dich nicht fertig, das war einfach ein Scheißabend. Bau ihn auf, den Jungen! Spinnst du, lass ihn kochen in seiner Niederlage. Er muss draus lernen, so sehr es ihn auch schmerzt. Ulli, reiß dich zusammen, du weißt, dass so etwas passieren kann. Und dann weicht das alles einer dumpfen, sinnlosen Leere.

Der Moment einer Niederlage ist ein bisschen wie Sterben. Nur ganz, ganz weit hinten in der Leere ist ein kleines Lichtlein. Und eine Stimme flüstert kaum hörbar: Ulli, das Leben geht weiter, es kommen wieder bessere Tage. Ganz bestimmt.

Marcos Blick – den werde ich nie vergessen. Nach dem Kampf schaute er durch mich hindurch in eine weite Ferne, die nur er selbst beschreiben kann. Ich bin dann zu unserer Kabine gegangen, sah dort vor der Tür Marcos Vater auf einem Stuhl sitzen. Ich konnte kein Wort zu ihm sagen, tapste ihm einmal auf die Schulter und ging rein.

Das ist eine Situation, die mir sehr wehgetan hat. Wissen Sie, draußen im Ring, da war es noch Boxen. Da war ein großer Anteil an Show mit dabei. Nicht, dass irgendjemand Gefühle vorspielen würde. Aber wenn dir aus 15 Zentimetern Entfernung das Kameraobjektiv ins Gesicht knallt, dann kriegt jeder mit, dass er auf einer

Bühne steht. Jetzt, dort im Gang zur Kabine, wurde die schlimme Niederlage persönlich.

Ich sah Marcos Vater, der als Asyl-Bewerber nach Deutschland gekommen war und viele, viele Entbehrungen auf sich genommen hatte, um seiner Familie einen gewissen Lebensstandard bieten zu können. Harte, körperliche Arbeit in einem fremden Land. In einer Umgebung, in der man lange nichts oder nur ganz wenig gilt, die fremde Sprache nicht versteht und jeder Tag ein einziger Ringkampf mit dem Schicksal ist.

Ein paar Tage vor dem Kampf, bei dem Marco Lokalmatador war, weil er in Bielefeld aufwuchs, lud mich die Familie in ihr Zuhause ein. Es waren schöne, gastfreundliche, beeindruckende Stunden. Es gab zu essen – an eine serbische Hartwurst mit richtig Geschmack erinnere ich mich heute noch – und zu trinken, ich spürte den Zusammenhalt und die gemeinsamen Hoffnungen der Familie. Ihr Marco Huck, in Serbien geboren als Muamer Hukić, würde Weltmeister werden. Ein Star. Ein Superstar sogar.

Und ich hatte den Vater, hatte die Familie so enttäuscht an dem folgenden WM-Abend. Das ganze Szenario der Selbstvorwürfe rollte noch einmal und noch heftiger durch mein Gehirn. Wegner, was hast du dir nur dabei gedacht, so früh gegen einen so starken Mann um die WM zu boxen? Wieder kam in meinem Kopf die Gegenrede: Nein, wir hätten es schaffen können. Und wir werden es noch schaffen!

Aber das zu formulieren, mich zu dem Papa des geschlagenen Helden hinzusetzen und ihm Mut zu machen, das überfordert mich in solchen Situationen komplett. Alles, was ich vorher so locker geschultert habe, die Verantwortung, die Arbeit im Training und rund um das Training herum, die Verpflichtungen gegenüber dem Fernsehpartner und den anderen Medien, die einem abverlangen, jeden Moment hellwach zu sein – all das stürzt jetzt krachend auf mich herunter.

Stellen Sie sich das wirklich so vor, dass ich unter einer Lawine an unerledigten Emotionen, Erinnerungen und Zweifeln begraben bin. Ich muss mich aus diesen Trümmern erst wieder herausgraben. Langsam und vorsichtig. Das hat schon alles seinen Sinn. Mein Inneres schützt sich in diesen Minuten, aus denen Stunden werden können, selbst, indem es mich abschottet von der Außenwelt. Ich funktioniere, aber ich bin nicht wirklich anwesend.

Das gilt übrigens auch nach Siegen. Aber das beschreibe ich Ihnen in einem schöneren Moment.

Der schlimme Abend von Bielefeld ging noch schlimmer weiter. Marco Huck, mein Boxer, mein Kämpfer, meldete sich krank, Fieber. Ich gab ihm eine Woche frei, zur Erholung, sah und hörte nichts von ihm. Überhaupt gar nichts.

Doch dann erfuhr ich, dass er nach Frankfurt / Oder gefahren war, zu meinem Sauerland-Trainerkollegen Manfred Wolke. Die Situation war klar: Er verließ mich und hatte nicht einmal den Mut, es mir ins Gesicht zu sagen.

Für den Hitzkopf Wegner – auch wenn mich die Jahre da deutlich eingebremst haben – gab es nur eine Reaktion. Ich gab ein Interview und richtete dem Boxer aus: »Ich werde nie wieder mit Marco Huck zusammenarbeiten. Und wenn ich Kitt aus den Fenstern essen müsste.«

Zu diesem Zeitpunkt meinte ich das genau so, weil ich menschlich bitter enttäuscht war. Aber ein paar Monate später, als klar wurde, dass Marco in Frankfurt/Oder nicht zurechtkam, hatte sich das schon wieder relativiert. Ich muss als erfahrener Trainer einfach auch mit solchen Reaktionen rechnen. Vor allem bei einem so jungen und noch lange nicht gefestigten Boxer wie Marco Huck.

Dazu kommt jetzt ein Geständnis, bei dem ich den Verlag bitte, diese Seite aus dem Exemplar für Marco Huck herauszulassen: Ich mag diesen Jungen unheimlich. Hucker ist – wie seine Anfänge im Boxlager verdeutlichen – ein Projekt, wie ich es noch nie hatte. Und vermutlich auch nicht mehr haben werde. Ich bewundere diesen Typen, weil er so begierig darauf ist, besser zu werden. Zu lernen, zu verstehen, auszuprobieren. Und weil er dabei dennoch seine Urgewalt nie verloren hat.

Manchmal enttäuschte mich Marco Huck durch Dummheiten, über die ich nur den Kopf schütteln kann. Dann musste ich ihm gegenüber strenger sein, als Sie es vielleicht glauben würden. Er wusste dann ganz genau, dass er was verbockt hatte. Und gab mir diesen Blick: »Hey, Trainer, reißen Sie mir den Kopf bitte nicht ganz ab.« Das tat ich auch nicht, weil ich an ihn glaubte und daran, dass er sich noch sehr gut weiterentwickeln konnte. Denn auf der anderen Seite überraschte er mich auch immer wieder positiv. Erreichte Höhen, die vor ein paar Wochen oder Monaten noch unerreichbar waren.

Sie und ich und Marco selbst – wir alle konnten gespannt sein, wohin uns das noch führen würde.

Die Rückkehr von Marco Huck hatte sich schon bei seinem einzigen Kampf mit Manfred Wolke angedeutet. Während ich meine anderen Boxer vorbereitete, saß er wortlos bei mir in der Kabine. Was das bedeutete, brauche ich nicht auszuführen. Aber es ist mir wichtig, noch einmal deutlich zu machen, dass Wolke nichts Böses getan hat, auch definitiv Marco hätte führen können, dass es aber ein spezielles persönliches Band zwischen Hucker und mir gibt, das auch in dieser Krise hielt.

Marco fragte dann an, ob ich das mit dem »Nie mehr« immer noch so meinen würde. Ich antwortete ausweichend, sagte, dass ich das mit ihm länger und tiefergehend besprechen müsste. Tags darauf rief Marcos Papa bei mir an, bat um eine gemeinsame Aussprache in unserem Berliner Gym. Das hieß für ihn: Bis fünf Uhr arbeiten, dann in den Zug setzen und in die Hauptstadt fahren.

Ich gestehe Ihnen gerne, dass sich bei diesem Telefonat der letzte Rest meines Ärgers und meiner Enttäuschung in Luft auflöste. Ich kapierte endgültig, dass es bei allem, was in der Trainingshalle und im Boxring passiert, dass bei allen Erfolgen und allem Scheinwerferlicht etwas anderes die Kraftquelle für Marco Huck ist: seine Familie.

Das ist nicht selten so und manchmal auch gar nicht gut für einen Boxer. Aber bei den Huckis liegt der Fall anders. Die Verbundenheit, die Liebe in dieser Familie sucht immer nach dem Positiven. Nach dem, was gut ist für Marco und für alle anderen. Das schießt vielleicht mal über das Ziel hinaus, das führt vielleicht mal zu einem Fehler. Aber es geschieht nicht aus bösen Motiven heraus.

Marco, sein Vater und ich saßen über drei Stunden zusammen. Der Papa nahm alle Schuld für den Trainerwechsel auf sich. Aber das Wort Schuld gab es schon gar nicht mehr. Die Art und Weise, wie er sich vor seinen Sohn stellte, bekräftigte mich nur in meiner Einschätzung des Familienzusammenhalts. Als wir weit nach 23 Uhr auseinandergingen, waren wir für mich wieder ein Team. Dennoch musste ich noch einmal gemein sein zu den beiden. Also sagte ich nichts.

Denn ich brauchte noch den letzten Beweis, dass sich Marco auch ohne seinen Vater bewegen würde. Genau das passierte, er rief mehrmals an und fragte nach meiner Entscheidung. Etwas später, ich war zunächst noch mit anderen Sportlern im Höhentrainingslager, bestellte ich ihn ins Gym. Ich sagte nur: »Hol deine Klamotten und lass uns arbeiten.« Er hat sich riesig gefreut. Ich auch. Ich auch.

Die Niederlage gegen Cunningham, die Enttäuschung, das Weggehen und das Zurückkommen hatten das Team Huck-Wegner stärker gemacht. Ich weiß das, weiß aber auch, dass jeder einzelne Kampf auf dem Niveau, welches Hucker längst erreicht hatte, knallhart war und immer alles passieren konnte. Wir waren auf dem Drahtseil angekommen, dort, wo wir hinwollten. Wir wurden dafür bejubelt, gefeiert und gut bezahlt. Also mussten wir auch mit dem Risiko leben.

Das tat ich sehr gerne mit Marco. Es faszinierte mich, wie dieser Junge hineinhörte, wenn wir an einem Kampfplan arbeiteten. Wie stabil er inzwischen auch in heiklen Situationen seiner Kämpfe geworden war. Ich will nicht davon sprechen, dass Marco den gesamten Rückstand gegenüber einem klassisch geschulten Boxer mit denselben natürlichen Fähigkeiten aufgeholt hätte. Aber die Lücke schloss sich rapide.

Sein lange ersehnter WM-Traum ging schließlich im August 2009 in Halle/Westfalen im wunderschönen Gerry-Weber-Stadion in Erfüllung. Mit einer boxerischen und kämpferischen Meisterleistung besiegte er den Argentinier Victor Emilio Ramírez nach Punkten. Und machte seinen Trainer zu einem glücklichen Mann. Denn ich hatte richtig Manschetten vor diesem Duell, habe mir am Kampftag selbst um halb sechs Uhr früh noch einmal Videos von Ramírez angeschaut. Habe, was sonst wirklich nicht meine Art ist – weil eigentlich zu diesem Zeitpunkt alles getan ist –, am Nachmittag Marco noch einmal ins Gebet genommen. Deine Verteidigung muss stabil sein. Lass dich bitte nicht provozieren. Mach Druck, aber warte ab – je länger der Kampf dauert, desto größer wird dein Vorteil.

Dann stand ich in der gewohnten blauen Ecke und staunte, wie perfekt mein Junge das umsetzte. Als wir bei acht Titelverteidigungen angekommen waren, gingen wir für das Duell mit Alexander Powetkin ins Schwergewicht hoch.

Das war Huckers großer Traum. Natürlich sah ich das kritisch. Es war eigentlich wieder ein viel zu großer Sprung, denn auch das Schwergewicht muss erst erlernt, erfahren, erkundet werden. Aber ich glaube an Marco Huck. Wenn er sich hundertprozentig auf eine Aufgabe konzentriert, wenn er nicht abgelenkt wird und sich nicht ablenken lässt, wenn er sich mit seinem heißen Herz in die knallharte Arbeit stürzt und mit kühlem Kopf sein Können in den Boxring bringt – dann wird auch sein Schwergewichtstraum irgendwann in Erfüllung gehen.

Ich will noch drei Boxer würdigen, die von ihrem Talent her und von den Leistungen in einzelnen Kämpfen zu den ganz Großen zählen.

Die mich begeistert haben und mir emotional sehr, sehr nahestehen, aber ihre Karrieren leider ohne eine lange, zusammenhängende Erfolgsstrecke beenden mussten.

Das beginnt mit Dirk Krüger, dem Bantamgewichtler, den alle meine Boxer kennen. Weil ich ihnen immer wieder erzähle, wie genial ruhig und sauber »Krücke« taktische Vorgaben umsetzte. Er hatte einfach ein untrügliches Gespür für den Weg zum Sieg, schlug viele Gegner, gegen die er als Außenseiter in den Ring ging. Zum Beispiel István Kovács, den Weltmeister und Olympiasieger aus Ungarn, der später auch einen Profititel holte. Enrique Carrion, den dreimaligen Weltmeister aus Kuba, zerlegte er ebenfalls.

Fragen Sie mich mal, warum Dirk nie einen großen Titel gewonnen hat? Ich weiß es nicht. Und ich verstehe es nicht. Ich werde es nie verstehen.

Da ist dann auch noch Bert Schenk, einer der besten puren Kämpfer meiner Trainerlaufbahn. Bert konnte einfach alles, jagte als Rechtsausleger mit brutaler Schlagkraft seinen Gegnern Angst und Schrecken ein. Doch er schaffte es leider nicht, diszipliniert und sportgerecht zu leben. So blieb ein sensationelles Talent ohne den möglichen Lohn.

Für mich bleibt Bert immer der Boxer, der den kubanischen Superstar Ariel Hernández besiegte. Ein Erfolg, der mir in drei Anläufen mit Sven Ottke leider verwehrt blieb. Bert schaffte es beim Weltcup 1994 in Bangkok. 11:4. Dauerdruck und harte Treffer. Es muss für Ariel Hernández, den zweimaligen Olympiasieger und zweimaligen Weltmeister, der pure Horror gewesen sein. Für mich war, ist und bleibt es einer der befriedigendsten Siege überhaupt.

Ich erinnere mich gerne an die Zeit mit Bert. An lange Gespräche über das Boxen, über das Leben. Aber keiner seiner Trainer, auch ich nicht, schaffte es, die Dämonen zu vertreiben, die Berts Privatleben belasteten. Als Profi wurde er sogar ganz kurz Weltmeister. Hatte dann zwei schwere Verletzungen, einmal riss die Achillessehne und dann die Bizepssehne. Am Schluss wurde er vom Universum-Boxstall gegen Felix Sturm geopfert. Mir werden die Augen nass, wenn ich an Bert Schenks letzten Kampf, seine finale Niederlage denke. Was wäre, was hätte, was könnte. Verfluchter Mist!

Ohne WM-Titel, aber - davon bin ich überzeugt - mit einem stabilen Ausblick für das Leben beendete Oktay Urkal seine Zeit als aktiver Boxer. Oktay ist ein unvergleichlicher Typ. Genauso wild, wie er anfangs boxte, war auch sein Leben. Aber jede Sekunde Arbeit, jedes Quäntchen an Zuneigung, das ich in ihn investiert habe, hat sich gelohnt und hat er zurückgezahlt. Oktay schaffte es bis in die deutsche Nationalmannschaft, verdrängte dabei den Ausnahmeboxer und Olympiasieger Joschi Zülow und trat sogar bei Olympia 1996 in Atlanta an. Er scheiterte auf dem Weg zur Goldmedaille nur an dem überragenden Héctor Vinent aus Kuba. Beim Weltcup zwei Jahre zuvor hatte er ihn noch geschlagen. Der Weg ins olympische Finale, ach was, alleine schon zur deutschen Staatsbürgerschaft, war nicht einfach. Um es mal diplomatisch auszudrücken: Jugendsünden verbauten ihm vieles, was wir Trainer und Funktionäre dann mit hartnäckiger Geduld und großem Verhandlungsgeschick hintenrum wieder ermöglichen mussten. Um ein Haar wäre Oktay aus der Olympiastaffel geflogen, weil es für ihn bei der Bundeswehr auf der Kippe stand. Der Grund: Er hatte immer noch keinen Schulabschluss. Ich habe dann den Direktor der Schule, in der Oktay den Abschluss nachmachen sollte, davon überzeugt, ihm einen Brief mit einer Garantieerklärung zu schreiben. Es klappte. Silber war die Belohnung dafür.

Es ist mir aber ganz wichtig zu sagen, dass Oktay ein guter, verlässlicher, richtig gepolter Mensch ist. Er hatte nur einen schweren Start ins Leben und musste als Halbweltergewichts-Kämpfer ausgerechnet in eine der am besten besetzten Gewichtsklassen seiner Zeit hineinkommen.

Seine knappe Niederlage gegen Kostya Tszyu, seine Leistung in diesen packenden zwölf Runden, ist gar nicht hoch genug zu bewerten. Er boxte damals für Universum, und Trainer Fritz Sdunek hatte als Gegner einen der besten Boxer unserer Ära. Tszyu war so gut, dass im Amateurlager andere Boxer ihr Training unterbrachen, wenn der kleine, schnelle, schlagstarke und raffinierte Superstar mit seinem Programm begann. Denn im Vergleich mit Tszyu konnte jeder andere Faustkämpfer nur schlecht aussehen.

Oktay brach sich in diesem Kampf den Kiefer, hielt das Geschehen dennoch offen. Er verlor nur denkbar knapp nach Punkten.

Ich selber betreute Oktay dann bei drei weiteren, leider allesamt vergeblichen WM-Chancen. Es sollte irgendwie nicht sein. Für seinen Rückkampf gegen Vivian Harris, als er im Berliner Tempodrom in der elften Runde gestoppt wurde, mache ich mir bis heute Vorwürfe. Ich wusste, dass er nicht in Form war, sondern des Geldes wegen antreten wollte. Ich hätte den Kampf verhindern müssen, so denke ich heute.

Über Oktay Urkal ist dennoch mehr zu sagen als der Spruch, den die *Berliner Morgenpost* zu seinen Amateurzeiten prägte: »Was ist härter als Thai-Boxen? Oktay-Boxen!« Ich habe kaum einmal einen Kämpfer trainiert, der sich taktisch so diszipliniert und schlau verhielt, der Kampfpläne bis ins Detail verfolgte und verfolgen konnte wie Oktay. Auch hier ist die große Frage: Was wäre wenn? Was hätte er erreichen können, wenn er auf eine weniger problembeladene Art zum Boxen gefunden hätte? Ich gebe die Antwort: Oktay Urkal hätte alles erreichen können.

Auf das, was im Endeffekt herauskam, bin ich dennoch sehr, sehr stolz. Er sagte mal in einem Interview, ich hätte sein Leben gerettet. Das hat mich glücklich gemacht. Aber wir alle wissen, dass er selbst den größten Anteil daran hat. Mein Leben hat er jedenfalls bereichert. Wie jeder der hier erwähnten Boxer und noch viele mehr, die aus Platzgründen unerwähnt bleiben.

Über einen Moment, in dem alles zusammenkam, was mein Trainerleben ausgemacht hat, möchte ich noch sprechen.

Es gibt eine Urkunde, auf die bin ich so stolz, dass sie in meinem Hobbykeller hängt. Alle anderen sind in Alben eingeklebt oder liegen in Schachteln. Aber das Pergamentpapier zur Verleihung des Bundesverdienstkreuzes bedeutet mit unglaublich viel.

Wieder ist da dieses Gefühl, das eigene Leben wie ein Märchen erlebt zu haben. Immer, wenn ich das Verleihungsdokument bewusst wahrnehme, denke ich an Stettin und Penkun. Denke an meine Suche nach dem richtigen Weg, diese Suche, die immer wieder den Sport als bestimmendes Thema hatte. Fußballtraum geplatzt. Boxtraum auf so unglaubliche Weise erfüllt, dass mir diese Ehre zuteil wurde.

Ich weiß noch genau, wie Staatssekretär Thomas Härtel mir 2010 das Bundesverdienstkreuz anheftete. Und fand es klasse, dass neben meinen aktiven Boxstars Marko Huck und Arthur Abraham auch Sven Ottke gekommen war, um mit mir zu feiern. Als die Kameras liefen, sagte er: »Das ist Ulli, mein Held.« Dabei war er es doch, der zum Helden so vieler Boxschlachten wurde. Der als einziger deutscher Weltmeister ungeschlagen blieb und ungeschlagen abtrat.

Glauben Sie mir: Wenn ich die Urkunde so hängen sehe und manchmal minutenlang den Blick nicht abwenden kann, rasen mir Bilder durch den Kopf. Szenen aus den Kämpfen meiner Boxer, so schnell und durcheinander, als hätte ein verrückter Regisseur versucht, aus zigtausend Kämpfen eine Drei-Minuten-Runde zusammenzuschneiden. Sven und Arthur. Eike Walther und Bert Schenk. Hier kommt Yoan Pablo Hernández und schon sehe ich Markus Beyer. Marco Rudolph und Ronald Poyé. Hucker, natürlich Hucker! Und René Ryl. Christian Sobecki, Dominik Britsch, Oktay Urkal, Robert Helenius und René Monse. Cecilia Braekhus, Torsten May und Karo Murat. Und. Und. Und.

Immer mehr, immer schneller, aber jeder Einzelne ist klar und deutlich zu erkennen. Ich sehe sie alle, erkenne sie in Sekundenbruchteilen und will, so bin ich eben, schon wieder ein Kommando formulieren. Aber da ist der Nächste, der Nächste und schon wieder der Nächste. Jeder Einzelne ein Pfundskerl, jeder Einzelne ein besonderer Boxer.

Bis ich plötzlich wieder in die Realität zurückkehre.

Dann stehe ich da in meinem Hobbykeller und sage: »Danke, meine Helden. Danke, dass ihr mir vertraut habt, für mich an eure Grenzen und darüber hinausgegangen seid. Jeder Einzelne von euch hat einen Platz in meinem Herzen.« Für mich stehen die Namen meiner Jungs, meiner Familie, meiner Förderer, meiner Helfer und meiner Chefs in unsichtbarer Tinte mit auf dem Pergament! Es macht mich stolz.

Denn ich war und bin Boxtrainer. Boxer sind mein Leben. Jeden einzelnen Tag. Danke, ihr Klassejungs. Danke, First Lady Cecilia. Und jetzt zurück an die Arbeit!

10. KAPITEL – TEIL 2

Grand ohne Vier

Warum ich so manchen Schützling schmerzlich vermisse und welche Frage ich noch an Marco Huck habe

Trainer zu sein war schon zu Zeiten meiner aktiven Karriere immer mein Traumberuf. Aber warum, verdammt noch mal, hat mir niemand gesagt, dass es so schwer ist? Dass es so unheimlich wehtun kann?

Wenn ich so über die letzten fünf Jahre nachdenke, und dann auch wieder über meine ganze Laufbahn als Trainer, dann sehe ich natürlich die ganzen glitzernden Erfolge. Freue mich jedes Mal, wenn mich jemand auf die großen Auftritte von Sven Ottke, Markus Beyer, Arthur Abraham, Marco Huck und vielen anderen anspricht. Aber – vielleicht liegt das an meinem zarten Alter von 75 Jahren – es sind auch gerade jene Athleten präsent, die es nicht geschafft haben. Die irgendwie vom Weg abgekommen sind, obwohl sie in meinem Kopf, meinem Verstand und meiner Kompetenz ganz fest für diese großen Momente unter dem strahlenden Scheinwerferlicht eingeplant waren.

Es fällt mir deshalb unheimlich schwer, über das zu reden, was dort oben in der Überschrift steht. Über den »Grand ohne Vier«. Es belastet mein Trainerherz, Alexander Frenkel, Yoan Pablo Hernández, Denis Boizow und Marco Huck nicht mehr in meiner Gruppe zu sehen. Nicht mehr führen zu können, führen zu dürfen. Der »Grand ohne Vier«, das weiß ich als Skatspieler, ist immer ein großes Risiko. Aber beim Karteln mit Freunden geht es nur um Punkte, ein paar Euro und – eventuell – ein bisschen Spott.

Hier aber geht es um vier Menschen, um vier Sportler, für die meiner Meinung nach der Himmel offen stand. Und dann brach auf die eine oder andere Weise die Hölle aus. Ich will Sie mitnehmen auf die Reise durch diese vier Schicksale.

Wenn ich im Max-Schmeling-Gym am Berliner Olympiastadion ein bisschen in den Tag hinein träume – ja, auch das kann passieren! –, dann sehe ich heute immer noch Alexander Frenkel im Ring. Was hatte der Bursche nur für eine unfassbare Ringpräsenz, eine Genauigkeit in seinen Aktionen – absolut beeindruckend, wie wach er in jeder Situation, selbst im härtesten Gefecht, auf mich wirkte.

Schauen Sie sich, wenn Sie Zeit und einen Internetzugang haben, einfach mal die entscheidenden Sekunden aus dem Kampf an, in dem Frenkel Europameister im Cruisergewicht wurde. Wir boxten in Birmingham gegen den Lokalmatador Enzo Maccarinelli – also in der Höhle des Löwen.

Und, ja, Maccarinelli lag nach Punkten vermutlich sogar vorne. Aber das hat weder Alex noch mich besonders beunruhigt. Wir hatten im Training immer wieder an seinem linken Kopfhaken gearbeitet. In der siebten Runde war es dann so weit. Die Linke traf, und der Kampf war praktisch beendet. Dummerweise brach der Ringrichter nicht sofort ab, obwohl jedem in der Halle klar war, dass Maccarinelli nicht mehr kampffähig war. Also musste der Brite zwei weitere kolossale Schläge hinnehmen und war dann mehrere Minuten bewusstlos.

Ich mag solche Szenen überhaupt nicht. Die Ringrichter sind dafür da, ihren Job mit höchster Genauigkeit zu erledigen. Auch wenn es sich um den Haus-Kämpfer handelte – da war nichts mehr. Der linke Haken von Alex hatte das Licht komplett ausgeschaltet.

Aber jetzt spulen Sie das Video noch mal zurück bis zum Beginn der entscheidenden Szenen. Sehen Sie die Ruhe meines Boxers? Fast unnatürlich, wie er eiskalt auf seine Chance wartet und in dem Moment, in dem Maccarinelli zu Boden knallt, ungerührt auf die Entscheidung des Ringrichters wartet.

Andere Boxer wären in Jubelpose durch den Ring gestürmt, hätten sonst irgendwie gefeiert oder ihre Emotionen rausgelassen. Aber Alex bleibt völlig fokussiert auf seine Aufgabe. Er gönnt sich kein Glücksgefühl, sondern bringt den Kampf erst endgültig über die Bühne.

Darüber hinaus war Alexander ein ausgesprochen gebildeter junger Mann. An sehr vielen Dingen interessiert. Immer auf der Höhe der Zeit. Und dann ging das alles in sehr kurzer Zeit kaputt.

Alexander Frenkel bekam schwere psychische Probleme und ist immer noch in klinischer Behandlung. Mehr möchte ich dazu nicht sagen. Außer, dass wir weiter Kontakt haben und ich das, was passiert ist, nicht fassen kann und bis an mein Lebensende mit mir herumtragen werde.

Alexander Frenkel war auf dem Sprung zum WM-Titel – und plötzlich stülpte sich das ganze Leben um. Der Himmel über uns wurde zur Hölle.

Ach, es hört nicht auf wehzutun.

Und wird sogar noch intensiver. Denn der zweite Junge, der plötzlich nicht mehr in der Lage war, zu großen Kämpfen anzutreten, war Yoan Pablo Hernández – ein Kämpfer, der mir ganz besonders ans Herz gewachsen ist.

Yoan, unser Kubaner. Ein absoluter Supertechniker, aber leider hat er immer wieder Verletzungsprobleme gehabt. Die Hände und der Ellenbogen.

Ich kenne mich schon ein bisschen aus in der Welt des Boxens, habe unseren Sport bei Turnieren und Kämpfen in aller Herren Länder gesehen und analysiert. Aber dennoch glaube ich: Niemand, der nicht selbst dabei gewesen ist, kann ermessen, wie brutal hart die Auslese auf der wunderschönen Insel Kuba ist.

Für junge Kerle ist der Sport oft die einzige Möglichkeit, irgendetwas zu erreichen, was nach großer Welt riecht. Das ist keinerlei ideologische Bewertung, die ich hier abgebe. Das ist einfach Fakt.

Boxen ist wiederum ein Sport, der gerade in den Armenvierteln unserer Welt einen großen Rückhalt findet und große Begeisterung auslöst. Nicht nur: Es gibt auch die Glitzertempel, das Manager-Boxen, den Schulsport auf den britischen Inseln und andere Ausprägungen. Aber der Faustkampf, das ist eben so, gilt als das Sprungbrett für diejenigen, die kaum etwas haben. Auf Kuba mit seiner unfassbaren Boxtradition ganz besonders. Irgendwo habe ich mal gelesen, dass jeder fünfte kubanische Athlet ein Boxer ist. Jeder fünfte! Unglaublich.

Wir alle kennen die großen Olympiastars, die sich aus diesem wahnsinnig großen Reservoir an Talenten bis zu den Goldmedaillen hochkämpften. Teófilo Stevenson und Félix Savón sind zusammen mit der ungarischen Legende László Papp die Einzigen, die dreimal ein Olympisches Turnier gewinnen konnten. Aber es gibt sechs weitere Kubaner, darunter Sven-Ottke-Albtraum Ariel Hernández, die doppelt auf dem Olymp glänzen konnten.

Ich habe als Amateurtrainer die kubanischen Staffeln und deren Nachwuchs gesehen. Ich weiß, dass hinter jedem ihrer Klasseleute nicht einer, nicht zwei oder drei – sondern ein halbes Dutzend an Nachrückern warteten. Und sicher auch heute noch warten.

Wer es also wie Yoan Pablo Hernández bis nach ganz oben geschafft hat in dieser Auslese der Allerbesten – Pablo war nicht nur Junioren-Weltmeister, sondern auch (glückloser) Olympiateilnehmer 2004 in Athen –, der hatte sich im wahrsten Sinn des Wortes nach oben geprügelt.

Kein böses Wort über meine kubanischen Sportfreunde und schon gar nicht über die Trainer: Aber glauben wir wirklich, dass in einem System mit diesem Überfluss an Talenten eine kleine Verletzung richtig auskuriert wird oder dass die Nachwuchsboxer immer mit ausreichend guten Bandagen sowie Handschuhen aufeinander losgelassen werden? Definitiv nicht.

Das kubanische Erfolgssystem ist ein Triumph der überlegenen

Auslese, der tollen Förderung – und eine unvergleichliche Materialschlacht. Yoan Pablo Hernández war leider in allen drei Bereichen ein perfektes Beispiel.

»Pablowski«, wie ich ihn scherzhaft getauft habe, war ein außergewöhnliches Talent und ein grandioser Athlet. Er hatte zusätzlich die Fähigkeit, taktische Anweisungen umzusetzen und sich dem ganzen Trainingsprozess sehr gut unterzuordnen. Doch leider hatte er pausenlos Probleme mit seinen Verletzungen, musste immer wieder monatelang Pause machen.

Aber schauen wir uns doch einfach mal die nackten Zahlen an, die trotz aller Schwierigkeiten außerhalb des Seilgevierts eine strahlende Aussagekraft haben. Dabei begann es mit einer bitteren Niederlage gegen Wayne Braithwaite, als Pablo noch nicht so hundertprozentig zuhören wollte.

Obwohl wir klar besprochen hatten, vorsichtig zu boxen, bis der Gegner müde werden würde, kam der Kämpfer in meinem »Pablowski« durch – und noch vor der dritten Rundenpause war alles vorbei.

Wir haben danach nur noch härter gearbeitet. Und das ist dabei herausgekommen: 15 Siege in Folge seit jenem bitteren Abend in Kiel. 15 Triumphe mit teilweise hochklassiger Boxkunst. Pablo und ich hatten an unseren besten Abenden ein magisches Band, das uns gemeinsam durch die Schlachten steuerte.

Glauben Sie mir, so etwas gibt es und es zählt zu den absoluten Höhepunkten einer jeden Trainerkarriere. Leistungen des Sportlers, die nahezu perfekt an das anschließen, was sich das ganze Team im Training erarbeitet hat. Nicht nur das, was ich als Cheftrainer ausgetüftelt habe, sondern die ganzen Einflüsse, die auch mein treuer und unersetzlicher Co-Trainer Georg »Bramme« Bramowski beisteuert. Dazu jeder andere Mitarbeiter, über den Physiotherapeuten, die Sparringspartner, die Kollegen bei der Konditionsbolzerei, der ganze Sauerland-Boxstall bei der Vorbereitung eines großen Events. Jeder

Einzelne hat an den ganz großen Abenden seinen klaren Anteil – auch wenn es nicht immer eine Boxdemonstration wird.

Wieder einmal muss ich Sven Ottke und auch Markus Beyer als Paradebeispiele nennen. Diese beiden Ausnahmekönner, vor allem natürlich mein Svennie, hatten die Gabe, aus jedem einzelnen Sauerland-Mitarbeiter – vom großen Boss Winfried bis ans andere Ende der Hierarchie – einen Helden zu machen. Jedem das Gefühl zu geben, dass er eine Hand mit im Ring hatte. Fantastisch, solche Erlebnisse.

Bei Pablo war es seine erste Titelverteidigung als Cruisergewichts-Weltmeister der International Boxing Federation im Frühjahr 2012. Es war ein Rematch, nachdem sich Hernández den Titel geholt hatte, weil er nach einer Cut-Verletzung nicht mehr weiterboxen konnte und die Punktzettel ausgewertet wurden.

Cunningham war natürlich nicht begeistert über diese sogenannte »Technical Decision« und kam bis unter die Haarspitzen motiviert in den Revanchekampf. Aber Yoan Pablo hat an diesem Abend einfach überhaupt nichts anbrennen lassen. Genau so, wie wir es unzählige Male im Sparring geübt hatten, spielte er seine Physis und Technik aus, schickte die Kampfmaschine aus den USA in der vierten Runde gleich zweimal zu Boden.

Ende des Kampfes? Ach, woher denn. Für Könner wie Cunningham wurde der berühmte Satz geschrieben: Angeschlagene Boxer sind die gefährlichsten. Dieser Brocken biss sich zurück in das Duell und gewann in der Folge sogar die eine oder andere Runde. Aber insgesamt war Pablo einfach zu gut, das nicht mit Händen zu greifende Band zwischen ihm und mir dort in der blauen Ecke konnte gar nicht reißen.

Es gehört zur Faszination unseres Sports, dass bei einem WM-Kampf über zwölf Runden (früher waren es mal fünfzehn) zwischen zwei Klasse-Fightern das Geschehen immer wieder hin- und herwogt. Viele Beinahe-Champions haben diesem Gesetz schon Tribut zollen müssen. Oft sind Träume in der letzten Runde, der letzten Minute oder gar in den letzten Sekunden geplatzt.

An diesem Abend aber konnte das nicht passieren. Yoan Pablo Hernández, mein »Pablowski«, gewann mit einem komfortablen Vorsprung auf allen drei Punktrichter-Zetteln.

Was direkt nach diesem Kampf passiert ist, schnürt mir bis heute das Herz zu. Also lasse ich einfach mal den Berliner Kurier reden: »Yoan Pablo Hernández drückte bei der Siegerehrung seinem Trainer einen Kuss auf die Wange. Und erklärt es lachend: ›Ich wollte ihm danken. Herr Wegner hat immer um mich gekämpft, hat mich auch nach meiner Niederlage 2008 nicht aufgegeben. Uns verbindet ein unsichtbares Band. Er ist wie ein Großvater. Und ein Vater. Und ein Freund! Es reicht ein Blick von ihm, und ich verstehe, was ich machen muss.‹«

Das sind Sätze, die mir ganz nahegehen. Ach, Pablo, du hättest die Welt erobern können, hättest ein Superstar selbst in den USA werden können. Einer der Größten im Welt-Boxsport. Das ist keine sentimentale Träumerei – das ist Fachwissen. Meines nämlich. Alles wäre möglich gewesen. Wenn nicht das verdammte Pech immer wieder dazwischengefunkt hätte.

Er hatte den richtigen Körperbau, die nötige Athletik, das Können und den Ehrgeiz, um diese Sportart in seiner Gewichtsklasse zu dominieren. Und er hatte noch etwas, was selbst unter Spitzenleuten ganz selten ist. Pablo hat bei mir im Training seine in langen Jahren eingeübte Schlagtechnik verändert. Aufgrund seiner Handverletzung mussten wir etwas ändern, und er hat das sehr gut umgesetzt.

Sich spät in seiner Karriere bei den fundamentalen Dingen noch einmal korrigieren zu können ist unfassbar schwer. Fast unmöglich. Genau deswegen bewundere ich Jens Weißflog so sehr. Als die Skisprung-Legende vom bis dahin populären Parallel-Flugstil auf den V-Stil umstellte, blieb er dennoch absolute Weltspitze. Dabei ist nicht nur die Fähigkeit zur totalen Umstellung wichtig, sondern auch der Kampf gegen die eigene Psyche. Im Skisprung kommt es genauso wie im Boxring zwangsläufig zu Situationen, die Angst auslösen. Und dann, so ist die menschliche Natur, kehrt man zu dem zurück, was einem früher so toll geholfen hat – und macht wieder den alten, eigentlich längst überwundenen Fehler.

Also, ich bleibe dabei: Yoan Pablo hatte das alles, dazu eine natürliche Lockerheit mit einem strahlenden Lächeln. Er hätte einer der absoluten Superstars im Boxen werden können.

Wer den Boxsport einigermaßen mit Interesse verfolgt, der weiß, dass Pablo nach dem Triumph über Cunningham nur noch dreimal im Ring stand. Seine Blessuren verhinderten mehr Kämpfe. Darüber hinaus – darüber hat er selbst in verschiedenen Interviews immer wieder gesprochen – ist er von windigen Beratern um viel, viel Geld gebracht worden.

Es steht mir nicht zu, Vorgänge zu bewerten, bei denen ich nicht mit dabei war. Aber gerade solche Ausnahmesportler wie Hernández sind oft eine viel zu leichte Beute. Weil ihnen dank ihres Könnens die Dinge manchmal so einfach vorkommen, glauben sie, dass sich das auf das ganze Leben erstreckt. Und tappen dann in die Falle.

Pablo probiert es im Moment mit einer zweiten Karriere als Personal Trainer, für die ich ihm alles nur erdenklich Gute wünsche. Er weiß, dass er immer einen angemessenen Platz in meinem Herzen und in meinem Leben haben wird. Mehr möchte ich zu diesem Thema jetzt gar nicht mehr aufschreiben, weil es mich so unheimlich traurig macht.

Nur eines noch. Ein Zitat von ihm aus einem Interview mit der Tageszeitung *Welt,* geführt im Herbst 2014 von dem bekannten Boxjournalisten Gunnar Meinhardt. Hernández wird gefragt, ob es überhaupt noch Menschen gibt, denen er vertrauen kann. Er antwortet mit der Zahl Drei und erklärt dann: »Meine liebe Frau, mein Trainer Ulli Wegner und dessen Frau Margret. Die versuchen mir zu helfen, wo sie können. Dafür bin ich ihnen zeitlebens dankbar.«

Inzwischen sind, das weiß ich, wieder Menschen dazugekommen. Aber wenn ich das so lese, wenn ich an diese große, unvollendete Boxkarriere denke, dann seufze ich ganz tief: Pablo, ach, mein Pablo!

Manchmal im Leben darf man gar nicht zu sehr über Menschen und ihre Schicksale nachdenken. Weil man sonst vermutlich am nächsten Morgen vor Enttäuschung, Wut oder Verzweiflung nicht mehr aus dem Bett steigen würde. Ich weiß, schlimme Verletzungen und Krankheiten können überall auf dieser Welt passieren. Und dass ich ein sogenannter Promi bin, hebt die Tiefschläge in meinem Leben nicht aus der Masse heraus. Aber für mich als Mensch zuallererst, dazu aber auch als Trainer und in gewisser Weise auch als Vaterfigur für die jungen Menschen, die mir die Entwicklung ihres Könnens und ihres Lebenstraums anvertrauen, waren die vergangenen Jahre schwer zu verstehen und noch schwerer zu verarbeiten.

Denn ich denke auch jeden Tag an Denis Boizow, der im Jahr 2014 in meine Trainingsgruppe kam. Ein überaus talentierter Schwergewichtler mit dem festen Vorsatz, Weltmeister zu werden. Einer für die spektakulären K.o.-Siege und Kandidat für die Klitschko-Nachfolge. Auch hier glaube ich fest, dass es möglich gewesen wäre.

Dann aber kam es zu einem schrecklichen Unfall mit schwersten Kopfverletzungen, von dem sich Denis bis heute nicht vollständig erholt hat. Als ich ihn damals nach dem Unfall im Mai 2015 im Krankenhaus besuchte, war ich so schockiert wie selten in meinem Leben. Seine Ehefrau Olga war zu diesem Zeitpunkt hochschwanger – wie kann man, wie soll man, wie will man helfen in so einem Moment? Wenn nichts mehr Sinn ergibt und einem die Gedanken, wie ungerecht und dreckig das Leben manchen Menschen mitspielt, durch den Kopf rasen?

Auch mit 75 Jahren habe ich auf diese Fragen, natürlich, keine Antwort gefunden. Ich kann nichts anderes dazu sagen als: Das Leben geht weiter, so schwer es uns auch manchmal fällt. Und jeder, wirklich jeder, dem das Schicksal ein glückliches Leben schenkt, sollte an diejenigen denken, die schwere Zeiten durchmachen müssen.

Und helfen!

Jeder kann in seinem Umfeld helfen!

Trost und Zuspruch spenden. Da sein, wenn er gebraucht wird. Auch mal etwas von seinem Glück abgeben.

Legen Sie doch bitte genau in diesem Moment das Buch mal für ein paar Minuten beiseite. Denken Sie bitte an Menschen, denen Sie helfen könnten. Ich will Sie weder bevormunden noch unter Druck setzen oder Ihnen hier irgendein Spendenkonto vorschlagen. Ich möchte nur, dass Sie mal kurz nachdenken.

Ich danke sehr!

Und glauben Sie mir bitte, dass ich sehr wohl zwischen gravierenden, oft katastrophalen Vorfällen und anderen Dingen unterscheiden kann, die man heutzutage eher Luxusprobleme nennt.

Nur deshalb spielt Marco Huck in diesem Grand ohne Vier mit. Weil er auch nicht mehr Teil meiner Trainingsgruppe ist. Vier Boxer, die, wenn alles gutgegangen wäre, in diesem Moment als vier Weltmeister glänzen könnten. Vier Boxer, die ich sehr vermisse – aber im Fall Huck ist ja nichts wirklich Schlimmes passiert.

Er hat sich entschieden, sicherlich nach sehr guter Beratung durch sein persönliches Umfeld, unseren Boxstall zu verlassen. Also das Team, das immer zu ihm gehalten und ihm den Weg zum Ruhm geebnet hat. Er traf seine Entscheidung, garantiert nach reiflicher Überlegung, zu einem Zeitpunkt, zu dem Sauerland Event mächtig unter Druck stand, weil gerade ein neuer Fernsehvertrag verhandelt wurde. Und er hat, auch da werden ihm Experten geholfen haben, darauf spekuliert, dass ich auf jeden Fall einen Weg finden würde, ihm weiter als Trainer zur Seite zu stehen.

So, genug der Ironie. Ich finde es jammerschade, dass Huck nicht mehr zu unseren Sauerland-Kämpfern gehört. Aber im Sport passieren solche Dinge eben. Deshalb sage ich ihm, und habe das schon getan, mitten ins Gesicht, dass es die falsche Entscheidung war – aber ich glaube auch weiter an sein Potenzial, an seine Robustheit, mit der er Kämpfe entscheiden kann.

Ich kann sogar seine Enttäuschung über die höchst umstrittene Punktniederlage im Schwergewichts-Stallduell gegen Alexander Powetkin verstehen, die ihn sicher bei der Entscheidung »bleiben oder gehen« beeinflusst hat. Meiner Meinung nach muss ein Athlet runterschlucken können, dass er auch mal benachteiligt wird. Es passiert in jeder Sportart und in jeder Liga.

Dass Huck also maßlos enttäuscht war nach der verpassten Chance, Wladimir Klitschko herausfordern zu dürfen, verstehe ich. Aber seine 13 gewonnenen WM-Kämpfe (plus eine Titelverteidigung durch ein Unentschieden) – wohlgemerkt bei einem anerkannten Weltverband – nicht ausreichend dagegenzustellen, das ist schon schwerer zu kapieren.

Was ich hingegen überhaupt nicht nachvollziehen kann, ist, dass er wirklich glaubte, ich würde den Sauerland-Stall notfalls eben auch verlassen, um weiter in seiner Ecke zu stehen. Ach, Hucker, du müsstest doch wissen, was für eine große Rolle Loyalität in meiner Welt und in meinem Wesen spielt. In einer Krisensituation einfach zu verduften – das ist absolut nicht meine Art. Basta!

Jeder ist seines Glückes Schmied. Marco boxt jetzt um einen WM-Gürtel eines Verbandes, den kaum jemand kennt. Aber wenn er hart arbeitet, stabil bleibt und gut geführt wird, kann er in seiner Gewichtsklasse immer noch ein große Rolle spielen. Ich drücke ihm dabei die Daumen und schaue mir seine Kämpfe immer an.

Aber eine Frage muss ich dann doch loslassen. Mit einem Augenzwinkern, das ich mir gönne, weil es auf den vorherigen Seiten um so viele schlimme Dinge ging.

Die Frage ist diese hier: Marco, mein Junge, wenn ich es richtig verstanden habe, hast du dich nach eigener Aussage insgesamt verbessert. Ruf mich doch bitte an und erkläre mir das mal ganz genau. Denn ich bin mit 75 Jahren immer noch heiß darauf, etwas dazuzulernen!

10. KAPITEL – TEIL 3

Fritz Sdunek

Was mich auf ewig mit meinem alten Weggefährten verbinden wird

Es gibt Momente, die vergisst man selbst in einem ziemlich aufregenden Leben nicht. Und es gilt, was ich auch schon vor fünf Jahren wusste: Das Problem mit dem Altwerden ist, dass man viel öfter auf Beerdigungen gehen muss, als man zu Hochzeiten eingeladen wird.

Leider war es auch am 22. Dezember 2014 so, als ich von der letzten Reise eines guten Freundes erfuhr. Nicht nur ein guter Freund, sondern auch ein intensiver Gegner, ein grandioser Trainer, ein hochgeschätzter Weggefährte und vor allem: ein wunderbarer, ausgeglichener, zuverlässiger und toller Mensch.

Mit Fritz Sdunek verlor die ganze Boxwelt einen wichtigen Teil und einen der besten Ausbilder aller Zeiten. Er starb an einem Herzinfarkt im Alter von nur 67 Jahren. Da ist man eigentlich noch nicht dran mit Sterben. Ich erfuhr es zu Hause, an unserem Esstisch sitzend. Und für ein paar Momente wurde mir schwarz vor Augen.

Fritz und ich, wir waren so unterschiedlich und hatten dennoch so viel gemeinsam. Fritz war immer schon der humanere von uns beiden, der jedem half, der damals, als wir bei internationalen Turnieren für unsere DDR-Boxer noch ein Zimmer miteinander teilten, die Wäsche für mich mitgewaschen hat und oft auch ein Grillfest für alle organisierte. Der jeden unterstützten wollte und das auch konnte. Und der dennoch seine Boxer hervorragend einstellte und gut motivieren konnte.

Alles, was ich durch eine gewisse Härte oder durch gezielte verbale Anreize (man könnte auch Sticheleien oder Ironie dazu sagen) bei meinen Kämpfern erreichte, schaffte Fritz durch seine Menschlichkeit.

Aber wenn ich jetzt über ihn rede, müssen wir erst noch einmal über Manfred Wolke sprechen. Den Olympiasieger von Mexiko 1968, später im Profilager Trainer von Henry Maske, Axel Schulz und anderen. Wolke, das würde auch Fritz sofort zugeben, war der Meister, wenn es um dieses unsichtbare Band zwischen dem Sportler und seinem Coach geht. Denn das ist das Wichtigste und Höchste, was wir Sportlehrer erreichen können: Dass der Athlet sein Können zu einhundert Prozent ausschöpft und sich dabei zu einhundert Prozent von seinem Trainer steuern lässt.

Wolke steuerte besser als jeder andere, seine Sportler hätten auf sein Kommando alles getan. Und noch etwas war für Fritz und mich natürlich extrem wichtig: Das Wolke-Camp in Frankfurt an der Oder ebnete nach dem Mauerfall mit Maske und Schulz den Weg zum großen Boxboom der 90er Jahre. Ohne diesen Boom wäre es für Fritz und mich viel schwerer gewesen, die Erfolge anzusammeln, die wir getrennt erreichten, auf die wir aber gemeinsam stolz waren. Wir sind am Anfang in Wolkes Schatten mitgelaufen.

Ich muss noch mal in die Vergangenheit. Denn kaum jemand weiß, dass ich, weil ich vor ihm ins Trainerfach wechselte, noch gegen den aktiven Boxer Fritz Sdunek sekundiert habe. Er hat den Kampf gegen Ecky Raudszus, den ich bei Wismut Gera betreute, gewonnen. Wir haben oft darüber gesprochen und gelacht, dass wir selbst im Ring zwar brauchbar, aber eben nicht spitze waren. Und dass er bei unserem ersten Aufeinandertreffen als Rivalen das bessere Ende für sich hatte.

Weiter vorne in diesem Buch, wo es um Sven Ottke geht, beschreibe ich auch jenen denkwürdigen Tag, an dem wir beide getrennt und doch gemeinsam die großen Sieger waren und als Trainer aus der inzwischen abgewickelten DDR mit meinem Sven Ottke und Sduneks

Dariusz Michalczewski die einzigen beiden deutschen Titel bei der Europameisterschaft 1991 in Göteborg gewannen.

Was Sie noch nicht über diesen Tag wissen: Ich hätte gerne, wie früher zu DDR-Zeiten, danach mit Fritz ein Bierchen getrunken. Das ging aber nicht, weil mein Svennie damals in Berlin eine Ausbildung zum Industriekaufmann machte und eine wichtige Prüfung anstand. Selbst als frischgebackener Europameister dachte er keine Sekunde daran, die Prüfung abzusagen. Also fuhren wir in der Nacht nach den Göteborger Finalkämpfen sofort zurück nach Hause.

Wir hatten später noch oft genug die Gelegenheit, uns gegenseitig zu Erfolgen zu gratulieren. Denn das war auch ein Teil unserer Freundschaft, dass wir uns nichts neideten. Wenn er einen großen Sieg feierte, habe ich ihn am Tag danach angerufen. Und umgekehrt war es genauso. Selbst nach direkten Duellen unserer Boxer haben wir uns höchstens in den ersten hektischen Minuten danach wie Gegner verhalten, dann aber sofort wieder den gemeinsamen Draht gefunden. Das war sportlich saubere Konkurrenz.

Seine beste Arbeit gelang ihm mit Michalczewski und mit Vitali Klitschko, der nur wegen Verletzungen in der Augenpartie daran scheiterte, den großen Lennox Lewis zu entthronen. Mit Dariusz war sein Meisterstück sicher die klar gewonnene Revanche gegen Graciano »Rocky« Rocchigiani. Aus dem Skandalkampf davor, als der Ringrichter das Duell höchst umstritten durch Disqualifikation entschied, obwohl er beim angeblichen Nachschlagen von Rocky auf der falschen Seite stand, zog er die richtigen Lehren. Das war eine große Demonstration der Trainerkunst!

Fritz ist leider, leider nicht mehr da. Aber er ist immer noch präsent. Bei jeder Boxveranstaltung denken die Leute an ihn, an die Erfolge seiner Boxer. In deren Herzen und Lebensgeschichten bleibt Fritz bei uns. Das ist ein sehr schönes Gefühl. Und irgendwann einmal sitzen wir dann wieder zusammen und quatschen endlos über das Leben, das Boxen und unsere Jungs!

Kurioserweise hat Fritz ja selbst einen Teil dazu beigetragen, dass ich sein großer Widerpart wurde. Denn ins Profilager wechselte er vor mir, zum Hamburger Universum-Boxstall, und empfahl mich dann dem Sauerland-Stall. Eine ganz große Sache. Ein Freund eben.

11. KAPITEL

Unser Wohnzimmer

Wie meine Frau Margret und ich leben und warum sie das große Geheimnis meiner Erfolge ist. Und warum sie mir immer Zettel auf die Klamotten klebt

Kommen Sie bitte näher. Noch näher. Treten Sie ein in mein Wohnzimmer. Ich will es Ihnen zeigen, damit Sie einen Eindruck bekommen, wie meine Frau Margret und ich leben. Wie wir sind und was wir tun, wenn das Boxen einmal nicht die Hauptrolle spielt in unserem Leben.

Der Bungalow in Tegel, den wir 2004 erworben haben, ist ein Teil des Traums, den mir meine Trainertätigkeit im Profiboxen ermöglicht hat. Ein Traum, der erst spät überhaupt greifbar wurde.

Ich weiß noch genau, wie Margret und ich kurz nach der Wende eine Autoschau in Weißensee besuchten. Ein großes Zelt mitten auf der Wiese – und darin lauter amerikanische Luxuswagen. Ich lief durch die Reihen wie ein kleiner Junge in der Bonbonfabrik. Riesengroße Augen und ein tiefe Sehnsucht. »Margret«, sagte ich, »so ein tolles Auto und dazu ein Häuschen mit Garten, das wäre es doch. Aber das werden wir uns nie leisten können.«

In meinen schönsten Vorstellungen lag dieses eigene Haus, unser Besitz, immer am Müggelsee. Direkt am Wasser. Mit einem kleinen Steg und einem Boot. Was man sich eben so wünscht, wenn man wie ich ein Mann des Wassers ist, aber der Arbeit wegen in Berlin wohnt und nicht direkt an die Ostsee ziehen kann.

Dass wir in Tegel unser Zuhause fanden, war dann mehr oder weniger Zufall. Nach der Rückkehr des Sauerland-Boxstalls von Köln nach Berlin schauten wir uns eine Reihe von Wohnungen und Häuschen in der Nähe des Olympiastadions an, um nahe am Max-Schmeling-Boxgym auf dem Stadiongelände wohnen zu können. Aber welches Objekt wir uns auch ansahen, eines war teurer als das andere. Selbst wenn uns etwas gefiel – es war nicht realisierbar.

Ein Stückchen weiter weg vom Arbeitsplatz, in Charlottenburg, passierte genau dasselbe. Schöne Immobilien, aber Mondpreise.

Also fuhren Margret und ich immer wieder zurück nach Köln und warteten ab. Ohne zu wissen, auf was genau wir warteten.

Aber dann ging alles ganz schnell. Meine Frau las eine Annonce in der Zeitung, erzählte mir von dem schon länger leer stehenden Bungalow. Schlagerproduzent Andy Moor und seine Frau halfen uns dabei, das Haus zu begutachten und den Kauf abzuwickeln. Kurze Zeit später sind wir eingezogen, waren also Hausbesitzer. Wir haben im Laufe der Zeit noch ein bisschen Geld reingesteckt, für ein Spitzdach und eine neue Garage, als die alte abbrannte.

Es ist nicht allzu groß, das Haus, aber es reicht für uns beide allemal. Und es ist sehr gemütlich. Was Margrets Verdienst ist – schauen Sie sich nur unser Wohnzimmer an.

Da ist die lange Eckcouch mit dem Tischchen davor, wo wir sehr gerne sitzen. Ein Extrasessel. Der Fernseher und der Übergang ins Esszimmer, das wir durch eine Ziehharmonikatür abtrennen können. Drehen Sie sich jetzt bitte in Gedanken wieder um: Hier steht das Glaskabinett mit den Mocca-Tässchen. Wir haben ein paar geerbt und dann weiter gesammelt. Margret natürlich – aber es bereitet mir jedes Mal Freude, wenn ich diese feinen Porzellanstücke sehe.

Auch die Möbel und die Aufteilung des Raumes sind Margrets Werk. Mit Geschmack, Stil und Liebe zum Detail ist alles zusammengestellt. Nichts ist aufdringlich. Es ist ein Wohlfühl-Wohnzimmer. Genau so soll es sein.

Auf unsere kleine Terrasse kommt man aus dem Wohnzimmer und aus dem Esszimmer. Ich sitze gerne draußen, verarbeite den Tag, spanne ab. Wir haben sogar einen Heizpilz, weil wir wirklich gerne die Abende im Freien genießen. Wenn wir mal beide zu Hause sind.

Das Rasenstück ist auch nicht riesig, aber ausreichend. Alles in allem: Nichts Besonderes, nichts Verrücktes (zumindest nicht auf den ersten Blick, zum Hobbykeller kommen wir ja noch!) - aber unser Eigentum, unser Stolz, unser Rückzugsgebiet.

Wenn Sie jetzt mit mir zusammen von der Terrasse wieder ins Wohnzimmer treten, streift Ihre linke Hand eventuell ein Stück Wende-Erinnerung. Die kleine Stereoanlage, die auf dem Fensterbrett steht, haben Margret und ich uns nach dem Mauerfall vom Begrüßungsgeld gekauft; ich habe schon davon erzählt. Sie steht da immer noch. Und sie funktioniert noch genauso gut wie am ersten Tag vor über 25 Jahren.

Jetzt bitte geradeaus schauen, da ist ein anderer kleiner Traum von mir verwirklicht. Der Kamin. Auch das ist etwas, was wir - ich vor allem, aber auch Margret - immer mit uns herumgetragen haben. Ein eigenes Häuschen. Mit Garten. Und Kamin.

Ein Freund hat mir damals gleich nach dem Einzug einen ganzen Anhänger voll Feuerholz gebracht. Ich zünde gerne und oft den Kamin an, schüre das Feuer, schaue in die Flammen, vergesse die Welt und den Erfolgsdruck - und schrecke erst hoch, wenn die glühenden Holzscheite ineinander zusammenfallen. Ich bin ein Grübler und ein Träumer, bin oft ganz weit weg in Gedanken. Und so ein Kaminfeuer ist etwas Romantisch-Träumerisches. Etwas Magisches, eine Hilfe, den eigenen Ideen freien Lauf zu lassen.

Sauber machen muss den Kamin meistens Margret. Da bin ich ehrlich. Ich kann das schon ganz gut, mich um diese Dinge zu drücken. Ich bin dann halt weg. Oder schaue mir Boxvideos an. Im eigenen Heim aufräumen ist nicht so mein Ding. Was schon seltsam ist, denn als Junge hatte ich einen richtigen Ordnungsfimmel.

Wenn ich in Mewegen bei Pasewalk bei meinem Onkel Georg war, der sich sehr um mich gekümmert hat und bei dem ich oft auch tagelang bleiben durfte, habe ich jeden Abend meine Sachen wieder fein säuberlich in meinen Koffer gepackt. Die Erwachsenen haben ganz komisch über mich getuschelt. Aber ich habe das vom Vati mitbekommen. Für ihn waren Ordnung und Sauberkeit das A und O. Selbst mit 80 Jahren ist er nicht ohne Schlips spazieren gegangen. So war er.

In der Lehre war es für mich das Normalste von der Welt, jeden Tag mit blitzblank gewienerten Schuhen zur Arbeit zu kommen. Der Meister sagte dann: »Schaut Euch Wegners Schuhe an.« Die anderen haben mich damit aufgezogen. Aber für mich war es wichtig.

Auch heute noch werden Sie bei mir im Trainingslager oder im Hotel vor den Kämpfen keine herumliegenden Kleidungsstücke sehen. Alles wird aufgehängt, verstaut, einsortiert. Direkt neben der Türe warten akkurat ausgerichtet die Schuhe. Alles, was nass oder durchgeschwitzt ist, kommt auf einem Kleiderbügel an die frische Luft. Auf meinem Schreibtisch herrscht Ordnung. Alles hat seinen Platz. Außer der verflixten Lesebrille, die ich dauernd suchen muss.

Und auch wenn ich zu Hause nicht mehr gerne aufräume, oder vielleicht gerade deswegen, bin ich auf keinen Fall der Ehemann, der rummeckert, wenn nicht alles blitzsauber ist. Kann ich ja auch gar nicht, weil es bei Margret immer blitzsauber ist.

Wir Männer kapieren oft gar nicht, wie das funktioniert und wie viel Details und Planung hinter einem wirklich wohnlichen, gemütlichen Heim stecken. Ich genieße es und fühle mich pudelwohl.

Draußen, auf der Terrasse, haben wir übrigens einen zweiten Kamin. Das sind dann ganz besondere Abende, wenn über allem der Schnee liegt und Margret mit mir zusammen dort draußen sitzt. Dick eingemummt machen wir Feuer – und die nächsten Stunden sind Entspannung pur. Man könnte auch Flucht sagen. Meinetwegen.

Leider habe ich zu wenig von alledem. Das Häuschen ist mein ganzer Stolz, aber ich nutze es viel zu selten. Die tägliche Arbeit mit den Boxern im Gym, die Trainingslager, die Reisen zu den Wettkämpfen – manchmal fühle ich mich wie ein Gast im eigenen Zuhause. Ich hebe grundsätzlich meine Wochenpläne auf, kann also auch Jahre später noch nachvollziehen, was wann gerade wichtig war. Und lege Ihnen hier einmal die Statistik eines verrückten, aber nicht außergewöhnlichen Jahres auf den Tisch.

1996 war ich 204 Tage auf Reisen. 204 von 366!

56 Prozent der Zeit irgendwo in einem Hotelzimmer, einer Trainingslagerbude oder sonstwo. Sicher, das ist ein extremes Beispiel: Aber 150 Tage kommen in jedem Jahr zusammen. 150 Tage ohne die kuschelige Gemütlichkeit unseres Wohnzimmers und unseres Häuschens.

Lesen Sie das bitte nicht als Beschwerde. Dafür bin ich überhaupt nicht der Typ. Ich weiß, was mein Beruf von mir verlangt, und gehe auch mit 75 Jahren noch voll darin auf. Leid tut mir allerdings meine Frau, die fast immer nach meinem Terminkalender leben muss. Die den Ruhepol bilden muss, wenn ich die Anspannung des Trainings mit nach Hause bringe.

Oft verpasse ich den Moment, ihr danke zu sagen für tausend Dinge, die sie für mich tut. Nur ein Beispiel: Wenn wir Besuch haben, tauchen wie von Zauberhand nach wenigen Minuten die tollsten Schnittchenteller auf dem Tisch auf. Mit Wurst, Käse, Lachs, hartgekochten Eiern, Gurken, Radieschen, frischem Obst und so weiter. Und noch viel mehr. Mundgerecht geschnitten, griffbereit hingelegt. Auf Tellern und Etageren, wie es schöner und besser nicht das nobelste Hotel servieren würde.

Meistens brumme ich dann ein schnelles »War doch nicht nötig« heraus. Weil ich mitten im Gespräch bin. Oder schon wieder nach dem Handy greife. Ich nehme Margrets Fürsorge als selbstverständlich hin. Typisch Mann.

Denn eigentlich müsste ich ihr jedes Mal sagen: »Wahnsinn, Margret, was du alles für mich machst. Danke, dass du mir zehnmal am Tag, mindestens, den Rücken freihältst. Du bist die Beste.«

Ich versuche, Margret ein bisschen davon zurückzugeben. Wenn wir gemeinsam auf der Couch sitzen und Western oder Krimis gucken oder uns gegenseitig bei Rätseln aus der Zeitung helfen, wenn wir Filme über die Natur oder geschichtliche Dokumentationen anschauen, ist die Hektik des Boxgeschäfts weit, weit weg. Dann sind wir das normalste Ehepaar der Welt, dann spüre ich jedes noch so kleine Detail, das meine Frau in unser Leben getragen hat, das zum Wohlfühlen beiträgt. Wobei ich bei Kreuzworträtseln, Margrets Liebe, eine echte Niete bin. Ich mache lieber Worträtsel, kaufe mir gerade auch deswegen immer die *SUPERillu*, weil ich da meine Lieblings-Denksportaufgaben finde.

Nach 31 Jahren Ehe kennen wir uns auch wirklich gut genug. Zum Beispiel weiß ich, dass ich einen Boxertrick, eine echte Finte, anwenden muss, wenn ich mal einen richtig wilden Mafia-Film sehen will. Dann hilft nur, dass ich von der ersten Minute an lauthals über diesen Quatsch und die komischen Schauspieler schimpfe. So kommen Margret und ich über die ersten 20 Minuten eines Streifens, den sie eigentlich gar nicht ansehen will – und irgendwann ist es ihr egal.

Zusammen haben wir einstmals, wie ganz Deutschland, Dallas angeguckt. Und Denver-Clan. Aber im Moment gibt es nichts, wirklich nichts, was Pflichtprogramm ist im Hause Wegner. Wir schauen, was uns grade interessiert. Und manchmal schaue ich mit ...

So ist das bei uns zu Hause. Und wir mögen diese Abende der Zweisamkeit. Aber ich sehe auch, dass ich oft den Erfolgsdruck mit nach Hause bringe. Und – leider gar nicht selten – mich aus der Boxwelt in die Fußballwelt flüchte, um abzuschalten. Ja, für mich alleine gibt es kaum etwas Schöneres, als einen kompletten Samstagnachmittag mit den Live-Übertragungen der Bundesliga zu verbringen. Ich mache mir schon während der Woche in den Trainingspausen meiner Boxer eine Liste, welche Spiele mich besonders interessieren.

Hertha BSC natürlich. Ich bin ja auch oft im Olympiastadion, wenn es die Zeit zulässt. Dazu der 1. FC Köln, weil ich dort lange im Schatten des Stadions gearbeitet habe, viele Spieler und Trainer kennenlernen konnte und sogar Ehrenmitglied bin. Dazu kommt der 1. FC Kaiserslautern, dem seit meinen Kindheitstagen in Penkun meine Liebe gehört. Fritz Walter, Sie wissen schon! Und Borussia Mönchengladbach, wegen des tollen Fußballs, den die Fohlen-Elf der Weisweiler-Ära spielte. Natürlich interessieren mich die Münchner Bayern genauso wie das Team, das aktuell den schönsten Kick zeigt. Dortmund vielleicht. Oder Leverkusen.

So, jetzt müsste ich die halbe Bundesliga durchhaben. Und Sie verstehen sicher das Dilemma, das daraus entsteht. Meine Frau muss mich nicht nur mit dem Beruf teilen, mit dem Boxen, sondern gleich noch mit einer zweiten Sportleidenschaft. Ich bin sicher, manchmal verflucht sie die Live-Übertragungen. Aber ich hoffe, dass sie auch versteht, dass ich das brauche, um herunterzukommen. Stress abzubauen. Aufzutanken. Durchzuhalten.

Ja, ich schenke Margret zu wenig Zeit. Und frage mich schon manchmal, wie sie das mit mir so aushält. Andererseits brauche ich sie unheimlich. Bin heilfroh, dass sie mit ihrer Hilfe bei der Organisation von Terminen, mit ihrer Büroarbeit im Sauerland-Boxstall, mit ihrer endlosen Geduld für die Boxer und deren Bedürfnisse auch bei der Arbeit oft in meiner Nähe ist.

Margret ist jemand, der Dinge in die Hand nimmt. Lösungen findet. Und unser Team stärker macht. Das alleine ist für mich schon unheimlich wichtig.

Noch wichtiger ist aber, was sie nicht ist: Margret ist keine Frau, die zu Hause herumsitzt und auf die Uhr schaut, bis der Mann von der Arbeit kommt. Sie ist kein Püppchen, das auf berühmt oder wichtig macht. Sie ist keiner der Menschen, die sich über Trends oder Besitz oder Glitzer definieren. Das hat sie bei ihrer natürlichen Eleganz und Attraktivität auch gar nicht nötig.

Okay, sie hat einen Schuhtick. Wie geschätzt eine Milliarde anderer Frauen auch. Wir hatten mal richtig Krach, als ich aus Versehen in die Kammer neben unserem Schlafzimmer stolperte – Männer sollten so etwas möglichst nicht tun! – und nicht glauben konnte, wie viele zig Paare Schuhe dort standen. Plötzlich kapierte ich, warum sich bei den Reisen zu den Boxkämpfen immer der Hausmeister unserer Trainingshalle um Margrets Koffer kümmern sollte. Damit ich den Transport des mittelgroßen Schuhladens meiner Frau zum Wettkampfort nicht mitbekomme.

Ich habe Margret eine echte Szene gemacht, ich habe richtiggehend getobt. Weil ich der Meinung war, dass es einfach nicht sein müsse. Aber sie sagte mir mitten ins Gesicht: »Ulli, ich brauche jedes Paar.« Was will Mann da noch tun, außer grummelnd wegzugehen ...

Es ist ja auch so, dass ich Margrets Zielstrebigkeit unheimlich viel verdanke. In gewissen Punkten bin ich sogar ihre Schöpfung, da muss ich schon fair sein. Sie treibt mich an. Sie holt das Beste aus mir heraus. Sie hilft mir immer, wenn ich sie brauche. Auch dann, wenn ich selbst gar nicht daran denke.

Nur ein Beispiel: Wenn ich vom Fernsehen zu Ehrungen eingeladen werde und eine Laudatio auf einen der zu Ehrenden halten soll, bekomme ich meist ein Schriftstück mit Stichworten zugeschickt. Ich mache mir ein paar Notizen dazu und bin's zufrieden. Aber Margret schnappt sich garantiert den Zettel noch einmal. Meistens mitten in der Nacht. Dann ordnet sie die Gedanken, die ich da schnell hingeworfen habe. Schreibt mir alles sauber auf. In Absätzen, damit ich auch mal Pause mache. Ich kann gar keine Fehler mehr machen.

Margret hat auf meine Entwicklung einen sehr, sehr starken Einfluss gehabt. Das werde ich ihr aber nie sagen. Das muss sie schon hier lesen! Zu viel loben darf man sie nämlich nicht ...

Und noch was muss sie hier lesen, oder sie erfährt es nie: Ich bin auf meine Frau unheimlich stolz!

Wir sind ein gutes Team, die Frau Vollblutlehrerin – Margret hat in der Oberstufe Mathe und Chemie unterrichtet – und der Herr Vollblutsportler. Meine Margret, die Architektur studieren wollte, aber nicht durfte, weil ihre Eltern aus dem übrig gebliebenen privaten Unternehmertum der DDR stammten. Die dann eine Maurerlehre machte, aus Trotz. Die beim Fachabitur in der DDR ein Jahr übersprungen hat. Die ihr erstes Studienjahr wegen eines Unfalls im Krankenbett durchzog. Sehr gut, selbstverständlich!

Wir sind auch ein explosives Team, die hochintellektuelle Frau Wegner und der Boxtrainer, der immer irgendwie Lausbub geblieben ist. Sie liebt es einfach, recht zu haben. Und sie hat auch immer recht.

Wie damals in der Garage, die gebrannt hatte und neu aufgebaut wurde. Ich habe eine Deckenverkleidung angebracht und bei der Befestigung nicht hundertprozentig sauber gearbeitet. Meinte zumindest Frau Lehrerin. Sie ließ auch nicht gelten, dass man das nach dem Anbringen der Verkleidung nicht mehr sehen würde. »Ulli, da haste aber fünf Millimeter zu tief gebohrt«, sagte sie. Hatte recht. Und mich ganz weit oben auf der Palme.

Wenig später war irgendwas an der Terrasse. Ich habe nur gesagt: »Margret, das machst du schon.« Und sie hat es wirklich perfekt gemacht. Zum Geburtstag habe ich ihr dann eine Bohrmaschine geschenkt. Prompt stand es groß in der *Bild-Zeitung.* »Boxtrainer Wegner schenkt seiner Frau eine Bohrmaschine zum Geburtstag.« Sie glauben gar nicht, wie viele Menschen mich darauf angesprochen haben.

Aber so sind wir beiden. Manchmal tragen wir unsere ganz normalen Nickeligkeiten, die es in jeder Beziehung gibt, als Duell unserer Fähigkeiten aus. Von der Bildung her, vom Wissen, könnte ich Margret – außer auf dem Gebiet des Sports – niemals das Wasser reichen. Also muss ich es auf meine Art probieren.

Und weil Sie mich jetzt schon ziemlich gut kennen, können Sie sicher auch erraten, was es nach der Bohrmaschinen-Episode als Weihnachtsgeschenk gab. Erraten: Einen kompletten Werkzeugkasten mit allem Schnickschnack!

So leben wir zusammen. Helfen uns gegenseitig. Fetzen uns auch mal. Und vertrauen uns in allen Angelegenheiten. Natürlich auch beim Geld. Margret hat über alles den Überblick, sie regelt das, ich weiß, dass sie das gut macht. Ende des Themas. Vertrauen, eben.

Bei allem, was wir gemeinsam erleben, glaube ich aber dennoch, dass es Margret manchmal extrem stört, dass ich in unserer Zweisamkeit viel zu oft nur Gast bin. Ein Getriebener auf der Durchreise. Gerade nach Hause gekommen, gerade eben noch hier auf der Couch – und schon wieder weg. Mit zig Dingen, die ich bei ihr ablade. Und mich blind auf sie verlasse, ohne ihr ausreichend dafür danke zu sagen.

Dabei ist es doch ein unvorstellbares Glück, dass die Frau, die ich liebe, mit ihrer ganzen Kraft dazu beiträgt, dass der Laden läuft. Dass ich erfolgreich sein kann, indem ich mich auf meine Trainerarbeit konzentrieren kann. Was Margret – zusammen mit vielen anderen Helfern – im Hintergrund klärt, habe ich oft schon in der nächsten Sekunde wieder vergessen. Aber nicht, wie unerlässlich es für den Gesamterfolg ist.

Niemand gewinnt alleine. Und es gibt kaum einen wahreren Satz als diesen: Hinter jedem erfolgreichen Mann steht ein starke Frau!

Und hinter jedem gut angezogenen Mann sowieso ...

Denn jetzt kommt eine Beichte, die mir schon ein wenig peinlich ist. Aber da muss ich durch, schließlich habe ich Sie in mein Wohnzimmer eingeladen.

Schauen Sie, dort vorne auf dem kleinen Tischchen, das wir durch die Flurtüre sehen können, liegt mein Koffer. Ich muss mal wieder weg – und Margret hat für mich gepackt. Ich hole den Koffer mal, um Ihnen etwas zu zeigen.

Sehen Sie hier das akkurat gefaltete schwarze Hemd und das kleine Stück Papier, das unter dem zweiten Knopf hervorschaut? Das ist einer von Margrets berühmten Zetteln. »Zusammen mit dem schwarzen oder dem hellen Jackett«, steht da drauf. »Aber nicht zu den braunen Schuhen!« Es gibt in dem Koffer vielleicht zehn bis fünfzehn ähnliche Hinweise, Tipps und Anleitungen.

Meine Margret kennt mich nämlich ganz genau. Es ist nicht so, dass ich am liebsten den Trainingsanzug trage. Ich habe schon einen gehörigen Schuss Eitelkeit in mir, zum jeweiligen Anlass passend angezogen zu sein. Schon als junger Mensch habe ich für DDR-Verhältnisse sicher überdurchschnittlich viel Geld für Klamotten ausgeben.

Aber glauben Sie mir einfach, dass ich in der Zusammenstellung von Hemd, Jackett, Hose, Schuhen, Gürtel und so weiter sicher öfter mal danebenliegen würde. Margret ist die Fee, die mich gut aussehen lässt. Eine Fee, die mich auch mal anraunzt, wenn ich in der Hektik doch das weiße Hemd zum braunen Jackett angezogen habe und die Bilder ihr zu Augen kommen.

»Ulli, was haste denn da wieder gemacht?«, zieht sie mich dann auf. »So viel kümmern, dass alles klappt, geht bei dir doch gar nicht.« Da widerspreche ich energisch. Denn ihre Kleidungsvorschläge kommen natürlich erst durch den schönen, stattlichen Mann in den Klamotten zur Wirkung! Sie verstehen schon, was ich meine ...

Aber weil ich gerade dabei bin, Geständnisse zu machen: hier gleich noch eine Sache, die einzugestehen für einen Mann wohl etwas peinlich ist.

Halten Sie mich für verrückt, aber ich habe von meiner Mutti den Krümel an der Lippe geerbt. Meine Mutti, ganz egal wie sehr sie aufpasste, hatte im Laufe eines Essens immer irgendwas am Mund hängen. Zur Erheiterung bei vielen Familientreffen – und ihr war das unheimlich peinlich. Aber jeden Lacher, den ich als kleiner Junge oder später als erwachsener Sohn ausgestoßen oder unterdrückt habe, bekam ich im Lauf meines Lebens doppelt und dreifach zurück.

Ich kann machen, was ich will. Meine Frau wird verrückt, wenn sie es sieht. Oder sie liegt vor Lachen flach. Aber es passiert immer und immer und immer wieder. Krümel an der Lippe.

Also bitte, wenn Sie mich mal sehen sollten beim Essen, in einem Restaurant oder auf einer VIP-Party nach einem wichtigen Kampf, und ich habe da was am Mund hängen – bitte sagen Sie nichts! Bitte.

Ich weiß es ja und habe vorher vermutlich meinen Tisch und meine Frau mit endlosen Fragen »Hab ich da was?« verrückt gemacht. Es bleibt dabei: Irgendwann passiert es. Eine Gen-Anlage der verrückten Art.

Da wir gerade beim Essen sind, beantworte ich eine Frage, die direkt damit zusammenhängt. Ich kann kochen. Zumindest Wasser, aber nicht viel mehr. Eier, hart, weich, als Rühreier oder als Spiegeleier würde ich hinbekommen. Bratkartoffeln auch. Aber zu mehr hat es nie gereicht. Ich wurde zu Hause von Mutti verwöhnt, die uns die tollste mecklenburgische Küche hingestellt hat. Sie konnte einfach bombig kochen. Glauben Sie mir: Ich bin manchmal von der Lehre nach Hause gefahren und habe den ganzen Weg schon den typischen Geruch aus Muttis Küche in der Nase gehabt.

Selbst in hohem Alter, auch als sie kaum noch sehen konnte, begeisterte ihr Essen immer noch alle. Meine beiden Ehefrauen waren beziehungsweise sind ebensolche Künstlerinnen. Warum sollte ich da selbst Pfanne und Löffel schwingen?

Sehen Sie, ich bin sowieso von Berufs wegen einer, der viel essen geht. Im Hotel oder im Trainingslager kommt das Futter quasi von alleine auf den Tisch. Ich bin da, wie in vielen anderen Dingen, absolut bodenständig.

Kartoffeln mit Stippe. In allen Variationen. Stellen Sie das in einer ausreichenden Portion vor mich hin – und Sie sehen mich glücklich. Zufrieden. Mampfend. Satt.

Vielleicht vorher noch eine gute Soljanka. Die darf gerne scharf gewürzt sein. Auch wenn mein Arzt sagt, dass das total ungesund ist. Ich mag die deutsche, die heimische Küche. Verdrücke allenfalls mal eine Pizza. Und, weiß der Himmel, ich habe überhaupt keine Vorurteile gegenüber Menschen, die gerne Griechisch oder Chinesisch essen gehen, die Berge von Sushi vertilgen oder Vegetarier sind. Jeder soll so glücklich werden, wie er es will.

Und je weniger mir Kartoffeln und Stippe wegessen, desto besser!

Ich hatte Ihnen schon unseren Esstisch gezeigt, dort, hinter der Schiebetür. Dort können Sie manchmal den zufriedensten Menschen auf Erden sehen. Wenn Margret gekocht hat, wenn wir das bisschen Zeit, das wir gemeinsam verbringen, auch genießen können. Wenn ich nach dem Essen so entspannt bin, dass wir gemeinsam den Tatort anschauen und dann vielleicht noch Rätsel lösen. Oder lesen. Ich meine geliebten Biografien – ich kann gar nicht genug davon kriegen, von den Leben anderer Menschen zu lernen – und Margret einen Roman. Das finden Sie langweilig? Mag sein. Aber den Kitzel, die Spannung, das Risiko, das Adrenalin, das durch den Körper peitscht, das habe ich doch in meinem Beruf.

Es gibt keine größeren Hochs und Tiefs als im Boxsport. Schlagartig, im wahrsten Sinn des Wortes, kann sich alles ändern. Kann eine sich anbahnende Katastrophe zu einem glorreichen Sieg werden. Und umgekehrt.

Also gönnen Sie mir bitte meine Normalität – dann, wenn die Scheinwerfer aus sind. Und vielleicht, wenn wir später in meinen Hobbykeller gehen, finden Sie mich auch gar nicht mehr so normal ...

Ich bin so, wie ich bin. Kann mir, durch das Boxen, alle Wünsche erfüllen. Und bedauere mit 75 Jahren ganz, ganz wenig in meinem Leben.

Ich würde gerne singen können. Richtig gut, so dass ich mich trauen würde, auch vor vielen Menschen mal ein Lied anzustimmen.

Aber ich habe nicht die Stimme dazu und es nie probiert, geschweige denn gelernt.

Ich würde gerne ein Instrument spielen können, habe aber nie die Zeit oder auch nur den Mut gefunden, eine Gitarre in die Hand zu nehmen. Das wäre es: Gitarre spielen. Schlager und Shantys. Oder das edle Klavier. Keine Zeit, keine Gelegenheit, keine glückliche Fügung, die mich auf diesen Weg geführt hätte. Und Sie glauben mir sicher, dass ich mich über mangelndes Glück in meinem Leben garantiert nicht beschwere.

Aber am meisten wurmt es mich, dass ich nie Englisch gelernt habe. Die für mich naheliegende Ausrede, dass ich nie hätte ahnen können, wie wichtig die Sprache der westlichen Welt für mich einmal werden würde, lasse ich beim Blick in den Spiegel nicht gelten. Ehrlich sein, Wegner: Ich hatte nie das große Talent, Lernstoffe schnell aufzunehmen. Das ist mir nur im Sport gelungen, weil mich da das persönliche Interesse angetrieben hat wie eine Peitsche. Da wollte ich alles wissen, habe mich verzehrt nach jedem noch so kleinen, lächerlichen, aber für mich ach so wichtigen Detail.

Ansonsten war ich kein dummer, aber ein sehr mittelmäßiger Schüler. Lernen war mein Feind, genauso wie das runde Leder mein Freund war, damals, als die Schulstunden mich endlos vom Fußballspielen abhielten.

Ach, was würde ich heute dafür geben, in der Boxwelt mit halbwegs passablem Englisch herumzulaufen. Die Unterhaltungen mit Kämpfern, ihren Freunden und Familien, mit Betreuern, Managern, Journalisten und Fans wären für mich so viel einfacher. Wenn ich 40 Jahre jünger wäre, würde ich alles für ein Jahr auf Stopp stellen – und nach England oder in die Vereinigten Staaten übersiedeln. Würde meine ganze Kraft aufbieten, um mich in der Fremde sprachlich auszubilden. Um dann ein Leben lang davon zu profitieren.

Das sind die Dinge, die mir fehlen. Aber ansonsten?

Sie stehen doch gerade mitten in meinem kleinen Glück. In unserem Bungalowhäuschen, das mir sehr viel Befriedigung gibt. Hier kann ich ungestört tun und lassen, was ich will. Und wenn ich bis früh um fünf Uhr Videos des nächsten Gegners von einem meiner Schützlinge studiere und dabei auch mal die Lautstärke hochdrehe, um die Kampfatmosphäre besser zu spüren, kann es jedem außer meiner Frau herzlich egal sein. Denn niemand sonst bekommt etwas mit. Das finde ich wunderbar.

Was braucht der Mensch schon mehr, außer einer glücklichen Beziehung, einer Aufgabe, die ihn ausfüllt und begeistert, einem Betrag X auf dem Konto, der ihm das Gefühl gibt, halbwegs sicher und erträglich leben zu können, und einem Platz, an dem er sich wohlfühlt. Das ist mein Geheimnis des Lebens. Und wenn es Sie nicht umhaut, wenn Sie es ganz normal oder sogar spießig finden, dann bitteschön.

Ich erzähle Ihnen dazu noch schnell eine Geschichte: Mit Sven Ottke, diesem Klassejungen, durfte ich die unfassbare Anzahl von 21 erfolgreichen Titelverteidigungen im Supermittelgewicht aneinander reihen. Nach dem zehnten WM-Kampf schenkte mir Wilfried Sauerland, mein Chef und Besitzer des Sauerland-Boxstalls, eine Rolex. Eine teure, edle Uhr. Zu finden an meinem Handgelenk.

Nach dem 20. gewonnenen Titelkampf in Folge war Herr Sauerland so begeistert von der Erfolgsserie, die Svennie und ich als Trainer hingelegt hatten, dass er mir ein ganz besonderes Geschenk machte. Wieder eine Rolex, aber diesmal in Gold und besetzt mit Brillanten, Ein unvorstellbar grandioses, sündhaft wertvolles Schmuckstück.

Aber ich konnte es nicht tragen. Es passte irgendwie nicht zu mir. Ich hatte diese Uhr ein einziges Mal für nicht einmal zwei Stunden am Arm. Ich bin an diesem Tag nach Mecklenburg gefahren, habe mich mit alten Freunden getroffen. Und irgendwann wurde mir das glitzernde, funkelnde Stück so unangenehm, dass ich es heimlich abgemacht habe und in die Hosentasche gleiten ließ. Ich war total unglücklich damit. War mir selber fremd.

Seitdem liegt die Uhr im Bankschließfach. Ich würde sie für kein Geld der Welt hergeben. Der Wert dieses Geschenkes, dieser tollen Geste, ist für mich unermesslich. Aber tragen kann ich diese Uhr nicht. Das ist nicht meine Welt.

Ich bin einmal gefragt worden, was die größte Summe war, die ich in meinem Leben für einen Luxusartikel ausgegeben habe. Also nicht für ein Haus oder ein Auto, auch nicht für einen Urlaub mit der Familie – sondern für mich alleine und für einen Gegenstand. Ich hatte keine Antwort auf diese Frage. Mir ist schlichtweg nichts eingefallen. Ich bin absolut sicher, dass ich noch nie 5 000 Euro für eine Sache ausgegeben habe. Und die wirkliche Grenze liegt bestimmt noch ein paar tausend Euro niedriger.

Darf ich Ihnen noch etwas verraten, was ganz gut zu diesem Thema passt? Ich, der knallharte Boxtrainer, der seine Jungs beim Training quält und sie in den Rundenpausen notfalls auch mal richtig zusammenstaucht, fühle mich extrem unwohl, wenn ich eine Sonnenbrille trage.

Ich habe darüber nachgedacht, warum das so ist. Und komme immer wieder an demselben Punkt an. Ich fühle mich unsicher, wenn ich das Gefühl habe, dass ich keinen direkten Kontakt zu meinem Gegenüber habe. Dass ich den Menschen nicht »offen« gegenübertrete. Ich bin kein Typ für die große Show, für den großen Auftritt – das merken Sie schon an den Szenen, wenn ich bei einem großen Kampf mit meinem Athleten zum Ring laufe. Mein blauer Trainermantel ist mein Glücksbringer und quasi mein Schutz. Ich schaue nicht links und nicht rechts und winke niemandem zu. Ich bin einfach konzentriert. Es gilt, einen Job zu erledigen. Und das so konsequent und professionell wie möglich.

In den letzten Jahren wurden aber meine Augen immer schwächer. Das Alter ist ein mächtiger und unbezwingbarer Gegner. Ich habe mich nach langem Überlegen und viel Überwindung zur Laser-Operation entschlossen. Das ist alles wunderbar verlaufen – auch wenn es ein Fehler war, sich nachträglich die Operation auf Video noch einmal anzuschauen. So viel Blut. Und alles meins! Da wurde mir dann doch noch nachträglich mulmig.

Aber die Sehkraft ist wieder optimal. Ich bin allerdings einen Tick lichtempfindlicher geworden. Also muss ich jetzt ab und zu eine Sonnenbrille tragen. Wahrhaftig: Ich fühle mich dabei wie ein Mensch, der sich aus Versehen ans Set eines Kinofilms verlaufen hat, aber keine Ahnung hat, was gespielt wird. Anfangs habe ich mich sogar dabei ertappt, dass ich Leuten hinterhergelaufen bin, um wenigstens noch einmal kurz die Sonnebrille abzunehmen. Aus Furcht, ich wäre eventuell arrogant rübergekommen.

Denn ich will ein ganz normaler Mensch sein. Normale Dinge machen mich stolz. In der DDR war ich stolz auf meine Autos. War stolz darauf, dass ich durch Arbeit und Sparsamkeit so viel zurücklegen konnte, dass ich im Exquisit einkaufen konnte. In diesen besonderen Läden, in denen DDR-Bürger für teuer Geld Westware kauften, die wir vorher für den Westen hergestellt hatten. War stolz auf meine Lederjacke für 800 DDR-Mark. Daran erinnere ich mich heute noch. Und auch daran, dass sie zwei Wochen später 250 Mark billiger war. Aber egal. Ich habe einfach aus Stolz darauf geachtet, dass ich gut angezogen war. Aber ich würde mir nie einen Anzug für 5000 Euro kaufen. Oder Schuhe für 1000. Oder einen Gürtel für 500. Niemals. Das passt nicht zu mir. Das bin ich nicht.

Es sind ganz andere Dinge, die mir nahe ans Herz gehen.

Einer der stolzesten Momente in meinem Leben war, als ich zum Ehrenbürger von Penkun ernannt wurde. Ich, der Bengel, der auf dem Marktplatz Fußball gespielt und die Fensterscheiben zerschossen hatte. Und der nach einem langen Match mit hechelnder Zunge und aufgeschürften Knien nach oben schaute. Zu den großen Fenstern des Rathauses. Der Junge, der bei sich dachte: Da möchte ich auch mal hin. Eine Rede hören. 60 Jahre später ist es passiert – für mich immer noch ein Wunder!

Verstehen Sie meine kuriose Sehnsucht? Ich wollte immer etwas Besonderes sein. Ja, das wollte ich! Das war mein Antrieb schon in jungen Jahren. Aber ich wollte mir das Besondere erkämpfen, wollte irgendwie, irgendwo auf irgendeine Art und Weise den Weg finden, dass mich Menschen loben würden.

Genauso stark jedoch wollte ich nie ein Protzer sein. Einer, der mit den Dingen, die er hat, angibt. Einer, der immer das Teuerste will und dabei noch die größte Freude hat, das anderen zu zeigen. Reinzureiben.

Ich gierte danach, dass aus diesem kleinen Penkuner Bengel ein Mann wird, der sich Respekt verdient. Wenn heute jemand zu mir kommt und sagt: »Herr Wegner, Sie sind ein wirklich guter Trainer«, dann ist das die Belohnung, die ich mir immer gewünscht habe. Alles andere ist das Drumherum. Letztlich ohne Wert.

Das letzte Hemd hat keine Taschen. Dieser Spruch ist uralt – und die unbestreitbare Wahrheit.

Ich möchte, dass man vom Boxtrainer Ulli Wegner spricht, der aus seinen Jungs ein paar ganz brauchbare Sportler und Menschen gemacht hat. Und nicht von einem Ulli Wegner, der zwischen den Kämpfen nach Monaco geflogen ist, um braun zu werden. Das tue ich nicht. Das bin ich nicht. Ich brauche keine Yacht und keinen Pullen voll Champagner. Es gibt viel Tolleres. Und das passiert in einem selbst, ganz tief drinnen. Befriedigung. Glück. Stolz.

Dieses Dilemma, es geschafft zu haben, den Traum erfüllt zu haben, aber nicht jeden Teil davon zu mögen und ausleben zu wollen, erwischt mich immer wieder. Wenn ich, wie vor ein paar Jahren passiert, mit einer prominenten Politikerrunde auf dem Dampf-Eisbrecher »Stettin« eine Fahrt mache, die Leute aber zu flüstern beginnen: »Das isser doch, oder?«, und dann: »Ja, das isser«, dann geht es los. Plötzlich kommen Rufe wie »Herr Wegner, ein Foto bitte« oder »Herr Wegner, bitte mal umdrehen«.

Das ist mir, bei allem Stolz, den ich auch spüre, wirklich peinlich.

Das ist ein Gefühl, das ich tagelang, wochenlang mit mir herumtrage. Dass ich wichtig bin, für viele Menschen. Oder dass meine Art, Boxen zu lehren, oder mein Leben irgendwie wichtig sind. Denn ich bin nicht wichtig für diese Welt. (Noch einmal: Stolz spüre ich schon in diesen Momenten.) Alles, was ich tue, ist meine Boxer bestmöglich vorzubereiten. Das mache ich mit ganzer Kraft und heißem Herzen. Doch da gibt es weiß Gott sehr, sehr, sehr viele Dinge, die mehr Bedeutung haben auf diesem Planeten.

Ich spüre dennoch, wie sich mein Leben in den Profibox-Jahren grundlegend verändert hat. Der Fokus ist ein anderer geworden. Das Wort Star - egal, ob für einen meiner Boxer, oder in der Kombination Startrainer - ist eine ganz komische Erfahrung für einen wie mich. Ich hatte doch selbst immer Stars vor Augen. Idole. Fußballer meist. Oder grandiose Boxer. Oder erfolgreiche Menschen, die eine Aura mit sich herumtragen. Filmstars. Schlagerstars. Auch damit kann ich etwas anfangen.

Aber dass ich selbst für andere Menschen ein Star bin? Oft genug komme ich mit dieser Erkenntnis einfach nicht klar.

Manchmal schicke ich mich sogar selbst mit vollem Anlauf in diesen Fettnapf. Wenn ich mir Wünsche erfülle, die mir dann Magendrücken bereiten.

Ich habe vor langen Jahren mal bei Freddy Quinn, dessen Musik ich sehr gerne höre, eine Schlangenlederjacke gesehen. Vor ein paar Jahren habe ich mir endlich den Stoß gegeben und mir eine anfertigen lassen. Endlich, endlich, endlich.

Ich trage sie kaum. Obwohl ich sie schön finde. Aber dieses gute Stück ist zu anders. Zu besonders. Ich fühle mich unwohl darin. Also hängt es im Schrank. Komisch, oder?

Glauben Sie mir, ich habe keine Komplexe und auch kein Problem damit, gegen den Strom zu schwimmen. O nein! Ich sage den Menschen offen ins Gesicht, was ich von ihnen halte. Wenn mir die Art von jemandem gefällt, hört er es von mir, und wenn das Gegenteil der Fall ist, genauso. »Das gefällt mir nicht.« »Das passt nicht zu dir.« »Du benimmst dich unmöglich.« Kann ich alles klar und deutlich ausdrücken.

Aber in mir selbst ist da immer noch eine Unsicherheit. Ich will nicht abheben. Will kein verrückter Typ werden. Will der bleiben, der ich bin und der ich war.

Ich werde Sie jetzt nicht anlügen und sagen, dass ich mich nicht verändert habe in all den Jahren. Dass ich trotz der ganzen sensationellen Entwicklungen derselbe geblieben bin. Auch wenn ich das von vielen alten Freunden höre. Zum Beispiel dann, wenn ich in Penkun bin.

»Ulli, du hast dich wirklich kein bisschen verändert.« Quatsch. Ich spiele dort, bei alten Freunden, bei Boxertreffen oder anderen Gelegenheiten, eine Rolle. Ich rede anders als in der Trainingshalle, im Fernsehen oder im Büro des Sauerland-Boxstalls. Natürlich tue ich das!

Aber ich versuche, verlässlich zu bleiben und mich nicht zu wichtig zu nehmen. Wenn ich es doch tue, und ich es bemerke, tut es mir leid. Aber diejenigen, die mich von ganz nahe kennen, die wissen, dass man bei einem Besuch von Ulli Wegner nichts Besonderes bieten, veranstalten oder auftafeln muss.

Eine Brotzeit reicht. Gemütlich soll es sein. Und wenn ich wieder mal zu viel erzähle, einfach dazwischengehen und sagen: »Ulli, lass die anderen doch auch mal was sagen.« So bin ich. So fühle ich mich wohl.

Die vielleicht größte Veränderung bemerken sowieso nur die Freunde, die mich seit 40, 50 oder gar über 60 Jahren kennen. Denn die manchmal ganz schön deftige Ehrlichkeit, mit der ich anderen Menschen meine Meinung mitteile, war früher noch viel brutaler. Sie haben ja einige Episoden in diesem Buch schon gelesen. Wegner und seine Sprüche, das war oft die Vorstufe zu Krawall. Ich war ein richtiggehender Zyniker, wenn ich mich mit jemandem auseinandersetzen musste, der mächtiger war oder auch nur in der Hierarchie über mir stand.

Heute beiße ich mir in der Öffentlichkeit viel öfter auf die Zunge. Ich muss vorsichtiger sein. Mit Worten und mit anderen Dingen. Das zweite Bier geht gerade noch. Aber das dritte ist schon die Vorstufe zu irgendwelchen blöden Geschichten.

Aber damit Sie auch das ganz klar und ehrlich und knallhart von mir hören: Das bisschen Star-Sein, die minimalen Einschränkungen, die nehme ich mit einem breiten Lächeln in Kauf. Und freue mich über jeden, jeden, jeden Menschen, der mir ein nettes Wort sagt. Oder um ein Foto bittet. Oder auch nur ruft: »Trainer, viel Glück beim Kampf.«

Setzen Sie sich doch bitte noch einen Moment hin, hier auf den langen Teil der Wohnzimmercouch. Margret hat Erdbeerkuchen gemacht und Kaffee. Ich muss Ihnen noch etwas mehr übers Star-Sein erzählen.

Bis heute haut es mich um, wenn mich berühmte Menschen kennen oder sich sogar als Fans outen. Ich habe Günter Netzer und die Leichtigkeit seiner Fußballkunst ein Leben lang bewundert. Angehimmelt ist ein nicht zu kleines Wort dafür. Dann habe ich ihn kennengelernt beim Schwergewichts-Kampf von Nikolai Walujew gegen Evander Holyfield in Zürich. Und plötzlich macht mir Günter Netzer Komplimente zu meiner Arbeit und meinen Boxern. »Ulli«, sagte er, »das, was du in der Ecke deinen Boxern sagt, das ist ganz groß. Genau so müssen Trainer sein. Ich finde das klasse.« Da wird mir heiß und kalt. Ich kriege den Mund nicht mehr auf. Und wenn, dann bleibt er offen stehen.

Oder ich sitze mit Felix Magath in einer Spendengala und bringe zwischendrin mal einen Spruch über seine Medizinbälle. Und Magath dreht sich um, schaut mich streng an und sagt: »Mach mir doch nichts vor, Ulli, du bist doch der wirklich harte Hund.«

Oder ich treffe Jürgen Klopp als frischgebackenen Meister mit

Borussia Dortmund und frisch gewählten Trainer des Jahres bei einer Gala und gratuliere ihm so im Zurufen. »Glückwunsch, Kloppo, haste dir verdient. Aber ich bleibe Bayern-Fan.« Da bleibt er stehen und sagt: »Was bist du, Bayern-Fan? Das gibt's doch nicht.« Und ich, wieder ganz nahe am Fettnäpfchen: »Kennst du mich überhaupt?« Klopp kommt die paar Meter zu mir, legt mir den Arm auf die Schulter und meint: »Mensch, ich bin Boxfan. Wer kennt denn den Ulli nicht? Den Ulli mit zwei L.«

Dann stehe ich trotz meines Alters da wie vom Donner gerührt. Und spüre, wie mir plötzlich ganz heiß wird.

Schauen Sie nur, dort auf dem kleinen Tischchen liegt ein Bild mit dreien meiner Idole aus dem DDR-Fußball. Jürgen Croy, der Klassetorhüter der DDR-Auswahl. Dixie Dörner, der Dirigent und Stratege aus der Liberoposition. Und der unvergleichliche Peter Ducke, Hitzkopf und Torjäger. Einen wie ihn hat die Fußballwelt seither nicht mehr gesehen.

Ach, ich komme ins Schwärmen. Das waren Namen für mich wie heute vielleicht Neuer, Özil oder Klose. Und ich kann hingehen und fragen: »Peter, wie geht's?« Und kriege als Antwort keinen abweisenden Blick, sondern eine freudige Antwort und eine Fachfrage zu irgendeinem aktuellen Boxereignis.

Ich bin sogar mit drauf auf dem Bild mit Croy, Dörner und Ducke. Ist das nicht Wahnsinn?

Ich habe Ihnen ja bereits erzählt, dass ich ein Grübler vor dem Herrn bin. Wenn ich vor dem Kamin sitze. Oder wenn ich wieder mal Margret mit meinem Schweigen zur Weißglut treibe. Oder wenn ich auf meinen langen Fahrten im Auto sitze. Aber das Grübeln hat auch seine angenehmen Momente. Dann, wenn ich darüber nachdenke, was für ein unvorstellbarer Glückspilz ich bin.

Sven Ottke gab seiner Biografie 2003 den Titel »Ich lebe meinen Traum«. Recht hat er. Tausendmal recht! Wir Sportler und Trainer, wenn es nur einigermaßen erfolgreich läuft, leben unseren Traum.

Wir bringen unsere Leidenschaft mit und bekommen Erfolge, Anerkennung und – nicht zu vergessen – gutes Geld als Lohn. Wir steigen auf in Sphären, die uns bei einem normalen Lebensweg verschlossen geblieben wären. Und ich will, dass Sie wissen, dass ich mir darüber im Klaren bin.

Wann immer es geht, nehme ich mir deshalb Zeit für meine Fans. Ich schreibe gerne Autogramme, ich stelle mich gerne für Fotos zur Verfügung, ich sage nur ganz, ganz selten Nein. Und wenn es doch mal dazu kommt, dann glauben Sie mir, dass mich ein wichtiger Termin hetzt. Probieren Sie es einfach beim nächsten Mal noch einmal. Bitte!

Und jetzt geht es in den Hobbykeller.

12. KAPITEL

Mein Hobbykeller

Was mir meine Fußballidole und Westernhelden bedeuten und warum ich in diesem Kapitel eine große Bitte an Sie äußere

Kommen Sie mit! Kommen Sie raus aus dem Wohnzimmer, ich habe Ihnen ja alles gezeigt. Kommen Sie mit durch den kleinen Flur, hier links ist die Treppe hinunter in den Keller. Ach, was sage ich. Keller? Dort unten ist so viel anderes. Dort unten ist meine Fantasie. Viel von meinem Leben abseits des Boxens. Dort unten sind Geschenke, die mir viel zu wertvoll waren, um sie je auszupacken.

Und dort unten ist die Prärie.

Schauen Sie mich nicht so komisch an. Ich bin völlig klar. Aber passen Sie bitte trotzdem auf, falls plötzlich Indianer kommen. Andererseits: John wird uns schon retten. John ist mein Freund. Einer meiner besten Freunde, die ich im ganzen Leben hatte. John ist John Wayne.

Sie gucken immer noch überrascht. Und wenn ich jetzt nicht aufpassen müsste, dass Sie die doch etwas steile Treppe heil hinunterkommen, wäre ich schon längst in meinem Hobbykeller-Reich und würde eines meiner Lieblingslieder für Sie spielen.

»Ein Mann wie ein Baum mit Fäusten hart wie Stahl«, beginnt es. Und ich kann es auswendig. »Er war das Gesetz mit dem rauchenden Colt, der ehrliche Mann mit dem Herzen aus Gold.«

Vielleicht kennen Sie den Song. Arnold Marquis, die deutsche Stimme von John Wayne, hat ihn aufgenommen. Irgendwann Ende der 70er Jahre, als der große Westernheld auf seinen letzten Trail in die Ewigkeit gerufen wurde.

Meine Faszination für diese Helden, von denen ich natürlich weiß, dass sie nur Filmfiguren sind, hat definitiv etwas Romantisches, etwas Sehnsuchtsvolles. Begonnen hat es mit Heften und Büchern. Tom Prox und Billy Jenkins waren meine Westernidole so in den 50er, 60er Jahren. Dann kamen aber auch schon die Leinwandhelden.

Nie werde ich vergessen, wie ich mit Onkel Paul in der Nähe des Moritzplatzes in Kreuzberg in den 50er und Anfang der 60er Jahre in den Billigfilm-Spelunken Westberlins gesessen habe. Die Mauer gab es noch nicht. Onkel Paul war der Bruder des Mannes meiner Schwester, also gar kein richtiger Onkel – aber wir hatten immer eine tolle Zeit.

Wochenschau und dann ein Western, oft sogar zwei nacheinander – für mich ein tolles Abenteuer. Aber ab August 1961, nach dem Bau der Mauer, ging das nicht mehr. Dann war der Moritzplatz plötzlich so weit weg wie Texas. Was blieb, was keiner einfach so wegnehmen konnte, war meine Begeisterung für die Welt der Cowboys. Unaufhörlich seit damals hat mich die Konsequenz, die ruhige Ernsthaftigkeit beeindruckt, mit der die Revolverhelden und Sheriffs ihre Aufgaben erledigt haben. Ruhig, ohne zu jammern, aber knallhart in der Sache. Und immer allein.

Vielleicht ist das ein Teil von mir, weil ich eben in meiner Familie der Nachzügler war. Mit einem zehn Jahre älteren Bruder und einer zwanzig Jahre älteren Schwester. Vielleicht spielt auch eine Rolle, dass ich wegmusste aus Penkun, um meine Träume zu erfüllen. Dass mein Leben in gewisser Weise eine Reise darstellt. Eine Reise mit vielen Abenteuern und vielen Gefechten. Vielleicht hat das alles zu meiner Schwärmerei beigetragen. Aber es wäre nie so gekommen ohne grandiose Schauspieler wie einen John Wayne. Mich faszinieren Filme wie »Rio Bravo« oder »Der Schwarze Falke«. Oder auch »Ringo«, eines der ganz frühen Werke von John Wayne. Mich fasziniert die Rauheit des Cowboy-Lebens, die einerseits schöne, andererseits erbarmungslose und noch lange nicht beherrschte Natur. Ich verliere mich in diesen Kinowerken und habe, ganz weich in solchen Dingen, nur einen Wunsch: bitte ein Happy End. Oder zumindest die Erledigung der gestellten Aufgabe. Sonst gefällt es mir nicht.

Neben John Wayne gibt es den unvergleichlich harten, kompromisslosen Clint Eastwood, diesen unfassbar starken Typen. Erbarmungslos, aber gerecht. Alle zwei Filme sagt er mal einen kompletten Satz, so kommt es mir jedenfalls vor. Aber seine Taten lassen keine Fragen offen.

Oder Gary Cooper in »Zwölf Uhr mittags«. Einer der besten Western überhaupt, der in den USA unter dem Titel »High Noon« vier Oscars abräumte. Für mich ist dieser Film der beste Western ohne John Wayne. Ich komme ins Schwärmen, aber Sie können mich jetzt nicht stoppen. »Zwölf Uhr mittags« – die unmenschliche Aufgabe für einen einzigen, tapferen Mann. Soll er flüchten, davonrennen, sein Leben durch diese feige Tat entwerten? Oder soll er bleiben, sich der Übermacht stellen und sein Leben bei aberwitzig schlechten Chancen riskieren?

Natürlich bleibt er. Natürlich gewinnt er gegen die Schurkenbande. Aber das ist gar nicht die Geschichte. Der Weg dahin ist das, was mich beeindruckt – Sie dürfen jetzt gerne auch Parallelen zum Boxen ziehen! – und aufwühlt. Und die Szene nach der Entscheidung, wenn Gary Cooper als Marshall den feigen Bürgern der Stadt den Marshallsstern vor die Füße wirft. In den Dreck schmeißt. Und in der Kutsche mit seiner Liebsten, die ihm als Einzige geholfen hat, wegfährt.

Wer hatte noch nie das Verlangen nach so einem Ende? Wer fände es nicht toll, auf diese Weise Sieger zu sein? Durch konsequentes Durchziehen des eigenen Weges. Durch eigenes Können und durch den eigenen Charakter.

Ich will Ihnen nicht zu viel vorschwärmen, aber solche Szenen packen mich immer wieder.

Die Figur des Cowboys, ich will sie noch einmal etwas intensiver beleuchten. Ein Cowboy hat kein Luxusleben. Alle andere als das. Aber trotzdem hat er Freude an seiner Arbeit. Weil er sich durchbeißen muss, weil ihm das Leben nichts schenkt, aber vieles gibt.

Und er ist frei. Er kann frei auf der Weide entscheiden, was er zu tun hat. Eine Menge Aufgaben warten, aber er ist der Herr der Lage. Er kann auch einfach weiterreiten, wenn es ihm nicht mehr passt. Und selbst wenn es seinem Boss nicht mehr passt, oder keine Arbeit mehr da ist, schnallt er sein Bündel Habseligkeiten hinter den Sattel und zieht seines einsamen Weges.

Freiheit! Sie und ich können jetzt lange darüber diskutieren, ob dieses Wort für mich als Kind einer Vertriebenenfamilie und DDR-Bürger mehr bedeutet als für viele andere. Ich sage Ihnen ganz klar: Ja! Freiheit ist eines der wichtigsten Dinge im ganzen Leben.

Und damit meine ich nicht nur die Freiheit, die ich nach der Wende im zweiten Teil meines Lebens kennengelernt habe. Glauben Sie mir einfach: Auch in der DDR gab es Freiheit. Und viele, viele Menschen haben sich diese Freiheiten in einem viel weniger offenen Staatssystem auch gesucht.

Ich wäre doch ein Lügner, wenn ich heute sagen würde: Ich habe in der DDR schlecht gelebt. Nein, habe ich nicht. Und ich habe mir viele Freiheiten genommen. Erst als Lausbub, dann in gewisser Art und Weise als Lebenskünstler. Dass ich dafür immer hart gearbeitet habe, war für mich Teil dieser kleinen Freiheit. Ja, wir haben Leistung nach Plänen abliefern müssen. Ja, wir waren in einigen Dingen und Bereichen eingeengt. Ja, ja, und nochmals ja: Mir, meiner Arbeit, meinem Naturell und meinen Methoden kam diese andere Freiheit nach dem Fall der Mauer sehr entgegen. Ich konnte mich verwirklichen.

Aber auch wir Menschen zwischen Rügen und dem Vogtland, zwischen der Rhön und der Oberlausitz hatten unsere Lebensqualität. Und unsere Freiheit. Und die, da komme ich wieder zu meinem Cowboy-Bild zurück, lag oft genug darin, das Leben zu meistern.

Unter den Bedingungen, die uns die ganzen deutschen Wirren zweier Weltkriege vor die Füße geschmissen hatten. Es war ein gutes Gefühl, dem Leben, das oft ein hartes war, trotzdem und gerade deshalb Befriedigung abzuringen. Durch Arbeit, durch das Verhältnis zu Freunden, durch Tage an den Ostseestränden, durch Spaß an vielen Dingen, die machbar waren.

Und durch Träume. Ich hatte mein Leben lang den Traum, etwas Besonderes zu leisten. So wie ein Westernheld. Lachen Sie bitte nicht, das ist schon so. Ganz egal wie karg und armselig meine Lebensumstände als Kind auch waren, ich träumte immer davon, etwas Tolles zu schaffen. Ich, der Grübler, der auch ganz tief in die Traurigkeit abgleiten kann – tiefer, als Sie das vermutlich glauben würden –, ich habe mir die Rückschläge und Enttäuschungen, die Cowboys in den Western erleben und durchleben müssen, irgendwie zum Leitfaden genommen. Und ich habe von diesen Filmfiguren gelernt, mit dem Schicksal umzugehen. Habe wirklich mit Hilfe dieser Vorbilder gelernt, schlechte Erlebnisse auch wieder abzuhaken. Wegzupacken. Vielleicht sogar zu vergessen.

Mein Naturell ist das eines idealen Cowboys. Melancholisch, hart, aber auch sentimental und feierlustig, wenn die Arbeit getan ist. Dann, wenn der Druck von mir abgefallen ist und ein großer Kampf mit einem tollen Sieg für einen meiner Boxer zu Ende gegangen ist, bin ich nämlich der glücklichste Mensch auf der Welt. Ich freue mich für ihn, für seine Familie, für unser Team, für die Fans in der Halle und an den Fernsehschirmen. Ich freue mich für Margret und die, die mich lieben. Und freue mich dann auch für mich, sage mir: »Ulli, du hast diesen Job gut gemacht. Gönn dir zwei, drei Tage. Und dann kommt der nächste.«

Natürlich kann ich mich in einem solchen Moment nicht auf ein Pferd setzen und in den Sonnenuntergang reiten. Aber genau so fühle ich mich. Wie ein Cowboy nach einem harten, erfolgreichen Stück Arbeit.

Doch selbst John Wayne musste sich den Platz in meinem Hobbykeller immer mit dem Sport teilen. Ich war als Junge, Teenager und junger Mann geradezu vernarrt in alle Informationen, die ich über Fußball, Leichtathletik, Olympia generell und das Boxen bekommen konnte. Ich weiß heute noch Bestzeiten aus den 40er und 50er Jahren. Ich kann Ihnen heute noch Rennen des australischen Wunderläufers Ron Clarke nacherzählen. Von dem Mann, der unzählige Weltrekorde aufstellte, aber es bei Olympischen Spielen und Weltmeisterschaften nie bis ganz oben aufs Treppchen schaffte. Er gewann Bronze 1964 in Tokio, aber sonst nichts auf der größten Bühne des Sports. Bis heute eine packende, unerklärliche, mysteriöse Geschichte für mich.

Und dann erst der Fußball. Ich glaube, Sie grinsen jetzt, weil ich schon wieder auf dieses Thema komme. Aber ich mache es diesmal mit einer einzigen Anekdote. Ehrenwort.

Ich saß mal nach einem WM-Kampf im VIP-Raum und hatte einen richtig netten, interessanten Gesprächspartner. Einen, der von meiner Fußballverrücktheit gehört hatte und es wohl nicht glauben wollte. Also stellte er, mit so einem ungläubigen Grinsen, die Frage: »Ulli, kennst du wirklich noch die 54er Weltmeistermannschaft?« Ich antwortete: »Das ist zu leicht.« Aber er wollte es nicht wahrhaben, hakte nach mit: »Also, los geht's, Turek im Tor.« Und dann kam ich: »Posipal, Liebrich, Kohlmeyer, Eckel, Mai, Rahn, Morlock, Ottmar Walter, Fritz Walter mit der 16, Schäfer mit der 20.«

Ich legte eine wohlüberlegte Kunstpause ein. Und mein Gegenüber sagte: »Okay, das waren alle elf. Sehr gut.« Er lachte ein kleines bisschen verlegen.

Aber ich machte einfach weiter: »Dann kommt dazu Kwiatkowski, der Ersatztorhüter, der gegen die Ungarn im ersten Spiel acht Kirschen geschluckt hat. Dazu Bauer und Erhardt als Reserve. Und im Sturm Biesinger, der Jüngste im ganzen Aufgebot. Wobei: Der Jüngste, der auch gespielt hat, war natürlich Eckel.«

Mein Gegenüber lachte inzwischen schallend, bat mich um Verzeihung und darum, das kleine Fragespiel einfach zu beenden. Gerne, ich wollte ja nur noch den K.o.-Schlag landen …

»Ach so«, sagte ich. »Entschuldige. Jetzt verstehe ich die Frage erst richtig: Du wolltest die ungarische Mannschaft wissen.«

Was soll ich Ihnen sagen: Der Mann, der eben noch an meiner Fußballmanie gezweifelt hatte, klatschte jetzt im Takt, als ich die Namen der großen, goldenen Elf, der brillanten ungarischen Fußballgeneration herunterrasselte. »Grosics im Tor, Buzánszky, Lóránt, Lantos. Dann Bozsik und Zakariás. Puskás natürlich, die Legende. Hidegkuti, Czibor und Tóth zwei, Mihály mit Vornamen. Das sind dann zehn. Dazu kam noch der kopfballstarke Kocsis, der schnelle, quirlige Zigeuner, der auch Torschützenkönig der WM wurde.«

Ich glaube, dieses kleine Spiel um das Fußballwissen ging für mich aus. Zu null. Und wenn Sie jetzt das Empfinden haben, dass ich dass sehr stolz vorgetragen habe, dann haben Sie hundertprozentig recht.

Schauen Sie, hier in meinem Hobbykeller, in dem Regal hinter dem kleinen Tisch, an dem ich immer sitze, wenn ich Boxvideos analysiere, hier steht das tollste Buch, das ich besitze. Warten Sie, ich hole es für Sie aus dem Regal.

Hier: »Die ungarische Fußballschule«, geschrieben von den beiden ungarischen Trainern Jenö Csaknády und Márton Bukovi. Mein Kumpel Packi, den Sie längst in diesem Buch kennengelernt haben, hat es mir vor Jahren besorgt. Und mich unheimlich glücklich gemacht.

Ich habe mehrere tausend Mal darin geschmökert, geblättert. Bin in dieser wunderschönen, knapp 200 Seiten umfassenden Fibel des Fußballs versunken.

Zurück in meine Kindheit, als ich den Spielern, die darin behandelt werden, huldigte: Die deutsche Elf gewann damals verdient das Endspiel, keine Frage. Aber die Ungarn spielten den besten Fußball auf dem Planeten. So, wie es heute unbestritten ist, dass die spanische Fußballschule und der FC Barcelona das Maß aller Dinge sind, war es damals mit den Ungarn genauso.

Schauen Sie nur auf diese wunderbaren Fotos, mit denen die wichtigsten und schönsten Tricks der Ungarn erklärt werden. »Puskás führt die berühmte Zurückziehfinte vor«, heißt es da. Oder: »Kocsis führt einen seiner berühmten, geschossenen Kopfstöße mit der mittleren Stirnpartie aus.« Unfassbar, dass die Ungarn fußballerisch so komplett in der Versenkung verschwunden sind. Das wäre so, als würde in 20, 30 Jahren unsere Nationalelf nur noch zur dritten Garnitur gehören. Oder die Brasilianer, die Spanier, die Holländer.

Ich kann übrigens auch die 74er und 90er Weltmeister auswendig. Mit Positionen. Aber ich hatte Ihnen ja versprochen, dass wir bei einer Anekdote aus dem Reich des runden Leders bleiben …

Also verlassen wir den grünen Rasen und kehren noch einmal zurück in den Wilden Westen. Vielleicht haben Sie sich im Verlaufe dieses Buches doch gefragt, wie ich, der Fußballverrückte, so urplötzlich den Weg in den Boxring gefunden habe. Die tatsächlichen Begebenheiten in Rostock, mit dem Angebot, in die Boxstaffel zu wechseln, gehören zu einem anderen Kapitel meines Lebens. Aber hierher gehört die ständige Auseinandersetzung mit dem Unterschied zwischen einem Mannschaftssport wie dem Fußball und einem sportlichen Wettstreit Mann gegen Mann.

Genauso begeistert, wie ich dem runden Leder hinterhergejagt bin, genauso frustriert war ich manchmal, wenn trotz aller Anstrengungen der Erfolg für mein Team ausgeblieben ist. Oder wenn irgendjemand nicht richtig mitgezogen hat. Meine Vernarrtheit und mein Ehrgeiz gingen so weit, dass ich mich als Junge auch mal völlig danebenbenommen habe. Ein wirklich schwarzer Moment im Leben des Ulli Wegner.

Das war in Penkun, wo ich den Best-Schüler unserer Klasse, Gisbert

Klaebe, zum Kicken auf dem Bolzplatz überreden wollte. Er zierte sich. Und wollte nicht. Und kam dann plötzlich mit der – in meinen Augen – Ausrede: »Ich muss doch aber lernen.«

Vor lauter Wut und Frustration habe ich meinen Holzschuh – solche trugen wir damals immer – ausgezogen und ihm damit einen brutalen Schlag verpasst. Richtig fies an die Stirn. Mein Schulfreund schrie und weinte und lief nach Hause zu seinen Eltern. Für mich gab es ein Riesendonnerwetter und eine Bestrafung durch meinen Vater.

Mir tat es – und tut es bis heute – schrecklich leid. Ich habe mich bei Gisbert schon mehrere Male entschuldigt. Und mache es hier noch einmal. Danke, Gisbert, dass wir heute, wenn wir uns mal wieder treffen, darüber lachen können.

Und doch: Bei aller Scham über mein Ausrasten spüre ich bis heute diese Enttäuschung der – natürlich begründeten – Absage, spüre die Verlorenheit, auf andere angewiesen zu sein. Fußball geht nur mit vielen anderen zusammen. Boxen hingegen ...

Im Boxen sah ich den Kampf Mann gegen Mann. Sah ich wieder mein Idol des einsamen Westernhelden, der große Entbehrungen auf sich nehmen muss. Aber letztlich die Frage nach Sieg oder Niederlage selbst bestimmen, selbst in die Hand nehmen kann. Ob Colts oder Fäuste, ob Duell im Film oder sportlicher Wettkampf, die Parallelen sind da.

Auch wenn es dazu keine mir bekannten psychologischen Studien gibt, bin ich fest überzeugt, dass das die Gründe sind, warum viele, viele Boxer auch Fans von Filmen sind, in denen Einzelkämpfer das Schicksal herausfordern. Was für die einen die Rambo-Filme oder die Stirb-Langsam-Abenteuer sind, sind für mich eben gute Western.

Da spielt es auch gar keine Rolle, dass ich nicht gerade der ruhige, stoische Typ bin. Zumindest nicht in der Öffentlichkeit. Aber wenn ich alleine bin, wenn ich an einem Problem knobele, dann fühle ich mich in diesem Alleinsein richtig gut. Dann marschiere ich nach meinem eigenen Takt, nach meinen eigenen Regeln, auf meinem eigenen Trail – bis ich das Ziel erreicht habe. Bis der Job erledigt ist.

Natürlich gewinnt so ein Tick, so ein Fimmel, dann immer auch an Eigendynamik, wenn es um eine öffentliche Person wie mich geht. Als meine Westernleidenschaft zum ersten Mal publik wurde – da war Sven Ottke schon Weltmeister –, gab es sofort große Geschichten. Und spätestens, seit ich mit Arthur Abraham mal ein großes Fotoshooting in einer Westernstadt gemacht habe, mit Colts und Leggins und langen Mänteln, seitdem taucht das immer wieder in Geschichten über mich auf. Das ist schon in Ordnung. Ich stehe dazu, auch wenn ich den lässigen Gang von John Wayne bis heute nicht hinbekomme.

Auf der anderen Seite kann ich beispielsweise den Rocky-Filmen nur wenig abgewinnen. Die schauspielerische Leistung von Sylvester Stallone und ein paar anderen ist ganz in Ordnung, aber die unrealistischen Boxszenen machen das Ganze eher zu einer Parodie des Boxens. Um solche Filme wirklich mit Genuss anschauen zu können, stehe ich einfach viel zu nah an der Wahrheit.

Wahrheit – das ist ein gutes Stichwort. Wir haben es ja so richtig gemütlich hier unten in meinem Hobbykeller. Ich habe Ihnen über meine Leidenschaften erzählt. Und Sie haben auf der gemütlichen Eckbank gesessen und sich alles angehört.

Hinter Ihnen hängen die Bilder und Filmplakate von John Wayne. Links an der Wand ein Originalfoto von Max Schmelings letztem Kampf, 1948 gegen Riedel Vogt. Die Familie, die dieses Andenken im Besitz hatte, überreichte es mir nach einem Kampf. »Bei Ihnen ist es gut aufgehoben, da sind wir uns sicher«, sagte man mir. Ich war richtig gerührt. Es ist ein Schatz für mich. Direkt vor Ihnen sammeln sich dann mehr die sportlichen Andenken. Und wenn Sie nach rechts schauen, dann steht dort ein ganzes Regal voller Whisky-, Wein- und Champagnerflaschen.

Dazu muss ich Ihnen etwas Verrücktes erzählen, aber ich sage gleich, dass das nicht das Geheimnis ist, das mir beim Wort Wahrheit eingefallen ist. Die Wahrheit nämlich dreht sich um eine andere Frau ... ach, ein bisschen müssen Sie noch warten.

Erst mal zum mittelgroßen Alkohollager. Ich schätze, es sind so an die 100 Flaschen. Völlig verrückte Dinger dabei. Teure Whiskys, ein superteurer Cognac, viele edle Rotweine. Und dazwischen jede Menge Liköre, Spezialbiere, Obstler, Korn und was weiß ich noch alles.

Das Problem ist: Ich kann das nicht trinken.

Das mag jetzt für Sie völlig bescheuert klingen, aber ich kriege das irgendwie nicht fertig. Wenn mir jemand eine Freude machen will, mit viel Aufwand und auch nicht gerade wenigen Geldscheinen das Geschenk ausgesucht hat - dann kann ich das doch nicht so einfach austrinken. Ich käme mir dabei komisch vor. So eine wertvolle Gabe quasi einfach wegzuschütten. Sie lachen? Das verstehe ich sogar. Aber irgendwann habe ich angefangen, die Hobbykeller-Ecke hinten rechts als Stauraum für die Präsente zu nehmen. Und was daraus geworden ist, sehen Sie selbst.

Whisky, glaube ich, könnten wir inzwischen bis zu meinem 90. Geburtstag trinken. Durch mein Image als Westernfan ist das natürlich das logische Getränk. Aber mein Whisky-Saloon hat schon vor vielen Jahren geschlossen. Ich habe den Harte-Männer-Drink sowieso immer nur mit Cola gemixt. Doch das ist auch vorbei.

Im Hause Wegner gibt es, wenn überhaupt, nur noch Wodka und sonst gar nichts mehr.

Aber auch da würde ich höflich darum bitten, dass Sie mir keine Flaschen mehr schenken. Ich habe mir nämlich gedacht, dass wir mit diesem Buch endlich mal eine wirklich große Bühne für eine Bitte haben.

Diese Bitte lautet wir folgt: Bitte, wenn es sich vermeiden lässt, keine Geschenke mehr. Meine Frau Margret und ich haben alles, was wir brauchen, und fast alles davon auch schon mehrfach.

Ich bitte Sie: Leiten Sie Ihren Dank an mich und Ihren damit verbundenen guten Willen um zu jenen, die von solchen Gaben und ihrem Geldwert nur träumen können. Spenden Sie für einen guten Zweck! Zum Beispiel für die Peter-Escher-Stiftung, die krebskranken Kindern hilft. Oder einer anderen wohltätigen Organisation, die Ihnen am Herzen liegt. Und wenn Sie einen Bezug zum Boxen haben möchten, gibt es auch dort diverse Stiftungen und Projekte.

Sie dürfen mir dann gerne eine kurze Notiz zukommen lassen: »Lieber Ulli, statt einer Flasche Wein / Whisky / Wodka habe ich eine Spende an folgende Organisation geschickt.« Glauben Sie mir, das würde mich unendlich mehr freuen als weitere große, klangvolle Namen auf einem Etikett, die dann hinten rechts im Hobbykeller landen.

So, das musste mal raus. Und jetzt zum Geheimnis.

Es gab (und gibt) in meinem Leben eine Frau, die ich als Fan verehre und bewundere. Eine Frau, deren wunderbare Musik mich Tag und Nacht begleitet hat. Mit der ich deshalb Träume und Sehnsüchte, aber auch Ängste geteilt habe. Und Margret wusste die ganze Zeit davon.

Es kommt noch verrückter. Meine Frau ließ früher immer mal wieder die Bemerkung fallen, sie habe das dumpfe Gefühl, mich mit einer anderen Frau teilen zu müssen. Margrets gar nicht selbstverständliche Reaktion auf dieses Gefühl: Sie hat ein Treffen arrangiert. Und ich bin ihr wieder einmal sehr dankbar. Denn so konnte ich Andrea Berg endlich persönlich kennenlernen.

Die Worte, die Stimmungen, die Gefühle, die Weisheit, die Lebensfreude und die Traurigkeit dieser Schlagersängerin begleiten mich seit weit über 15 Jahren. Ich weiß nicht mehr, wann ich zum ersten Mal ein Lied von ihr gehört habe, vermutlich Ende der 90er Jahre. Aber ich weiß, dass ihre Musik mein Herz im Sturm erobert hat.

Eine Autofahrt ohne eine Andrea-Berg-CD gibt es für mich gar nicht mehr. Wenn ich vor einem großen Kampf ein bisschen Ablenkung brauche, sorgt sie dafür. Und auch wenn nichts über den großen Elvis geht und obwohl mich Seemannslieder mein ganzes Leben über begeistert und sentimental gemacht haben – Andrea Berg ist für mich das Sahnehäubchen der Musik. Und noch viel mehr.

Wir sind privat sehr gut befreundet. Versuchen, Andrea und ihren Mann Uli – mit einem L – mindestens einmal im Jahr zu besuchen. Und ich kann Ihnen gar nicht sagen, wie ich die beiden schätze und bewundere.

Mal ehrlich: Andrea Berg ist der deutsche Schlager. In den letzten zwanzig Jahren hat sie alles abgeräumt, was es an Auszeichnungen und Rekorden nur geben kann. Acht Nummer-1-Alben in Folge, siebenmal den deutschen Musikpreis »Echo« gewonnen, dazu viele weitere Prämierungen und Preise, und wenn ich jetzt noch an ihre Konzerte, an ihre Bühnen-Power denke, kriege ich glatt Gänsehaut.

Es ist unfassbar, wie diese Frau mit ihren Texten immer wieder das Leben so genau beschreibt. Wenn ich Lieder höre wie »Du hast mich tausendmal belogen«, »Und ich nahm meine Träume« oder »Jedes Feuer stirbt einmal im Regen«, dann ist das genau die Magie dieser Künstlerin, dass wir Fans uns in unseren Gedanken und Gefühlen von ihr verstanden fühlen. Und in der Realität ist sie genauso toll wie auf der Bühne.

Wenn ich Ihnen jetzt noch verrate, dass ihr Mann Uli mit einem L ein sehr bekannter Spielerberater in der Fußballszene ist, der Mandanten wie Torjäger und Nationalspieler Mario Gómez sowie weitere Bundesligaspieler wie Bernd Leno betreut, dann wird es für mich, den Ulli mit zwei L, wieder mal ganz verrückt.

Da lerne ich einen Superstar aus dem Showgeschäft privat kennen – und neben meiner Begeisterung für die Musik ist auch noch der Fußball voll mit dabei. Wegner, du alter Glückskeks!

Sie wird mich ausschimpfen, wenn wir uns das nächste Mal sehen.

Aber ich sage Ihnen ganz laut und deutlich: Ich bewundere diese Frau dafür, mit welcher Power und Natürlichkeit - nicht nur Fannähe, sondern auch Dinge weit darüber hinaus - sie ihren Beruf durchzieht. Besser gesagt: ihre Berufung. Davon können sich selbst die besten Athleten der Welt noch etwas abschauen.

Drei, vier Stunden mit unglaublichem Engagement, mit stimmlicher und körperlicher Kraft und sinnlicher Hingabe auf der Bühne. Das Publikum packen, mitreißen, begeistern. Die Lieder so singen, dass es eben nicht wie eine Vorstellung aussieht, sondern wie eine ganz private, intime Party, zu der sie jeden Einzelnen persönlich eingeladen hat - und für ihn alleine singt.

Bis in die Morgenstunden ist nach so einer Andrea-Berg-Party für sie an Schlaf nicht zu denken. Und dann gibt sie einfach am nächsten Tag von morgens an Autogramme, bis jeder ihrer Fans eines hat, egal wie viele Stunden.

Deswegen sage ich etwas, was Sie ohne diese Erklärung vielleicht nicht verstanden hätten: Diese Frau fasziniert mich nicht nur, sie motiviert mich auch. Ich schaue schon ganz genau hin, wie sie das macht. Die Professionalität kann ich ja beurteilen.

Aber dazu kommt eben ihre Gabe, Lieder so zu schreiben und zu singen, dass ich - und Millionen andere - Träume, Sehnsüchte, Ängste, Hoffnungen, Triumphe, Enttäuschungen, Erinnerungen und Vergessenes darin wiederfinden. Ich bin da wie alle anderen ihrer Fans. Ich höre einen ihrer Songs - und kann so viel dabei abladen, verarbeiten und dann auch wieder mitnehmen.

Es kann gut sein, dass ich bei Andrea Bergs Musik richtig traurig werde. Auch wenn ich in meinem Leben so unglaublich viel erreicht habe, so unfassbar viel Glück hatte - es gab auch die traurigen und knallharten Momente. Ich sage nur ein Beispiel: Wer das Scheitern einer Ehe komplett verdrängen kann, der hat nie geliebt. Und dabei spielt es keine Rolle, ob einem das Glück danach noch etwas ganz Tolles beschert hat.

Ganz genauso aber werden sie mich bei Konzerten als komplett ausrastenden, singenden, tanzenden, schwitzenden Schlagerfan erleben. Das gehört einfach mit dazu. Die ernsten Themen sind eher für die langen Nächte mit ihr reserviert, wenn ich wieder mal mit dem Auto zu einem Kampf- oder Trainingsort unterwegs bin.

Dann denke ich darüber nach, wie schwer ich mich in der Grundschule getan habe. Wie wenig ich damals irgendeinen Plan und irgendeine Hoffnung für das Leben hatte. Dann hänge ich an jeder Silbe ihrer Lieder, versuche, meine Ängste von damals mit dem, worüber sie singt, in Gleichklang zu bringen. Und warte auf das nächste Lied, das mir - hoffentlich - ein Lächeln auf die Lippen zaubert und mich zurückbringt ins Hier und Jetzt.

Oder ich denke an den ersten Weltmeisterschaftskampf mit Sven Ottke, als jeder einzelne Mensch auf diesem Planeten wusste, dass Charles Brewer meinen Svennie einfach so mir nichts, dir nichts k.o. schlagen würde. Als meine Frau Margret durch die Hölle gehen musste, weil sie einen total verrückten, nur auf den Kampf fixierten Mann zu Hause hatte.

Wollen Sie wissen, wie tief ich mich bei Liedern von Andrea Berg fallenlassen kann? Ich sage es Ihnen: Ich denke an die Nächte, in denen ich vor dem Brewer-Kampf hochschreckte und wie ein Irrer nach der Fernbedienung für den Flachbildfernseher tastete. Ja, genau, für den Fernseher, der bei uns im Schlafzimmer an der Decke angebracht war. Weil ich so tausendprozentig heiß gelaufen bin für meine Aufgabe, für meinen Beruf, für meinen Sven Ottke, dass ich selbst nachts seine Gegner studieren musste.

Ich schoss also hoch und schaltete den Videorekorder mit einem schon fünfzigmal gesehenen Brewer-Fight an. Neben mir wurde Margret kurz wach, drehte sich um, schnappte sich eine Schlafmaske von einem Langstreckenflug mit der Lufthansa - und schlief weiter. Ich habe sie nie gefragt und will es auch gar nicht wissen, was sie in diesen Momenten gedacht, gespürt und sicher auch geflucht hat.

Damals, meine lieben Fans und Freunde, damals war ich fast am Ende. Punkt.

Genau diese Momente lassen mich auch fast über 15 Jahre später nicht los. Außer, wenn ich Andrea Bergs Lieder höre, meinen Ballast bei ihr abladen kann, durchatme, mich neu aufbaue - und irgendwann in meinem Audi anfange mitzusingen. »Mag sein, dass man sich selber oft viel zu wichtig nimmt, verzweifelt auf ein Feuer hofft, wo es nur noch glimmt. Wenn so was auch sehr wehtun kann, man stirbt nicht gleich daran.« Das ist aus dem Lied »Ich liebe das Leben« - es gibt noch viele andere Textstellen, die mir dann helfen. Und beim nächsten Mal wieder.

Aber mit diesem Eindruck will ich auf keinen Fall aus dem Thema aussteigen. Ich will Sie noch einmal mitnehmen zu einem Konzert von Andrea Berg.

Es war der 18. Juni 2007 in Greifswald, zusammen mit Arthur Abraham und Schwergewichtler Cengiz Koç sind wir hingefahren. Und haben derart abgefeiert, dass uns Andrea Berg erzählte, sie habe unsere wilde Ecke von der Bühne aus gesehen.

Wir haben uns danach getroffen (wie gesagt: das war wieder einmal Margrets tolle Idee und Vorarbeit), und auch das hat gleich funktioniert. Wir haben sie zum Boxen eingeladen, was aber erst gut zwei Jahre später wirklich klappte. Beim K. o.-Sieg von Arthur über Jermain Taylor war sie in der O_2 World unser Gast. Später dann auch bei einem Duell, bei dem ich vorher ganz schön gezittert habe: Marco Huck gegen Ola Afolabi. Hucker zeigte eine seiner besten Leistungen. Auch das war ein Klasseabend.

Lassen Sie mich einfach noch einmal sagen, dass ich diese Künstlerin auf der Bühne und im Leben bewundere. Vor allem für die Natürlichkeit, mit der sie ihr Star-Sein immer wieder zurückbringt ins normale Leben.

Das ist ein gutes Stichwort: das normale Leben. Mein normales Leben haben Sie jetzt aus erster Hand kennengelernt. Unser Wohnzimmer, meinen Hobbykeller – ich habe Ihnen alles gezeigt. Jetzt bringe ich Sie wieder die Treppe hinauf.

Danke, dass Sie mich besucht haben. Ich hoffe, Sie verstehen jetzt noch ein bisschen besser, wie ich ticke. Was mich antreibt.

Wir sehen uns demnächst beim Boxen.

13. KAPITEL

Was bleibt und was bleiben soll

Warum ich nach Penkun heimkehren werde

Ich beginne dieses 13. und letzte Kapitel meiner Lebenserinnerungen, indem ich Ihnen etwas Brandaktuelles erzähle. Parallel zur Fertigstellung der Erstausgabe dieses Buches waren die Vorbereitungen für die Feier meines 70. Geburtstages angelaufen. Wieder einmal half mir meine Frau Margret aus der Bredouille. Stundenlang saß sie da, schrieb und ergänzte die Gästeliste, sammelte Telefonnummern ein und meckerte mich völlig zu Recht an, wenn ich aus meinem uralten Handy zwar die Nummer eines Freundes herzauberte, aber keine Ahnung hatte, wo der Gute wohnt. Margret würde die Adressen schon finden. Was sie anpackt, wird gut. Die Feier war ein tolles Ereignis, aber auch ein enormer organisatorischer und finanzieller Aufwand. Deswegen gehen wir den 75. ruhiger an, fahren zu zweit an die Ostsee. Mehr weiß ich nicht – aber ich bin ganz sicher, Margret lässt sich wieder etwas einfallen. Ich freue mich schon darauf!

Diese Zahl mit der Sieben und der Fünf ist schon irgendwie gewaltig. Je älter ich geworden bin, desto mehr wird mir mein Lebensglück bewusst. Aber auch die Tatsache, dass alles endlich ist.

Natürlich werde ich viel häufiger als früher gefragt, wie lange ich denn noch als Trainer weitermachen will. Die Frage ist pauschal nur schwer zu beantworten. Derzeit trainiere ich wieder ein paar Jungs, die mir ans Herz gewachsen sind. Ich würde sie nie ohne Not alleine ihrem weiteren Karriere-Schicksal überlassen.

Kann ich – an guten wie an schlechten Tagen – in der Trainingshalle nach wie vor alles geben? Kann ich loben und kritisieren, diskutieren und auch streiten für den Erfolg jedes einzelnen Boxers? Werde ich diesen jungen Sportlern, die ihre Boxkunst mir anvertraut haben, weiter gerecht? Nach diesen Fragestellungen überprüfe ich mich selbst.

Denn wenn ich das mal nicht mehr bringen sollte, wenn die fatale Entwicklung eintreten würde, dass ich einfach nur weiterwerkeln will – dann ist es vorbei. Dann muss ich aufhören. Und dann werde ich aufhören. Zum Schutz meiner Boxer, die sonst nicht mehr optimal betreut und geführt werden würden.

Sie, die Kämpfer, die dort im Ring alles geben und Sie, liebe Boxfans, begeistern, diese tapferen Burschen sind der ultimative Maßstab für mein Trainerdasein. Ich darf nie und niemals aus Eitelkeit, Trägheit oder Eigennutz weitermachen, wenn ich meinen Jungs nicht mehr das Optimale bieten kann.

Das muss auch in einer anderen Weise funktionieren: Ich bin lange genug im Sport, auch lange genug im Profisport, um ganz genau zu wissen, wann das Geschäft, der Kommerz den Sport dominiert. Ich gehe eine ganze Menge Wege mit, weil wir alle – Athleten, Trainer, Team, Manager, Hallenbesitzer, Fernsehsender und alle, die mit uns familiär oder geschäftlich verbunden sind – von diesem Zusammenwirken von Sport und Geschäft letztendlich profitieren. Aber manchmal bin ich auch der Einzige, der Nein sagen kann. Und Nein sagen muss.

Es gibt immer mal wieder eine neue Idee, das Boxen noch attraktiver zu machen. Die Einschaltquoten und den Profit hochzutreiben. Der Boxer (und seine Familie, Freunde, Berater) sehen dann fast immer nur das Geld. Ich aber muss wach genug sein, über den nächsten Scheck hinauszudenken. Was verlangt das meinem Kämpfer ab? Wie groß ist das Risiko, dass wir zu früh – oder zu spät! – in viel zu raues Wasser fahren?

Ich bin dann der Einzige, der eine schützende Hand über die Jungs halten kann. Und wenn ich merken sollte, dass ich dazu nicht mehr die Kraft und den Streitwillen habe, dann muss ebenfalls Schluss sein. Denn dann erfülle ich meine Aufgabe nicht mehr. Dann bin ich nicht mehr die letzte Bastion, auf die sich jeder Boxer in einer gefährlichen Lage verlassen kann.

Dann bin ich nur noch eine Kontonummer. Und das wollte und will und werde ich nie sein!

Ich möchte vielmehr weiter Erfolge feiern mit meinen Boxern. Ich bin tausendprozentig davon überzeugt, dass ich meine Jungs weiterhin im Griff habe. Dass sie mit mir ihre bestmögliche Leistung abrufen können. Und solange das so ist, werde ich weitermachen. Mag da die große Sieben-Fünf im Raum stehen, egal.

Ich lebe gesund. Meine grauen Zellen arbeiten perfekt. Die 75 ist nur eine Zahl. Ich halte mich an das, was der große Otto Rehhagel über seine Spieler gesagt hat: »Es gibt keine jungen oder alten Fußballer. Es gibt nur gute oder schlechte.«

Bei Trainern, egal in welchem Sport, muss man da etwas differenzieren. Zu jung darf ein Trainer nicht sein. Junge Trainer machen Fehler, das ist einfach so. Ich spreche da auch von mir selbst, früher einmal. Junge Trainer wollen manchmal zu viel und haben manchmal ihr Leben noch nicht so geordnet, dass sie zu jeder Zeit und für jeden Athleten alles geben können. Junge Trainer haben beim Alter eine Drei oder eine niedrige Vier vorne, und der Tank ihrer Lebenserfahrung ist noch nicht voll genug.

Ich verrate Ihnen jetzt ein Geheimnis: Jeder gute Boxtrainer beschäftigt sich vor einem Kampf nicht nur mit dem Kämpfer in der gegnerischen Ecke, sondern auch mit dem Trainer. Er weiß und er spürt, wo auch dessen Angriffspunkte sind. Das können große, gefechtsentscheidende Sachen sein. Trainer XY ist dafür bekannt, dass seine Boxer nicht unbedingt über die Kondition kommen, dass sie in den letzten Runden verletzlich werden. Das ist dann natürlich in meinem Kopf abgespeichert.

Aber es geht auch in die kleinsten Nuancen. Trainer YZ zum Beispiel, wenn er mit einem Außenseiter gegen mich antritt, probiert fast immer, volles Risiko zu gehen. Das heißt für mich: Es wird zwar eine knallharte Auseinandersetzung geben, aber keinen überraschenden taktischen Kampfplan.

Derselbe Trainer YZ kann Favoriten ausgezeichnet führen. Arbeitet mit gut ausgebildeten Klasseboxern sehr, sehr stark. Aber wenn er mit einem Außenseiter kommt, weiß ich, spüre ich, rieche ich, was passieren wird. Das macht es zwar nicht leichter, aber einfacher.

Jüngere Trainer haben generell größere Tendenzen, Angriffsflächen zu bieten. Sie kennen noch nicht jeden Trick, jedes Ablenkungsmanöver. Sie wissen manchmal noch gar nicht, dass sie selbst attackiert werden. Von erfahrenen Trainern. Von Trainern, wie ich einer bin, mit meinen 45 Jahren Ringerfahrung.

Sehen Sie: Solange ich mit meiner Erfahrung und meiner Kraft Siege abliefern kann, werde ich weiter in der Ringecke stehen. Da ist weder die 75 noch die 80 eine endgültige Grenze.

Dennoch, und das gestehe ich Ihnen gerne, höre ich natürlich mehr in mich hinein als in früheren Jahren. Denn ich will nicht nur noch die eine oder andere Weltmeisterschaft gewinnen, will Boxer bis ganz an die Spitze führen, ich will vor allem den größten aller Sportler- und Trainerfehler vermeiden: Ich will auch nicht zu lange bleiben.

Ich hoffe, hoffe, hoffe, dass ich es spüren werde, wenn meine Trainerfähigkeiten nachlassen. Wenn ich den Athleten nicht mehr gerecht werde. Diesen Athleten, die ihre Karriere, ihre Hoffnungen und ihre Gesundheit in meine Hände legen.

Ich bin derjenige, der sie beschützen muss. Ich bin der, der die schützende Hand über sie halten kann. Und der sie notfalls mitten hinein ins Feuer schicken muss, wenn er felsenfest an seinen Sportler glaubt. Selbst wenn der Sportler in diesem Moment vielleicht gar nicht mehr hundertprozentig an sich glaubt. Ich bin derjenige, der motivieren und bremsen muss. Der die Atmosphäre in der Trainingshalle jeden Tag lesen und analysieren muss. Dann, wenn viele andere weit weg sind. Jeden Tag die Entscheidung: anspornen oder zügeln. Peitschen oder kuscheln. Und wenn einer aus dem Ruder läuft, bin ich derjenige, der es als Erster sehen muss, als Erster sieht.

Die Konflikte, die es in einer Athleten-Trainer-Beziehung gibt, oder im Gefüge einer Trainingsgruppe, dieser ganze Stress, fällt ja nicht plötzlich vom Himmel. Er entwickelt sich über Tage und Wochen. Hier eine freche Bemerkung. Dort ein verpasster Termin. Dann das Handy am Ohr, während der Trainer noch das Programm für die nächsten Tage ansagt.

Keiner registriert es, außer dem Trainer. Nicht einmal der Sportler selbst, der gerade zu einem riesengroßen Problem wird. Es schaukelt sich hoch. Schlechte Arbeit im Ring. Ein blödes Nachschlagen gegen einen Sparringspartner. Jammern bei jeder Gelegenheit.

Das sind dann die Situationen, in denen ich stundenlang zu Hause auf der Couch sitze. Als Gast im eigenen Wohnzimmer. Wenn ich grübele, mich tausendmal hinterfrage und abwäge, ob ich schon eingreifen muss. Oder ob ich lieber noch abwarte.

Und immer habe ich im Hinterkopf, warum wir eigentlich Profiboxer heißen. Wofür wir eigentlich bezahlt werden, und das wirklich nicht schlecht. Wir sind Teil einer Show. Wir müssen mit unseren Kämpfen Fans gewinnen, Fans begeistern. Glauben Sie mir, wir wissen genau, dass wir die Halle vollbekommen und die Quoten für unseren Sender garantieren und ausbauen müssen. Wir sind Berufsboxer. Früher hieß es Preisboxer. Wir haben einen Job zu erledigen, verdammt noch mal. Und wenn einer nicht mitzieht, wenn einer das gemeinsame Ziel gefährdet, dann muss ich dazwischengehen.

Irgendwann passiert dann der Eklat in der Trainingshalle. Das bekommt normalerweise von außen niemand mit. Aber dann rufe ich alles ab, was ich wochenlang beobachtet und analysiert habe.

Dann wird es laut, dann wird es hart. Dann gibt es Klartext. Meine Ansprachen in den Ringpausen sind damit verglichen Einschlaflieder für dreijährige Mädchen.

So definiere ich mein Trainerdasein seit über 45 Jahren. Und so soll es auch weitergehen!

Lassen Sie mich für den nächsten Gedanken ein bisschen ausholen.

Ein Journalist hat einmal geschrieben, dass Sportler zweimal sterben. Das erste Mal, wenn ihre Karriere zu Ende geht. Wenn plötzlich die Scheinwerfer ausgehen, die Fans sich anderen Idolen zuwenden und das normale Leben für den, der eben noch Star war, zur großen Herausforderung wird. Und das zweite Mal dann, wenn sie wirklich aus dem Leben gehen.

Das stimmt. Das habe ich, das haben wir oft genug erlebt. Dass fantastische Sportler nicht damit zurechtkommen, wenn ihre große Zeit abgelaufen ist. Dass sie den Zeitpunkt verpassen, abzutreten. Und am Ende dann bittere Niederlagen hinnehmen müssen, weil sie den Abschied von diesem Teil ihres Lebens zu lange hinausgezögert haben.

Sportler sterben zweimal.

Dann gilt aber auch, dass viele Trainer dreimal sterben. Denn die meisten waren vorher selbst erfolgreiche Athleten. Natürlich kann nicht jeder ein Olympiasieger gewesen sein, aber eine ausgeprägte, andauernde sportliche Karriere gehört sehr oft zum Lebenslauf eines Trainers.

Ich kann mich heute noch sehr gut an das Gefühl erinnern, als ich als Aktiver die Handschuhe an den Nagel hängte. Vorbei. Keine Siege mehr. Keine Bewunderung nach einem guten, harten Kampf. Keine Wettkampfreisen, keine Vergünstigungen. Vorbei. Ich bin meinen damaligen Förderern, allen voran Cheftrainer Hans Spazierer, Cheftrainer der BSG Wismut Gera, über alle Maßen dankbar, dass sie mich aufgefangen haben. Der gleitende Übergang ins Trainerfach hat die Schmerzen des Karriere-Endes gemildert.

Und ich hoffe inständig, dass ich noch einmal so viel Glück haben werde. Ich hoffe, dass das Ende meiner Trainertätigkeit ohne Zoff, ohne Zorn und ohne böse Worte über die Bühne gehen wird. Wie oft passiert das Gegenteil? Dass ein Sportler oder Trainer einfach nicht wahrhaben will, dass seine Zeit abgelaufen ist. Oder dass hinter den Kulissen der Neid auf den Platzhirsch so groß wird, dass er vor seiner Zeit abgeschossen wird.

Ich wünsche mir, wie im richtigen Leben, dass mein – entschuldigen Sie die drastische Wortwahl! – Tod als Boxtrainer schmerzlos über die Bühne gehen wird. Im Idealfall habe ich selbst die Kraft, zu erkennen, dass ich statt 100 nur noch 95 Prozent geben kann – und verabschiede mich mit wehem Herzen, aber gutem Gewissen von meinen Kämpfern und meinem Boxstall. Und von Ihnen, meinen Fans!

Dass es so abläuft, das wünsche ich mir. Bitte, drücken Sie mir alle Daumen!

Und nein, ich kneife auch nicht vor dem Thema, das sich logisch an die obigen Überlegungen anschließt. Ja, ich beschäftige mich inzwischen auch ab und zu mit dem Tod an sich. Ich habe mal den folgenden Spruch gelesen: Alt ist man, wenn man öfter zu Beerdigungen geht als zu Taufen oder Hochzeiten.

Zudem bin ich seit dem Tode meines Bruders Fritz im Januar 2011 der letzte aus der Familie, dessen Lebenslinie in Stettin begann.

Mein Vati ist im September 1981 einfach eingeschlafen. Er war 90 Jahre alt. Meine Mutter rief mich an und sagte: »Vater hat nachts noch geatmet, aber als ich aufwachte, war er nicht mehr bei uns.« Ich habe bei der Beerdigung in Penkun meine Gefühle gar nicht richtig begreifen können. Es war nicht so sehr die Trauer, sondern der Verlust. Je älter ich wurde, und je mehr dadurch auch aus meinem Vater ein alter Mann wurde, desto besser habe ich ihn verstanden. Seine Verzweiflung, aber auch seine Kraft. Seine Strenge, aber auch seine Sorge um meinen älteren Bruder und mich. Immer wieder in meinem verrückten Leben habe ich mich in Situationen ertappt, wo es mir durch den Kopf schoss: Genau darauf wollte Vati dich vorbereiten. Genau deshalb war er damals so genau, so fordernd, so korrekt, so hart. Und wenn es eine solche Situation gab, hat es mir dabei geholfen, mir selber einen Ruck zu geben. Nach dem Motto: Ulli, das machst du jetzt für Vati. Hab keine Angst, zögere nicht, du gehst dieses Problem jetzt mit aller Kraft an.

Ach, mein Vati. Bei allen seinen Ecken und Kanten war er mein Vorbild und ein echter Herr. Auf der Zielgeraden seines Lebens ging er immer noch alle drei bis vier Wochen zum Haareschneiden. Und hat eines Tages allen ganz stolz und verwundert berichtet, dass sein Stammfriseur ein wirklich guter Mensch sei. Er wollte nämlich nach all den Jahren keine Bezahlung mehr. Dass es so was noch gibt, wunderte und freute meinen Vater.

Glauben Sie mir, es schießen mir die Tränen in die Augen, wenn ich Ihnen jetzt gestehe: Ich war heimlich bei Vatis Friseur - Dieter Krämer, ein klasse Mensch und ein sehr guter Fußball-Torjäger, den ich seit Jugendtagen kenne - und habe für lange im Voraus bezahlt. Einfach nur, um ein kleines Dankeschön zu sagen für all die Entbehrungen, die Vati für uns auf sich genommen hat. Für all den Kampf, all die Arbeit, all die Tage, in denen er nichts hatte als Arbeit und ein Dach über dem Kopf. Für all die Jahre, in denen er nie Urlaub machte und sich nie etwas Tolles gönnen konnte.

Ich brachte es nie übers Herz, ihm die Geschichte mit dem Friseur zu gestehen. Und ich weiß ganz genau, dass er irgendwo auf mich wartet, um mich ganz streng anzuschauen, weil ich ihn quasi hereingelegt habe mit dieser Sache. Ich glaube aber auch ganz fest, dass er mich danach in seine Arme schließen wird.

Als meine Mutti starb, war die pure Trauer größer als beim Tod meines Vaters. Aber ich weiß, dass Sie mich da richtig verstehen. Meine Bindung zur Mutter war einfach viel gefühlsbetonter. Sie hat sich das ganze Leben lang jeden Tag Gedanken um ihr Nesthäkchen, ihren Nachzügler gemacht. Sie hat mich beschützt, hat immer ihre Liebe und ihre Fürsorge für mich in die Waagschale geworfen. Ganz egal, ob sie es gut fand, was ich tat. Oder ob sie den Lausbub in mir gerade verfluchte.

Mutti starb mit 89 Jahren im Pflegeheim. Ihr Todestag war einer der größten Schocks, die ich je erleben musste. Eigentlich war sie schon klinisch tot, aber sie wurde mit einer Sauerstoffmaschine am Leben gehalten. Ich war zu ihr gefahren, um das Unausweichliche zu tun, um mich von ihr zu verabschieden. Aber als ich sie da liegen sah, so klein und hilflos und zerbrechlich in ihrem riesengroßen Bett, die Maschinen rundherum – ich rannte einfach aus dem Zimmer. Ich konnte keine Sekunde länger dort bleiben. Ein schlimmeres Bild kann ich mir gar nicht vorstellen.

Der Tod an sich jagt mir keine Angst ein. Aber die Art, wie er sich oft in unser Leben schleicht, lässt mich doch manchmal erschauern.

Nach dem Tod meiner Mutter war da nur noch ein Gefühl der Leere, das lange Zeit nicht weggehen wollte. Meine Eltern hatten mich verlassen. Diese Generation gab es nun nicht mehr. Die Generation, die zwei Weltkriege durchlitten hatte, die immer wieder vom Schicksal auf brutale Weise abgestraft worden war. Zwei Menschen, die trotzdem ihren Lebensweg gemeinsam gegangen sind, ihre Kinder über alles liebten und sich nie etwas haben zuschulden kommen lassen.

Manchmal, meist tief in der Nacht, wenn ich Videos analysiere, frage ich mich, was meine Eltern sagen würden, wenn sie mich heute noch mal erleben könnten. Wenn ich sie zu einem großen Boxkampf in eine spektakuläre Arena einladen dürfte. Zum Beispiel in die Berliner Mercedes-Benz Arena. Mit zwei Tickets für die besten Plätze. Mutti und Vati in Reihe 1 bei einem knallharten Weltmeisterschaftsduell – und ich als Trainer dort oben in der blauen Ecke.

Mutti würde vielleicht gar nicht kommen wollen. Hmh, je länger ich darüber nachdenke: Nein, sie würde auf keinen Fall mitkommen. Sie war ihr ganz Leben immer beschützend, wie eine Glucke, die über ihren frisch geschlüpften Küken sitzt. Sie hätte einen Riesenbogen um die Boxarena gemacht.

Auf jeden Fall hätte sie große Angst um mich und um meinen Boxer ausgestanden. Und hätte darauf bestanden, nach dem Schlussgong sofort informiert zu werden. Ob denn auch alles gutgegangen sei. Ob ich den Stress und die Aufregung gut überstanden hätte. Ob denn auch meinem Boxer ganz bestimmt nichts Schlimmes passiert sei. Und dann würde sie sagen: Ach, Ulli, muss denn das immer sein? Das ist doch so gefährlich.

Ich würde ihre Fürsorge und ihre Angst spüren und wäre ganz vorsichtig mit dem, was ich sage. Nicht flapsig, wie ich es manchmal zu meinen Kämpfern oder in Interviews nach einem harten Wettkampf bin. Dann, wenn ich die Anspannung verarbeiten und weitergeben muss. Aber Mutti gegenüber würde ich auf jedes Wort aufpassen, damit sie sich nicht noch mehr sorgen würde.

Vati, so stelle ich mir das vor, würde akkurat und nobel gekleidet, stolz dasitzend den Kampf verfolgen. Mit kritischem Blick. Irgendwann würde er anfangen, ein bisschen mitzugehen, mitzuboxen. Und wenn dann bei meinem Boxer die Hand zum Zeichen des Sieges in die Höhe gehoben würde, säße er da unten am Ring mit einem feinen, stolzen Lächeln auf dem Gesicht.

Es ist schon komisch, dass meine Eltern starben, ehe meine Karriere richtig Fahrt aufnahm. Dass sie nie erfuhren, was ein Boxer namens Sven Ottke für mich bedeuten würde. Dass sie nie Arthur Abraham oder Marco Huck kennenlernten. Dass sie mir nie Glück wünschen konnten für eine Reise zu Olympischen Spielen. Dass die Glitzerwelt des Profiboxens erst die deutschen Wohnstuben erreichte, als Mutti und Vati schon nicht mehr auf der Welt waren.

Aber vielleicht ist es auch gut so: Stellen Sie sich nur vor, beide hätten beim Blutkampf von Arthur Abraham noch gelebt. Ich mag mir gar nicht ausmalen, durch welche Hölle meine Mutti gegangen wäre. Sie hätte es einfach nicht verstanden, dass ich in der festen Überzeugung, das Richtige für Arthur zu tun, den Kampf trotz des gebrochenen Kiefers weiterlaufen ließ. Sie hätte sich ab diesem Tag für den Rest ihres Lebens übelste Vorwürfe gemacht. Für meine Erziehung. Für mein Handeln, das ich ihr nie hätte erklären können.

Mein Vater wäre stolz gewesen auf Ulli, den Kerl. Aber das hätte mich nicht getröstet, denn meine Mutti hätte schwer gelitten.

Es ist schon okay so, wie es gekommen ist. Und wenn es mir dennoch manchmal einen kleinen Stich versetzt, wenn mir bewusst wird, dass ich meinen Eltern die Profi-Erfolge und das ganze Spektakel darum herum nicht mehr zeigen konnte, dann schießt mir auch gleich ein tröstender Gedanke durch den Kopf. Irgendwie hoffe und glaube ich, dass sie es trotzdem wissen!

Ich bin kein Kirchengänger, aber ich glaube an einen Gott. Wie könnte ich auch nicht, bei dem, was in meinem Leben alles an Träumen in Erfüllung gegangen ist? Ich habe so viele Dinge erreicht, die auf den ersten Blick im wahrsten Sinne des Wortes unglaublich sind. Aber irgendetwas hat sie dann doch in Erfüllung gehen lassen. Und dafür sage ich: Gott sei Dank!

Auch jetzt noch gibt es in mir Wünsche, die ganz, ganz tief gehen. So hoffe ich auf einen Tod ohne Schmerzen. Und, dass ich auf dem allerletzten Abschnitt meines Weges niemandem zur Last falle. Am allerwenigsten meiner Frau Margret, die ich brauche, die mich immer unterstützt hat, die mir immer den Rücken freigehalten hat. Genauso wie körperliche Schmerzen wäre es für mich eine Qual, wenn mir etwas passieren würde und sie mich danach pflegen müsste.

Ich werde in diesen Momenten, in denen ich über den Tod spreche, doch viel emotionaler, als ich es vorher geglaubt hatte. Bitte verzeihen Sie mir, wenn ich nicht mehr viel dazu sagen möchte. Außer: Hoffentlich habe ich das Glück, aus diesem Leben zu scheiden, ohne dass es ein großes, langwieriges Drama wird. Einschlafen und nicht wieder aufwachen. Dass wünsche ich mir und allen, die mich mögen.

Und dann möchte ich heimkehren nach Penkun. Möchte dort beerdigt werden, wo alles begann. Dort, wo ich anfing zu träumen. Ich, der kleine Kuhjunge, der Lausbub, der schlechte Schüler und gute Fußballer. Wo der Traum begann, den Sie in Buchform vor sich liegen haben. Der aber dennoch für mich in gewisser Weise unwirklich bleibt.

Deshalb möchte ich heimkehren nach Penkun und werde dort die letzte Ruhe finden. Auf dass ab und zu mal jemand vorbeischaut und einen Satz sagt, der mich als Fazit meines wunderbaren, verrückten und erfüllten Lebens unfassbar stolz machen würde: »Der Ulli, der war ein Guter, und er war einer von uns.«

Zu guter Letzt:

»DAS LEBEN IST BIS ZUM LETZTEN ATEMZUG EIN LERNPROZESS!«

Ulli, wir grüßen dich!

ANDREA BERG

»Ach Ulli! Es braucht gar keinen Anlass, um dich zu feiern – du bist einfach der Beste. Ganz egal in welcher Runde. Mit dem Herzen sind wir immer beieinander.«

CLAUDIA PECHSTEIN

»Ulli ist nicht nur ein echtes – unglaubliches – Original und ein äußerst herzlicher Mensch, sondern eben auch ein fachlicher Garant für größte Spitzenleistungen. Ich bewundere sein Engagement, seine unzähligen Erfolge und seinen stahlharten Durchhaltewillen – mit diesen Sachen kenne ich mich ja ein bisschen aus. Ulli ist für mich eine echte Legende.«

SVEN OTTKE

»Ulli ist für immer mein Supertrainer, eine Vaterfigur mit einem Herz, größer als alle Boxringe auf der Welt zusammengenommen. Ich liebe diesen Menschen.«

ARTHUR ABRAHAM

»Er ist eine sehr gute Seele. Er ist sehr lustig, sehr streng und sehr lieb. Er ist ein Ersatzvater für mich und ich habe ihn sehr lieb. Er weiß einfach, wie man Weltmeister produziert, da ist er so erfolgreich wie Apple.«

YOAN PABLO HERNÁNDEZ

»Ulli Wegner hat mir, dem Dickkopf, geholfen, die wichtigen Dinge im Leben und im Boxsport zu erkennen. Er ist der Grund, warum ich Weltmeister geworden bin. Auch nach meinem Karriereende ist er ein ganz wichtiger Freund für mich geblieben. Für ihn zählt nicht, was man hat, sondern was man ist. Er ist ein toller Mensch!«

KARO MURAT

»Ulli Wegner war mein GPS. Ich habe ihn mehr gefürchtet als meinen eigenen Vater, und er hat mein Vertrauen nie enttäuscht. Aus einem Ersatzvater wurde ein Freund für immer.«

NINA MEINKE

»Als kleiner Boxfan durfte ich schon mit acht Jahren bei Svennies Kämpfen am Ring mitfiebern und so auch Ulli Wegner kennenlernen. Ich hätte mir nie erträumt, 15 Jahre später die Ehre zu haben, von ihm trainiert zu werden. Hoffentlich bleibt er noch lange mit seiner strengen, aber liebenswerten Art mein Lehrer im Boxen und im privaten Bereich.«

GEORG BRAMOWSKI

»Ich wünsche dir von Herzen Gesundheit. Ich bleibe so lange an deiner Seite, wie du Lust hast, unsere Jungs zu trainieren.«

RALF LEWANDOWSKI

»Zehn Jahre haben wir gemeinsam durchgestanden, ich freue mich schon auf die nächsten zehn!«

KALLE SAUERLAND

»Ich erinnere mich noch an mein erstes Treffen mit Ulli Wegner, ein Abendessen mit meinem Vater im Berliner Hotel Esplanade 1996. Mein Vater und Ulli haben sofort geklickt, sich sehr gut verstanden – ein Verhältnis wie großer Bruder zu kleinem Bruder. Das hatte die Auswirkung, dass ich als Sohn nicht von Anfang an auf seiner Augenhöhe war. Er sah mich wohl als jemand, der zu viel verändern will in unserem Boxstall. Ich wiederum dachte, dass er mich nicht ernst nimmt. Kurioserweise änderte sich das nach unserem massiven Streit nach dem Kampf von Jürgen Brähmer gegen Eddy Gutknecht. Die Emotionen kochten über, doch genau dadurch sind wir viel näher zusammengerückt. Wir beide sind und bleiben Sturköpfe, aber uns verbindet die gemeinsame Sucht nach dem Erfolg, außerdem hassen wir beide Niederlagen aus tiefster Seele. Genau dieses Verlangen nach Siegen hat Ullis einzigartigen Platz in unserem Boxstall und in der gesamten Boxszene zementiert. Ihm gebührt ein Denkmal.«

ANDREAS LORENZ

»Lieber Ulli, ich bin kein Athlet, ich reihe nur Buchstaben aneinander. Aber niemand, den ich in über 30 Jahren als Sportjournalist kennenlernen durfte, war und ist wichtiger für mich als du: Trainer meines Lebens!«

ZIEHTOCHTER LAMARA ZAZADZE AUS GEORGIEN

»Ulli hat mein hartes Leben ohne Heimat, ohne Eltern und Familie verschönert und erleichtert. Ulli ist mein Ersatzpapa geworden, immer bereit zu helfen!«

Fotonachweis

Die Homestory (S. XIII bis XVI) fotografierte für dieses Buch: City Press GmbH;
André Kowalski (S. I, XVII);
Sauerland Event (S. XII, XX u., XXI, XXII u., XXIII, XXIV o., XXVI bis XXI, XXIX u.);
Photo Wende (S. IX u., XXIV o., XXXII u.); Eik Galley (XXVIII);
Manfred Gößinger (S. XI u.); Marianne Müller (S. X); Fisch Domke (XXIX o.);
ullstein bild - Sven Simon (S. XXIV u., XXXII o.);
ullstein bild - Reuters (S. XVIII o.);
ullstein bild - Camera 4 Fotoagentur (S. XVIII u.);
ullstein bild - Firo (S. XIX); ullstein bild - ddp (S. XX o.);
ullstein bild - imagebroker.net / Michael Weber (S. XXII o.);
ullstein bild - ddp (S. XXV o.); ullstein bild - AP (XXV u.)
sowie Archiv Wegner

Nicht in allen Fällen ist es uns gelungen, die Urheber zu ermitteln.
Berechtigte Honoraransprüche bleiben gewahrt.

MIX
Papier aus verantwortungsvollen Quellen
FSC® C014496
www.fsc.org

ISBN 978-3-355-01855-5

Aktualisierte Neuausgabe

Umschlaggestaltung: Buchgut, Berlin
unter Verwendung eines Fotos von André Kowalski
Druck und Bindung: GGP Media GmbH, Pößneck

Die Bücher des Verlags Neues Leben
erscheinen in der Eulenspiegel Verlagsgruppe.

www.eulenspiegel.com